Gerhard Konzelmann:
Allahs Schwert
Der Aufbruch der Schiiten

Deutscher
Taschenbuch
Verlag

dtv

Von Gerhard Konzelmann
sind im Deutschen Taschenbuch Verlag erschienen:
Der Nil (10432)
Jerusalem (10738)
Der unheilige Krieg (10846)
Die islamische Herausforderung (10873)

Vom Autor um das letzte Kapitel erweiterte Ausgabe
März 1991
Deutscher Taschenbuch Verlag GmbH & Co. KG, München

ISBN 3-7766-1469-2
Umschlaggestaltung: Celestino Piatti
Umschlagfoto: Mauritius Bildagentur, Mittenwald
Satz: Filmsatz Schröter GmbH, München
Druck und Bindung: C. H. Beck'sche Buchdruckerei,
Nördlingen
Printed in Germany · ISBN 3-423-11351-0

Das Buch

Die Schiiten sorgen seit Jahren für Schlagzeilen: Sie kontrollieren die für die westlichen Industrieländer so wichtigen Ölfelder des Iran, streben im christlichen Bollwerk Libanon einen islamischen Staat an, und wann immer in dieser Region Flugzeuge entführt, Hauptquartiere in die Luft gesprengt oder Geiseln genommen werden, bekennen sich diese islamischen Glaubenskrieger zur Tat. Seit dem Sturz des Schahs und der Machtübernahme im Iran ist diese radikale islamische Minderheit in das Bewußtsein der Weltöffentlichkeit gerückt. Sie leben im Iran, im Irak, im Libanon und in Pakistan. Obgleich inzwischen jeder ihren Namen kennt, weiß doch kaum einer etwas über ihre wechselvolle Geschichte, die nach dem Tode Mohammeds begann. Damals beanspruchten zwei Männer die Nachfolge des Propheten. Die Mehrheit, die heutigen Sunniten, folgte dem Kalifen Abu Bakr, die Schiiten dagegen erklärten Ali, den Schwiegersohn Mohammeds, zum rechtmäßigen Nachfolger und nannten sich Schiat Ali (Partei Alis). Seitdem erlebten sie brutale Verfolgungen, Mord und Ausrottung, sind aber durch dieses Martyrium nur noch entschlossener geworden, ihre Überzeugung zu bewahren. Gerhard Konzelmann, einer der besten Kenner der islamischen Welt, versteht es wie kein anderer, die faszinierende Geschichte dieser Glaubensgemeinschaft vom Tode des Propheten bis in die Gegenwart mit all ihren historisch-politischen und religiös-kulturellen Hintergründen dem Leser nahezubringen.

Der Autor

Gerhard Konzelmann, 1932 in Stuttgart geboren, studierte an den Universitäten Tübingen und Besançon. 1956 begann er mit der Arbeit für den Hörfunk, 1957 für das Fernsehen. Von 1968 bis 1985 war er Arabien-Korrespondent der ARD und ständiger Kommentator für Nahostfragen. Bekannt wurde er durch seine zahlreichen Reportagen und Kommentare sowie durch viele Bücher, darunter u. a.: ›Mohammed. Allahs Prophet und Feldherr‹ (1980), ›Die islamische Herausforderung‹ (1980), ›Der Nil‹ (1982), ›Jerusalem‹ (1984), ›Der unheilige Krieg‹ (1985), ›Allahs neues Weltreich‹ (1986), ›Der Diwan des Harun Al Rashid‹ (1987), ›Die großen Kalifen‹ (1988), ›Der Jordan‹ (1990), ›Die Hebräer‹ (1990).

Inhalt

Könige sind die
Feinde des Islam.

Ayatollah Khomeini

Der Traum vom Heiligen Schwert

Da weiß jemand Seltsames zu erzählen, und er erntet bei vielen Moslems Ehrfurcht für seine Worte. Dieser eine wohnt in Süddeutschland, in Oberbayern, in einer beengten Appartementwohnung. Dort bewahrt er auf, was Staunen erregt: die metallene Klinge eines Schwertes. Einen Griff – er war wohl aus Holz – besitzt das Schwert längst nicht mehr. Nur ein Stumpf aus Eisen zeigt an, wo der Griff einst war. Wer das Schwert ergreift, der muß die Klinge packen. Schwer liegt das Metall in den Händen. Daß ein eigentümlicher Zauber von ihm ausgeht, läßt sich nicht leugnen.

Aus Böhmen stammt der Mann, der das Schwert aufbewahrt. Seit seiner Jugend hat er die Sehnsucht, sich mit Gegenständen zu umgeben, die er für schön hält. Viele seiner Wünsche kann er sich erfüllen: Er sammelt Gemälde und Skulpturen, Zeichnungen und Radierungen, Schnitzereien und kunsthandwerkliche Arbeiten. Ihn treiben Sehnsucht und Wünsche um, doch ein Träumer, so sagt er selbst, sei er nicht. Er träume auch kaum im Schlaf. Träume, an die er sich erinnere, könne er an den Fingern abzählen.

Doch da ist ein Traum, der übermächtig in Erinnerung geblieben ist: Der Traum von einem Mann in weißem Kaftan, der einen Turban auf dem bärtigen Haupt trug. Eindringlich und durchdringend habe der Mann geblickt, als ob er sich bemühe, dem Träumenden eine Botschaft zu übermitteln. Beängstigend sei der Traum deshalb gewesen, weil der bärtige Mann ein altes, rostiges Schwert vor sich her getragen habe. Unmerklich habe er seine Hände von dem Schwert genommen, und es sei schließlich frei in der Luft geschwebt. Die Angst des Träumenden löste sich, als der Bärtige seinen Turban abnahm und ihn auf das schwebende Schwert legte. Grün – so erinnert sich der Mann, der geträumt hatte – sei der Turban gewesen. Grün ist die Farbe des Islam.

Der Traum war damit nicht zu Ende. Die Vision einer nackten blutenden Leiche nahm die Phantasie des Träumenden gefangen. Schrecken jagte ihm jenes Bild ein, und der Schrecken steigerte sich zur fiebrigen Panik, als er bemerkte, daß der blutende Körper sein eigener war, daß er selbst zum Märtyrer geworden war.

Der Schrecken des Traums, so berichtet der Mann, habe seinen Puls derart in Unruhe gebracht, daß der Schlaf floh, daß die Müdigkeit von ihm wich. Im Augenblick des Erwachens wußte er, wo er das Schwert, von dem er geträumt hatte, in Wirklichkeit finden konnte. Er hatte es in einem Trödlerladen gesehen. Dort hing es an der Wand.

In welchem Land er den Traum erlebt hatte, darüber schweigt der Mann, der da in Oberbayern wohnt. Andeutungen weisen darauf hin, daß er sich damals in einer libyschen Stadt aufgehalten haben muß. Auch darüber, wann ihn die Schreckensvision aus dem Schlaf gerissen hat, gibt seine Erzählung keine genaue Auskunft. Er sagt nur: »Das war zu Beginn der 80er Jahre.« Der libysche Revolutionsführer Moammar Al Kathafi war also sicher schon an der Macht. Dies, auf jeden Fall, ist der Erzählung zu entnehmen, denn dem Besitzer des Trödlerladens, an dessen Wand das rostige Eisenschwert hing, fehlten die ausländischen Kunden, die sich zur Zeit des Königs Idris Al Sannussi in den Gewölben des libyschen Suks für alte Waffen und für Schmuck aus vergangener Zeit interessiert hatten. Der Händler war enttäuscht darüber, daß der Fremde nur Augen für ein rostiges Stück Eisen hatte. Er fragte: »Zu was taugt es? Früher hat man aus solchem Zeug wenigstens Nägel geschmiedet – doch das kann heute auch bei uns niemand mehr.« Nur widerwillig ließ sich der Händler darauf ein, dem Fremden das nutzlose Stück Eisen zu überlassen.

Der neue Besitzer des Schwertes aber war überzeugt, heiliges Gut in Händen zu halten. Die Gewißheit erfüllte ihn, die Waffe habe in der Geschichte des Islam eine bedeutende Rolle gespielt. Allah, so glaubt der Mann seit damals, habe ihn durch die Traumvision dazu geführt, das Schwert aus dem Dunkel der Mißachtung zu holen, damit es seinen Platz finde im Licht des Glaubens.

Die Lehren des Islam sind dem Mann seit vielen Jahren vertraut. Als junger Mensch, dem nach dem Zweiten Weltkrieg im kommunistisch gewordenen Böhmen keine Zukunft blieb, hatte er am Ende der 40er Jahre auf der »Alten Wiese« – das war die einst prächtige Promenade von Karlsbad – einen alten anatolischen Gebetsteppich gekauft. Von diesem Augenblick an, so erzählt der Mann aus Böhmen, habe sein Leben Sinn bekommen, sei Hoffnung in ihn gedrungen: »Der Gebetsteppich wurde zum Mittelpunkt meines Lebens, zum Wegweiser in eine neue Richtung der Gedanken und Empfindungen. Er führte mich ein in die mir bisher unbekannte Welt des Islam.« Mehr als dreißig Jahre später wirkte sich diese Einführung aus, in jener Nacht, als die geträumte Vision Schrecken auslöste.

Die Kenntnis von Lehre und Geschichte des Glaubens gab dem Mann dann die Gewißheit, daß die Traumerscheinung des Bärtigen, der einen grünen Turban trug, dem Propheten Mohammed glich. Der Gedanke festigte sich, der Verkünder des islamischen Glaubens selbst sei ihm erschienen, um ihm das heilige Schwert des Islam in die Hände zu legen, das einst der Prophet Mohammed und, nach dem Gepriesenen, dessen Schwiegersohn Ali getragen und benützt hatte. Der Mann versuchte, die Schrift, die offenbar einst in das Eisen getrieben worden war, lesbar zu machen. Zu erkennen ist der Glaubensgrundsatz des Propheten »Es gibt keinen Gott außer Allah!« Die Überlieferung besagt, auf dem Schwert des Propheten Mohammed seien einst gerade diese Worte zu lesen gewesen. Jenes Schwert habe von Mohammed den Namen »Dhu Al Fakar« erhalten – auf deutsch: »Das Schwert, das immer bereit ist.«

Unzerstörbar ist die Überzeugung des Mannes, das Schwert bewirke Wunder. Von einer ersten unerklärbaren Erscheinung berichtet er selbst:

»Ich hatte Sorge vor der Stunde, in der ich nach München zurückfliegen sollte. Ich wickelte das Schwert in altes Packpapier und band eine Schnur darum. In der Abfertigungshalle des Flughafens schwitzte ich vor Angst, bei der Durchleuchtung des Gepäcks könnte das Schwert entdeckt werden. Sicher war ich, daß es dann beschlagnahmt werden würde. Ohne Unterlaß bat ich Allah, mir beizustehen. Nur mit seiner Hilfe konnte es mir gelingen, die Waffe, die über einen Meter lang ist, durch die Kontrolle zu bringen. Vor dem Bildschirm des Durchleuchtungsgeräts saß eine Frau in Uniform. Ich überlegte mir: Soll ich das Schwert hinter oder vor meine Reisetasche auf das Rollband legen? – Soll ich es wie einen Regenschirm bei mir tragen auf dem Weg durch das Tor, dessen Elektronik auf Metallgegenstände durch einen Pieps hinweist? Ich legte das verpackte Schwert schließlich hinter meine Reisetasche auf das Rollband. Tasche und Schwert verschwanden im Durchleuchtungskasten. Plötzlich erlosch der Schein auf dem Bildschirm, der jetzt eigentlich die Umrisse des Schwerts hätte anzeigen müssen. Die Frau in Uniform reagierte verblüfft. Sie bediente Knöpfe an ihrem Gerät, doch der Bildschirm blieb dunkel. Aus dem Schlund des Apparats krochen meine Reisetasche und das Paket, das die Waffe enthielt. Die Polizistin, verwirrt durch den seltsamen Zwischenfall, klopfte mit der Hand gegen den Kasten ihres Geräts und fragte: ›Was ist in dem Paket?‹ Meine Antwort: ›Das heilige Schwert Allahs‹ nahm sie nicht ernst. Sie glaubte wohl verhöhnt zu werden. Mit einer Handbewegung schickte sie mich weiter. So flog ich, zusammen mit dem heiligen Schwert, nach München.«

Es habe lange gedauert, so sagt der Mann, bis er die Furcht vor Gespött überwunden habe – bis er schließlich das uralte Schwert einem islamischen Geistlichen gezeigt habe. Gewißheit, wahrhaftig einen heiligen Gegenstand zu besitzen, habe ihm die Ehrfurcht gegeben, mit der dieser Kenner der heiligen Traditionen dem Schwert begegnet sei. Wer es auch immer gesehen habe, und eine Ahnung von der Geschichte des Islam besitze, sei der Meinung, das Heilige Schwert von Mohammed und Ali vor sich zu haben. Skeptische Augenzeugen, die in der Kulturwelt des Abendlandes verwurzelt sind, bestätigen die Verehrung, die dem Schwert von Geistlichen in Istambul zuteil wurde. Nur mit Mühe war es dem Besitzer gelungen, den verehrten Gegenstand nach Deutschland zurückzubringen. Der Mann ist seither überzeugt, die islamische Welt werde sich des Schwerts bemächtigen wollen. Daß er selbst Moslem geworden ist, so glaubt er, werde den Wunsch der Gläubigen nicht stillen, das Objekt derartiger Verehrung an einen Heiligen Ort des Islam zu holen.

Dem abendländisch geschulten Verstand liegt der Gedanke nahe, die eiserne Klinge auf ihr Alter untersuchen zu lassen. Leicht müßte festzustellen sein, wie alt das Metall wirklich ist. Doch der Zugriff skeptischer Wissenschaftler könnte dem Schwert den Zauber des Heiligen nehmen. Das Argument ist: »Es ist auch niemand gestattet, durch chemische Analyse zu untersuchen, wie der schwarze Stein in der westlichen Ecke der Kaaba von Mekka beschaffen ist.« So bleibt Glaubensgrundsatz, daß er mit Göttlichem verwoben sei. Es wird keine Frage der Wissenschaft, sondern des Glaubens sein, ob das Schwert für das Bewußtsein der Gläubigen tatsächlich zur Waffe wird, die der Prophet einst umgegürtet hatte.

In den von den Gläubigen anerkannten Berichten über das Leben des Propheten wirkt die Erinnerung fort an das Schwert, das er getragen habe. Als die zerstrittenen Familien der Stadt Medina Mohammed zu sich geholt hatten, damit er Frieden unter ihnen stifte, haßte ihn die eigene Sippe, der Stamm Koraisch in Mekka. So geschah es, daß die beiden Städte Krieg gegeneinander führten. Die Berittenen aus Medina hatten den reichen Handelsherren aus Mekka Karawanen geraubt und auf diese Weise beträchtlichen Schaden zugefügt. Für Mohammed lag die Bedeutung dieser Raubzüge weniger darin, die Gegner wirtschaftlich zu schwächen – er wollte beweisen, daß sein Gott, den er mit Allah ansprach, den vielen Göttern, die in Mekka angebetet wurden, überlegen war. Durch Siege wollte er den Stamm Koraisch, dessen Angehörige mit ihm verwandt waren, davon überzeugen, daß sie nur dann klug handelten, wenn sie ebenfalls Allah als ihren Herrn anerkannten. Die Männer des Stammes Koraisch aber rüsteten zur Vernichtung des Propheten samt seinen Helfern, die ihm bei den Beutezügen beigestanden hatten. Sie sahen allein den wirtschaftlichen Aspekt des Konflikts als wichtig an. Im Konkurrenzkampf der beiden Städte Mekka und Medina stand für jede Konfliktpartei der Einfluß in den Suks der Arabischen Halbinsel auf dem Spiel.

Von der Religion, die Mohammed gestiftet hatte, hielten die Verantwortlichen des Stammes Koraisch nichts. Über die Verwandten, die seine Gesandtschaft als Verkünder von Allahs Willen nicht anerkennen wollten, hatte Mohammed eine Offenbarung ausgesprochen:

»Diejenigen, die ungläubig sind, geben ihr Vermögen aus, um ihre Mitmenschen vom Wege Allahs abzuhalten. Sie verschleudern so ihr Eigentum. Doch sie werden unter Schmerzen bedauern, was sie getan haben. Sie werden Strafe erleiden. Alle, die ungläubig sind, werden zur Hölle fahren.« (Sure 8.36).

Die Aufrüstung der bewaffneten Verbände des Stammes Koraisch mündete in einen Feldzug, der Medina zum Ziel hatte. Auf einer Anhöhe vor der Stadt lagerte das Heer aus Mekka schließlich. Unschlüssig, wie sie reagieren sollten, waren die Befehlshaber der Bewaffneten von Medina. Sollten sie sich angreifen lassen, oder sollten sie selbst den Gegner attackieren? In dieser Situation der Unsicherheit habe Mohammed, so wird überliefert, von einem Traum berichtet, der ihn erleuchtet habe. Da sei ihm sein Schwert erschienen. Es sei jedoch nicht geschärft gewesen, wie es sonst üblich war, sondern sei durch eine Scharte stumpf gewesen. Zum Glück habe er bemerkt, daß er einen starken Panzer trage. Mohammed zog die Konsequenz aus diesem Traum: »Wir sollten in Medina bleiben und die Koraisch angreifen lassen! Zum Angriff sind wir nicht gerüstet, das zeigt die Scharte im Schwert an. Wohlvorbereitet aber sind wir für die Verteidigung!«

Mit dieser Ausdeutung des Traums, so berichtet die Überlieferung, war die Mehrzahl der Befehlshaber in der Truppe des Propheten nicht einverstanden – die meisten wollten angreifen. Ihrem Willen beugte sich Mohammed schließlich.

Von Ibn Ishaq, dem ersten Biographen Mohammeds – er hat etwa hundert Jahre nach dem Propheten gelebt – wird beschrieben, was daraufhin geschah:

»Der Prophet ergriff sein Schwert und rief: ›Wer kann dieses Schwert so führen, wie es ihm gebührt?‹ Einige Männer boten sich ihm an, doch er übergab ihnen das Schwert nicht. Schließlich trat Abu Dudschana, ein Bruder des Stammes Sa'ida, auf ihn zu und fragte ihn: ›Was gebührt denn deinem Schwert, o Gesandter Allahs?‹ Der Prophet antwortete ihm: ›Es gebührt ihm, daß du mit ihm so lange auf den Feind einschlägst, bis es sich verbiegt.‹ Da sprach Abu Dudschana: ›Genauso werde ich das Schwert gebrauchen, o Gesandter Allahs!‹ Da gab ihm der Prophet das Schwert.«

Doch der Tag jenes Kampfes wurde zum Tag der Heimsuchung. Zwar kämpfte Abu Dudschana, der jetzt das Schwert des Propheten trug, mit äußerster Verbissenheit – es wird berichtet, er habe jeden getötet, der ihm als Feind entgegentrat – und doch erlagen die Bewaffneten des Propheten der Übermacht. Auf Seiten der Gegner stachelte damals eine Frau, sie hieß Hind, die Männer des Stammes Koraisch an, sie sollten ihre Kräfte über alles Maß anspannen. Auf diese Frau zu stürmte Abu Dudschana. Er hob das Schwert über dem Scheitel der Hind – er schlug jedoch nicht zu. In der Lebensgeschichte des Propheten von Ibn Ishaq ist der Bericht des Abu Dudschana zu lesen, der schildert, warum er Hind angegriffen und doch verschont hatte: »Ich erblickte eine Person, die unsere Feinde aufs heftigste zum Kampf anspornte, und wandte mich ihr zu. Als ich jedoch das Schwert gegen sie erhob, da brach sie in Wehklagen aus, und ich merkte, daß es eine Frau war. Ich hatte zu große Ehrfurcht vor dem Schwert des Propheten, als daß ich damit auf eine Frau hätte einschlagen können.«

Abu Dudschana hatte bald darauf Grund, zu bereuen, daß er das Schwert des Propheten nicht hatte auf Hinds Haupt niedersausen lassen, denn, sobald die Kämpfer der Koraischsippe gesiegt hatten, begann Hind, die gefallenen Gegner zu verstümmeln. Dem toten Onkel des Propheten, er hieß Hamza, schnitt sie die Leber heraus und biß hinein.

Daß Mohammed sein Schwert einem anderen anvertraut hatte, war eine der Ursachen, die beim Kampf, der in der Geschichte des frühen Islam »Die Schlacht von Ohod« heißt, zur Niederlage geführt hatte. Der Prophet ist damals, obgleich er nicht selbst gekämpft hatte, verwundet worden: Von einem Stein getroffen, stürzte er zu Boden. Er verletzte sich dabei im Gesicht und besonders an der Lippe. Berichtet wird auch, Mohammed habe einen Schneidezahn verloren.

»Im Krieg wird eine Schlacht durch die nächste vergolten!« Mit diesem Wort vermochte Mohammed seine Anhänger über die Niederlage hinwegzutrösten. Wichtig war, nach dem bitteren Ausgang der Schlacht, zu erkunden, welche Absichten die Sieger jetzt verfolgten. Damit beauftragte der Prophet seinen Vetter Ali. Der Befehl zur Erkundung lautete so: »Folge ihnen und achte darauf, was sie tun und was sie vorhaben! Wenn sie auf ihren Kamelen reiten und die Pferde nur mitführen, dann werden sie in ihre Stadt Mekka zurückkehren. Reiten sie aber auf den Pferden, und führen die Kamele, dann werden sie unsere Stadt Medina überfallen. Bei Allah, in dessen Hand meine Seele liegt, wenn sie nach Medina ziehen, werde ich ihnen entgegentreten und mit ihnen kämpfen.« Kurze Zeit später schon konnte Ali seinem Onkel, dem Propheten, der zugleich Feldherr war, berichten, die Reiter des Stammes Koraisch hätten ihre Kamele bestiegen und führten die Pferde mit. Für Mohammed stand damit fest, daß der Feind sich zum Abzug entschlossen hatte.

Den Siegern mit einem Erkundungsauftrag nachzureiten, erforderte Mut. Mohammed hat offenbar häufig in kritischer Situation die Tapferkeit des Ali zum Nutzen der Gläubigen eingesetzt. Der Schlacht von Ohod war ein anderer Kampf vorausgegangen, der siegreich für Mohammeds Anhänger ausgegangen war. Bei dieser »Großen Schlacht von Badr« war Ali von Mohammed aufgefordert worden, den Zweikampf mit einem Gegner zu bestehen: Berichtet wird, es habe nicht lange gedauert, da sei Ali Sieger gewesen. Sein Schwert habe den Gegner mit scharfen Hieben getroffen und getötet. Seither wurde Ali zu den Helden des Islam gerechnet. Das Schwert, das er führte, galt als heiliges Schwert. Es konnte ihn schließlich doch nicht davor bewahren, Niederlagen und den Tod durch Mörderhand zu erleiden. Das Schwert begleitete ihn auf dem Weg zum Märtyrertum. In Mekka begann dieser Weg. Mekka war der Geburtsort sowohl von Mohammed als auch von Ali. In dieser Stadt hatte eine Beziehung begonnen, die der Prophet später so charakterisierte: »Du, Ali, bist für mich, was Aaron für Moses war.« In Mekka hatte Ali dem Mann, den er über alles verehrte, den wichtigsten Dienst erwiesen. Mit diesem Ereignis soll die Schilderung von Alis Lebensweg zum Märtyrertum beginnen.

Mohammed und Ali

In der Nacht, als Mohammed Mekka verlassen hatte, weil seine eigenen Verwandten, die Männer des Stammes Koraisch, seinen Tod beschlossen hatten, da rettete ihm Ali das Leben. Ibn Ishaq, der Biograph, erzählt davon: »Zum Propheten aber kam Gabriel und riet ihm, er solle in der kommenden Nacht nicht in seinem Bett schlafen. Das erste Drittel der Nacht verstrich, und einige Männer von Koraisch versammelten sich an seiner Tür, um aufzupassen, wann er einschlief. Dann wollten sie über ihn herfallen. Der Prophet sah sie jedoch und bat Ali, in seinem Bett zu schlafen und sich, wie er es selbst zu tun gewohnt war, völlig mit seinem grünen Hadramaut-Mantel zuzudecken. Es würde ihm nichts Schlimmes geschehen.«

Die Männer der Sippe Koraisch ließen sich täuschen. Während sie glaubten, Mohammed liege im Bett und schlafe, bereitete er seine Abreise vor. Wie der Prophet das Haus verließ, darüber berichtet Ibn Ishaq, der sich noch auf Augenzeugen berufen konnte, mit diesen Worten: »Unter denen, die sich an Mohammeds Tür versammelt hatten, war auch Abu Dschahl. Er sprach: ›Mohammed behauptet, wenn ihr ihm in seinem Glauben folgtet, würdet ihr die Könige über Araber und Perser werden, und nach eurem Tod würdet ihr wiedererweckt werden und in Gärten leben, so schön wie die Gärten am Jordan. Sonst aber werde es ein Gemetzel unter euch geben, und nach eurer Wiedererweckung würdet ihr in einem Höllenfeuer verbrennen.‹ Da trat der Prophet mit einer Handvoll Staub zu ihnen hinaus und sprach: ›Ja, das sage ich. Und du bist einer von denen, die im Höllenfeuer verbrennen!‹ Nun hatte Allah aber ihren Blick so gewendet, daß sie ihn nicht sehen konnten. Mohammed streute Staub auf ihre Häupter, wobei er aus der Sure Jasin die folgenden Verse sprach: ›Beim weisen Koran! Du bist wahrhaftig einer der Gesandten Allahs und befindest dich auf einem geraden Weg. Der Koran ist vom Mächtigen und Barmherzigen als Offenbarung herabgesandt, damit du Leute warnst, deren Väter noch nicht gewarnt worden sind, so daß sie nichts Böses ahnten. Nun aber ist das Wort an den meisten von ihnen in Erfüllung gegangen, so daß sie nicht glauben. Wir haben ihnen Fesseln an den Hals getan, und die gehen ihnen bis zum Kinn, so daß sie den Kopf hochhalten. Und wir haben vor ihnen einen Wall errichtet, und ebenso hinter ihnen, und sie zugedeckt, so daß sie nichts sehen‹ (Sure 36, 1-9).«

Ibn Ishaq berichtet weiter:

»Am Ende dieser Verse hatte Mohammed jedem der Männer Staub auf den Kopf gestreut und ging seines Weges. Ein Mann, der vorher nicht in der Gruppe der Koraisch an der Tür gewesen war, trat jetzt dazu und fragte: ›Auf was wartet ihr denn hier?‹ Sie gaben zur Antwort: ›Auf Mohammed!‹ Worauf er rief: ›Mohammed ist doch schon zu euch herausgekommen, hat jedem von euch Staub auf den Kopf getan und ist wieder gegangen! Seht ihr denn nicht, was mit euch geschehen ist?‹ Die Männer von Koraisch faßten sich an den Kopf und bemerkten den Staub. Dann begannen sie zu suchen und sahen auf dem Bett die in den Mantel des Propheten eingehüllte Gestalt des Ali. Sie flüsterten: ›Mohammed ist doch da! Er schläft in seinem Mantel.‹ Bis zum Morgen warteten sie, dann aber sahen sie, daß sich Ali von seinem Lager erhob.«

Voll Vertrauen auf das Wort Mohammeds hatte sich Ali auf das Bett des Propheten gelegt. Mohammeds Zusicherung, es werde ihm nichts Schlimmes geschehen, hatte ihm eine ruhige Nacht beschert. Mohammed aber hatte Zeit gewonnen, um Mekka hinter sich zu lassen. So entkam er den Verwandten, die ihn hatten töten wollen, weil sie sich durch Mohammeds Glaubenseifer gestört fühlten.

Daß er Vertrauen in Mohammed setzen konnte, das hatte Ali gelernt. Er war als Kind in den Haushalt des Propheten aufgenommen worden. Sein Vater, er hieß Abu Talib, gehörte zum ärmeren Zweig der großen Familie Koraisch. Er und seine Angehörigen wurden deshalb besonders von Not betroffen, als eine Marktkrise die Einkommen der Händler von Mekka schmälerte. Abu Talib, so wird erzählt, hatte eine große Familie zu ernähren. Der Gedanke, daß sie Hunger leiden könnten, berührte Mohammed, der durch die Heirat wohlhabend geworden war, und er bat Abu Talib, den Verwandten im Großverband der Sippe Koraisch, ihm den Sohn Ali zu überlassen, zumindest solange die Not in einigen Häusern von Mekka das Leben bestimmte. Mohammed, so wird berichtet, habe von Abu Talib die Erlaubnis bekommen, Ali mitzunehmen und in seine Familie aufzunehmen. Dies war zur Zeit geschehen, als Mohammed den Verwandten noch nicht dadurch zum Ärgernis geworden war, daß er versuchte, sie von ihren Göttern abspenstig zu machen, um sie zu Allah hinzuführen. Damals befand er sich noch allein mit seinem Glauben an den einen und allmächtigen Gott. Der erste Mensch nach Mohammed, der diesen Glauben übernahm, war Ali Ibn Talib. Wie dies geschah, berichtet Ibn Ishaq, der erste Biograph des Propheten, so:

»Ein kundiger Mann hat die Erinnerung daran bewahrt, daß der Prophet, wenn die Zeit des Gebets nahte, in die Schluchten außerhalb Mekkas hinausging. Wobei ihn Ali ohne Wissen der übrigen Familienmitglieder begleitete. Sie verrichteten dort ihre Gebete und kehrten bei Anbruch der Nacht nach Hause zurück. So blieb es eine gewisse Zeit, bis Alis Vater Abu Talib eines Tages die beiden zufällig beim Gebet überraschte und den Propheten fragte: ›Was ist das für eine Religion, die ich dich hier ausüben sehe?‹ Mohammed antwortete: ›Dies ist die Religion Allahs, die Religion seiner Engel, die Religion seiner Propheten und die Religion unseres Stammvaters Abraham. Mit dieser Religion hat mich Allah als Prophet zu den Menschen gesandt.‹«

Abu Talib, so ist in der ersten Lebensbeschreibung des Propheten zu lesen, habe empfunden, daß Mohammed auf dem guten Wege sei. Zwar sei es Abu Talib nicht möglich gewesen, sich vom Glauben an die Vielzahl der Götter zu trennen, doch er ließ seinen Sohn Ali in Mohammeds Obhut.

Zur Sicherheit – auch dies weiß Ibn Ishaq – habe Abu Talib auch ganz direkt seinen Sohn Ali gefragt, was für eine Religion es sei, an die er glaube. Ali habe ihm geantwortet: »Lieber Vater, ich glaube an Allah, an seinen Propheten und an seine Offenbarung. Ich habe mit dem Propheten zu Allah gebetet, und ich bin ihm gefolgt.«

Anderen Berichten ist zu entnehmen, Mohammeds Frau Chadidscha habe noch vor Ali von ihrem Mann den Glauben an Allah übernommen. Diese Frau Chadidscha hatte Mohammed im Alter von fünfundzwanzig Jahren geheiratet. Korrekt ist die Formulierung: Sie hat ihn geheiratet. Chadidscha war eine Geschäftsfrau von hohem Ansehen beim Stamm Koraisch, bei den Bewohnern von Mekka insgesamt. Mohammed aber war einer der Mitarbeiter im Handelsunternehmen der Chadidscha gewesen. Er war ihr zunächst durch seine Ehrlichkeit und durch seinen Geschäftssinn aufgefallen. Chadidscha hatte Mohammed beauftragt, eine Karawane mit Waren nach Syrien zu führen. Die Überlieferung berichtet, er habe dabei außerordentlich gute Geschäfte abgeschlossen. Nach der Rückkehr aus Damaskus, erzählt der Biograph Ibn Ishaq, habe Chadidscha – die wesentlich älter war als Mohammed – ihren Karawanenführer gefragt, ob er ihr Mann werden wolle.

Daß der Antrag von der Frau kam, ist in der Erinnerung der Familie Koraisch haften geblieben, doch wird dieser Umstand nicht als außergewöhnlich bezeichnet. Die Gleichberechtigung der Frau in jener Zeit war offenbar im Denken der Menschen als normal verankert: Die Frau konnte sich damals für einen Mann entschließen. Der Prophet Mohammed auf jeden Fall fühlte sich geehrt, er wurde der Gemahl der Geschäftsfrau Chadidscha, über die Ibn Ishaq dieses Urteil abgab: »Sie war unter den Frauen der Sippe Koraisch die Edelste an Abstammung, die Vornehmste und Reichste. Jeder Mann aus der Familie war, wenn nur irgend möglich, auf ihr Vermögen aus.«

Nach mehr als zehn Jahren Ehe bemerkte Chadidscha Seltsames an ihrem Mann. Die Überlieferung weiß zu berichten: »Bald war ihm nichts mehr lieber, als allein zu sein.«

Mohammed war vierzig Jahre alt geworden und hatte inzwischen aufgehört, im familieneigenen Handelsbetrieb zu arbeiten. Zu spüren war, daß ihn Unruhe quälte. Während seiner Reisen nach Syrien war ihm schmerzhaft bewußt geworden, daß die Menschen dort Bescheid wußten über die Existenz Gottes. Ihnen – gleichgültig ob Christen oder Juden – hatte Gott seinen Willen offenbart; er hatte in ihrer Sprache gesprochen. Sie wußten Bescheid, was Gott von den Menschen verlangte, unter welchen Bedingungen sich ihnen das Paradies, als der Ort ewiger Freude, öffnete. Fielen sie in ewige Verdammnis, dann trugen sie die Schuld daran selbst, denn sie hätten durch gottgefälliges Verhalten dem Höllenfeuer entgehen können. Die Menschen Arabiens aber lebten unwissend der Verdammnis entgegen, denn ihnen hat Gott nicht die Richtung gewiesen. Die arabisch sprechenden Männer und Frauen handelten Tag für Tag gegen Gottes Willen, ohne sich einer Schuld bewußt zu sein. Sie beteten nicht einen Gott, sondern mehrere Götter an, die alle – nach Mohammeds Überzeugung – falsche Götter waren. Allein diese Praxis der Vielgötterei mußte den Zorn des einen und wahren Gottes auslösen. Dieser Gott wußte doch sicher, daß die Menschen Arabiens ohne eigene Schuld schuldig wurden. Dies konnte nicht sein Wille sein. In Mohammed wuchs die Überzeugung, die Zeit sei reif, daß sich Allah an die Menschen Arabiens wende – in deren eigener, arabischer Sprache. Gleichzeitig wurde ihm mehr und mehr deutlich, er selbst sei von Allah ausersehen, im Namen dieses Gottes den Arabern mitzuteilen, wie sie ihr Leben einzurichten und wie sie Allah zu verehren hätten. Er wartete auf den Augenblick des göttlichen Anstoßes, auf den Befehl Allahs, zu den arabischen Menschen zu sprechen. Er wartete auf die Offenbarung.

Berichtet wird, der Prophet habe Allahs Befehl nicht in seinem Hause oder beim Gang über die Straßen Mekkas erwartet. Er habe sich hinaus vor die Stadt begeben, auf die vom Sonnenlicht erhitzten Hügel. Einmal sei Chadidscha in Sorge geraten und habe Diener in Richtung der Hügel geschickt, doch sie seien ohne den Gesuchten zurückgekehrt. Als er dann endlich erschöpft in sein Haus zurückgekehrt sei, da habe Chadidscha darauf gedrängt, daß er ihr erzähle, was ihn vor die Stadt treibe. Sie erfuhr, daß Mohammed darauf warte, von einem Boten Allahs angesprochen zu werden. Glaubt man dem Biographen Ibn Ishaq, dann war dies die Reaktion der Chadidscha: »Bei dem, in dessen Hand meine Seele liegt, wahrlich, ich hoffe, du wirst der Prophet dieses Volkes sein.«

Als Mohammed dann tatsächlich eine Stimme aus dem Himmel vernahm, die ihm den Willen Allahs offenbarte, da glaubte Chadidscha an ihn. Ibn Ishaq berichtet: »Sie war überhaupt die erste, die sich zu Allah und zu seinem Propheten bekannte und an seine göttlichen Offenbarungen glaubte. Dadurch erleichterte Allah ihm seine Last, denn immer wenn Mohammed auf üble Ablehnung und auf Verleumdung stieß und darüber traurig war, ließ Allah es ihn bei ihr vergessen, sobald er zu ihr nach Hause kam, da sie ihn bekräftigte und stärkte, an ihn glaubte und ihn über das Verhalten der Leute beruhigte.«

Chadidscha und Ali bildeten schließlich den Kern der islamischen Gemeinde in Mekka. Überliefert ist Alis eigene Erinnerung an jene Zeit:

»Der Prophet legte mich in seinen Schoß, als ich ein Knabe war. Oft drückte er mich an seine Brust. Manchmal kaute er eine Speise vor und ließ mich sie dann essen. Ich folgte ihm wie ein Kamelfüllen der Spur der Stute folgt. Jeden Tag wies er mich auf eine der Gewohnheiten hin, die ein Moslem befolgen müsse, und er befahl mir, sie streng zu beachten. Keine einzige Familie hatte damals noch den Islam angenommen. Der Gesandte Allahs und seine Frau Chadidscha waren die einzigen Gläubigen. Nach ihnen war ich der dritte. Ich sah das Licht der Offenbarung und der Eingebung des Propheten. Ich hörte auch das Wehgeheul des Satans, als die Offenbarung aus Mohammed sprach. Ich fragte ihn: ›O Gesandter Allahs, was ist das für ein Geschrei?‹ Er erwiderte: ›Das ist der Satan, der an seinen Knechten verzweifelt. Du hörst, was auch ich höre. Du siehst, was auch ich sehe – nur, daß du kein Prophet bist!‹«

Ali wuchs heran, doch nur langsam gewann Mohammed Anhänger für seinen Glauben unter den Männern der Familie Koraisch. Die Zahl seiner Gegner unter den Verwandten blieb bedeutend. Ein Jahr ehe ihn die Feindschaft der eigenen Sippe aus Mekka vertrieb, starb Chadidscha, die Frau, die Mohammeds Existenz mit Zuneigung umgeben hatte. Im selben Jahr 631 unserer Zeitrechnung erlosch auch das Leben des Abu Talib, des Vaters von Ali. Ihm war es längst gelungen, die schwierige finanzielle Lage zu überwinden, die ihn einst gezwungen hatte, Ali von Mohammed aufziehen zu lassen. Auch als er wieder zu den Reichen zählte, hatte Abu Talib nicht daran gedacht, seinen Sohn in sein eigenes Haus zurückzuholen. Alis Vater hatte während der zurückliegenden Jahre dafür gesorgt, daß die Männer der Sippe Koraisch sich hüteten, an Mohammed ihren Unmut über seine vermeintliche religiöse Eigenbrötelei zu sehr auszulassen. Hatten sie ihn hänseln oder gar verprügeln wollen, weil er anders betete als sie, so war es immer Abu Talib gewesen, der ihnen ins Gewissen redete und sie ermahnte, Mohammed in Ruhe zu lassen. Selbst Moslem geworden aber war Abu Talib nicht. Mit seinem Tode endete die Zurückhaltung der Männer von Koraisch. Bot sich ihnen die Gelegenheit, dann bewarfen sie Mohammed mit Dreck, Steinen und sogar mit Eingeweiden von Tieren. Von Tag zu Tag steigerte sich der Haß der Verwandten auf den Abtrünnigen, der die vertrauten Götter, die in Mekka ihre Heiligtümer hatten, nicht mehr anbeten wollte. Am Ende dieser Entwicklung des Konflikts stand der Entschluß, Mohammed zu töten. Als sie ihre Tat ausführen wollten, da hatte der Prophet sein Haus bereits verlassen – mit Alis Hilfe war die Flucht nicht entdeckt worden. Niemand rächte sich an Ali dafür, daß er zur Täuschung an Mohammeds Stelle auf dessen Bett geschlafen hatte. Unbehelligt konnte Ali eine Woche nach dem Propheten Mekka verlassen. Ali wurde in Medina gebraucht.

Zu diesem Zeitpunkt hieß der Ort, der 300 Kilometer entfernt im Norden von Mekka liegt, noch Jathrib. Er bestand aus niederen Lehmhütten, die eng beieinander standen. Mehr als hundert werden es kaum gewesen sein. Handwerker, Bauern, Hirten wohnten dort. Jathrib war eine Stadt, in der produziert wurde – und sie unterschied sich damit von Mekka; in jener Stadt waren die Händler die wichtigste Schicht der

Bevölkerung. Auf den Straßen zwischen den Häusern von Mekka lagerten ständig Hunderte von Kamelen, die zu den Karawanen gehörten, auf die der Clan Koraisch so stolz war. Jathrib lag zwar an den Karawanenrouten, die nach Syrien und nach Mesopotamien führten, doch die Stadt bot den Händlern und Karawanenführern keinen Anreiz zum Aufenthalt. Jathrib war ihnen nur wichtig, weil dort Brunnen sprudelten. Das Trinkwasser der Oase galt als besonders süß. Das Wasser ermöglichte günstige Lebensbedingungen. Gärten konnten angelegt werden und Felder. Da wuchs Getreide. Da gediehen Plantagen von Dattelpalmen, Orangenbäumen und Bananenstauden.

Jathrib war ursprünglich eine der zahlreichen jüdischen Siedlungen auf der Arabischen Halbinsel gewesen, die wohl zur Zeit entstanden waren, als jüdische Flüchtlinge aus Jerusalem vor den babylonischen Heeren geflohen waren. Die Juden hatten ihre Vorherrschaft in der Gegend von Jathrib aber längst verloren. In einer mächtigen Wanderungsbewegung waren südarabische Stämme nach Norden gedrungen. Zur Zeit, als der Prophet nach Jathrib kam, herrschte dort Koexistenz zwischen Juden und Arabern.

Doch unter den arabischen Sippen selbst herrschte Streit. Zwei Familien bekämpften sich durch Gewalttaten, durch Mord. Das Gemeinwesen Jathrib litt darunter, zerfiel schließlich ganz. Ein heimtückischer Bürgerkrieg, mit Guerillamethoden geführt, machte den Bewohnern das Leben unerträglich. Oft schon hatten vernünftige Köpfe versucht, die Verstrickung der Menschen in Mord und Totschlag zu lösen. Vergeblich blieb ihr Bemühen, neutrale Schiedsrichter zu finden. Wer im Umkreis der Stadt wohnte, der hatte während der Eskalation der Gewalt nicht wahrhaft neutral bleiben können. Gesucht wurde schließlich ein Mann, der kraft seiner Autorität die Streitenden zu zügeln in der Lage war. Dieser Mann konnte nur von außerhalb des Bannkreises von Jathrib kommen.

In die Überlegungen der Vernünftigen innerhalb der zerstrittenen Sippen wurde schließlich auch Mohammed einbezogen, dessen Glaube, über die Menschen wache ein einziger und allmächtiger Gott, Aufsehen unter den denkenden Männern, die sich auf Märkten und auf Karawanenrouten trafen, erregt hatte. Mit welchen Worten sich einige Männer von Jathrib an den Verkünder des einen Gottes gewandt haben, ist in der Lebensbeschreibung nachzulesen, die Ibn Ishaq verfaßt hat:

»Sie sagten: ›Kein anderes Volk ist so sehr durch Feindschaft und Streit gespalten, wie das unsere. Vielleicht kann es Allah durch dich wieder einig machen. Wenn Allah die Menschen unserer Stadt im Glauben an ihn einigt, dann wird es bei uns keinen mächtigeren Mann geben als dich!‹«

Mohammed und die führenden Männer der Sippen von Jathrib schlossen schließlich einen Vertrag miteinander ab: Sie nahmen den

Propheten bei sich auf und beschützten ihn – der Prophet sollte ihnen, durch den Willen Allahs, eine stabile Ordnung aufzwingen.

Die gestellte Aufgabe bewältigt Mohammed in kurzer Zeit. Aus den zerstrittenen Stämmen formiert er nach und nach eine geschlossene Gemeinschaft. Er gibt die Überzeugung weiter, er sei nichts anderes als der Mittelsmann zwischen Allah, dem Allmächtigen, und den Bewohnern der Stadt Jathrib. Mohammed teilt den Willen Allahs den bestimmenden Männern der Familien mit – auch in den Streitfällen. Allah spricht Recht durch den Mund des Propheten. Alle strittigen Fragen sind dem aus Mekka Zugewanderten zur Entscheidung vorzulegen.

Diese Schiedsrichterfunktion im Namen des höchsten Herrn der Welt gibt Mohammed nahezu absolute Macht in der Stadt Jathrib, die bald darauf Al Medinat Al Rasul genannt wird – die Stadt des Propheten. Daraus hat sich später der Stadtname »Medina« entwickelt. In Medina ist Mohammed Exekutive und Legislative in einer Person. Die Gesetze, nach denen er regiert, entnimmt er den Offenbarungen, die Allah ihm zuteil werden läßt. Für die Administration der Stadt Jathrib findet Mohammed bald einen geeigneten Helfer: Es ist Ali Ibn Abu Talib, der sich auch in der Familie des Propheten fest verankert. Durch Heirat mit der Prophetentochter Fatima wird Ali zum Schwiegersohn des Gesandten Allahs.

Ali ist es, der Mohammed überzeugt, es sei aus innenpolitischen Gründen notwendig, Krieg zu führen, der Beute verspreche. Als Gegner kommen für ihn nur die Verwandten in Mekka in Frage, die Angehörigen der Sippe Koraisch. Ali ist der Organisator der Raubzüge gegen die Karawanen der Händler aus Mekka. Durch geschickte Planung und Durchführung der Überfälle zermürbt Ali die Reichen der ehemaligen Heimatstadt. Allerdings verläuft nicht jeder Ausritt glücklich. So wird Ali in einem Kampf sechzehnmal verwundet – das geschieht in jener Schlacht, vor der Mohammed sein Schwert in die Hände von Abu Dudschana legt. In jener Zeit entwickelt Ali Mut im Kampf und Geschick in der Verwaltung des wieder blühenden Gemeinwesens Jathrib.

Im neunten Jahr der Regierungszeit des Propheten in Jathrib reifte in Mohammed der Entschluß, gegen die Byzantiner zu kämpfen. Die Überlieferung aus jener Zeit berichtet, daß die Menschen Arabiens damals durch ungewöhnlich große Hitze Not gelitten hätten. Dürre habe geherrscht. Niemand konnte verstehen, daß Mohammed gerade in dieser kritischen Zeit Krieg führen wollte. Keiner, der aufgerufen war, mitzuziehen, zeigte Begeisterung. Vielerlei Ausreden bekam Mohammed zu hören. Verblüfft war er, als ihm einer der Männer von Jathrib sagte, er könne deshalb nicht mitziehen, weil er sicher den Reizen der bleichgesichtigen Byzantinerinnen verfalle, und damit eine Sünde gegen Allah begehe. Mohammed beurlaubte diesen um seine Seele besorgten Krieger. Derartige Vorfälle führten jedoch dazu, daß der Prophet sich veranlaßt sah, während seiner Abwesenheit die Regierungsgewalt über die Stadt Jathrib dem vertrauenswürdigen Ali zu übertragen. Daß Mohammed ihn, wenn auch nur vorübergehend, zu seinem Stellvertreter ernannte, gab dem so vor anderen bevorzugten Ali die Sicherheit, er werde auch nach dem Tod des Gesandten Allahs eine besondere Position einnehmen.

Die Aufgabe des Regierungschefs wurde im Verlauf der zehn Jahre zwischen Mohammeds Berufung nach Jathrib und seinem Tode immer gewichtiger. Das Gebiet des Gemeinwesens, für das Mohammed zuständig war, dehnte sich immer weiter aus. Es umfaßte schließlich auch die Stadt Mekka, die Heimat Mohammeds, die zunächst Widerstand geleistet hatte gegen den Glauben des Propheten. Am Ende seines Lebens regierte Mohammed über den größten Teil der Arabischen Halbinsel. Der Staat des Propheten war zu einem weltpolitischen Faktor geworden.

Trotz dieser Entwicklung unterließ es Mohammed, seine Nachfolge zu regeln. Da lebte wohl ein gutes Dutzend fähiger Männer in den Häusern der Stadt Jathrib. Keinem von ihnen wollte er zu seinen eigenen Lebzeiten schon Macht geben – und keinen wollte er benachteiligen. Niemand weiß, ob der Prophet jemals die Idee hatte, einer Dynastie seiner Nachkommen zur Macht zu verhelfen. Wären seine Söhne am Leben geblieben, hätte er solche Gedanken vielleicht entwickelt. Doch zu den direkten Nachkommen zählt nur noch die Tochter Fatima. Zu Mohammeds großem Leidwesen war im Januar des Jahres 632 der Sohn Ibrahim – der Junge, den ihm die koptische Sklavin Mariya geboren hatte – gestorben. Fünf Monate später verließ der Prophet selbst die Gläubigen für immer.

Ali, so ist der Überlieferung zu entnehmen, berichtete dies von der Todesstunde des mächtigen Herrn im islamischen Staat:

»Der Gesandte Allahs starb, während sein Kopf an meiner Brust ruhte. Das Blut aus seinem Munde floß auf meine Hand, und ich strich es in mein Gesicht. Ich wurde beauftragt, die Waschung des Toten vorzunehmen, und die Engel waren meine Helfer. Das Haus und die Höfe waren von Lärm erfüllt. Viele Engel stiegen vom Himmel herab. Andere aber stiegen empor. Nicht das leiseste Geräusch entging mir, das einer von ihnen machte. Sie beteten für Mohammed, bis wir ihn in sein Grab versenkt hatten. Wer stand dem Gesandten Allahs wohl näher im Leben und im Tod als ich?«

Überliefert ist allerdings auch ein anderer Bericht über den Tod des Propheten Mohammeds. Dieser andere Bericht – er gibt die Worte der Aischa, der Lieblingsfrau des Propheten wieder – ist in der Lebensbeschreibung des Gesandten Allahs zu finden, die Ibn Ishaq aufgezeichnet hat:

»Der Prophet kam von der Moschee zurück und legte das Haupt in meinen Schoß. Da trat ein Mann aus der Familie des Abu Bakr ein, in der Hand trug er ein grünes Zahnputzholz, und als ich den Blicken des

Propheten entnahm, daß er das Holz gerne gehabt hätte, fragte ich ihn: ›Möchtest du das Zahnputzholz?‹ Er bejahte. Ich nahm das Hölzchen, kaute es für ihn weich und gab es ihm. Er rieb sich damit so gründlich die Zähne, wie ich es noch nie an ihm gesehen hatte, und legte es beiseite. Dann bemerkte ich, wie mir sein Kopf auf meinem Schoße schwer wurde. Als ich ihm darauf ins Antlitz sah, waren seine Augen starr. Er sprach: ›Ja! Der Erhabenste Gefährte ist Der im Paradies!‹ Ich antwortete: ›Bei Dem, der dich mit der Wahrheit gesandt hat! Du wurdest vor die Wahl gestellt und hast gewählt.‹ Und der Gesandte Allahs verschied. Der Prophet hatte den Kopf an meiner Brust liegen, als er starb. Es war zu einer Zeit, als ich unter den Frauen des Haushalts an der Reihe war, und ich war seinerzeit zu niemandem ungerecht. Es geschah durch meine Unerfahrenheit und mein jugendliches Alter, daß er in meinen Armen verschied. Ich legte dann sein Haupt auf ein Kissen, stand auf und schlug mir, wie die anderen Frauen auch, auf Brust und Gesicht.«

Der Schluß von Aischas Bericht über den Tod des Propheten zeigt, daß sie wohl veranlaßt war, sich zu verteidigen. Jemand muß sie angeklagt haben, sie hätte zu jenem Zeitpunkt gar nicht das Recht gehabt, Mohammed in den Armen zu halten. Dieser eine konnte Ali gewesen sein, der später seine eigene Version von der Sterbestunde berichtete. Alis Version, er sei allein Zeuge des Todes gewesen, ist erst dann beachtet worden, als der Streit um die Nachfolge des Gesandten Allahs in der Funktion des Staatschefs ausgebrochen war. Zu dieser Zeit allerdings war die Feindschaft zwischen Ali und Aischa politisch bedeutend geworden – und sie wirkte sich zum Nachteil Alis aus. Die Ursache der Feindschaft ist bekannt. Ibn Ishaq schildert sie in den Worten der Aischa:

»Immer, wenn der Prophet beabsichtigte, Medina zu verlassen, ließ er durch das Los entscheiden, welche seiner Frauen ihn begleiten durfte. So tat er es auch vor dem Feldzug gegen den Stamm Mustaliq. Das Los fiel auf mich, und der Prophet nahm mich mit. Die Frauen pflegten damals nur Kleinigkeiten zu essen, damit sie unterwegs nicht zu schwer waren. Wenn mein Kamel gesattelt wurde, saß ich gewöhnlich schon in der Kamelsänfte. Dann kamen die Männer, faßten die Sänfte an, hoben sie hoch, legten sie dem Kamel auf den Rücken, banden sie mit Stricken fest und zogen, das Kamel am Kopfe führend, los. Nach dem Unternehmen gegen den Stamm Mustaliq machte sich der Prophet wieder auf den Rückweg. In der Nähe von Medina ließ er eine Rast einlegen, und wir verbrachten dort einen Teil der Nacht. Als er wieder zum Aufbruch rufen ließ, begannen die Leute sich fertigzumachen, und ich ging etwas abseits, um meine Notdurft zu verrichten. Am Hals trug ich eine meiner Onyxketten. Ohne daß ich es merkte, glitt diese, als ich mein Bedürfnis verrichtet hatte, mir vom Hals. Erst bei meiner Rückkehr zum Lagerplatz griff ich suchend nach ihr und vermißte sie. Obwohl der Aufbruch bereits begonnen hatte, kehrte ich nochmals an jene Stelle zurück und suchte die

Onyxkette, bis ich sie fand. Die Männer, die mir das Kamel sattelten, waren inzwischen nach Beendigung ihrer Arbeit zu meiner Lagerstätte gekommen, die ich gerade wieder verlassen hatte, und dachten, ich sei wie gewöhnlich bereits wieder in meiner durch Teppiche verhüllten Kamelsänfte. In der festen Annahme, daß ich mich darin befände, hoben sie die Sänfte auf das Kamel und zogen weiter. Ich aber fand bei der Rückkehr ins Lager keine Menschenseele mehr vor. Sie waren alle weg. Da wickelte ich mich in mein Gewand und legte mich hin, denn ich wußte ja, daß man gewiß zu mir zurückkehren werde, sobald man mich vermißte. Und bei Allah, kaum hatte ich mich niedergelegt, da kam Safwan Ibn Mu'attal vom Stamme Sulaim vorbei. Aus irgendeinem Grunde war er hinter der Truppe des Propheten zurückgeblieben und hatte die Nacht nicht zusammen mit den anderen verbracht. Als Safwan Ibn Mu'attal meine Gestalt erblickte, kam er heran und blieb bei mir stehen. Er hatte mich schon früher einmal gesehen, als wir noch nicht den Schleier tragen mußten. Als er mich erkannte, rief er aus: ›Wir gehören Allah und kehren zu Ihm zurück! Die Frau des Propheten!‹ Und während ich in meinem Gewand eingehüllt blieb, fuhr er fort zu sprechen: ›Weshalb bist du zurückgeblieben? Allah erbarme sich deiner!‹ Ich antwortete nicht. Er holte sein Kamel, bat mich aufzusteigen und hielt sich dabei von mir fern. So stieg ich auf. Er zog das Kamel am Kopf und machte sich eilends auf den Weg, um unsere Leute einzuholen. Aber, bei Allah, wir erreichten sie nicht, und ich wurde auch nicht vermißt, bis es Morgen wurde und sie Halt machten. Nachdem sie sich ausgeruht hatten, tauchte Safwan Ibn Mu'attal mit mir bei ihnen auf. Sogleich verbreiteten die Verleumder ihre Lügen über mich, und das ganze Heer geriet in Aufregung. Ich aber wußte, bei Allah, von alledem nichts.«

Die überlieferte Erzählung der Aischa berichtet, der Prophet habe sich während der Tage unmittelbar nach der Ankunft in Medina sehr zurückhaltend benommen. Sie sei darüber recht erstaunt gewesen, denn sie sei krank geworden, und bei Krankheit habe sich Mohammed sonst als überaus fürsorglich erwiesen. Von der Ursache der Zurückhaltung des Propheten sei ihr lange Zeit nichts gesagt worden. Als sie sich einmal des Nachts vor die Stadt begeben habe, um, mit anderen Frauen, ihre Notdurft zu verrichten, habe sie von einer Verwandten erfahren, daß über sie geredet werde, sie habe den Propheten mit Safwan Ibn Mu'attal betrogen. Aischa mußte feststellen, daß Mohammed selbst im Zweifel war, ob in jener Nacht nicht doch etwas vorgefallen war, was die Ehre des Prophetenhaushalts beflecken würde. Von allen Verwandten drückte sich Ali am deutlichsten gegen Aischa aus. Überliefert ist sein Standpunkt so: »Frauen gibt es wahrlich genug, und Du, o Prophet Allahs, kannst Aischa leicht ersetzen!«

Daß Ali geraten hatte, Aischa aus dem Haushalt des Propheten zu entfernen, verzieh ihm Aischa nie. Ihre Stellung, die zunächst gefährdet erschien, festigte sich rasch wieder, als der Prophet in einer Offenbarung (Sure 24, 11–15) die Unschuld der Aischa verkündete. Gegen Ali wog schwer, daß der Gesandte Allahs seinem Rat nicht gefolgt war. Er wird das Haus der Aischa bis zum Tode des Propheten nur noch selten betreten haben.

Überliefert ist, Ali habe unmittelbar nach dem überraschenden Sterben Mohammeds in dessen Haus Ordnung geschaffen. Koranblätter seien zerstreut auf Tischen und Regalen gelegen. Ali fühlte sich verpflichtet, diese Blätter zunächst zu ordnen und wegzuschließen. Er wußte nichts davon, daß in einem anderen Haus politische Entscheidungen fielen.

Die Ältesten der alteingesessenen Familien von Medina – so wurde Jathrib inzwischen genannt – begriffen unmittelbar nach Mohammeds Tod, daß nun die Chance gekommen war, die frühere Unabhängigkeit zurückzugewinnen. Schon zehn Jahre zuvor hatten diese Ältesten den Propheten geholt, damit er in ihrer Stadt die bürgerkriegsähnlichen Zustände beende. Sie hatten sich damit entmachtet, denn die Entscheidungen darüber, was in Medina geschehen sollte, fällten der Prophet und dessen Verwandte und Freunde, die mit ihm aus Mekka gekommen waren. Nun waren nur noch die Verwandten und Freunde in der Stadt, ohne die Autorität des Propheten. Mancher unter den Ältesten der alten Familien in Medina war nun der Meinung, daß die Zeit des Bürgerkriegs längst vorbei und damit die Anwesenheit der »Fremden aus Mekka« nicht mehr notwendig sei. Im Haus des Patriziers Saad Ibn Ibade wurde bereits das Komplott zur Entmachtung der bisherigen Führungsschicht geschmiedet. Dieser sehr alte und überaus geachtete Mann betonte in einer langen Rede die Verdienste der altverwurzelten Sippen von Medina. Er bereitete den Staatsstreich vor. Doch noch während der Rede des Saad Ibn Ibade wurden in der Stadt Schreie laut: »Abu Bakr soll der Nachfolger sein!«

Abu Bakr war einer der Schwiegerväter des Propheten. Aischa, Mohammeds Lieblingsfrau, war die Tochter von Abu Bakr. Längst war Aischa durch eine Offenbarung vom Makel, sie habe ihren Mann beim Zug durch die Wüste betrogen, reingewaschen worden. Ihr Ansehen gab ihrem Vater politisches Gewicht. Als Freunde des Abu Bakr in der Stadt die Parole ausgaben, der Mann ihres Vertrauens sei der von Allah gewünschte Nachfolger des Propheten, da weckten sie Begeisterung. So geschah es , daß bald überall der Ruf zu hören war: »Abu Bakr soll der Nachfolger sein!«

Aus dem Schrei war schließlich die Forderung der Massen herauszulesen. Abu Bakr war ihr Kandidat für das Amt des »Khalifa Rasul Allah« – des Nachfolgers des Propheten. Im Haus des Saad Ibn Ibade, im Kreis der Verschwörer, die alle Fremden entmachten wollten, konnte die Forderung der Massen nicht unbeachtet bleiben. So waren schließlich auch die Ältesten der alteingesessenen Familien von Medina für Abu Bakr.

Als sich endlich Ali am Ort der politischen Entscheidung sehen ließ, gab es in Wahrheit keine Chance mehr für ihn. Einige Minuten lang glaubte Ali doch noch eine Wende herbeiführen zu können – die Offiziere eines Teils der Streitkräfte in der Hauptstadt wollten nur dem Befehl von Ali gehorchen. Legenden erzählen davon, daß die Meuterei der Bewaffneten von Medina nur deshalb nicht ausbrach, weil der Anführer der Anhänger Alis stolperte und dabei sein Schwert verlor. Diese Ungeschicklichkeit des Kommandeurs wurde von den Untergebenen als Urteil Allahs angesehen. Sie wollten fortan von Ali, dem Schwiegersohn des Propheten, nichts wissen.

Die Frau des Ali – ihr Name war Fatima – konnte von sich sagen, sie sei die Lieblingstochter des Propheten gewesen. In ihren Kindern Hasan und Husain, den Enkeln Mohammeds, lebte das Blut des Propheten weiter. Fatima erinnerte sich plötzlich, daß der Gesandte Allahs bei der Rückkehr von der letzten Wallfahrt nach Mekka gesagt haben soll: »O Gläubige, wenn ich nicht mehr bin, bleibt der Koran zurück, als das Wort Allahs – und meine Familie!«

Sinn dieses Satzes war, daß beides am höchsten geachtet werden sollte, das Buch, das Allahs Willen verkündete, und die Mitglieder des Prophetenhaushalts. Anzunehmen ist, daß Mohammed die Möglichkeit der Bedrohung vorausgesehen hatte, der seine Familie nach seinem Tod ausgesetzt sein könnte. Dazu gehörte der zu erwartende Drang der alteingesessenen Familien, sich aus dem Einfluß, dem Machtanspruch der Zuwanderer zu lösen. Ein Aufstand der angestammten Sippen von Medina gegen die Familie des Propheten und deren Parteigänger aus Mekka war nicht auszuschließen. Unzufriedenheit war häufig zu spüren gewesen unter den Männern von Medina. Sie hatten sich fast immer darüber geärgert, daß die Fremden einen größeren Anteil an der Beute, die den Karawanen der Koraisch abgenommen worden war, gemäß der Anordnung des Propheten zugesprochen erhielten.

Die Tochter des Verstorbenen aber hatte für den Satz »O Gläubige, wenn ich nicht mehr bin, bleibt der Koran zurück als das Wort Allahs – und meine Familie« eine eigene Interpretation, die sich auch Ali zu eigen machte. Fatima und Ali waren bald der Meinung, der Prophet habe durch diese Verkündigung bestimmt, das Recht im Islamischen Staat sei den Verwandten des Propheten vorbehalten – und ganz besonders dem Schwiegersohn Ali.

In der Erinnerung derer, die mit Ali verbunden waren, wuchs ein Ereignis zu immer größerer Bedeutung: Da hatte der Prophet eines Tages Ali, Fatima und beider Söhne Hasan und Husain zu sich gerufen. Über alle vier habe er seinen Mantel gebreitet; dabei habe er ein

Gebet gesprochen und so den engsten Kreis der Familie vor anderen ausgezeichnet und gesegnet.

Der Kampf um die Macht im jungen Islamischen Staat

Fatima ist entschlossen, für die Rechte ihres Mannes zu kämpfen. Aus ihrem Haus dringen über Tage hin Klagegesänge, monotone Proteste gegen die Ungerechtigkeit der Gläubigen. Abu Bakr jedoch, der Kalif, läßt sich nicht einschüchtern. Auch er erinnert sich an Sätze, die der Prophet gesagt haben soll, die nun plötzlich den Stellenwert von Anweisungen bekamen. Eine dieser Anweisungen laute so: »Nach dem Tod des Gesandten Allahs gehört das Eigentum des Verstorbenen den Armen. Für die gerechte Verwaltung der Armengüter aber ist der Nachfolger im Amt des Staatschefs zuständig.« Der Nachfolger im Amt des Staatschefs ist Abu Bakr. Auf Grund des nur ihm bekannten Vermächtnisses des Verstorbenen ordnet Kalif Abu Bakr die Enteignung der fruchtbaren Oasen Fadak und Cheibar an, die einst dem Propheten gehört hatten, jetzt aber Eigentum der Fatima sind.

Die Überlieferung im Kreis der Anhänger Alis ist eindeutig in der Festlegung, der Prophet selbst habe die Frage der Nachfolge geregelt. Ali, so wird berichtet, habe gesagt: »Der Prophet hat seine Hand um meinen Nacken gelegt und gesagt: ›Dieser ist mein Bruder und mein Erbe! Ihr müßt ihm gehorchen!‹«

Mohammed habe auch dies gesagt: »Ali ist immer mit der Wahrheit und mit dem Koran. Die Wahrheit und der Koran werden immer auf seiner Seite sein. Und auch am Tag des Jüngsten Gerichts werden sie nicht voneinander getrennt werden!«

Nur kurze Zeit vor seinem Tod hatte Mohammed von Medina aus eine Pilgerfahrt nach Mekka unternommen. Sie gilt allen gläubigen Moslems als die Erfüllung aller Prophezeiungen und als Vollendung des Glaubens. Wer nach dem Tode des Propheten von der Gültigkeit der Ansprüche Alis überzeugt war, der war der Meinung, Mohammed habe noch vor der Rückkehr nach Medina die Frage der Nachfolge eindeutig geklärt: An einem Ort, der Ghadir Kumm hieß, habe Mohammed vor allen den Gläubigen, die mit nach Mekka gezogen waren, ohne Zweifel Ali beauftragt, sich auf die Übernahme des höchsten Amtes vorzubereiten. Diejenigen, die an diesen Auftrag glaubten, fühlten sich bald zur »Schiat Ali« zugehörig, zur »Partei des Ali« – oder zur »Partei des Haushalts des Propheten«.

Die Partei des Ali ist zunächst zu schwach an Zahl, um gegen den

Kalifen Abu Bakr ernsthaft Widerstand leisten zu können. Abu Bakr hatte durch entschlossenes Handeln den Aufstand der alteingesessenen Familien verhindert – und er gehörte, als Vater der Aischa, der Lieblingsfrau des Propheten, ja auch zu dessen »Haushalt«. Abu Bakr war ein Mitglied des Stammes Koraisch, daran gab es keinen Zweifel. Und Abu Bakr hatte deshalb seinen Anspruch abgesichert durch ein weiteres Wort des Propheten: »Die Leitung der Gläubigen gehört für immer in die Hände der Familie Koraisch!« Da er, Abu Bakr, die Macht übernommen hatte, war dem Wort des Propheten Genüge getan. Die Proteste des Ali und der Prophetentochter Fatima verhallten ungehört.

Ali, der zur Zeit Mohammeds als der Mutigste aller Kämpfer galt – in der Schlacht von Siffin soll er mit seinem Schwert 523 Feinde an einem einzigen Tag getötet haben –, blieb ausgeschlossen vom ruhmvollen Aufbruch der islamischen Bewaffneten, der unmittelbar nach Mohammeds Tod begann. Der Prophet hatte selbst noch verkündet, dem Islam werde Allah den Norden, Süden, Westen und Osten öffnen. Mit anderen Worten: Allahs Hilfe sorge dafür, daß die gesamte Welt vom Glauben an Allah beherrscht werde. Der Kalif Abu Bakr wollte auf die rasche Erfüllung der Voraussage hinarbeiten. Dem Befehlshaber der islamischen Reitertruppe gab er den Befehl: »Ziehe gegen Irak und besetze dieses Land. Reite bis zu den Grenzfestungen gegen Indien. Behandle freundlich das Volk der Perser, wenn es unterworfen ist!«

Rasch werden die fruchtbaren Gebiete um Tigris und Euphrat erobert. Ein Jahr nach dem Beginn des islamischen Sturms setzt der Zerfall des Perserreiches ein. Weitere sechs Jahre später gehört das Nildelta den Gläubigen des Islam. Um diese Zeit stirbt der Kalif Abu Bakr. Seine Macht übernimmt Omar – auch er hatte zum engen Kreis der Gefährten um den Propheten gehört.

Reibungslos war die Übernahme der Herrschergewalt erfolgt. Die Mehrheit derer, die zur Zeit Mohammeds von Einfluß gewesen waren und jetzt noch lebten, hatten Omar zum Kalifen ausgerufen. Gegen Omar war nur eine kleine Gruppe von Männern, die Alis »legitime Ansprüche« unterstützten, die also dafür waren, daß dieser Verwandte des Gesandten Allahs, der zum engeren »Haushalt des Propheten« gehört hatte, die Regierung im islamischen Reich in die Hand nahm. Doch diese Gruppe hatte sich noch nicht von der Lähmung befreit, die sie befallen hatte, als Abu Bakr zum Kalifen ausgerufen worden war. So bildeten diese Männer keine wirkungsvolle Opposition gegen die Proklamation des Kalifen Omar.

Diese erneute Zurücksetzung ließ den Willen Alis nicht erlahmen, doch noch Herrscher zu werden. Ali hatte bereits seine Haltung gegenüber dem Kalifen geändert: Er war bereit, mit ihm zusammenzuarbeiten. Ali gab Omar den Rat, eine neue Zeitrechnung einzuführen, die für die Moslems verbindlich sein sollte. Diese Zeitrechnung, so schlug Ali vor, habe mit dem Wegzug des Propheten von Mekka und dessen Wanderung nach Jathrib/Medina zu beginnen. Andere einflußreiche Männer hatten vorgeschlagen, Beginn der islamischen Zeitrechnung solle die Geburt des Propheten sein – doch Ali setzte sich durch. So ist das Jahr 622 nach Christi Geburt zum Jahr Null der islamischen Zeitrechnung geworden.

Obgleich Ali wieder ins Bewußtsein der Menschen im Islamischen Staat gerückt war, blieb er dennoch auch beim Tod des Kalifen Omar von der Nachfolge im höchsten Amt ausgeschlossen. Omar war ermordet worden von einem christlichen Handwerker, der aus der irakischen Provinz stammte. Der Mörder, so lautet die Überlieferung, habe gehandelt, weil er unzufrieden war mit der Steuerpolitik des Kalifen. Überall im ständig wachsenden Reich waren Eintreiber unterwegs, die Abgaben für das Schatzhaus in Medina einzusammeln hatten. Willkürlich wurden Beträge festgesetzt – sie unterschieden sich bald von Provinz zu Provinz. Ali gehörte zu denen, die Kritik übten an den Methoden der Steuereintreibung. Diese Haltung war schließlich schuld daran, daß er beim Tod des Omar unter den Notabeln in der Hauptstadt zu wenig Freunde besaß, um seine eigene Kandidatur durchzusetzen. Die Familien derer, die einst mit Mohammed nach Medina gekommen waren, gehörten nun zu den überaus Wohlhabenden im Lande. Sie glaubten mit gutem Grund, daß Ali – sei er erst einmal Kalif – durch gerechte Steuergesetzgebung den Geldfluß nach Medina mindern könnte. Sie übergingen ihn deshalb erneut und riefen den unbedeutenden Othman zum Herrscher aus, der zum Stamm Omaija gehörte, und der sich zu Mohammeds Lebzeiten nur in bescheidenen Funktionen bewährt hatte.

Othman glaubte, dazu berufen zu sein, den Koran zu einer Standardversion zu ordnen. Der Kalif führte gute Gründe an für eine Neufassung: Im riesigen islamischen Reich waren Hunderttausende von Koranabschriften im Gebrauch. Von Schreiber zu Schreiber hatten sich Fehler weiterentwickelt, waren Ungenauigkeiten verschlimmert worden. Von Region zu Region unterschiedlich waren die Fassungen, die den Gläubigen zur Verfügung standen. Manchmal fehlten ganze Teile der Offenbarung, so konnte es geschehen, daß Koranversionen unterschiedlichen Umfangs existierten. Eine Ursache der Unterschiede war in der Art zu finden, wie Mohammed die Offenbarung empfangen hatte. In der Überlieferung wird berichtet, wie die Übermittlung des Offenbarungsinhalts von Allah zu Mohammed geschah: »Der verläßliche Geist trug die Offenbarung herunter in das Herz des Mohammed.« Ein anderer Bericht sieht das Geschehen der Offenbarung so: »Allah sendet seinen Engel herunter mit seinem Wort.« Keineswegs geschah die Offenbarung durch die Mitteilung ganzer Suren oder zumindest größerer zusammenhängender Textteile. Mohammed selbst hatte den Skeptikern, die an der Kürze der Einzeloffenbarungen Anstoß nahmen, mit einem Wort Allahs geantwortet: »Die Ungläubigen fragen, warum wurde der Koran nicht als Ganzes übermittelt? Um das Herz meines Gesandten zu stärken habe ich dies nicht getan!«

Der Kalif Othman hatte bei dieser Sachlage vernünftige Gründe für eine Revision des Korans. Doch für Ali, der selbst schon beim Tode des Propheten versucht hatte, Ordnung in die Überlieferung der Offenbarung zu bringen, steckten hinter den Bemühungen des Othman egoistische Motive: Othman gehörte zur Sippe Omaija, die sich während der ersten Jahre nach dem Beginn der Offenbarungen feindlich gegen den Propheten gestellt hatte. Der Verdacht lag nahe, der Kalif habe nun die List gefunden, um aus der Überlieferung die Erinnerung an das islamfeindliche Verhalten der eigenen Familie zu tilgen. Anzunehmen ist, daß einige frühe Textstellen der Offenbarung sich auf die Feindschaft der Sippe Omaija gegen den Gesandten Allahs bezogen. Ali durchschaute diese Chance zum Betrug: Die diskriminierenden Texte konnten bei der Revision des Gesamtkoran durch den Kalifen Othman ausgemerzt werden. Ali mußte auch befürchten, daß Texte gestrichen wurden, in denen er persönlich für Mut und Glaubenstreue gepriesen wurde. Gerade diese Texte aber waren ein Teil der Basis der Ansprüche Alis auf die Macht im Staat. Die Korangelehrten folgten keineswegs geschlossen und ohne Widerstand zu leisten dem Befehl des Kalifen, die von ihm herausgegebene Einheitsform des Koran zu akzeptieren.

Einer von denen, die auf die eigene Koranversion nicht verzichten wollten, war Abdullah Ibn Masu'ud, der in der irakischen Garnisonsstadt Kufa lebte. An einem Freitag predigte er in der Moschee ganz offen gegen die Vereinheitlichung des Heiligen Buches. Er sprach: »O Männer von Kufa. Verbergt euere Koranbücher und haltet sie in Ehren. Was kann das neue Buch wert sein? Ist es doch zusammengestellt von einem Mann, der noch im Sand spielte, als ich schon über siebzig Suren des Koran aus dem Mund des Propheten gehört hatte.« Abdullah Ibn Masu'ud wurde wegen dieser Predigt im Auftrag des Kalifen Othman verhaftet. Die Männer von Kufa aber hielten zu diesem in der Tat untadeligen Korangelehrten. Auch Ali unterstützte aus der Ferne – er lebte in Medina – den Verfemten. Othman aber reagierte zornig. Mit diesen Worten verurteilte der Kalif den Standpunkt des Ali: »Er befindet sich auf Irrwegen, und er unterstützt alle anderen, die sich auf Irrwegen befinden!«

In Kufa, im Zweistromland, bildet sich das erste Zentrum des Widerstands gegen die etablierte Macht, gegen den Kalifen Othman. Vorgeworfen wird ihm nicht nur, er verfälsche den Koran, sondern auch, er bevorzuge die eigene Verwandtschaft bei der Vergabe von Ämtern im Islamischen Reich. Die Unzufriedenen in Kufa fordern, der engste noch lebende Verwandte von Mohammed – gemeint ist der Schwiegersohn Ali – müsse die Regierung übernehmen. Aus dem Kreis dieser Unzufriedenen wuchs die Anhängerzahl der »Schiat Ali«, der »Partei des Ali«. Der Begriff »Schiiten« leitet sich aus »Schiat Ali« ab.

Die Praxis des Kalifen, den eigenen Verwandten die einkommensstärksten Ämter zu geben, hatte dazu geführt, daß auch in der Provinzhauptstadt Kufa ein Mann aus der Familie Omaija Gouverneur geworden war. Er hieß Walid Ibn Okba. Ein schlechter Verwalter der Provinz um Euphrat und Tigris war er nicht, doch seine Neigung, Wein im Übermaß zu trinken, erregte den Unwillen der Gläubigen. Zu seinen Aufgaben als Gouverneur gehörte es, freitags in der Moschee von Kufa die Gebete vorzusprechen. Das Unglück brach über ihn herein, als er, nach einer durchzechten Nacht, die Gebetstexte mit schwerer Zunge sprach. Schließlich schlief Walid Ibn Okba sogar auf dem Gebetsteppich ein. Diese Gelegenheit nutzte ein Anhänger des Ali: Er streifte dem Schlafenden das Zeichen seiner Amtswürde, den Siegelring, ab. Die führenden Köpfe der Schiat Ali schickten den Ring dem Kalifen Othman zu, der in Medina residierte.

Ohne Ring war Walid Ibn Okba nach dem Brauch im Islamischen Staat kein Gouverneur mehr. Es blieb ihm nichts anderes übrig, als in die Hauptstadt zu reisen, um sich dort vor dem Kalifen zu verantworten. Walid Ibn Okba mußte gestehen, daß er gegen das Gebot des Propheten verstoßen hatte, zum Gebet in der Moschee auf keinen Fall betrunken zu erscheinen. Das islamische Gesetz schrieb vor, den Schuldigen einer derartigen Gebotsübertretung durch achtzig Stockschläge zu züchtigen. Diese Vorschrift galt auch für Walid Ibn Okba, den bisherigen Gouverneur von Kufa; doch der Kalif wollte seinen Verwandten schonen – er schob die Züchtigung auf. Darüber empörte sich Ali, der in der Handlungsweise des Kalifen ein Beispiel für Amtsmißbrauch, für Bevorzugung der Mitglieder der Kalifenfamilie sah. Als, aus Angst, dem Herrscher zu mißfallen, niemand aus dem Kreis um den Kalifen die Züchtigung des Walid Ibn Okba durchführen wollte, nahm Ali selbst den Prügel in die Hand. Der Clan der Sippe Omaija verzieh dem Ali nie, daß er ihren Verwandten geschlagen und damit der ganzen Familie Schmach zugefügt hatte.

»Othman ist kein gesetzmäßiger Kalif. Er verdient keinen Gehorsam, er muß abgesetzt werden. Ali, der Schwiegersohn und Helfer des Propheten, ist der rechtmäßige Beherrscher der Gläubigen!« Fernab von Kufa, von Mekka und Medina waren solche Parolen zu hören. Sie wurden in den Moscheen am Nil ausgerufen. Auch dort, in Ägypten, hatte sich eine Gruppe von Anhängern Alis zusammengefunden. Ihr geistiger Führer war der Korangelehrte Abdallah Ibn Saba. Er hatte in den Suren des Koran nach Weissagungen für die Zukunft gesucht. In der Sure 28 fand er diese Worte: »Der dir den Koran zur Richtschnur gegeben hat, der wird dich zurückbringen nach Mekka.« Nach allgemeiner Glaubensübereinkunft sollte damit dem Propheten prophezeit werden, daß ihn Allah vom Ort der Zuflucht, von Medina wieder nach Mekka zurückgeleiten werde. Abdallah Ibn Saba aber interpretierte den Text so: Allah werde Mohammed aus dem Paradies die leibliche Rückkehr nach Mekka ermöglichen. Daraus zog er diese Konsequenz: Wenn der Prophet wieder unter den Lebenden weile, werde er bestimmt Wert darauf legen, erneut über den wichtigsten Mitarbeiter von einst verfügen zu können. Ohne Zweifel war Ali dieser wichtigste Mitarbeiter.

Nach Meinung von Abdallah Ibn Saba hatten die Kalifen Abu Bakr, Omar und Othman das Verbrechen begangen, eine Position zu besetzen, die ihnen nicht gebührte, die, nach dem Willen des Propheten – und damit nach dem Willen Allahs – allein Ali zustand. Abdallah Ibn Saba sah die Zeit zur Korrektur der Geschichte des Islamischen Reiches als gekommen an: Othman mußte abgesetzt und Ali mußte ins Kalifenamt eingesetzt werden.

Die Entschlossenheit zur Rebellion wurde gestärkt durch die Nachricht, der Kalif selbst habe seinen Amtsring, und damit das Siegel seiner Macht, auf rätselhafte Weise verloren. Daß diese Nachricht falsch war, nützte Othman wenig. In den fernen Provinzen, in Ägypten und im Zweistromland schwand die Autorität des Kalifen. Aus beiden Regionen zogen Hunderte und schließlich Tausende nach Medina. Die ersten, die dort eintrafen, waren die Rebellen vom Nil. Sie waren überrascht, daß sich der Kalif als nachgiebig erwies.

Othman erklärte sich bereit, die Provinzgouverneure, die zu seiner Verwandtschaft gehörten, ablösen zu lassen. Daraufhin zogen die Männer wieder in Richtung Heimat aus Medina ab. Unterwegs aber, in der Gegend von Al Arish, nahmen sie einen Reiter gefangen, der sich verdächtig benahm. Sie fanden einen Brief bei ihm, den er dem Gouverneur am Nil zu überbringen hatte. Darin wurde der Gouverneur angewiesen, die Anführer der Gruppe, die in Medina gewesen war, zu töten. Im Zorn kehrten die Männer in die Hauptstadt zurück. Zusammen mit den Rebellen, die inzwischen aus dem Zweistromland eingetroffen waren, begannen sie, das Gebäude des Kalifen zu umlagern und schließlich zu belagern. Ihr Ruf hieß jetzt: »Tod dem Kalifen Othman!« Wenn der Herrscher sein Haus verließ, wurde er beschimpft, mit Schmutz beworfen und schließlich mit Waffen bedroht. Da warnten nicht wenige der klugen Köpfe, die Einheit der Moslems sei bedroht durch die Aktivität der Schiat Ali. Der Sohn des Omar, des Vorgängers von Othman, sagte Worte, die sich bis heute bitter bewahrheiten sollten: »Wenn Othman umgebracht wird, dann werden die Moslems nie mehr gemeinsam beten, nie mehr gemeinsam gegen die Ungläubigen kämpfen können.«

Als die aufgeputschten Massen vor dem Palast Flüche gegen den Kalifen brüllten, da versuchte sich Othman zu rechtfertigen: »Was habe ich alles für diese Stadt Medina getan. Ehe ich hierherkam, gab es fast kein wirklich trinkbares Wasser. Ich persönlich habe die Quelle Bir Rumah gekauft und ihr Wasser herein in die Stadt geleitet. Heute sind wir soweit gekommen, daß meine eigenen Mägde nicht mehr zum Brunnen gehen können, um Wasser ins Haus zu holen. Ich habe noch viel mehr getan für Medina. Die Moschee war zu eng für alle Gläubigen, ich habe sie deshalb erweitern lassen – und jetzt darf ich selbst nicht mehr darin beten. Wer hat mir das Kalifenamt gegeben? Die Menschen da draußen, oder Allah? Wer kann mir das Kalifenamt wieder nehmen? Die da draußen, oder Allah?«

Die schiitischen Gelehrten sagen in unserer Zeit, Ali habe versucht, Othman auf seine Fehler hinzuweisen, insbesondere auf die zu offensichtliche Bevorzugung der eigenen Verwandtschaft. Da gab es ein Beispiel, das jeder kannte: Als die Tochter des Kalifen mit Abdallah Ibn Khalid vermählt wurde, da erhielt das Paar aus dem Schatzhaus des Kalifen, also aus der Staatskasse, den Betrag von 600000 Dirham ausbezahlt. In heutigem Geld ist dieser Betrag etwa sechs Millionen DM gleichzusetzen. Für Alis Empfinden wog allerdings schwerer, daß der Kalif die Gier seiner Verwandten nach immer mehr Grundbesitz nicht eindämmte. So entstand während der Regierungsjahre des Kalifen Othman eine Schicht von Feudalherren, die es weder in der vorislamischen noch bisher in der islamischen Zeit auf der Arabischen Halbinsel gegeben hatte.

Schuld an dieser unglücklichen Entwicklung war wohl, daß Othman im damals hohen Alter von siebzig Jahren die Macht im Islamischen Reich übernommen hatte. Er war zunächst glücklich darüber gewesen, daß Männer der Verwandtschaft, die ihm vertraut waren, ihm tatkräftig bei den sich ständig mehrenden Regierungsaufgaben zur Seite stehen wollten. Den Vertrauten überließ er schließlich mehr und mehr Verantwortung. Die Kontrolle im Staat entglitt ihm. Er wurde im Verlauf der Jahre sogar abhängig vom eigenen Clan.

Verantwortung ohne Kontrolle führte dazu, daß die Verwandten, die als Provinzgouverneure eingesetzt waren, immer geldgieriger wurden. Sie verfielen der Neigung, andere auszubeuten. Entgegen den Vorschriften des Koran, die es den Gläubigen des Islam verboten, andere Gläubige derselben Religion zu versklaven, organisierten Gouverneure, die zum Clan gehörten, Sklavenarbeit in großem Umfang. Gläubige Männer und Frauen wurden erst zu finanziell Abhängigen und dann zu Leibeigenen gemacht. Je mehr dieser Mißbrauch um sich griff, desto größer wurde der Kreis der Feinde des Kalifen.

Die Überlieferung der Schiat Ali berichtet von Versuchen des Ali, den Kalifen auf den richtigen Weg zu bringen. Er soll zu Othman gesagt haben: »Der beste Diener Allahs ist der gerechte Imam, der rechtgeleitet wird, und der selbst recht leitet. Es gehört zu den Aufgaben des gerechten Imam, jede Neuerung zu prüfen, ob sie den Gläubigen insgesamt Nutzen bringt. Entspricht sie diesen Anforderungen nicht, muß sie unterbleiben.«

Jetzt, als die Unzufriedenen auf den Straßen von Medina lagerten, da schwieg Ali. Er bewahrte eine Art von egoistischer Neutralität. Er vermittelte zeitweilig zwischen den Unzufriedenen und dem Kalifen, doch eine Lösung des Konflikts suchte er nicht.

Als die Rebellen dazu übergingen, das Haus des Kalifen zu belagern, da wußte Ali wohl, daß er bei dieser Auseinandersetzung nur gewinnen konnte. In jenen Tagen hatte Ali eine unfreiwillige Verbündete in Aischa, der einstigen Lieblingsfrau des Propheten, die Othman nicht leiden konnte und die deshalb gegen ihn hetzte. Doch als sie erkannte, daß Ali – dem sie den Rat an Mohammed nicht verzeihen mochte, er möge sich doch von ihr trennen – zum Gewinner wurde, da verließ sie Medina mit der Begründung, sie müsse sich auf die Pilgerfahrt begeben. Sie wollte nicht Zeuge sein, wenn die Schiat Ali einen blutigen Sieg errang.

An einem heißen Tag im Juni des Jahres 656 unserer Zeitrechnung handelten die Rebellen. Sie drangen in das Haus des Othman ein und erschlugen ihn. Das Blut des Kalifen, so wird berichtet, sei über den Koran geflossen, in dem er eben gelesen hatte. Die tödlichen Schläge habe der Sohn des Abu Bakr geführt. Abu Bakr war in der Nachfolge des Propheten der erste Kalif gewesen.

Sicher ist, daß Ali nicht zum Mord an Othman aufgefordert hatte. Doch er war der Nutznießer. Da war kein anderer mehr aus dem Kreis derer, die einst mit Mohammed aus Mekka nach Medina gekommen waren, und die als eine Art Adelsschicht im Islamischen Reich galten. Die Macht fiel jetzt Ali zu. Er soll jedoch fünf Tage lang gezögert haben, das höchste Amt im Staat anzunehmen. Doch am 25. Juni des Jahres 656 christlicher Zeitrechnung wurde Ali zum Kalifen ausgerufen. Fast ein Vierteljahrhundert lang hatte er darauf warten müssen. Soviel Zeit war vergangen seit dem Tode des Propheten Mohammed. Die zurückliegenden fünfundzwanzig Jahre waren die einzige Epoche der Einheit gewesen im Islam – sie wiederholte sich nie wieder.

Die Spaltung des Islam

Mohammed selbst hatte den Verlust der Einheit noch vorausgesagt. Überliefert ist dieser Bericht des von Mohammed einst freigelassenen Sklaven Muwaihiba:

»Mitten in der Nacht ließ der Prophet mich zu sich kommen, und er sagte: ›Mir wurde befohlen um Vergebung zu beten für die Toten auf dem Baqi-Friedhof. Komm mit mir!‹ Ich ging mit ihm, und als er zwischen den Gräbern stand, sprach er laut: ›Friede sei mit dir o du Volk, das in den Gräbern liegt. Wie Fetzen der finsteren Nacht bedroht uns die Gefahr der Spaltung. Eine nach der anderen wird kommen und die letzte wird weit schlimmer sein als die erste.‹«

Die erste Spaltung, ausgelöst durch die Ermordung des Othman, brachte die Teilung der Macht zwischen Ali, als dem Repräsentanten der Schiat Ali, und der Familie Omaija, deren Oberhaupt Othman den gewaltsamen Tod gefunden hatte. Der Omaija-Clan war noch immer stark, und seine Führer dachten nicht daran, sich dem neuen Kalifen Ali zu unterwerfen.

Die islamischen Chronisten der Frühzeit haben Beschreibungen der Person Alis hinterlassen, die ein durchaus realistisches Bild dieses Mannes projizieren: Die Beschreibungen stimmen darin überein, daß er große und hervorstechende Augen gehabt habe, die andere Menschen faszinieren konnten. Von Figur muß Ali eher klein gewirkt haben – und korpulent. Die Hautfarbe sei dunkler gewesen als sonst bei Männern der Arabischen Halbinsel üblich. Ein dichter langer und weißer Bart habe sein Gesicht umrahmt. Manchmal, so wird berichtet, sei dieser Bart gefärbt gewesen.

Zu Lebzeiten des Propheten hatte Ali Tatkraft und Entschlossenheit bewiesen. Doch seit damals war ein Vierteljahrhundert vergangen. Ali war ein Kämpfer gewesen, der sein Schwert Dhu Al Fakar zu führen gewußt hatte. Seit er nicht mehr an den Kriegszügen beteiligt war, hatte er die Waffe kaum mehr berührt. Schlecht war Ali gerüstet für die Auseinandersetzung mit der Verwandtschaft des ermordeten Kalifen Othman, mit der Sippe Omaija. Unmittelbar nach seiner Proklamation hoffte Ali, den führenden Kopf des feindlichen Clans überzeugen zu können, daß die Schuld an der Ermordung des Othman allein den Aufrührern zuzurechnen sei – er, Ali, habe nichts damit zu tun. Rechtmäßig sei die Macht im Staate ihm zugefallen.

Mu'awija hieß dieser führende Kopf der Sippe Omaija. Er residierte noch immer als Gouverneur in Damaskus. Ihm schrieb Ali diesen Brief:

»Mir haben die Männer gehuldigt, die zuvor Abu Bakr, Omar und Othman gehuldigt hatten. Sie haben mir in der vorgeschriebenen Weise die Treue versprochen. Wer dabei war, der kann sich danach nicht gegen mich entscheiden. Wer nicht beim Treueschwur dabei war, der ist dennoch gebunden. Auf einen Mann, auf mich, haben sich die Berufenen geeinigt, und dies zur Genugtuung Allahs. Sie haben einen Imam gefunden, der sie leitet. Sollte jemand diese Entscheidung nicht akzeptieren, dann muß man ihn auf den Weg der Gläubigen führen. Gegen die Wahl des Imam ist keine Berufung möglich. Wer eine Revision der Entscheidung versucht, der ist ein Widersacher. Wer mit der Anerkennung zögert, der ist ein Betrüger.«

Eine Antwort auf sein Schreiben erhielt Ali nicht. Die Sippe Omaija konnte in Damaskus die weitere Entwicklung abwarten – sie hatte sich in der Hauptstadt der syrischen Provinz eine sichere Bastion geschaffen.

Seit Generationen zählte die Sippe Omaija zu den mächtigen Handelsgeschlechtern der Arabischen Halbinsel. Sie hatte keineswegs zu den ersten Gläubigen gehört, die dem Propheten gefolgt waren. Die Männer des Omaijaclans schlossen sich der neuen Glaubensbewegung erst an, als die Entscheidung der Menschen von Jathrib/Medina zu Gunsten von Mohammed bereits gefallen war. Der Clan hatte sich dem Sieger angepaßt. Ein erster Höhepunkt ihrer eigenen Macht war erreicht, als das Sippenmitglied Othman Kalif geworden war. Den erreichten Einfluß zu bewahren, dies war jetzt das Ziel der Männer von Omaija.

Den Mächtigen im Islamischen Reich bot sich an Freitagen, an den Heiligen Tagen der Moslems, die Gelegenheit, in der Moschee politische Richtlinien zu verkünden. In der Hauptstadt Medina sprach der Kalif zu den Gläubigen, in den Provinzen hatten die Gouverneure das Recht auf das Wort an die Untertanen. Mu'awija benutzte schon bald nach Alis Amtsantritt die Predigtkanzel der Moschee von Damaskus als Plattform seiner Propaganda gegen den Kalifen. Den Namen Ali erwähnte der Gouverneur nie; er sprach vom »Mörder des Othman« – und jeder Zuhörer wußte, wer gemeint war. Dies waren die Worte des Mu'awija:

»Der Mörder des Othman ist ein feiger Hund, der einem kranken und alten Mann den Todesstoß versetzt hat. Ein Verbrecher hat sich das Amt des Kalifen erschlichen. Alle Bewohner Syriens haben geschworen, Blutrache an dir zu üben. Du hast Othman ermordet. Einhunderttausend Männer haben in den Moscheen Syriens den Tod des Othman beweint.«

Dieselben Worte der Mordanklage schickte Mu'awija auch in einem Brief nach Medina, an Ali. Dem Boten, der das Schreiben aus Damaskus überbracht hatte, gab der Kalif diese Antwort mit auf den Rückweg:

»Bei meinem Leben, Mu'awija, wenn du den Sachverhalt vernünftig und ganz ohne Leidenschaft betrachtest, dann wirst auch du zur Überzeugung kommen, daß ich ganz unschuldig bin am Blut des Othman. Ich war gar nicht anwesend, als der Mord geschah. Was deine ständigen Reden über das Unglück des Othman angeht, so will ich dir nur das eine sagen: Du hast ihm geholfen, wenn es dir selbst genützt hat. Du hast ihn aber im Stich gelassen, wenn er deine Hilfe gebraucht hätte. Hüte dich vor dem Tag des Jüngsten Gerichts, auf den sich nur derjenige freuen kann, der am Ende seines Lebens Lob verdient hat. Fürchte Allah in deiner Seele und wende dein Gesicht dem Jenseits zu, denn dorthin führt auch dein Weg!«

Dies war wiederum die Antwort des Gouverneurs von Damaskus: »Schön geschrieben war die Ermahnung, die du mir geschickt hast, und reich verziert war der Umschlag. Du hast dich aber im Irrtum befunden, als du mir diesen Brief geschrieben hast. Einen derartigen Brief schreibt nur jemand, der keine Einsicht besitzt in die Wahrheit und dem kein Ratgeber beisteht, um die Gedanken richtig zu lenken.«

Ali selbst aber glaubte gut beraten zu sein, wenn er immer wieder auf seine Zugehörigkeit zum engsten Kreis des Prophetenhaushalts von einst hinwies. Aus dieser Zugehörigkeit leitete Ali seinen Anspruch ab, zu Recht den Platz des Kalifen eingenommen zu haben. So schrieb er an seinen Kontrahenten Mu'awija:

»Du sagst, wir entstammten einer gemeinsamen Familienwurzel. Sowohl die Haschemiten, die Familie des Propheten, als auch der Stamm Omaija seien aus einem gemeinsamen Stammvater hervorgegangen. Dies stimmt wohl, doch der Stamm Omaija ist nicht dem Stamm Haschem gleichzusetzen. Wir, aus dem Stamm Haschem, sind aufrichtig und haben uns nicht, wie ihr, erst später dem Islam angehängt. Wir sind Gläubige und keine Betrüger wie ihr. Von uns kommt der Gesandte Allahs, ihr habt Allah verleugnet. Unseren Kindern ist das Paradies zugesagt. Eueren Kindern aber ist das Höllenfeuer sicher!«

In der Überlieferung erhalten geblieben sind Äußerungen Alis, die zeigen, wie hilflos er sich – trotz der Überzeugung, im Recht zu sein – gegenüber Mu'awija fühlt. Manches der überlieferten Worte zeugt von Resignation:

»Bei Allah, Mu'awija ist nicht schlauer als ich, doch er lügt und betrügt. Wenn ich nicht grundsätzlich den Betrug hassen würde, wäre ich der schlaueste Mensch auf der ganzen Welt.«

Für Ali blieb der Stimmungswechsel, der sich in den Köpfen der Männer vor allem in den Städten Medina und Mekka vollzogen hatte, unverständlich. Was er nicht begriff, war vor allem der Wandel in der Einstellung zu Othman: Dieser Kalif war verhaßt gewesen – Männer aus dem gesamten Reich hatten gegen ihn protestiert, und hatten sich entschlossen, die Schiat Ali zu unterstützen. Kaum aber hatte Ali, wie von der Schiat Ali gewünscht, die Kalifenwürde übernommen, da gingen viele auf Distanz zu ihm, da konzentrierte sich Zorn auf ihn. Warum er von so wenigen geliebt wurde, blieb ihm ein Rätsel.

In der Person der Aischa, der Witwe des Propheten, hätte Ali die Lösung dieses Rätsels finden können. Sie hatte dazu beigetragen, das Ansehen des Kalifen Othman zu untergraben, doch zum Zeitpunkt seiner Ermordung war Aischa unterwegs gewesen nach Mekka, zur Pilgerfahrt. Niemand konnte sagen, Aischa hätte die Mörder angestachelt. Ganz offensichtlich hatte sie den Tod des Othman gewollt – die Machtübernahme durch Ali aber war eine Konsequenz des Mordes, die Aischa nicht im Sinn gehabt hatte. Ihr ganzes Leben lang konnte sie Ali nicht verzeihen, dem Propheten einst die Scheidung von Aischa empfohlen zu haben. Achtzehn Jahre alt war Aischa gewesen, als der Prophet Mohammed starb. Noch nicht ganz fünfundvierzig Jahre zählte ihr Alter, als sie Partei ergriff gegen Ali. Daß sie einst die Lieblingsfrau von

Mohammed war, gab ihr eine hohe Autorität bei den einfachen und bei den mit Verantwortung betrauten Menschen. Beide Gruppierungen hatten ihr den Ehrentitel »Mutter der Gläubigen« gegeben.

Der Einfluß, den sie in Mekka ausübte, führte dazu, daß diese Stadt vom Kalifen Ali keine Anweisung mehr entgegennehmen wollte. Die Verantwortlichen rebellierten nicht, doch sie verhielten sich passiv. Diese Haltung genügte der Prophetenwitwe, in der politischer Ehrgeiz erwacht war, nicht. So, wie sie Othman vernichtet hatte, wollte sie jetzt Ali vernichten. Die bewaffneten Verbände, die dazu nötig waren, wollte sie im Zweistromland um Euphrat und Tigris finden. Sie machte sich auf zum Ritt über eine Strecke, die nahezu tausend Kilometer lang war. Von politischem Scharfsinn zeugt diese Unternehmung der Aischa nicht. Gerade im Gebiet von Euphrat und Tigris verfügte Ali über treue Anhänger. Einer von ihnen war der Kommandeur der Stadt Basra. Er empfing Aischa zwar, doch ließ er es sehr an Höflichkeit fehlen. Er schritt nicht ein, als ein wichtiger Stammeschef die Witwe des Propheten anschrie: »Bei Allah, dein Benehmen ist strafbarer als das der Mörder Othmans, gegen die du Hilfe suchst. Du hast das Heiligtum des Gesandten Allahs entweiht. Du hast dich unter Männer gestellt; du hast dich nicht gescheut, dir den Schleier wegziehen zu lassen.« Der Stammeschef griff Aischa deshalb an, weil sie es gewagt hatte, allein mit Männern durch die Wüste zu reiten. Aischa mußte einsehen, daß sie am Euphrat und Tigris keine Anhänger für eine Kampagne gegen Ali gewinnen konnte.

Unmerklich hatte sich im Vierteljahrhundert, das vergangen war seit dem Tod des Propheten, ein Bewußtseinswandel im Arabischen Reich vollzogen. Mohammed und die ersten drei Kalifen waren Männer gewesen, die in den Wüsten Arabiens, im kargen, sonnendurchglühten Land ihre Basis gesehen hatten. Selbstverständliches Zentrum ihres Staates waren die Wüstenoasen Mekka und Medina gewesen. Die Eroberungsphase nach Mohammeds Tod hatte dem Islamischen Reich überaus wohlhabende Städte und Gebiete eingebracht. Dazu zählten Damaskus, Basra und Kufa sowie das fruchtbare Land um Euphrat und Tigris. Die Erfahrung lehrte, daß das Leben in diesen Städten und an jenen Flüssen angenehmer sein mußte als in der Wüstenhitze von Mekka und Medina. So wuchs in vielen Männern der Drang, die zwei Städte zu verlassen, die bisher das Machtzentrum gebildet hatten, um eine neue Basis im Zweistromland zu finden.

Auch Ali selbst, der die Abneigung, die ihm in Mekka und Medina entgegenschlug, als immer unerträglicher empfand, wandte seine Gedanken von den Städten des Propheten ab und dem Zweistromland zu. Der Grund für diese Sinnesänderung lag nicht nur in der klimatischen Attraktivität der Handelszentren an den großen Flüssen, sondern auch in der Verkrustung der Stadteliten von Mekka und Medina. Sie waren reich und mächtig geworden während der Jahre der Eroberungen. Sie hatten teilgehabt an der Beute, die in das Schatzhaus der Hauptstadt eingebracht worden war. Die Folge des Reichtums war, daß die Angehörigen der Elite bequem geworden waren. Sie waren hauptsächlich von geistiger Bequemlichkeit befallen. Religiöser Eifer war nirgends mehr zu spüren. Ali hatte versucht, als Kalif die Gedanken der Gläubigen wieder auf die Anfänge des Glaubens hinzuwenden, auf die Grundsätze, die der Prophet gelehrt hatte. Gerade diese Rückwendung wurde von der Stadtelite in Mekka und Medina als revolutionär empfunden. Nach ihrer Meinung aber war die Zeit der Revolution verstrichen.

Ali, der Revolutionär

Das Mißfallen der bisherigen Elite hatte Ali unmittelbar nach der Übernahme des Kalifenamts erregt durch seine Entscheidung, alle Verantwortlichen im ganzen Reich abzulösen, wenn sie sich, nach seiner Meinung, als unfähig erwiesen hatten. Gleich am ersten Tag seines Kalifats hatte Ali in seiner Antrittsrede die Richtung gewiesen: »Die Veränderung, die ich will, o Volk, wird eine Umkehrung bringen von oben und unten. Diejenigen, die nach dem Guten streben, sind während der vergangenen Jahre zurückgefallen hinter denen, die es nicht wert sind, nach vorne zu kommen. Dies muß sich wieder ändern! In der Welt existiert Wahrheit und Falschheit. Zu beiden fühlen sich die Menschen hingezogen. Doch sie sollten allein der Wahrheit folgen. Es ist nicht ungewöhnlich, daß die Falschheit das Übergewicht hat, und daß das Gute selten zu finden ist. Die Erfahrung zeigt uns, daß auch das Seltene gewinnen kann. Ich muß zugeben, daß es nicht häufig geschehen ist, daß das Gute wieder gewinnt, wenn sich die Menschen von der Wahrheit abgewandt und der Falschheit zugewandt haben.«

Die Zuhörer hatten wohl verstanden, welche Absicht Ali verfolgte. Er hatte dem politischen Opportunismus den Kampf angesagt zu Gunsten einer geistigen Erneuerung: Das Gebet sollte wieder im Zentrum des Lebens stehen. Es sollte erneut die Bedeutung bekommen, die es zur Zeit der Propheten Mohammed gehabt hatte. Verbunden damit war die Abwendung von Äußerlichkeiten, vom Versinken im Wohlstand.

Der geistliche Gelehrte Allamah Sayyid Muhammad Husayn Tabataba'i definiert in seiner Schrift ›Shiite Islam‹ die Veränderung, die Ali herbeigeführt hat, so:

»Während der vier Jahre und neun Monate, in denen Ali das höchste Amt im Staat ausübte, konnte er nicht alle Fehler ausmerzen, die in der

Islamischen Welt um sich gegriffen hatten. Doch er war erfolgreich auf drei ganz wesentlichen Gebieten:

1. Durch seine gerechte und auch aufrechte Art zu leben erinnerte er an die Lebensart des Propheten – und dies ganz besonders bei der jüngeren Generation, die den Gesandten Allahs nicht mehr selbst erlebt hatte. Im Gegensatz zu der protzigen Großartigkeit, in der Mu'awija in Damaskus lebte, zog es Ali vor, sein Haus so bescheiden zu halten, ja sogar so ärmlich wie die Behausungen der Besitzlosen. Revolutionär war, daß er nie seine eigenen Freunde oder Verwandten bevorzugte, wenn die Verteilung von Geld oder von Ämtern anstand. War Beute aufzuteilen, dann handelte Ali so, wie einst der Gesandte Allahs gehandelt hatte: Jeder erhielt seinen gerechten Anteil ohne Bevorzugung des Kalifenhaushalts. Nie bevorzugte Ali Reiche vor den Armen. Nie schätzte er die Gewalttätigen mehr als die Schwachen.
2. Trotz der enormen Schwierigkeiten, die er von Anfang seiner Amtszeit an zu bewältigen hatte, und die seine Zeit raubten, hinterließ er der Islamischen Gemeinschaft einen wahrhaft göttlichen Schatz an Weisheit und intellektueller Einsicht in die Glaubensdinge. Nahezu elftausend Aussagen zu religiösen und gesellschaftlichen Fragen sind überliefert. In seinen Gesprächen und Reden bereicherte Ali die Islamischen Wissenschaften. Er kümmerte sich auch um die Grammatik der arabischen Sprache und er legte die Grundlage für arabische Literatur. Ali war der erste Mann im Islam, der sich mit Metaphysik befaßte. Er war so sehr damit beschäftigt, daß er sogar mitten in einer Schlacht mit seinen Genossen über Fragen unseres Daseins zu diskutieren begann.
3. Ali hat sich mit Erfolg darum bemüht, spätere Glaubenslehrer auszubilden. Seine Schüler wurden Autoritäten in Rechtsprechung, in Theologie, in der Kommentierung des Koran.«

Allamah Sayyid Muhammad Husayn Tabataba'i, der Autor dieser Definition der Revolution des Ali, ist der Meinung, der Kalif Ali habe eine radikale und revolutionäre religiöse Bewegung eingeleitet. Der Glaubenslehrer Tabataba'i sagt:

»Gemeint ist Revolution im wahren Sinne, um die Ordnung der Verhältnisse wieder herzustellen. Gemeint ist nicht Revolution im derzeit gängigen politischen und sozialen Sinne. Ein wahrer Revolutionär, wie Ali, konnte nicht sein Ziel durch Kompromisse erreichen, auch nicht durch Freundlichkeit und Heuchelei. Seine Art ohne Umwege zu denken und zu handeln, führte dazu, daß Ali nicht wie ein Politiker handelte. Seine Vorstellung war nicht auf politischen Erfolg ausgerichtet, sondern war bestimmt vom Gedanken an Wahrheit und an den Willen Allahs.«

Daß Ali als Kalif scheitern mußte, ist aus diesem hohen Anspruch zu erklären. Die Männer der Stadteliten von Mekka und Medina hatten sich daran gewöhnt, daß sie von politisch denkenden Köpfen regiert wurden, die vor allem an die wirtschaftlichen Interessen der Führungsschicht dachten.

Sie wollten sich nicht zurückversetzen lassen in die Zeit des Propheten. Die Unterwerfung durfte von ihnen nicht mehr gefordert werden. Ali aber entwickelte nicht die Kraft, um die bestehenden Machtstrukturen in den beiden wichtigsten Städten der Arabischen Halbinsel aufzubrechen. Der Blick auf das Zweistromland um Euphrat und Tigris aber machte ihm Hoffnung.

Seinen Sohn Hasan hatte Ali als einen Gesandten nach Kufa vorausgeschickt. Hasan sollte die Stimmung in der Stadt im Sinne Alis beeinflussen. Es gelang dem Sohn tatsächlich, einen brillanten Kopf für die Sache seines Vaters zu gewinnen: Ein Geistlicher fand die richtigen Worte, um Ali bei der Masse populär zu machen. Die schiitische Überlieferung hat die Erinnerung an die Predigt dieses Geistlichen so bewahrt:

»O Moslems! Über uns muß ein Mann stehen, der die Glaubensdinge für uns ordnet, uns den Willen Allahs verkündet, der uns beschützt, und der den Unterdrückten zu ihrem Recht verhilft. Ali ist der Würdigste für dieses Amt. Er stand dem Propheten am nächsten, er kennt die Lehren des Glaubens am besten, er hängt den Freuden des Lebens am wenigsten nach. Ali fordert auch zur Hilfe auf, damit er Wahrheit von Lüge trennen kann, damit er Streit und Zwietracht aus der Welt schafft. Es ist euere Pflicht, ihm zu helfen!« Auf diesen Aufruf hin sollen sich siebentausend Männer gemeldet haben, um für Ali zu kämpfen.

Er brauchte die Hilfe dieser siebentausend Kämpfer dringend, denn es war Aischa, der Lieblingsfrau des Propheten, gelungen, aus Mekka und Medina ein Heer herbeizuführen, mit dem Ziel, Ali vernichtend zu schlagen. Bei Basra prallten die Bewaffneten des Ali und der Aischa aufeinander. Aischa kommandierte ihre Männer selbst. Eine Sänfte hatte sie sich bauen lassen, die mit Leder so umgeben war, daß Aischa geschützt war gegen Pfeile und Speere. Auf dem Rücken eines Kamels war die Sänfte befestigt. So hatte jeder Gegner ein religiöses Symbol sichtbar für jeden Krieger: Die Sänfte, in der die Frau des Gesandten Allahs saß, an der Seite der Feinde des Ali – Ali, der Getreue des Propheten, an der Spitze seiner eigenen Anhänger.

Ali spürte bald, daß das Symbol in der Sänfte ihm überlegen war. Über den Köpfen der Kämpfer schwebte diese Sänfte, für die Gegner Alis Antrieb zu höchstem Einsatz. Wenn Ali gewinnen wollte, mußte er diese Sänfte zu Fall bringen. Es gelang schließlich einem mutigen Mann, sich zum Kamel der Aischa durchzukämpfen. Mit einem Hieb durchschlug er die Sehnen der Vorderbeine des Tieres. Kamel und Sänfte kippten um. Die Anhänger der Prophetenwitwe flohen. Ali war Sieger.

In der arabischen Geschichtsschreibung trägt dieses Gefecht die Bezeichnung »Die Schlacht des Kamels«. Sie hat am 4. Dezember des Jahres 656 stattgefunden.

Aischa wollte, nach diesem für sie so unglücklichen Ausgang der Schlacht, die Aussöhnung mit Ali erreichen, doch der lehnte jede Zusammenarbeit ab. Er befahl die Rückkehr Aischas nach Mekka. Er selbst wollte nie mehr dorthin zurückkehren. Kufa erklärte er zu seiner Hauptstadt.

Unumstritten war Alis Macht im Zweistromland. Hier konnte er nun seine Regierungsprinzipien verwirklichen. Seine Ideale vom gerechten Herrscher wurden in der Realität erprobt. Niemand konnte ihm nachsagen, er habe ein Unrecht begangen. Seine Rechtschaffenheit aber war der Keim zu seinem Untergang.

Aischa hatte ihr Ansehen verspielt. Im Verlauf der islamischen Geschichte verblaßt die Erinnerung an diese Frau. Deutlicher wird das Gedenken an Mohammeds erste Frau Chadidscha. Von ihr soll der Gesandte Allahs gesagt haben, daß er im Paradies mit ihr zusammenleben möchte. Weit wichtiger noch als Chadidscha aber wird in der Einschätzung der Moslems, die von der alles überragenden Stellung der Familie des Propheten überzeugt sind, die Person der Fatima, der Tochter des Propheten, deren Mutter Chadidscha gewesen war.

Das Rätsel Fatima

Unbedeutend wäre Ali nie gewesen in der Reihe der Männer im Haushalt des Propheten Mohammed, aber eben doch nur einer von manchen anderen, wenn er nicht der Ehemann der Prophetentochter Fatima gewesen wäre. Sie hat Ali die Möglichkeit gegeben, das Blut des Gesandten Allahs an künftige Generationen zu vererben – als durch die Jahrhunderte hindurch wirkende Gabe des Propheten.

Außergewöhnliches wird über Fatimas Zeugung berichtet: »Der Erzengel Gabriel erscheint dem Propheten und sagt zu ihm: ›Sei gegrüßt vom Erhabenen, Er befiehlt Dir, Dich von Deiner Frau Chadidscha fernzuhalten und nicht mehr zu ihr zu gehen!‹ Nach vierzig Tagen bringt der Erzengel Gabriel dem Propheten eine Speise aus dem Paradies und befiehlt ihm, Chadidscha herbeizuholen. Chadidscha erzählt: ›Ich habe Tag und Nacht allein zu Hause verbracht, die Tore abgeschlossen und gewartet. Eines Nachts klopfte es. Ich öffnete die Türe und erblickte den Gesandten Allahs. Er kam herein. Gewöhnlich betete er erst – es war im Monat Ramadan – nahm dann das Abendessen ein und kam danach ins Schlafgemach. Jedoch an jenem Abend kam er direkt zu mir und nahm mich sofort ins Bett. Ich empfing das Licht Fatimas. Seitdem sprach Fatima aus meinem Leib mit mir. Ich war nicht mehr allein.‹«

Über die Zeugung der Fatima durch Mohammed und seine Frau Chadidscha berichtet die Überlieferung. Was dann mit der Prophetentochter in Mekka und während der ersten zehn Jahre des Aufenthalts in Medina geschah, darüber schweigen die islamischen Chroniken. Historiker sind der Meinung, Fatima müsse im Jahr 605 geboren worden sein, also siebzehn Jahre vor der Übersiedlung des Prophetenhaushalts von Mekka nach Medina. Wie die junge Frau selbst nach Medina gekommen ist, weiß niemand. Angenommen wird, Ali habe sie von Mekka weg in Sicherheit gebracht. Sicher ist, daß Ali Fatima als rechtmäßige Frau in sein Haus genommen hat. Erst beim Tode des Propheten setzt die Überlieferung wieder mit Information über Fatima ein. Der überkommene Bericht lautet: »Als der Gesandte Allahs nicht mehr am Leben war, da nahm ihr der Kalif Abu Bakr das Ackerland Fadak weg, und Omar überfiel ihr Haus mit einer Gruppe seiner Männer. Dabei wurde Fatima derart gegen die Tür geschleudert, daß sie verletzt wurde. Ein Diener des Omar verprügelte sie so, daß die im sechsten Monat schwangere Frau eine Fehlgeburt erlitt. Unmittelbar darauf nahm sie ihre Kinder bei der Hand und brachte sie hinaus vor die Stadt in ein verfallenes Haus, das Ort der Sorgen hieß. Hier weinte sie und verfluchte ihre Peiniger. Stundenlang hockte sie jammernd ohne sich zu rühren. So verbrachte sie ihr Leben, das ihr noch geblieben war mit Weinen und Verfluchen. Sie bestimmte, man möge sie nachts begraben, damit nicht ihre Leiche noch von jenen geschändet werde, die sie mit Haß verfolgt hatten.«

Fatima starb, darüber herrscht Einigkeit der Chronisten, noch im selben Jahr nach dem Tod des Propheten Mohammed. Unbekannt ist, ob sie den Tod fand, weil die Verletzungen nicht heilen wollten, die ihr die Diener des Omar beigebracht hatten. Vor allem gibt keine Quelle darüber Auskunft, warum Ali, ihr eigener Mann, sie schutzlos gelassen hatte. Nirgends wird davon berichtet, Ali habe Rechenschaft gefordert für die Schläge, die Fatima hatte erdulden müssen.

Der schiitische Soziologe Ali Schariati (1933–1977) beschreibt in seiner Schrift ›Fatima ist Fatima‹ die letzte Lebensphase der Prophetentochter Fatima:

»Die Zeit vergeht, die Gefährten des Propheten sind mit der Erweiterung ihrer Macht beschäftigt. Ali lebt zurückgezogen. Fatima wartet auf den Tod. Sie wartet ungeduldig auf die Erlösung, die der Prophet ihr verheißen hat. Mit jedem Tag wird sie ungeduldiger. Der Tod ist die einzige Erlösung für sie aus diesem Leben. Doch dann ist es soweit. Sie küßt ihre Kinder einzeln. Hasan ist sieben Jahre alt, Husain sechs und die Töchter Zeinab und Um Kulthum zählen fünf und drei Jahre. Das leidvolle Leben erlischt. Ali bleibt mit den Kindern allein. Noch weitere dreißig Jahre muß er in dieser Welt leben.«

Feststellbar ist in der Geschichte des schiitischen Glaubens, wie Fatimas Bedeutung nach und nach gewachsen ist. Sie wurde zum Symbol für alles, was göttlich ist im Wesen der Frauen; Fatima wurde vornehmstes Symbol der Weiblichkeit.

Der Soziologe Ali Schariati sieht die Stellung der Prophetentochter in der heutigen schiitischen Überzeugung so:

»Nach ihrem Tod lebte Fatima in der Geschichte fort. Sie wurde zur Symbolfigur unter den Opfern der Gewaltherrschaft, der Unterdrückung und Ausbeutung in der islamischen Geschichte. Die Erinnerung an Fatima wurde dank der bewundernswerten Überzeugungskraft der Frauen und Männer, die für Freiheit und Gerechtigkeit kämpften, durch Jahrhunderte hindurch liebevoll gepflegt, unter den grausamen und blutigen Peitschen der ungerechten und unrechtmäßigen Herrschaft der Kalifen überliefert und hat die empfindsamen Herzen der Entrechteten gerührt. Sie war in der islamischen Geschichte für die entrechteten Massen das Symbol für Freiheit und Gerechtigkeit. Ihr Leben inspirierte zum Kampf gegen Unterdrückung, Tyrannei und Diskriminierung.«

Ali und Fatima, durch die Kalifen entrechtet, sind zu Leitgestalten derer geworden, die in der Überzeugung leben, das Heil dieser Welt hänge in Geschichte und Gegenwart von der Familie des Propheten ab. Die Moslems, die sich diese Überzeugung nicht nehmen lassen, sind der Meinung, die Welt hätte sich zum Guten entwickelt, wenn Ali und Fatima ihren Sinn für Gerechtigkeit zum Nutzen der Menschheit hätten entfalten können.

Moslems kämpfen gegen Moslems

Was Mohammed befürchtet hatte, war eingetreten: Gläubige töteten sich in offenem Kampf. Die Spaltung hatte bereits blutige Konsequenzen. Mit dem Ausgang der »Schlacht des Kamels« war der Sieg der Schiat Ali keineswegs gesichert. Der gewichtigste Widersacher, der Gouverneur Mu'awija bewahrte seine Unabhängigkeit in der syrischen Provinz. Gestützt auf eine gut ausgerüstete Truppe und auf deren fähigen General Amru war Mu'awija sicher, auch einem Angriff der Bewaffneten aus Kufa gewachsen zu sein. Zunächst einmal aber mußte der Gouverneur den kommenden Kampf propagandistisch vorbereiten.

Auf geheimnisvolle Weise war Mu'awija in den Besitz des Hemdes gekommen, das der Kalif Othman getragen hatte, als die Mörder ihn erschlugen. Da waren schwarze Blutflecken zu sehen – für Mu'awijas Propagandisten wurden sie zum Zeichen des Martyriums eines Gerechten, und niemand wagte es, die Echtheit des Hemdes und der Blutflecken zu bezweifeln. Als der Gouverneur das Hemd in der Moschee von Damaskus ausstellen ließ, da drängten sich Tausende um dieses Blutzeugnis. Laute Klageschreie waren zu hören, hysterische Gesänge. »Ich lege das Schwert nicht nieder, bis das Blut des Othman gerächt ist!« Diesen Schwur leistete Mu'awija vor den erregten Gläubigen. Damit war der Krieg gegen Ali offen erklärt. Kampfentschlossen zog das Heer des Mu'awija von Damaskus aus nach Osten.

Auch Alis Anhänger formierten sich. Die Kämpfer aus Kufa ritten den Euphrat entlang, fünfhundert Kilometer weit, bis in die Nähe der Stadt Rakka in Syrien. Als beide Verbände in Sichtweite des jeweiligen Gegners gekommen waren, da wagten weder Ali noch Amru, Mu'awijas General, den entscheidenden Angriff. Fast ein Vierteljahr lang lagerten die Heere einander gegenüber, nur mit kleineren Gefechten beschäftigt.

Diese Scharmützel erwiesen sich für Ali als schwerwiegender strategischer Fehler. Er hätte mit Festigkeit handeln müssen. Jeder Tag des Zögerns schmälerte Alis Ansehen in den eigenen Reihen. Die feste Überzeugung der Anhänger, Ali habe das unbedingte Recht auf das Kalifat, schmolz dahin. Die Offiziere spürten die Unsicherheit des Herrschers. Er versuchte, das Abwarten mit dem Argument zu rechtfertigen, er hoffe, daß sich das syrische Heer von Mu'awija und von General Amru löse: »Ich will, daß sie sich meinem Licht zuwenden!« Doch nichts dergleichen geschah.

Als sich Ali dann doch zum Angriff entschloß, da zeigte es sich, daß seine Bewaffneten ganz einsatzfreudig kämpften. Der Tagesbefehl, den der Kalif zuvor hatte verbreiten lassen, hatte den Kämpfern die Freuden des Paradieses versprochen: »Die Tore des Himmels stehen bereits offen. Die Jungfrauen im Paradies warten auf uns. Entweder wir siegen, oder wir begegnen dem Propheten und seinen Freunden.«

Langsam, aber unaufhaltsam drang Alis Kampfverband vor. Die Sprengung der syrischen Verteidigungslinie schien unmittelbar bevorzustehen, da rettete sich General Amru durch eine geniale List: Er gab seinen Reitern Befehl, Seiten aus ihren Koranbüchern zu reißen, und sie auf die Lanzenspitzen zu stecken. Die Männer um Ali wichen sofort zurück. Die Seiten aus dem Heiligen Buch, die ihnen entgegengestreckt wurden, lähmten ihren Kampfwillen: Sie konnten, als gläubige Moslems, nicht bereit sein, gegen den Koran anzukämpfen.

Als der Kampf erlahmt war, redete General Amru über die erstarrte Front hinweg zu Alis Bewaffneten: »Bedenkt doch, wenn wir uns gegenseitig aufreiben, wer bleibt dann noch übrig, um für den Islam und gegen die Ungläubigen zu kämpfen? Wer fastet und betet dann noch, wie es Allah und der Prophet befohlen haben? Wir kämpfen nicht mehr. Gebt auch ihr den Kampf auf!«

Was Amru sprach, war vernünftig, das mußten auch Alis Anhänger zugeben. Der Bruderkrieg Moslems gegen Moslems konnte den Islam zerstören. Als Amru vorschlug, ein Schiedsgericht solle darüber entscheiden, wer im Recht sei: Mu'awija, der Ali anklagte, er trage Schuld an der Ermordung des Kalifen Othman aus dem Hause Omaija, oder Ali, der diese Schuld von sich weist, da waren viele der führenden Männer der Schiat Ali der Meinung, ein Schiedsgericht im Namen Allahs werde zum Sieg der gerechten Sache führen – und die Gerechtigkeit sei auf seiten Alis, der dem Propheten einst am nächsten gestanden habe.

Ali aber wehrte sich gegen dieses Schiedsgericht. Diese Worte des Kalifen sind überliefert: »Der Vorschlag ist nur eine List unserer Feinde. Sie haben Angst vor der Niederlage. Es bleibt ihnen nur die eine Chance, auf unserer Seite Zwietracht zu säen. Mu'awija und Amru haben ständig die Gesetze Allahs übertreten. Ich kenne beide von Kindheit an. Keiner von beiden glaubt an den Koran. Sie verwenden ihn jetzt nicht aus plötzlich erwachter Frömmigkeit, sondern aus Sorge vor der eigenen Schwäche.« Alis Truppenführer aber reagierten zornig auf seine Argumentation. Er mußte fürchten, erschlagen zu werden, wenn er nicht nachgab. Sie wollten das Schiedsgericht.

Eigentümlich erscheint in der frühen Geschichte der Schiat Ali der rasche Wechsel zwischen Begeisterung und Ernüchterung. Ali selbst hatte innerhalb weniger Monate zweimal diese Erfahrung zu machen: Kaum war er Kalif geworden, da wuchs gegen ihn Widerstand in der Hauptstadt – kaum lag der Sieg in der Entscheidungsschlacht nahe, da verloren seine Truppenführer das Interesse am Erfolg. Mehrmals noch wird über dieses Phänomen zu berichten sein.

Ali, von dem die schiitischen Chronisten unserer Zeit sagen, er habe sich nie auf Kompromisse eingelassen, beugt sich dem Willen seiner Truppenführer und akzeptiert die Regeln, die für das Schiedsgericht bindend sein sollen. Diese Regeln aber werden von Mu'awija aufgestellt. Der Gouverneur von Damaskus will, daß jede Partei einen Vertreter für dieses Schiedsgericht bestimme, und Mu'awija schlägt auch sofort seinen Kandidaten vor: General Amru solle die Partei der Familie Omaija vertreten. Ali hat keine Einwände. Doch als der Kalif seinen Vetter Abdallah Ibn Abbas zum Schiedsrichter bestimmen will, protestiert Mu'awija sofort mit dem Einwand, von einem derart nahen Verwandten sei kein unparteiisches Urteil zu erwarten.

Ali hätte diesen Protest zurückweisen können mit der Bemerkung, Amru sei ein enger Freund von Mu'awija, und dazuhin in seiner Generalsfunktion von dessen Wohlwollen abhängig und sei deshalb auch nicht geeignet, einen gerechten, unparteiischen Spruch zu fällen, doch er findet die Kraft für solche Worte nicht. Er zieht schließlich sogar seinen eigenen Vorschlag zur Schiedsrichterbestellung zurück. Mu'awija gibt nun vor, dem Kalifen aus der Verlegenheit helfen zu wollen: Er nennt den Namen eines exzellenten Kenners der Koransuren und ihrer rechtlichen Bedeutung. Dieser angeblich so makellose Verfechter der Wahrheit heißt Abu Musa Al Ashari. Mit seiner Ernennung zum Unparteiischen beginnt das Unglück für Ali.

Abu Musa Al Ashari verfolgt, zur Bestürzung des Kalifen, eine seltsame Taktik. Gleich beim ersten Treffen mit Amru gibt er zu, Mu'awija und der tote Othman seien Blutsverwandte gewesen, mit allen rechtlichen Konsequenzen. Dieses Zugeständnis hat schlimme Folgen für Ali. Kaum noch jemand im Islamischen Reich glaubt um diese Zeit daran, daß Ali völlig unschuldig ist an der Ermordung seines Vorgängers. Wenn Abu Musa Al Ashari eingesteht, Mu'awija habe das Recht, den Mord zu rächen, werden die Gedanken sofort darauf gelenkt, der zu Bestrafende könne wohl nur Ali sein. Für dessen Anhänger galt die Taktik des Abu Musa Al Ashari als Zeichen, daß dieser Schiedsrichter seinen Auftraggeber wohl verraten wolle, weil er von der Rechtmäßigkeit der Ansprüche des Ali nicht überzeugt sei.

Die bitterste Enttäuschung aber empfindet Ali, als die Verfahrensregeln schriftlich niedergelegt werden sollen. Selbstverständlich geht Ali davon aus, daß er mit seinem rechtmäßigen Kalifentitel in diesem Dokument erwähnt wird. Amru ist jedoch gerade damit überhaupt nicht einverstanden – er weist darauf hin, es sei doch die Aufgabe des Schiedsgerichts, festzustellen, ob sich Ali mit vollem Recht Kalif nennen könne. Sei Ali beteiligt gewesen an der Ermordung des Othman – diese Frage sei ja Gegenstand der Verhandlung des Schiedsgerichts – dann könne sich Ali kaum mehr Kalif nennen. Werde Ali im ersten Verhandlungsprotokoll bereits als Kalif bezeichnet, dann sei dem Schiedsgericht die wichtigste Entscheidung vorweggenommen. Dieser Logik beugt sich Abu Musa Al Ashari. Damit ist Ali so gut wie abgesetzt: Sein Vertreter im Schiedsgericht hat für Ali auf das Kalifenamt verzichtet.

General Amru handelt entschlossen: Er proklamiert seinen Vorgesetzten, den Gouverneur von Damaskus, zum Herrn der Gläubigen. Damit ist die Spaltung auf die Spitze getrieben: In der islamischen Welt stehen zwei Kalifen gegeneinander.

Über diese Entwicklung sind Alis Kommandeure, die bisher treu zu ihm gehalten haben, aufgebracht. Sie werfen ihm vor, er sei zu feige, um sich gegen das unfaire Verfahren des Schiedsgerichts zu wehren. Ali hätte den Tod einer derartigen Schande vorziehen müssen. Gegen diesen Vorwurf wehrt sich Ali: »Die Liebe zu meinen Söhnen und die Sorge, das Geschlecht des Propheten könne ganz erlöschen, haben mich zur Nachgiebigkeit getrieben!« Diese Haltung reizt die Unzufriedenen derart, daß sie sich zur offenen Meuterei entschließen. Viertausend Kämpfer trennen sich von Alis Heer und nehmen fortan vom einstigen Schwiegersohn des Propheten keine Befehle mehr an. Die arabische Geschichtsschreibung gibt dieser Gruppe den Namen »Kharidjiten« – die Ausgetretenen. Ihre Parole heißt: »Das Urteil steht Allah allein zu!« Die Kharidjiten blieben später als Gruppe beieinander und siedelten sich am Tigris an, ganz in der Nähe des damals winzigen Dorfes Baghdad.

Den Abzug der Kharidjiten versuchte Ali durch mahnende Reden zu verhindern:

»An dem Tag, als die Syrer mit List und Trug die Koranblätter auf ihre Lanzen pflanzten, habt ihr zu mir gesagt: Das sind unsere Brüder und Glaubensgenossen. Sie weisen uns durch das Buch Allahs darauf hin, daß sie nicht mehr gegen uns kämpfen wollen. Man muß ihren Vorschlag zu Waffenruhe und Schiedsgericht annehmen, deshalb zügeln wir unseren Zorn gegen sie. Ich habe euch damals gesagt: Unsere Gegner heucheln nur. Sie sind Ungläubige. Wenn wir so handeln, wie ihr wollt, fangen wir mit Erbarmen an und enden mit Weinen über unser Unglück. Ihr aber konntet nicht überzeugt werden. Ihr habt Waffenstillstand und Schiedsgericht durchgesetzt!«

Die Führer der Abtrünnigen reagieren mit Schärfe. Sie verlangen, Ali solle eingestehen, daß die Annahme des Schiedsgerichts eine ungläubige Handlung gewesen sei, denn er habe dadurch menschliches Urteil über das Urteil Allahs gestellt. Das Urteil Allahs hätte sich im Ergebnis eines Kampfes zwischen den beiden Heeren manifestiert. Ali aber besteht in seiner Antwort darauf, das Schiedsgericht sei ja gar nicht seine Idee gewesen, sondern die seiner Kommandeure. Die Kharidjiten, entschlossen, die Sache Alis zu verlassen, gehen nicht auf Diskussionen und nicht auf Verhandlungsangebote ein. Ali zieht schließlich dieses Fazit: »Ich werde Krieg führen müssen gegen diese Männer, deren Verhalten mir rätselhaft bleibt. Vor meinen Augen habe ich die Vision gesehen, daß letztlich nur zehn der Kharidjiten übrig sein werden. Von ihnen aus aber wird der Pilz der Zwietracht weiter wuchern!« Als Ali dann tatsächlich gezwungen ist, sich gegen die Rebellen zu wehren, da sagt er:

»Der Prophet hat mir einst schon diesen Kampf vorausgesagt. Ich erinnere mich an seine Prophezeiung. Er sprach mit diesen Worten: ›Ali, es wird sich eine Schar wider dich erheben, die im Unrecht ist. Du wirst reichen Lohn ernten, wenn du sie ausrottest!‹«

In Kufa blieb Alis Machtbasis zunächst unangetastet, doch der Kalif über einen Teil des gespaltenen Reiches spürte, wie die Zeit für Mu'awija arbeitete. Überliefert sind Alis Worte der Verzweiflung: »Ich rief euch zum Heiligen Krieg, doch ihr habt nicht gekämpft. Ich bat euch um Gehör, ihr aber hörtet nicht. Ich wünschte, Mu'awija würde mit mir die Ratgeber tauschen. Zehn von den meinen würde ich hergeben gegen einen von den seinen.«

Während der Freitagspredigt in der Moschee von Kufa rief er zum Heiligen Krieg gegen Mu'awija auf, der ihn, den engsten Vertrauten im Haushalt des Propheten, um sein Recht betrogen habe, doch er löste keine Kampfbereitschaft aus. Resignation erfaßte Ali schließlich: »Bei Allah, in dessen Hand meine Seele liegt, ihr habt mich verlassen. Meine

Worte sind euch lästig geworden, ihr habt sie hinter euren Rücken geworfen. Mu'awija siegt – obgleich er im Unrecht ist!«

In manchem Kopf reifte da in Kufa der Gedanke, Ali sei nicht der Richtige, um das Amt des Kalifen auszuüben. Alis Autorität zerbrach. Die Folge war Rechtlosigkeit im Land.

Mißachtung der Gesetze griff um sich. Banden terrorisierten die Bewohner von Dörfern und Städten am Flußverlauf des Tigris. Die Menschen, die unter der Verwilderung der Sitten zu leiden hatten, gaben in wachsendem Maße die Schuld dem Kalifen Ali. »Er ist zu alt!«, das war bald schon gängige Meinung im Zweistromland.

Ali, der Märtyrer

Die Zeit der Gewalt und Rechtlosigkeit dauerte schon über zwei Jahre, da schworen drei Männer bei Allah, daß sie die Ursache des Unglücks der Araber beseitigen wollten. Die drei hatten in den zurückliegenden Monaten Sympathien für die Kharidjiten empfunden, doch richtete sich ihr Zorn nicht allein gegen Ali. Sie sahen drei Personen als Schuldige am Niedergang des Arabischen Reiches an, der durch die Spaltung ausgelöst worden war. Drei Schädlinge sollten ausgelöscht werden: Der Kalif Ali, der die Kontrolle über das Reich verloren hatte – Mu'awija, der die Autorität des Kalifen Ali untergraben hatte – General Amru, der durch List und Trug seinem Herrn Mu'awija geholfen hatte, die Macht des Kalifen zu zerstören. Der Plan sah vor, daß die Ermordung der drei an einem Freitag im Fastenmonat erfolgen sollte. Vorgesehen war der 17. Tag des heiligen Monats im islamischen Jahr 42 – nach christlicher Rechnung war dies der 24. Januar des Jahres 661. Die drei Attentate sollten in Kufa, Damaskus und in der Militärkolonie Fostat am Nil erfolgen.

Obgleich die Attentate gründlich vorbereitet waren, wurde nur Ali an jenem Freitag vom Dolch des Mörders getroffen. General Amru hatte deshalb Glück, weil er sich an jenem Tag unwohl fühlte. Nur ein Offizier der Leibgarde verließ zur gewohnten Stunde das Haus des Amru in Fostat. Ihn stach der Mörder nieder. Das Attentat in Damaskus unterblieb deshalb, weil der Mann, der das Leben des Mu'awija auslöschen sollte, wenige Stunden vor dem geplanten Zeitpunkt des Mordes verhaftet worden war.

Ali aber ging, als er am Freitagmorgen zu Fuß die Moschee zum Gebet aufsuchen wollte, seinem Mörder entgegen. Der lauerte in den engen Gassen in der Mitte von Kufa. Mit einem vergifteten Dolch stieß der

Täter zu. Der Stahl durchschlug Alis Stirnknochen und traf das Gehirn. Langsam und qualvoll starb der Mann, der einst dem Propheten Mohammed der Nächste »im Haushalt« gewesen war. Zwei Tage dauerte Alis Todeskampf.

Der Kalif hatte noch diese Anweisung für die Art seiner Bestattung hinterlassen. »Legt mich nach meinem Tod auf ein Kamel und treibt dann das Tier aus Kufa hinaus. Versucht nicht, seinen Weg zu lenken. Dort, wo sich das Kamel aus eigenem Antrieb niederlegt, werdet ihr mich bestatten.« So wurde die Leiche weit draußen vor Kufa in den Sand gelegt und mit Sand zugedeckt. Dort, wo dies geschehen ist, befindet sich die heutige Stadt Meshed. Achtundfünfzig Jahre alt war Ali geworden – eine Überlieferung sagt, er sei bei seinem Tode dreiundsechzig Jahre alt gewesen. Mit dem Tode des Prophetenschwiegersohns beginnt die Phase seiner Verherrlichung an Euphrat und Tigris. Durch Weinen und Klagen zeigen die Menschen in den Städten und Dörfern ihre Trauer. Die Worte der Erhöhung wurden wieder wach, die Mohammed einst über Ali gesprochen hatte: »Wer mich, den Gesandten Allahs, als seinen Herrn betrachtet, der muß auch Ali als seinen Herrn anerkennen.« Die Erinnerung wuchs an Äußerungen, die Ali selbst hinterlassen hat. Unmittelbar vor seinem Tode habe Ali seinem Sohn Hasan die Regeln einer gerechten Regierung genannt: »Unterdrücke niemand, so wie auch du nicht willst, daß du unterdrückt wirst. Tue Gutes, so wie auch du willst, daß man dir Gutes tut. Sage nichts, was du nicht sicher weißt. Nur teilweise Kenntnis von einem Sachverhalt genügt nicht, darüber zu reden. Wisse, daß auch du nur für das Jenseits geschaffen bist, nicht für das Diesseits. Du bist geschaffen für die Vergänglichkeit, nicht für das Verweilen, für den Tod und nicht für das Leben. Du bist unterwegs auf der Straße zum Tode, vor dem kein Entfliehender ein Schlupfloch findet. Für dich ist aus dem Diesseits das von Nutzen, womit du diesen Aufenthalt in der anderen Welt verbessern kannst. Ich empfehle dir die Furcht vor Allah!«

Worte des Ali, die in der Erinnerung der Gläubigen bewahrt geblieben sind, wurden um die Jahrtausendwende christlicher Zeitrechnung in Baghdad gesammelt und in Handschriften vervielfältigt. Die Arbeit des Sammelns hatte der Schriftsteller Al Radi übernommen, der ein überzeugter Anhänger der Schiat Ali war. Er hat damit dieser Partei des Ali eine Art von Lehrgerüst gegeben. Es verbirgt sich hinter dem schlichten Titel »Pfad der Beredsamkeit«. Ali, so berichtet Al Radi, habe den einen und allmächtigen Gott der Moslems so beschrieben:

»Seinen Wert, seine Bedeutung können auch die redegewandtesten Gelehrten nicht ausreichend schildern. Von seinem Wirken als Gesetzgeber wissen die besten Rechtslehrer nur wenig. Unermeßlich sind seine Wohltaten. Auch wer sich noch so sehr bemüht, kann Allah nur ungenügend begreifen. Wer sich tief in Gedanken versenkt, wird ihn nie völlig erreichen. Jede Eigenschaft, die er besitzt, ist unbegrenzt. Seine Zeit ist nicht eingeengt. Keine Frist ist ihm gesetzt. Durch seine Macht entstanden die Geschöpfe. Durch seine Barmherzigkeit verbreitete sich das Licht. Am Anfang des Islam steht das Wissen um Allah. Dieses Wissen ist die Grundlage des Vertrauens in Allah.«

Die Eigenschaften Allahs werden als unbegrenzt geschildert, doch – so habe Ali bestimmt – sei es dem Menschen nicht gestattet, diese Eigenschaften zu beschreiben: »Denn jede Beschreibung unterscheidet sich von der Eigenschaft selbst. Wer also Allah mit Eigenschaften belegt, der verbindet Allah mit etwas, was nicht zu Allah gehört.«

In der Textsammlung des Al Radi sind auch die Vorstellungen des Ali vom Schöpfungsvorgang zu finden:

»Allah ließ die Schöpfung entstehen und begann mit ihr ohne Vorausüberlegung, ohne Plan. Er veranlaßte die Dinge, den Schritt zu tun vom Nichtsein zum Sein. Er nahm die Dinge bereits vor ihrem Sein wahr. Er legte ihre Begrenzungen fest und ihr Ende. Er kannte im voraus alle Eigenschaften der Dinge.«

Ali habe die Phasen der Schöpfung so geschildert:

»Der Erhabene schuf die getrennten Atmosphären. Er unterschied das feste Land und die Sphären der Luft. Allah ließ Wasser entstehen, dessen Wellen zusammenschlagen und das sich auftürmt, wenn Er den Sturmwind darüberfegen läßt. Aus dem Schaum des Wassers schuf Allah sodann sieben Himmel. Den obersten der Himmel machte er zu einem sicheren Dach mit einer hohen Decke. Keine Säule trägt dieses Dach, kein Nagel ist zu seinem Bau verwendet worden. Dann schmückte er den obersten der Himmel durch die Gestirne und versah ihn mit der lichtspendenden Sonne und dem strahlenden Mond. Gestirne, Sonne und Mond sind verbunden mit dem rotierenden Himmelsgewölbe.«

Über die Ordnung im Himmel habe Ali, so ist in der Textsammlung des Al Radi zu lesen, diese Vorstellung gehabt:

»Darauf füllte Allah die Himmel mit verschiedenen Arten von Engeln. Manche dieser Engel bleiben ständig auf dem Boden ausgestreckt und erheben sich nicht einmal zu gebückter Haltung. Andere aber stehen immer gebückt und richten sich nie auf. Wieder andere stehen in Reihen und entfernen sich daraus nicht. Viele preisen Allah ohne Unterlaß. Ihre Augen schließen sich nie zum Schlaf. Ihre Leiber lassen keine Schwäche erkennen. Ihr Geist wird nicht unaufmerksam durch Vergeßlichkeit. Manche wirken als Beschützer der Gläubigen. Ferner gibt es Engel, deren Füße zwar auf dem unteren Himmel stehen, deren Häupter aber den obersten Himmel überragen. Ihre Schultern sind für die Füße von Allahs Thron bestimmt. Sie blicken jedoch nicht auf zu ihm. Ihre Flügel verhüllen ganz ihre Leiber. Zwischen ihnen und dem, was unter ihnen liegt, befinden sich die Schleier der Erhabenheit und die Vorhänge der göttlichen Macht. Die Engel können sich ihren Herrn nicht bildhaft vorstellen, doch sie wissen am meisten über Allah. Sie fürchten ihn auch am meisten. Kein Same hat die Engel gezeugt, in keinem Schoß sind sie gewachsen.«

Von der Erschaffung des Menschen hat Ali dies gelehrt:

»Allah sammelte von dem Rauhen und dem Glatten, dem Süßen und dem Salzigen der Erde in Form von Staub zusammen. Dann feuchtete er diesen Staub mit Wasser an. Der Staub verband sich zu einem Brei. Daraus formte Allah eine Gestalt, mit Körperteilen, Gliedern und Gelenken. Er ließ die Gestalt erstarren, bis sie fest war. Darauf blies Allah ein Weniges von seinem eigenen Geist in die Gestalt und sie wurde ein Mensch mit Verstand, mit Gedanken, über die er verfügt, mit Gliedmaßen, die ihm als Werkzeug dienen. Er kann das Wahre und das Unwahre beurteilen. Er verfügt über die Fähigkeit, zu schmecken und zu riechen, Farben zu unterscheiden.«

Allah – so berichtet die Überlieferung von Alis Anschauung der Ordnung zwischen Himmel und Erde – habe den Engeln befohlen, sich vor dem Menschen niederzuwerfen. Alle gehorchten, nur der Engel Iblis verweigerte diese Geste der Unterwerfung mit dem Argument, er selbst sei aus dem edlen Stoff Feuer geschaffen und brauche sich deshalb nicht vor einem Wesen zu neigen, das aus Staub und Wasser gefertigt sei.

Den ersten Menschen, der noch ohne Partnerin auf der Erde lebte, interessierte dieser Engel Iblis, der sich nicht beugen wollte, und er ließ sich mit ihm in Gespräche ein. Der Engel, der Allahs Gebot mißachtet hatte, gab dem Menschen Zweifel an Allah ein. Im Zorn vertrieb Allah den ersten Menschen »aus dem Lande, in dem er sein Leben angenehm und seine Ruhestätte sicher machen konnte«. Einsicht und Reue brachten dem Menschen schließlich doch wieder die Gnade Allahs ein. Der Mensch durfte das Land der Prüfungen betreten und Allah versprach ihm, daß der Garten des angenehmen Lebens später wieder dem Menschen und seinen Nachkommen offenstehen werde.

Ali sah die weitere Entwicklung des Verhältnisses zwischen Allah und den Menschen so: » Der größte Teil der Menschen fiel vom Vertrag mit Allah ab. Sie waren unwissend über das wahre Sein Allahs. Sie machten sich Götzenbilder. Da schickte Allah Gesandte zu den Menschen, Propheten, als Mahnung an die Abtrünnigen, als Aufforderung, den Pakt mit Allah doch zu respektieren.«

Ali, so besagen die überlieferten Texte, habe insbesondere drei Propheten aus der vorislamischen Zeit hervorgehoben, als Männer von außerordentlicher Bedeutung: Moses, David und Jesus. Die Vervollkommnung der Prophezeiung wurde, nach Alis Ansicht, erst mit Mohammed erreicht. »Als dieser Prophet die Aufgabe des Gesandten Allahs übernahm, da lebte die Menschheit noch in der Zeit der Unwissenheit.« Als besondere Übel jener Zeit erwähnte Ali, daß Götzenbilder angebetet, daß Töchter lebendig begraben wurden, und er fuhr fort: »Mohammed wurde von Allah geschickt, um den Menschen ein Licht zu bringen, das ihnen den Weg weisen konnte. Dieses Licht ist der Koran. Allah hat für die Aufgabe, den Koran zu überbringen, einen Mann aus der besten Familie ausgewählt, die überhaupt jemals existierte. Mohammed hatte einen untadeligen Stammbaum. Seine Zweige sind ebenmäßig ausgebildet, und sie tragen reiche Früchte.«

Die auserlesene Herkunft der Familie des Propheten ist ein wichtiger Punkt in Alis Predigten – schließlich gehörte er selbst zu dieser bevorzugten Familie und leitete seinen eigenen Anspruch auf Respekt der Moslems aus dieser Herkunft ab. Ihm gebührte die Macht im islamischen Staat.

Ali in heutiger schiitischer Sicht

Durch eine Vielzahl von Berichten, die seit der Zeit des Propheten in der Erinnerung der schiitischen Gläubigen bewahrt geblieben sind, wird die Überzeugung untermauert, Mohammed habe in keiner anderen Person als in der des Ali seinen Nachfolger gesehen. Von Mohammeds Kampfgenossen Abu Dharr Ghifari ist dieser Erlebnisbericht bezeugt:

»Eines Tages sprachen wir zusammen mit dem Propheten das Mittagsgebet. Mitten im Gebet kam ein Mann hinzu, der in Not war. Er bettelte, daß man ihm etwas gebe, doch keiner rührte sich. Der Notleidende erhob seine Hände zum Himmel und sagte: ›O Allah! Du bist mein Zeuge, daß mir in dieser Moschee des Propheten nichts gegeben wird. Niemand hat sich meiner erbarmt.‹ Ali Ibn Abu Talib betete gerade auf den Knien. Er streckte dem Mann in Not seinen Finger entgegen, daran trug er einen Ring. Der Notleidende streifte Ali den Ring ab und ging weg. Der Prophet, der den Vorgang beobachtet hatte, erhob seinen Kopf zum Himmel und sprach: ›O Allah. Ich bin dein Gesandter. Erweitere mir die Brust und mache mir mein Amt leicht und mache Ali zu meinem Stellvertreter und Helfer!‹ Kaum waren diese Worte durch Mohammed gesprochen, da waren sie auch schon geoffenbart.«

Wichtiger als diese Überlieferung ist den schiitischen Gläubigen die Erinnerung an ein Wort des Propheten, das enge Verbindung herstellt zwischen dem Koran und der Familie des Propheten – gemeint ist damit vor allem Ali: »O Gläubige, seid darauf bedacht, wie ihr euch verhaltet gegenüber dem Koran und gegenüber meiner Familie. Niemals werden der Koran und meine Familie voneinander zu trennen sein, bis ihr mich im Paradies treffen werdet.« Für die Schiiten unserer Zeit steht die Aussage dieses Satzes fest. Die Worte des Propheten werden so interpretiert: Der Koran wird seine Gültigkeit behalten bis zum Tag des Jüngsten Gerichts, und genau so lange wird die Familie des Propheten ihre Sonderstellung einnehmen. Zu keiner Epoche wird die Menschheit also ohne Führung durch ein Mitglied der Prophetenfamilie sein. Das wichtigste Glied in dieser Familie ist bis heute – nach der über allem stehenden Person des Gesandten Allahs – Ali, der Schwiegersohn des Propheten. Durch die Gleichsetzung des Korans mit der Person des Ali und mit dessen Nachkommen hat Mohammed zwei Säulen des Glaubens eingeführt, an denen die Moslems Halt finden können. Damit bekam Ali die Befugnis zugewiesen, als Autorität zu den Gläubigen zu sprechen. Da diese Befugnis auf die gesamte Familie ausgedehnt ist, sind auch die Nachkommen mit dem Recht ausgestattet, die Moslems anzuführen.

Die Konsequenz der Gleichstellung von Koran und Prophetenfamilie ist aber auch, daß es den Gläubigen nicht gestattet sein kann, sich der Autorität des Ali und dessen Nachkommen zu entziehen. Ihre Erkenntnisse sind als unfehlbar zu bezeichnen, niemand darf sie als falsch zurückweisen, niemand darf sie unbeachtet lassen. Dafür kann aber der Gläubige sicher sein, daß er von der Autorität des Ali nicht in die Irre geführt werde. Allah wird durch Ali und dessen Nachkommen immer mit den Moslems sein.

Die Antworten auf alle Fragen intellektueller, religiöser und politischer Art – davon sind die Schiiten überzeugt – werden von Mitgliedern der Prophetenfamilie gegeben. Wer befolgt, was Ali und dessen Nachkommen sagen, wird nicht dem Irrtum verfallen, er wird somit die Glückseligkeit im Paradies erreichen. Verbunden mit diesem Versprechen ist dessen Voraussetzung, daß Ali und die Nachkommen – als rechtgeleitete Führer der Gläubigen – ohne Sünde sind.

Die schiitischen Gelehrten sind sich darin einig, daß nicht sämtliche Nachkommen Alis rechtgeleitete Führer sein können. Die außerordentlich hohe Stellung wird nur Männern zuteil, die Meister sind in den religiösen Wissenschaften und die allein dadurch schon mehr als andere geschützt sind gegen Irrtümer und gegen Sünde. Nach schiitischer Überzeugung trifft dies vor allem auf Ali selbst zu und auf elf Nachkommen, die als »elf Imame« bezeichnet werden. Der Prophet selbst hatte zu seinen Lebzeiten drei solcher Imame namentlich benannt: Ali und dessen Söhne Hasan und Husain.

In der Überlieferung der Schiiten sind mehrere Ereignisberichte bewahrt, die Mohammeds Willen bekräftigen, die Spitze des auf Dauer religiös ausgerichteten Islamischen Staates der eigenen Familie zu reservieren. Als Überlieferung von großer Bedeutung gilt der Bericht, den Ibn Mardujah, ein Weggenosse des Propheten, hinterlassen hat:

»Ich hörte den Propheten sagen: Wer immer möchte, daß sein Leben dem meinen gleiche und daß er mit Sicherheit das Paradies betreten darf, der hat, nach mir, Ali zu lieben und meine Familie, denn sie stammen von mir ab und sind aus demselben Lehm gemacht wie ich. Mein Wissen und mein Verstehen der Dinge gehen auf sie über. Deshalb wehe denen, die meinen Nachkommen den Respekt versagen. Ich werde am Tag des Jüngsten Gerichts nicht ihr Fürsprecher sein.«

Die Nachfolgeregelung in der Art eines Testaments schriftlich festzuhalten, sei die Absicht des Gesandten Allahs an einem der letzten Lebenstage gewesen, sagen schiitische Glaubenslehrer. Der Prophet habe vom Bett aus, auf das ihn ein Schwächeanfall geworfen habe, nach Papier und Tinte verlangt. Aus den gemurmelten Worten, die der Kranke vor sich hinsprach, entnahmen die Umstehenden, daß er etwas aufschreiben wollte, was zum Wohl der Gläubigen in der Zukunft wichtig sei. Doch einige von denen, die sich im Krankenzimmer aufhielten, waren der Meinung, um Gedanken schriftlich festzuhalten, sei Mohammed zu krank. Sie sagten: »Was im Koran steht, genügt uns!« So sei Mohammed daran gehindert worden, die Erbfolge der Familie schriftlich zu sichern.

Die Schiiten unserer Zeit, die aus Lethargie zu kämpferischem Geist erwacht sind, schätzen besonders die Überlieferungen, die Ali als außerordentlich mutig darstellen. Sein Mut sei sprichwörtlich gewesen. Nie habe ihn jemand ängstlich gesehen, und auch in den Schlachten, die für die Moslems unglücklich ausgegangen seien, habe Ali nie dem Feind den Rücken zugekehrt. Kein Gegner, der jemals den Schwiegersohn des Propheten in einen Kampf verwickelt habe, sei am Leben geblieben.

Verklärt bleibt die Person des Ali in der Erinnerung der Schiiten. Als schöne Erscheinung lebt er fort in der Phantasie – vergessen ist, daß dieser Ali mit wachsendem Alter immer unförmiger von Gestalt geworden sein soll. Er wird gepriesen als ein Held, als ein Weiser, als ein über alles gerechter Herrscher, als ein Märtyrer von fleckenloser Reinheit, von höchstem Seelenadel. So konnte es geschehen, daß Ali für viele Schiiten die Gestalt im Islam ist, die sogar den Propheten Mohammed an Bedeutung zu überragen vermag.

Besonders in den Ostprovinzen des Islamischen Reiches, im heutigen Iran also, wurde Ali durch einen hellstrahlenden Schimmer verklärt. Ursache dafür ist die Politik, die Alis Gegner Mu'awija in den Gebieten um Euphrat und Tigris und in den ostwärts der beiden Urströme gelegenen Regionen verfolgte. Je mehr dort Mu'awija zum Unterdrücker wurde, desto mehr wuchs das Ansehen des toten Ali.

Erschreckt reagierten die Menschen von Kufa auf die Nachricht von Alis Tod. Ein Schauder packte sie wegen ihres eigenen Verhaltens in der Vergangenheit und vor allem wegen der Unsicherheit, was künftig mit ihnen geschehen werde. Ali war immer noch der Garant gewesen, daß sich die Bewohner des Zweistromlandes nicht den verhaßten Syrern zu unterwerfen brauchten. Jetzt aber hatten sie ihren Führer verloren, der es immer – auch wenn die Anhänger feige waren – mit Kraft verstanden hatte, sein Schwert Dhu Al Fakar zu führen. Nun verlangten die Anhänger des Ali, daß sein Sohn Hasan dieses Schwert in die Hand nehme, denn es mußte mit dem Einbruch des Mu'awijaheeres von Syrien her gerechnet werden.

Die Anführer der Bewaffneten, die unter Alis Führung schmählich versagt hatten, zeigten sich nun plötzlich bereit zum entschlossenen Kampf. 40000 Männer versammelten sich in Kufa, um Mu'awija entgegenzuziehen. Zunächst aber huldigten sie Hasan, dem ältesten Sohn von Ali und der Prophetentochter Fatima.

Unsicher sind die Gelehrten darüber, ob Hasan im Jahre 3 oder 4 der Islamischen Zeitrechnung geboren wurde, auf jeden Fall nach der Emigration von Mohammed, die auch Ali nach Jathrib/Medina geführt hatte. Als Ali starb, muß Hasan noch nicht ganz vierzig Jahre alt gewesen sein.

Ali selbst, so berichtet die Überlieferung, habe seinem Sohn noch vor dem Tod den persönlichen Koran und sein Schwert Dhu Al Fakar übergeben können. Diese Worte habe Ali gesprochen: »Mein Sohn, der Gesandte Allahs hat mir einst befohlen, dir Koran und Schwert zu reichen. Wenn du stirbst, gib beides weiter an deinen Bruder Husain!«

Begeisterung, ein Regierungsamt zu übernehmen – darin sind sich die Überlieferungen einig –, habe Hasan nicht gezeigt. Schon Ali hatte Grund gesehen, dem Sohn vorzuwerfen, er habe kein Interesse und kein Verständnis für die Politik im Islamischen Staat. Hasan hatte offenbar schon in früher Jugend seine privaten Neigungen gepflegt, die sich im Harem befriedigen ließen. So war es gekommen, daß er den Spitznamen »mitlak« trug, der »Scheidungsbeflissene«. Sein ständiger Wechsel der Frauen im Harem war die Ursache dafür. Da ihm das islamische Gesetz nur vier Frauen erlaubte – allein dem Gesandten Allahs war eine Ausnahmeregelung gestattet, die eine höhere Zahl von Frauen zuließ –, machte Hasan durch Scheidung Platz im Harem für neue, aber ebenfalls nur vorübergehend gültige Bindungen. Männer, die Hasan mißgünstig gesinnt waren, stellten eine Liste der Frauen auf, mit denen Hasan im Verlauf der Jahre verheiratet war – diese Liste umfaßte mehr als einhundert Namen. Das Resultat war, daß Hasan einen schlechten moralischen Ruf bekam, der seiner politischen Autorität Schaden zufügte.

Zunächst aber machte sich durch den neuen Herrscher Hoffnung breit unter den Anhängern der Schiat Ali im Zweistromland. Bald schon aber entstand Ärger.

Die 40000 Kampfentschlossenen lagerten in und vor der Stadt Kufa. Die Bewaffneten verlangten Sold und Nahrung; sie wollten auch mit Wein versorgt werden, der den Moslems verboten ist. Langeweile machte sich breit. Da waren Streit und Handgreiflichkeiten nicht zu vermeiden. Die Handwerker und Händler in Kufa sahen diese Entwicklung mit Unwillen. Sie bedrängten ihren Herrscher, er möge die bewaffneten Haufen auf dem schnellsten Wege in den Kampf führen, schließlich werde der syrische Einbruch in das Land um Euphrat und Tigris von Tag zu Tag bedrohlicher. Nach einigen Wochen des Zögerns fiel auch den entschlossenen Anhängern der Schiat Ali auf, daß das Verhalten des Prophetenenkels zumindest seltsam war. Der Verdacht wurde ausgesprochen, Hasan stehe bereits in Verhandlungen mit Mu'awija über die Höhe der Summe, die aus der Staatskasse von Damaskus im Falle eines Verzichts des Hauptes der Schiat Ali auf das höchste Staatsamt zu zahlen sei.

Daß dieser Verdacht die Wahrheit aussprach, das wußten zu dieser Zeit nur Hasan selbst und seine engsten Vertrauten. Die Verhandlungen mit Mu'awija waren jedoch zeitraubend. Hasan mußte die Gerüchte wieder zum Verstummen bringen. Weiteres Zögern wurde für ihn gefährlich – auch in den Reihen der Bewaffneten hetzten Unzufriedene gegen den unentschlossenen Kalifen –, daher befahl Hasan schließlich den Marsch gegen Mu'awijas Verbände. Er selbst blieb in Kufa, wie er sagte, »um durch Gebet der Sache der Schiat Ali zu dienen«. Doch seine Hoffnung, er werde schon bald Erfolgsmeldungen zu hören bekommen, erfüllte sich nicht. Hasan war letztlich doch gezwungen, seinen Truppenverbänden nachzureiten.

Als Hasan bei den Kämpfern eintraf, da mußte er feststellen, daß deren Situation verzweifelt war. Ihre Kampfkraft war verzettelt worden. Sie hatten jeglichen Schwung verloren. Hasan fand Kommandeure vor, die der Panik verfallen waren, die kaum mehr Gewalt über ihre Männer besaßen. Während einer hitzigen Diskussion geschah es, daß er durch eigene Anhänger verprügelt und sogar verwundet wurde.

Für ein gutes Ende der militärischen Auseinandersetzung mit Mu'awija sah Hasan nun keine Hoffnung mehr. Es fiel ihm leicht zu erkennen, daß sein politisches Spiel überhaupt zu Ende war. Hasan entschloß sich, sofort zu handeln: Er schickte einen Gesandten nach Damaskus mit einem nun definitiv formulierten Rücktrittsangebot. Mu'awija antwortete umgehend, er sei bereit, den Verzicht des Hasan auf alle Rechte, die ihm aus der Zugehörigkeit zur Familie des Propheten zustanden, großzügig zu honorieren. Hasan, so lautete das Angebot, möge jetzt selbst die Summe festsetzen, die er für angemessen erachte.

Im Gegenzug nannte Hasan seine Forderungen: Der Verzicht auf das Amt des Kalifen koste für ihn selbst fünf Millionen Dirhem, als einmalige Zahlung, und auf Lebenszeit die Einkünfte eines bestimmten wohlhabenden persischen Distrikts. Umgerechnet mag der Wert dieser Forderung etwa zehn Millionen Dollar betragen haben.

Den Verzicht auf das Kalifat dehnte Hasan auch gleich auf seinen jüngeren Bruder Husain aus – der Verkauf von dessen Ansprüchen sollte die Hälfte des Betrags einbringen, den Hasan für sich gefordert hatte.

Um sich für den Verrat an der eigenen Sache, an den Rechten der Familie des Propheten zu rechtfertigen, zitierte Hasan eine angebliche Äußerung des Propheten, der Hasans Kapitulation die Weihe des Gehorsams gegenüber Allahs Willen gab. Der Wortlaut dieser Äußerung war: »Durch Hasan wird Allah dereinst zwei islamische Parteien, die gegeneinander kämpfen, wieder zu einem Volk vereinigen!«

Die Menschen in der Hauptstadt Kufa nahmen in einem Gefühl der Lähmung den Rücktritt des Prophetenenkels von der Macht im Islamischen Staat zur Kenntnis. Ohne Reaktion hörten sie dessen letzte Predigt beim Freitagsgebet in der Moschee. Hasan versuchte eine Rechtfertigung seines Verzichts: »Jeder Herrschaft ist von Allah nur eine bestimmte Dauer zugewiesen. Allah hat die Welt dem ständigen Wechsel unterworfen. Allah hat dem Propheten gesagt: Die Welt ist euch nur gegeben für eine gewisse Zeit. Gehorsam gegenüber Allah ist uns Pflicht. Dieser Pflicht unterwerfe ich mich!«

Nur sechs Monate waren vergangen seit dem Tod des Ali. Abgewirtschaftet hatte der »Haushalt des Propheten«. Ruhmlos und kurz war die Herrschaft des »Scheidungsbeflissenen« gewesen. Für die Menschen von Kufa war Hasan ein Verräter – seinen Bruder Husain sahen sie als Opfer des schwächlichen Hasan an. Beide zusammen ließen die Demütigung über sich ergehen, die Rechtmäßigkeit der Machtübernahme durch Mu'awija und damit die Auflösung des Kalifats der Familie des Propheten zu bestätigen. Ihre Gegenwart bei dieser Zeremonie war durch Mu'awija angeordnet worden.

Danach waren Hasan und Husain in Kufa unerwünschte Personen. Sie ritten nach Medina – für den jetzt rechtmäßig bestätigten Herrscher stellten sie keine Gefahr mehr dar.

Die Schiiten sind überzeugt, es sei die Absicht des Propheten Mohammed gewesen, die oberste Autorität im Islamischen Staat Mitgliedern seiner eigenen Familie vorzubehalten. So ist die Bevorzugung Alis zu sehen, der dann wieder Koran und Schwert Dhu Al Fakar an Hasan weiterzugeben hatte. Offenbar war, nach schiitischer Ansicht, der Gesandte Allahs von der Absicht getrieben gewesen, eine Dynastie von Männern aus seinem eigenen Haushalt für alle Zeiten bis zum Tag des Jüngsten Gerichts einzusetzen. Es hatte sich jedoch gezeigt, daß beim Tode des Propheten im Jahr 632 zwar die Glaubensoffenbarung des Mohammed ihre Bedeutung behielt, nicht aber der politische Wille des Verstorbenen.

Es war Mohammed nicht gelungen, seine Kampfgenossen davon zu überzeugen, daß die traditionelle Sitte der Menschen auf der Arabischen Halbinsel, durch Zuruf einen Mann zum Oberhaupt zu ernennen, nicht mehr gültig war. Dieser Brauch war seit Menschengedenken üblich gewesen bei den Stämmen Arabiens. Fremd war den Stammesscheickhs der Gedanke, einen »König« über sich zu haben, der ihnen seinen Willen aufzwingen konnte. Die Einsetzung der Dynastie des Haushalts des Propheten aber wäre der Einrichtung eines Königtums gleichzusetzen gewesen. Die rasche Amtsübernahme durch Abu Bakr hatte die Erbthronfolge im Jahre 632 zunächst verhindert. Als Ali dann endlich vierundzwanzig Jahre später die Huldigung der Gläubigen in der Moschee von Medina entgegennehmen konnte, war der Gedanke, für immer von einem Mitglied der Familie des Propheten regiert zu werden, im Bewußtsein der Gläubigen verblaßt. Nach und nach erloschen war auch das Gefühl dafür, daß der Mann an der Spitze des Islamischen Staates sowohl für politische als auch für religiöse Entscheidungen zuständig war. Vom Kalifen, dem Stellvertreter des Gesandten Allahs, wurden keine Offenbarungen und keine revolutionären Veränderungen im Glauben verlangt. So erhielt der politische Teil im Amt des Kalifen mehr und mehr Übergewicht. Während der Amtszeit der Kalifen Abu Bakr, Omar und Othman wurde der Stellvertreter des Gesandten Allahs immer stärker zum weltlichen Herrscher, zum König. Daß Ali nahezu ein Vierteljahrhundert hatte warten müssen, ehe er versuchen konnte, den Wunsch des Propheten, seine Familie möge den Gläubigen immer vorausschreiten, zu erfüllen, war die Ursache des Scheiterns: Die Schiat Ali hatte ihre Wurzel in den Herzen der Moslems verloren. Die Schiiten wurden zu einer Sekte des Islam. Sie blieb zwar immer ein Faktor in der moslemischen Glaubenswelt, doch von den politischen Entscheidungen blieb die Schiat Ali weitgehend ausgeschlossen.

Den Abschied von der Politik hatte Hasan vollzogen. Er hatte diejenigen verlassen, die an ihn glaubten. Er hatte das Amt, das Mohammed seinen Nachkommen hinterlassen hatte, für Geld verkauft.

Für Mu'awija war dieser Enkel des Propheten keine Gefahr mehr. Hasan lebte zurückgezogen in Medina. Geldsorgen plagten ihn nicht – die Summe, die ihm für den Verzicht auf das Kalifat ausbezahlt worden war, reichte aus. Alt wurde Hasan ohnehin nicht. Sein Tod muß im Jahre 49 der Islamischen Zeitrechnung erfolgt sein. Der Prophetenenkel war damals etwa 45 Jahre alt. Als Todesursache wird Schwindsucht, Auszehrung angenommen.

Die Schiat Ali hat in späteren Jahrhunderten diesen schwachen und glücklosen Führer reinzuwaschen versucht. Dies geschah vor allem durch die Bemühung, Hasan unter die Märtyrer des schiitischen Glaubens einzureihen. Überlieferungen entstanden, Hasan sei auf Befehl des Mu'awija ermordet worden. Hasans Frau Asma – sie war während der letzten Lebensmonate des zurückgetretenen Kalifen die Lieblingsfrau im Harem – habe ein Tuch aus Damaskus erhalten, das mit einem besonderen Gift präpariert gewesen sei. Die Gebrauchsanweisung habe so gelautet: »Wenn Hasan seinen Samen in dich ergossen hat, dann gib ihm dieses Tuch zum Abtrocknen seines Gliedes.« Dieser Frau Asma, so wird erzählt, hatten Gesandte vom Kalifen in Damaskus das Versprechen vorgegaukelt, der Sohn des Mu'awija werde sie heiraten, wenn Hasan erst tot sei. Sie glaubte fest an die Zusage der Familie Omaija. Asma besaß offenbar persönlichen Ehrgeiz. Sie hatte wohl erkannt, daß das Leben mit Hasan ohne Zukunftsperspektive war. Die Gewinner im Kampf um die Macht in Arabien waren die Herren von Damaskus und nicht die Nachfahren der Angehörigen des einstigen Prophetenhaushalts.

Berichtet wird, Asma habe nach einer körperlichen Vereinigung jenes vergiftete Tuch dem Hasan gereicht, damit er sich säubere. Da sei das Gift durch Hasans Glied ins Blut gedrungen. Unter heftigen Zuckungen sei dieser Prophetenenkel gestorben.

Unwahrscheinlich ist, daß Mu'awija der Schuldige am Tod des Hasan war. Ein derart unnötiges Verbrechen hätte sich der Kalif nicht geleistet, der genau wußte, wer wichtig und wer im Schatten verschwunden war. Von Hasan, der bezahlt worden war, hätte Mu'awija nichts zu befürchten gehabt. Dazuhin war gerade diesem Herrscher aus der Sippe Omaija bewußt, wie sehr ein Verdacht, an einer Ermordung beteiligt gewesen zu sein, den politischen Tod des vom Verdacht Belasteten herbeiführen könnte. Mu'awija selbst hatte gegen Ali gehetzt durch Schüren der Vermutung, Ali habe sich den Weg zur Macht geöffnet durch die Ermordung des Kalifen Othman.

Mit dem Tod des Hasan rückte Husain, der zweite Sohn aus der Verbindung des Ali mit der Prophetentochter Fatima an die Spitze der Schiitenpartei. Husain war nur ein oder zwei Jahre jünger als Hasan. Der Großvater Mohammed soll einst mit großer Zärtlichkeit den Enkel Husain umsorgt haben. Während des Kalifats seines Vaters Ali hatte Husain zurückgezogen gelebt. Auch als Hasan zu regieren versuchte, war vom jüngeren Bruder wenig zu berichten. Mit dem Verzicht auf die Familienrechte durch Hasan sei Husain allerdings nicht einverstanden gewesen. Berichtet wird, die beiden Prophetenenkel hätten, nachdem sie Kufa verlassen hätten, im Streit in Medina gelebt. Jetzt, als Hasan tot war, erwies sich Husain als klug: Er widerstand den Lockungen der Parteigänger, bald die Schiat Ali im Zweistromland wieder zu aktivieren. Er hatte die wankelmütigen Geister kennengelernt – mit ihnen wollte Husain nichts zu tun haben. Dieser Prophetenenkel zeigte eine würdige, distanzierte, aber durchaus nicht feindliche Haltung gegenüber Mu'awija, dem Feind der Prophetennachkommen.

Zu diesem Zeitpunkt war Husain ein Realist, der begriffen hatte, daß die Familie Omaija das islamische Riesenreich fest im Griff hatte. Mit feinem Gespür war von Mu'awija der Mann ausgewählt worden, der für die Verwaltung der Region Kufa zuständig sein sollte: Mu'awija gewann eine einstige Stütze von Alis Regime für sich, einen Praktiker der Administration. Sein Name war Ziad. Dieser Mann hatte zu Alis Lebzeiten sehr unter dem Makel gelitten, von einer Sklavin geboren worden zu sein. Sumeija, seine Mutter, war Eigentum der Mutter des Mu'awija gewesen. Der Vater von Mu'awija war auch zugleich der Vater des Sklavinnensohns Ziad. Der Unterschied im Stand der Mutter wirkte sich aus: Ziad wurde von Ali zwar als Mitarbeiter gebraucht, aber doch als Mann betrachtet, der unfrei geboren worden war. Die Möglichkeit, diesen Mann durch eine Geste für sich zu gewinnen, wurde von Mu'awija erkannt und genutzt: Er adoptierte diesen Halbbruder und gab ihm damit das volle Recht der Zugehörigkeit zur Familie Omaija. Dafür blieb Ziad dem Kalifen dankbar. Ziad sorgte im Dienste der Familie Omaija für Ordnung an Euphrat und Tigris. Das Zweistromland, das strategisch wichtig war als Brücke zwischen der Hauptstadt Damaskus und den Ostprovinzen in Persien, wurde sicheres Gebiet, befreit von den Banden, die dort seit Alis Kalifat Städte und Dörfer beherrscht hatten. Aus der Sicherheit im Zweistromland schöpfte der Islamische Staat die Kraft zu neuen Eroberungen im Osten. Die Reiterheere der Gläubigen drangen weiter vor, zerstörten die kleinen Monarchien südlich des Aralsees und eroberten die Grenzzonen des indischen Subkontinents.

Mu'awija hatte die Leistung vollbracht, Streit und Kämpfe zwischen

Moslems zu unterbinden. Die Armeen verschlissen ihre Kraft nicht mehr bei internen Auseinandersetzungen. Ihre Energie konnte sich auf Eroberungen konzentrieren.

Husain schätzte diesen Erfolg des Kalifen hoch ein. Er wollte die Regierungsarbeit des Mu'awija nicht stören. Husain übte politische Enthaltsamkeit.

Mit einem Traum, so wird berichtet, endete die ruhige Lebenszeit für diesen Enkel des Propheten.

In einer Vision sah er, während des nächtlichen Schlafs, den Sessel des Kalifen Mu'awija umgestürzt in einem brennenden Palast liegen. Husain wußte beim Erwachen, daß in dieser Nacht Kalif Mu'awija gestorben war. Er spürte Gefahr und Herausforderung auf sich zukommen.

Hatte sich während der ersten Jahre nach dem Tod des Propheten Mohammed der Gedanke an den Aufbau einer Dynastie an der Spitze des Reichs nicht durchsetzen lassen, so hatte sich das Bewußtsein der Menschen zur Amtszeit des Kalifen Mu'awija verändert: Mit dem Gedanken, der Herrscher könne der Sohn des vorherigen Herrschers sein, hatten sich die Einflußreichen vertraut gemacht. Der Wille des Kalifen, seinem Sohn die Regierungsgewalt zu übergeben, stieß prinzipiell nicht auf Abneigung. Der Widerwille richtete sich allein gegen die Persönlichkeit dieses Sohns, der den Namen Jezid trug. Er galt als leichtfertig, als zu leichtsinnig, um Verantwortung tragen zu können. Einer aus dem Kreis derer, die in Medina an die guten alten Zeiten dachten, als der Prophet noch regierte, sprach die Stimmung unter den führenden Köpfen aus: »Wir sollen einem huldigen, der mit Affen und Hunden spielt, der Wein trinkt und der ganz offen abscheuliche Handlungen begeht? Wie können wir eine solche Huldigung vor Allah verantworten?« Mu'awija aber setzte seinen Willen durch. Vor seinem Tode noch ließ er die wichtigen Personen aller Provinzen Schwüre leisten, dem Sohn Jezid treu zu dienen.

Im April des Jahres 680 starb Mu'awija – das war das Jahr 58 der islamischen Zeitrechnung. Wenige Tage nach dem Ableben des Kalifen wurde Husain in das Amtshaus des Stadtkommandanten von Medina gerufen. Dort wurde ihm dieser Wortlaut eines Schreibens vorgelegt:

»Im Namen Allahs, des Allerbarmers, des Allmilden. Diese Worte hat Jezid diktiert, der Diener Allahs, der Beherrscher der Gläubigen. Mu'awija, der Diener Allahs, den Allah durch Macht und Regierungsgewalt geehrt hat, lebte nach der Vorbestimmung Allahs. Der Herr hat sich zu der von ihm festgesetzten Zeit seiner erbarmt. Mu'awijas Leben war Allah gefällig. Der Kalif ist in Ehren und in der Furcht Allahs gestorben. Ich, Jezid, bin sein Nachfolger. Die Bewohner des Reiches, Vornehme und Geringe, haben aufs Neue zu huldigen, sowie Gehorsam und Unterwerfung zu schwören.«

Husain hatte zu denen gehört, die voll Vorbehalt gewesen waren gegen

Jezid. Er wollte sich deshalb nicht zur raschen Huldigung zwingen lassen, und so bat er den Stadtkommandanten, ihm Aufschub zu gewähren bis zum nächsten Freitag, dann werde er am richtigen Ort, in der Moschee, dem Kalifen Jezid Treue schwören.

Am Freitag aber wartete der Vertreter des Kalifen vergeblich auf den Prophetenenkel Husain. Die Huldigung entfiel, weil Husain in der Nacht zuvor nach Mekka entwichen war. Damit hatte die Sippe Omaija wieder einen Feind bekommen. Vorbei war die kurze Frist der Einigkeit der Araber unter der Herrschaft des Mu'awija. Erneut brach eine Epoche der Spaltung, des Bürgerkriegs an.

Nur zwei Wochen dauerte es, bis die Nachricht, der Prophetenenkel habe sich zum Feind des Kalifen Jezid erklärt, an Euphrat und Tigris eingetroffen war. Die Schiat Ali begann wieder ihr Haupt zu erheben. Der Statthalter des Kalifen in Kufa sah sich veranlaßt, nach dem Freitagsgebet in der Moschee gegen das Verwerfliche von Bürgerkriegen im allgemeinen zu predigen. Die Männer von Kufa hörten ihm zwar zu, doch die Worte des Statthalters berührten sie nicht mehr. Sie hatten schon Boten nach Mekka geschickt, mit der Aufforderung an Husain, das Kalifenamt bei ihnen anzutreten. Vier Männer waren losgeritten in Kufa auf schnellen Kamelen – zur Sicherheit hatte jeder einer anderen Route durch die Wüste zu folgen, so sollte die Gefahr reduziert werden, daß die Mission durch die Wachsamkeit der Wüstenpatrouillen des Kalifen Jezid scheiterte. Die Boten trugen Pergamentblätter bei sich, insgesamt einhundertfünfzig, auf denen die Namen von mehreren tausend Männern aus Kufa verzeichnet waren, die durch Unterschrift ihren Wunsch kundgaben, Husain als Herrscher nach Kufa zu holen.

Alle Boten erreichten ihr Ziel. Sie übergaben die Petition der Männer von Kufa dem Enkel des Propheten Mohammed. Doch Husain zeigte wenig Neigung, der Aufforderung zu folgen, ins Zweistromland zu reiten; zu gut erinnerte er sich daran, daß die Herrschaft von Ali und Hasan an Euphrat und Tigris in Unglück und Schmach zu Ende gegangen war. Husain fürchtete die Anfälligkeit seiner Anhänger für rasche Stimmungsumschwünge und für Verrat.

Die Führer der Schiat Ali ließen allerdings nicht ab von ihrem Plan, durch Husain die Unabhängigkeit vom Kalifen in Damaskus zu erreichen. Sie teilten dem Zögernden mit, inzwischen seien 12000 Männer bereit, ihr Leben für Husain einzusetzen und gegen den Kalifen Jezid zu kämpfen. Diese Nachricht veranlaßte Husain, seine Abneigung gegen den Ritt nach Kufa aufzugeben. Die 12000 Männer, so glaubte er, würden ausreichen, um der Prophetenfamilie wieder eine starke Machtbasis zu geben. Husain machte sich auf den Weg; er war allerdings so vorsichtig, seinen Vetter Muslim Ibn Akil nach Kufa vorauszuschicken. Von dessen Berichten erhoffte sich Husain die nötige Information, um dann noch entscheiden zu können, ob er wirklich in die Stadt einreiten solle.

Die Situation, die Muslim Ibn Akil vorfand, war wenig ermutigend. Das entschlossene Eingreifen eines eigens neuernannten Gouverneurs in Kufa, der seinem Herrn Jezid treu ergeben war, hatte dazu geführt, daß die Zahl der Anhänger des Husain bereits wieder im Schwinden war. Der Gouverneur, eben aus Damaskus eingetroffen, sprach nicht, wie seine Vorgänger, von der Verwerflichkeit des Bürgerkriegs im allgemeinen, sondern er drohte jedem, der sich zur Schiat Ali bekannte, mit Hinrichtung. Wieder war bei den Anhängern der Prophetenfamilie nach wenigen Wochen der Euphorie die Depression eingetreten. Der neue Gouverneur spürte, daß die Furcht der Menschen ihm Nutzen brachte. Er befahl den Bewohnern von Kufa, jeder habe zu prüfen, ob unter seinen Verwandten oder unter den Familien der Nachbarschaft jemand zur rebellischen Schiat Ali gehöre. Verdachtsmomente seien zu melden. So legte sich Argwohn über Kufa.

Der Gouverneur vermutete, daß sich ein Mann aus Husains Sippe bereits in Kufa befinden müsse. Seine Agenten suchten systematisch und gewannen bald die Erkenntnis, der Vetter des Prophetenenkels befinde sich im Haus eines Mitglieds der Schiat Ali. Der Mann, der Muslim Ibn Akil verborgen hielt, wurde vom Gouverneur vorgeladen. Als Anhänger der Schiat Ali verheimlichte der Vorgeladene seine Sympathie für Husain nicht. Da wurde das Oberhaupt der Stadt derart wütend über so viel Aufsässigkeit, daß er den Mann mit dem Stock schlug und ihn dann ins Gefängnis werfen ließ. Der Mißhandelte war ein angesehener Mann in Kufa. Die Nachricht von den Vorfällen im Gouverneurspalast erregte die Gemüter der Anhänger des Husain. Sie rotteten sich vor dem Palast zusammen und brüllten Gesänge des Hasses gegen den Kalifen Jezid und gegen dessen Statthalter in Kufa. Da sich im Palast kein Leben zeigte, verflog der Zorn der Massen schon bald. Die Protestierenden zerstreuten sich so nach und nach. Doch die Entrüstung brach wieder los, als in der Stadt bekannt wurde, der Vetter des Prophetenenkels sei gefangen und in den Gouverneurspalast geschleppt worden. Wieder versammelten sich die Anhänger der Schiat Ali, und erneut blieb ihnen die Festung des Statthalters verschlossen. Dieser war jetzt der Meinung, die Massen durch Härte beeindrucken zu können. Der gefangene Vetter des Husain mußte sich auf dem Dach des Gouverneurspalastes so aufstellen, daß er auf die Massen hinunterblicken konnte, die sich auf dem Hauptplatz der Stadt versammelt hatten. Dann schlug der Scharfrichter so geschickt zu, daß der Kopf des Muslim Ibn Akil nach dem ersten Hieb durch die Luft wirbelte und mitten unter die Menschen flog. Der Gouverneur hatte so ein warnendes Zeichen gesetzt für alle, die von einer Machtübernahme durch Husain träumten. Kaum jemand in Kufa zeigte noch Neigung, die Sache des Husain zu unterstützen.

Der Prophetenenkel, der sich zunächst vorsichtig und abwartend verhalten hatte, war plötzlich in Hektik verfallen – er war bereits in der Nähe von Kufa angekommen. In Ungeduld hatte er seinem Haushalt, seinen Frauen samt Dienerschaft, den Befehl gegeben, von Mekka abzureisen und sich auf den Weg nach Kufa zu machen. Gemeinsam kamen Husain und die Mitglieder der Familie in den letzten Tagen des Jahres 60 islamischer Zeitrechnung – nach christlichem Kalender lag der islamische Jahreswechsel Ende September 680 – zur Stadt Kadesia, die etwa zehn Kilometer vom Euphrat entfernt lag. Auf der Strecke hierher hatte Husain wenig Zuspruch erfahren. Unterwegs in der Wüste waren nur kleine Gruppen von Beduinen zu ihm gestoßen, um Hilfe anzubieten.

In Kadesia erfuhr Husain vom Tod seines Vetters, den er als Späher nach Kufa vorausgeschickt hatte. Bis zu dieser Stunde hatte er gehofft, als Triumphator in die Stadt einziehen zu können, getragen von der Begeisterung der Schiat Ali. Jetzt zerplatzten die Hoffnungen auf die Rückgewinnung des Kalifats.

An eine Umkehr war nicht zu denken. Berittene Bewaffnete aus Medina waren der Karawane von Husains Haushalt in großem Abstand gefolgt. Ganz offensichtlich hatten sie den Befehl befolgt, zu beobachten, was der Prophetenenkel unternahm. Aktives Eingreifen war nur für den Fall geplant, daß Husain an eine Rückkehr nach Medina dachte. Den Familienangehörigen des Propheten, den Nachkommen des Gesandten Allahs sollten – so wollte es Jezid – die Heiligen Stätten Mekka und Medina fortan versperrt bleiben.

Versperrt blieb jedoch auch der Weg zu seinen Anhängern in Kufa. Der Gouverneur der Stadt hatte einen Sperriegel von Reitern und Fußvolk organisiert, der Husains Karawane am Vorrücken hinderte.

Husain bemerkte die Gefahr. Aus Sorge, vom lebensnotwendigen Wasser abgeschnitten zu werden, bewegte er seine Reittiere und Lastkamele mit den Sänften seiner Frauen und allem, was zum Haushalt gehörte, näher an den Euphrat heran. Er wollte sich auf eine lange Verhandlung mit den Gegnern einlassen. Die Absicht war, seine Rechte als Enkel des Propheten auszuspielen, um sich mit heiler Haut und vielleicht sogar mit Ehren aus dieser kritischen Situation zu retten.

Die ersten Gespräche zwischen Husain und dem Kommandanten der Kalifentruppe waren geprägt von erlesenen Formen arabischer Höflichkeit. Der Offizier aus Damaskus respektierte die hohe Abstammung seines Gegners – er war selbst der Sohn eines der ältesten Getreuen des Propheten. Ratlos betrachtete der Offizier die zwei Säcke voll Papier, die ihm Husain zeigte. Auf den Papierstreifen waren die Unterschriften der Männer zu sehen, die den Prophetenenkel gebeten hatten, nach Kufa zu kommen. Die Reaktion des Offiziers soll sich in diesen Worten ausgedrückt haben: »Ich habe keine Unterschrift geleistet! Das steht fest. Die

Papiere interessieren mich nicht.« Über Tage zogen sich die Gespräche zwischen Husain und dem Kommandeur der Kalifentruppe hin. Der Gouverneur in Kufa aber hatte wohl eine rasche und endgültige Lösung des Problems erwartet. Er ließ dem Offizier diese Rüge erteilen: Die Chance sei vertan worden, dem Kalifen in Damaskus einen Gefallen zu erweisen. Die Konsequenz war, daß der Mann, der die Verhandlungen mit Husain zu führen hatte, sich entschloß, Husain auf keinen Fall am Leben zu lassen. Diese Entscheidung muß am Nachmittag des 9. Oktober im Jahr 680 christlicher Zeitrechnung gefallen sein. Das Jahr 61 des Islam hatte begonnen.

An Husain erging eine letzte Aufforderung, zu wählen zwischen Huldigung in Damaskus oder Vernichtung im Kampf. Der Prophetenenkel bat um Bedenkzeit während der Nacht – die Überzeugung der Schiiten von heute ist, Husain habe damit eine Ausflucht gebraucht, denn er sei längst entschlossen gewesen, nicht vor dem Kalifen Jezid zu kapitulieren.

Bemerkenswerte Erkenntnisse soll Husain in dieser letzten Nacht seines Lebens ausgesprochen haben. Der Tag war heiß gewesen, erst nach Mitternacht brachte der Wind Kühlung. Mit den wenigen Männern, die ihn noch begleiteten, saß Husain auf Decken im Sand. Schon während der Tage zuvor hatten ihn die Bewaffneten verlassen, die beim Ritt durch die Wüste zu ihm gestoßen waren. Die verbliebenen Getreuen, so wird berichtet, hätten zu hören bekommen, daß durch die Nachkommen des Propheten Unheil in die Welt der Araber eingebrochen sei. Der Gesandte Allahs und Ali hätten segensreich gewirkt, doch dann hätten Hasan und er zugelassen, daß die Spaltung das Islamische Reich zerstörte. Dem zersetzenden Streit müsse jetzt ein Ende bereitet werden. Nur für kurze Zeit fand Husain Schlaf in dieser Nacht.

Bei Sonnenaufgang, so wird überliefert, ist Husain mit tröstlichen Gedanken erwacht. Im Traum, so habe er erzählt, sei ihm der Prophet Mohammed erschienen und habe gesagt: »Am Abend wirst du bei mir im Paradies sein. Unbedeutend ist der Schritt vom Leben zum Tod. Er beendet nur alle Leiden. Ich hatte dir einst versprochen, daß deine Aufnahme ins Paradies sicher ist. Mein Wort wird dir Vertrauen geben, wird dich geleiten!« Auf diese Worte des Husain reagierten die Frauen seines Haushalts mit Weinen und Schluchzen. Husain aber verlangte Beherrschung: »Wenn ihr weint, lacht der Feind! Wer von uns will ihm das Lachen gönnen?«

Kerbela heißt der Platz, an dem der Enkel des Propheten Mohammed sich zum letzten Kampf rüstete. Etwa hundertundfünfzig Kämpfer standen auf seiner Seite. Die schiitischen Geschichtsschreiber geben die Zahl seiner Gegner mit 5000 an.

Bei diesem Kräfteverhältnis konnte es im Kreis um Husain keine Illusion über den Ausgang des Kampfes geben. Doch ein letztes Mal versuchte das Haupt der Schiat Ali das Mittel der Überzeugung einzusetzen. Er war ein Mann, der – besonders in Notsituationen – durch Reden faszinieren konnte. So bestieg Husain sein Kamel, um seine Worte über die umstehenden Verwandten und Getreuen hinweg auch den Feinden hörbar zu machen. Den Schiiten sind diese Worte des todgeweihten Husain bis heute heilig:

»Wißt ihr denn nicht, daß ich der Sohn Fatimas bin, der Sohn der Tochter des Gesandten Allahs? Ich bin der Sohn des Ali, des ersten Gläubigen im Islam, zu dem der Prophet gesagt hat: ›Dein Fleisch ist mein Fleisch, und Dein Blut ist mein Blut!‹ Bin ich nicht Hasans Bruder, von dem der Prophet gesagt hat: ›Dieser Jüngling ist der Herr aller Bewohner des Paradieses!‹ Wenn ihr Moslems seid, und wenn ihr zum Volk meines Großvaters gehört, wie wollt ihr dann am Tage der Auferstehung die Feindschaft mit mir rechtfertigen? Verehren die Christen doch selbst den Staub, der von den Füßen des Esels getreten wurde, der Jesus getragen hat. Und die Juden halten jede Spur für heilig, die sich von Moses erhalten hat. Ihr aber wollt mein Blut vergießen, obwohl ich beim Gesandten Allahs hochangesehen war. Was habe ich begangen, daß ihr glaubt, das Recht zu haben, mich zu töten? Bin ich ein Mörder? Bin ich ein Räuber? O ihr Männer aus Kufa! Ich lebte zurückgezogen in Mekka, bis ihr mich schriftlich eingeladen habt, als euer Herrscher zu euch zu kommen. Wenn ihr euch die Gnade Allahs erhalten wollt und die Fürsprache meines Großvaters, so laßt mich nach Mekka zurückkehren, denn mich reizt keine weltliche Herrschaft mehr!«

Viele Register der Beredsamkeit benutzte Husain: Er gebrauchte Argumente, flehende Worte, direkte Drohungen, doch sie blieben ohne Wirkung. In der Mittagshitze wurde Husains Stimme schwächer. Kehle, Lippen und Zunge waren trocken geworden vor Durst. Die Rede brach schließlich ab. Die Schwerter hatten jetzt zu entscheiden. Mit Zweikämpfen begann die Auseinandersetzung. Sie endeten jeweils entweder mit dem Tod eines Getreuen aus Husains Haushalt oder eines Kämpfers aus den Reihen der Kalifenanhänger. Die Feinde des Husain, an Zahl gewaltig überlegen, konnten Verluste leichter hinnehmen als die kleine Truppe der Getreuen – so schmolz der Kreis derer, die Husain umgaben, rasch zusammen. Schließlich aber dauerte dem Offizier des Kalifen Jezid die Auseinandersetzung zu lange, er eröffnete die Feldschlacht. Doch es gelang den Kämpfern der Omaijaden lange nicht, den Ring um Husain zu sprengen. Angreifer und Verteidiger litten unter Durst. Die Männer des Husain hatten ganz besonders zu leiden, denn der Feind hielt sie vom Wasser des Euphrat ab. So ließ ihre Kraft nach, als der Nachmittag voranschritt. Der Ring um Husain wurde aufgerissen. Jetzt war der Prophetenenkel gefordert, das Schwert zu führen. Viele Schiiten sind überzeugt, daß auch in der Hand Husains sich jenes Schwert Dhu Al Fakar befand, mit dem sich schon der Prophet und dessen Schwiegersohn Ali gewehrt hatten. Mit großer Tapferkeit – darin stimmen die Berichte der Chronisten überein – habe sich Husain geschlagen. Als der Prophetenenkel schließlich der Übermacht erlag, soll er durch vierunddreißig Schwertwunden und durch dreiunddreißig Pfeilwunden verletzt gewesen sein. Der Kommandeur der Feinde des Husain soll dann über dessen Tod gesagt haben: »Der Todeskampf währte nicht lange. Er dauerte gerade so viele Augenblicke, wie zur Opferung eines Kamels nötig sind!«

Im Augenblick des Sieges packte die Kämpfer der Kalifentruppe der Blutrausch. Sie machten die Getreuen und Verwandten gnadenlos nieder. Allen Toten, auch dem Husain, trennten die Sieger den Kopf vom Leib. Den blutenden und kopflosen Körpern wurden die Kleider ausgezogen. Viele der Toten wurden verstümmelt. Unbestattet blieben die blutbedeckten Leichenrümpfe liegen. Zu den Opfern gehörten auch zwei Söhne des Husain im Alter von elf und dreizehn Jahren. Als dann auch die Zelte überfallen wurden, in denen die Frauen des Haushalts sich aufhielten, da starben zwei weitere Kinder: Das eine war noch ein Säugling, das andere war fünf Jahre alt.

Am Abend waren nur noch Frauen und ganz wenige junge Männer am Leben. Sie wurden in der Nacht noch nach Kufa geführt. Weinend verließen sie den Platz Kerbela – weinend erreichten sie die Stadt. Der Anblick der verzweifelten Frauen beeinflußte die Stimmung der wankelmütigen Bewohner von Kufa sofort.

Vor Schwäche taumelnd traten die Frauen und Mädchen durch das Tor der Stadt. Die Neugierigen, die dort gewartet hatten, begannen zu weinen und verfielen bald in Hysterie. Gellende Schreie waren zu hören. Frauen schlugen sich die Brüste. Männer und Frauen jammerten weniger über das Unglück der Familie des Husain, als über die eigene Schuld, über das eigene Versagen, das zum Tode des Prophetenenkels geführt hatte.

Husains Ende führte dazu, daß die Nachfahren von Mohammed und Ali, und deren Haushaltsmitglieder im Bewußtsein vieler Moslems wieder zum edelsten Geschlecht wurden, das jemals auf dem Boden des Islamischen Reiches gelebt hatte. Eine der Töchter des Husain konnte ihr Erstaunen und ihre Verachtung nicht verbergen. Sie sprach zu den Jammernden: »Warum weint ihr? Etwa wegen unseres Schicksals? Ihr habt uns durch Briefe und Boten hergelockt. Dann haben Leute wie ihr unsere Männer getötet, unsere Kinder umgebracht. Und jetzt weint ihr darüber, was uns angetan worden ist!«

Der Tod des Husain bei Kerbela wurde im Verlauf der Geschichte zum wichtigsten Ereignis für die Schiat Ali. Dieser Märtyrer wurde zur Symbolgestalt der Schiiten bis in unsere Zeit. Junge Männer, die als Schiiten an den Kämpfen teilnehmen, die im Nahen Osten aufflammen, nehmen sich das Opfer des Husain zum Vorbild. Ihm nachzueifern empfinden sie als ihre höchste Pflicht. Die Erinnerung an Husain ist den

Kämpfern Motivation zum entschlossenen Handeln unter Einsatz ihres Lebens. Husain ist für die Schiiten von heute Quelle der Kraft.

Die Sieger von Kerbela hatten das Haupt des Prophetenenkels nach Damaskus geschickt – damit der Kalif Jezid seine Freude daran habe. Doch der Herrscher konnte über den Tod des führenden Mannes der Schiat Ali keinen Triumph empfinden. Jezid spürte, daß ihm Husain als Toter gefährlicher wurde als der lebende Husain. Nur wenn ihm Husain gehuldigt hätte, wäre die Spaltung des Islam zu verhindern gewesen. Das Märtyrertum des Prophetenenkels bekräftigte die Schiat Ali in ihrer Ablehnung der Herrscher, die nicht ihre Wurzel im Haushalt des Propheten hatten. Der Zwiespalt im Islam verhärtete sich. Die Abspaltung der Schiat Ali ermutigte auch andere zur Abtrennung von Damaskus entschlossene Kräfte, den Streit zu wagen. So entstand schon kurz nach den blutigen Ereignissen von Kerbela eine Separatistenbewegung in der heiligen Stadt Mekka. Im Verlauf des Streits geschah das Undenkbare: Die Armee der Omaijaden belagerte Mekka und bewarf die Große Moschee um die Ka'aba mit Brandgeschossen. Die Tücher, die das Mauerwerk des heiligsten Gebäudes der Islamischen Welt umgaben, verbrannten damals in hellen Flammen zu Asche. Nur ein halbes Jahrhundert war vergangen, seit der Prophet Mohammed die Gläubigen verlassen hatte. Vergessen war sein Wort: »O Gläubige, kämpft nicht gegeneinander im Schatten der Ka'aba!«

Nur wenige Wochen nach der Beschießung des Heiligtums, im November des Jahres 683 unserer Zeitrechnung, starb der Kalif Jezid. Im Augenblick des Todes soll er laut aufgestöhnt haben. Schiitische Gläubige lesen daraus ab, daß ihm die eigene Schuld bewußt geworden war. Jezid habe den Weg in das ewige Feuer der Hölle vor sich gesehen. In Damaskus war rasch ein neuer Kalif gefunden. Das Prinzip der Erbfolge vom Vater auf den ältesten Sohn hatte sich durchgesetzt. Der Name des neuen Herrschers war Mu'awija II.

Auch die Schiiten waren entschlossen, den Wechsel in den Führungspositionen unter den Mitgliedern der Familie des Propheten zu ordnen. Die Schiat Ali nahm ebenfalls die Gewohnheit an, dem ältesten lebenden Sohn des verstorbenen Prophetennachfahren die Würde der Führung der Gläubigen zu übertragen.

Zu den Überlebenden des Gemetzels von Kerbela hatte Ali Ibn Husain gehört, ein junger Mann von zwanzig Jahren. Als der Vater erschlagen wurde, war Ali Ibn Husain derart krank gewesen, daß er sich kaum hatte bewegen können. So war er den Schwerthieben der Truppe des Kalifen entgangen; doch er war mitgeschleppt worden mit Husains Frauen und Töchtern nach Kufa. Ali Ibn Husain war der einzige Sohn des Husain, der noch am Leben war. Die strenggläubigen Schiiten sahen in ihm den Bewahrer der Erleuchtung, die erst von Ali auf Hasan, dann auf Husain übertragen worden war.

Der jüngste Sohn des Ali kann nicht Licht des Glaubens sein

Da war noch ein weiterer Sohn des Ali, des Schwiegersohns von Mohammed am Leben. Mohammed hieß dieser letzte direkte Nachfahre von Ali. Er galt als außerordentlich gelehrt in allen Bereichen des Heiligen Buches, und dieses Wissen genügte ihm vollkommen. Er war nicht vom Ehrgeiz getrieben, die Gläubigen gegen die Mörder seines Bruders Husain zu führen, und damit gegen den Clan der Omaijaden. Wurde dieser Mohammed aufgefordert, Anklage gegen die Herrscherfamilie in Damaskus zu erheben, war seine ausweichende Antwort nur: »Husains Blut zu rächen, ist für jeden Moslem eine verdienstvolle Tat.«

Trotz seiner Zurückhaltung wurde Mohammed, der jüngste Sohn des Ali, in die Politik hineingezogen. Ein einstiger Diener des Ali, Muchtar war sein Name, schürte die Unzufriedenheit der Armen im Zweistromland von Euphrat und Tigris. Die Zahl der Unterprivilegierten war groß geworden in der Region rings um die Stadt Kufa. Da lebten Sklaven, die in östlichen Provinzen geraubt worden waren, und fremdländische Soldaten, die geglaubt hatten, in den Kriegen zwischen Kufa und Damaskus ihr Glück zu machen. Sie alle, die viel zu erhoffen und nichts zu verlieren hatten, waren das revolutionäre Potential, aus dem der Rebell Muchtar schöpfen wollte. Er brauchte jemand, der dem Aufstand den Glanz einer religiösen Motivierung geben konnte. Alis letzter Sohn war für ihn der richtige Mann.

Muchtar gab dem Prophetenenkel Mohammed den Beinamen »Mahdi« – der Geleitete. Muchtar ließ verkünden, dieser Mahdi sei Herr über alles Wissen um Allah und dessen Macht. Von Husain habe er die Kenntnis der himmlischen Sphären mitgeteilt bekommen, und er könne auch in das Innerste der Seelen blicken. So erhielt der Mahdi, der jüngste Sohn des Ali, den Ruf unfehlbar zu sein.

Verantwortung für das, was Muchtar unternahm, trug der Mahdi in Wirklichkeit nie. Als der Aufstand am Euphrat wirklich losbrach, als Hunderte von Menschen in Kufa getötet wurden, da befand sich der Mahdi außerhalb der Stadt. Durch einen riesigen Korb gefüllt mit abgeschnittenen Köpfen und durch einen Brief des Muchtar erfuhr der Mahdi von den Grausamkeiten. Muchtar teilte mit: »Dem Mahdi Mohammed Heil und Glück. Wisse, meine Nachsicht und Schonung ist zu Ende. Ich habe die Köpfe derjenigen, die Husain getötet haben, abgeschnitten. Ich übersende dir hiermit diese Köpfe. Damit ist jedoch erst der Anfang der Bestrafung gemacht. Ich werde weder Brot essen noch Wasser trinken, bis ich alle, die am Krieg gegen Husain teilgenommen haben, mit Allahs Hilfe aufgefunden und getötet habe. Der Friede Allahs sei mit dir!«

Muchtar gab sich Mühe, den Schwur zu erfüllen. Noch mancher Korb traf mit seiner blutigen Last im Haus des Mahdi ein, der nicht den Mut fand, den Abbruch der summarischen Hinrichtungen zu fordern. Im Gegenteil, er bedankte sich bei Muchtar, daß endlich die Strafe über die Teufel hereingebrochen sei, die Schuld trügen am Tod des Husain.

Da die Unruhe vom Zweistromland übergriff auf die ärmeren Schichten in der Hauptstadt Damaskus, waren die herrschenden Kreise am Kalifenhof gezwungen, gegen die Revolution des Muchtar und des Mahdi militärisch einzuschreiten. Die Kämpfer, die den beiden treu blieben, zogen sich zurück vor der Omaijadenarmee. Sie nahmen den Weg entlang der Westküste des Persisch/Arabischen Golfes. Der Mahdi Mohammed entkam der Verfolgung. Auch auf der Flucht behielt er politisches Gewicht – es verstärkte sich sogar noch. Allgemeine Anerkennung durch die Schiiten konnte er jedoch nicht erringen, denn ihn behinderte ein ganz entscheidender Nachteil: Er stammte nicht vom Propheten Mohammed ab; in seinen Adern floß nicht das Blut des Gesandten Allahs. Die Mutter von Hasan und Husain war die Prophetentochter Fatima gewesen. Der letzte noch lebende Sohn des Ali aber war von einer Frau geboren worden, die nicht von derart bevorzugter Abstammung war. Sein Adel beruhte allein auf der Abstammung von Ali, dem Schwiegersohn des Propheten. Trotz dieses Nachteils bewahrte er über seine Lebenszeit hinaus Ansehen unter seinen Anhängern. Sie bezweifelten, daß er je gestorben sei. Sie waren der Meinung, er verberge sich im schluchtenreichen Bergland von Radwa. Mohammed Ibn Ali, der Mahdi, werde wiederkommen, um die Armen und Ausgebeuteten, die Rechtlosen und Versklavten, aus ihrem Joch zu befreien. Der Mahdi werde letztlich dafür sorgen, daß Gerechtigkeit auf der Erde regiert. Eine kleine Splittergruppe der Schiiten verehrt den Mahdi heute noch.

Im Gesamtbild der schiitischen Geschichte ist die Erscheinung des Mahdi als eine Episode zu betrachten von geringerer Auswirkung. Für die Schiat Ali insgesamt wurde Ali, der Sohn des Märtyrers Husain, zum Oberhaupt. Da sein Vater der Prophetenenkel gewesen war, durfte niemand bezweifeln, daß Ali Ibn Husain zum Haushalt des Gesandten Allahs und damit zur edelsten Familie überhaupt gehörte.

Schiitische Legenden schmücken die Rivalität zwischen Ali Ibn Husain und dem Mahdi Mohammed aus. Die beiden, so wird berichtet, hätten sich darauf geeinigt, vor den heiligen Schwarzen Stein zu treten, der in eine Ecke des Steinbaus der Kaaba eingefügt ist. Von diesem Stein erwarteten beide ein Zeichen, welcher vor Allah als der Bewahrer des göttlichen Lichts zu gelten habe. Der Mahdi Mohammed, so will es die Überlieferung, sei als Erster betend vor den Schwarzen Stein getreten, doch da ging kein Zeichen von ihm aus. Dann sei Ali Ibn Husain auf den Stein zugegangen und sofort habe dieser derart gezittert, daß er nahezu aus dem Mauergefüge gefallen sei. Gleichzeitig war eine Stimme aus der Höhe zu hören, die verkündete, Ali Ibn Husain sei der wahre und einzig echte Imam der Gläubigen. Der Name, den er trage, heiße »Zain Al Abidin« – der Schmuck der Frommen.

Vom Wesen der Imame

Die Moslems, zu deren Glaubensgrundsätzen es gehört, daß der Gesandte Allahs die besondere Bedeutung des Ali Ibn Abu Talib, des Schwiegersohns von Mohammed, eindringlich und unausweichlich dargestellt habe, sind von der Notwendigkeit überzeugt, der Mensch brauche auf seinem Lebensweg durch die Welt eine Führung, die sowohl das Übel im irdischen Dasein vom Menschen fernhalte, die ihm aber auch das Tor zum Paradies, zum endgültigen Glück öffne. Basis dieser Führung ist die Offenbarung durch den Gesandten Allahs, der das Glaubensgebäude des Islam den Menschen gegeben hat. Die Offenbarung hat dem Menschen verkündet, welche Pflichten durch ihn zu erfüllen sind, damit sein Seelenheil bewahrt und das Tor zum Paradies offen bleibt. Will der Gläubige sicher sein, den richtigen Weg zum Paradies einzuschlagen, braucht er umfassendes Wissen und tiefgründiges Verständnis des Inhalts der Offenbarung und deren Auslegung. Da vom einzelnen dieses Wissen und derartiges Verständnis nicht erwartet werden kann, braucht der Mensch eine Führungspersönlichkeit, die Einsicht in den göttlichen Willen besitzt und in der Lage ist, den Gläubigen diesen Willen Allahs zu erklären. Die Person, die solche Verantwortung übernehmen darf, die Botschaft Allahs zu bewahren und zu erläutern, wird Imam genannt. Seine Aufgabe erhält der Imam von Allah übertragen.

Da der Prophet mit der Gabe ausgestattet war, unfehlbar zu sein, besitzen auch die Imame diese Qualität. Begründet wird die Unfehlbarkeit mit dem Argument, Allahs Wille sei es, den Glauben rein und intakt zu halten, so daß er jederzeit ohne Fehl den Menschen nahegebracht werden könne. Dies aber sei – so sagen schiitische Geistliche – nicht ohne Unfehlbarkeit möglich, ohne Allahs Schutz vor Irrtümern. Aus diesen Erkenntnissen wird das Fazit gezogen, daß die ständige Präsenz des Propheten unter den Menschen nicht unbedingt notwendig ist – zwingend notwendig aber ist die Gegenwart eines Imams. Die menschliche Gemeinschaft kommt ohne Führungspersönlichkeit vom rechten Wege ab. Als Hinweis auf die Notwendigkeit der Existenz unfehlbarer Imame wird eine Stelle aus dem Koran zitiert (VI, 90): »Und wenn es solche gibt, die nicht glauben, haben wir Männer eingesetzt, die stark im Glauben sind.«

Nach schiitischem Glauben besteht die Möglichkeit, daß Prophet und

Imam in ein und derselben Person vereinigt sind – dieser Mensch ist dann, auf Geheiß Allahs, zugleich Offenbarer und Bewahrer. Doch wird ausdrücklich die äußerst beschränkte Zahl der Propheten in der Menschheitsgeschichte betont. Hingewiesen wird der Gläubige auch auf die Tatsache, daß Personen, die Allahs Willen offenbaren, nicht in allen Zeitaltern zu finden sind. Diese Zeit zwischen der Entsendung der Propheten wird durch Imame überbrückt. Die Schiiten sind der Überzeugung, nach dem Prophetentum des Gesandten Allahs habe in der islamischen Gemeinschaft eine fortwährende Kette der Imame existiert, die alle von Allah auserlesen und bestimmt sind. Der Beweis dafür ist im Koran zu finden: »Wir haben sie zu Imamen bestimmt, die über die Ausführung unserer Befehle wachen« (Sure XXI, 73).

Voraussetzung dafür, daß eine Person Imam wird, ist seine Abstammung von Ali Ibn Talib, und damit von den Prophetenenkeln Hasan und Husain. Ihnen war von Allah die höchste Macht über die Menschen gegeben. Alle Imame, die nach ihnen kamen, ererbten das Wissen um die Herrschaft Allahs von jenen drei Imamen, die noch vom Gesandten Allahs als Autoritäten eingesetzt worden waren, um auf wunderbare Weise die gesamte Menschheit vor Irrglauben und Irrtum zu schützen.

Zain Al Abidin – »Der Schmuck der Frommen«

Ali Ibn Husain – Zain Al Abidin genannt – war der erste der Imame, die in der Erbfolge vom Vater auf den Sohn die Führung der Gläubigen übernahmen. Als Besonderheiten erwähnen die schiitischen Biographen dieses Imams, er sei der Sohn einer persischen Prinzessin gewesen, die als Kriegsbeute von den Feldzügen der Moslems aus dem Osten mitgebracht worden war. Yazdigird, der König von Persien, sei der Vater der Prinzessin gewesen. Ali habe das edle und überaus schöne Mädchen einst seinem Sohn Husain geschenkt. Die schiitischen Geschichtsschreiber erinnern daran, daß der Gesandte Allahs selbst einst die Mitglieder seines Haushalts auf die Besonderheit der Perser hingewiesen habe. Mohammed soll gesagt haben: »Die Familie des Propheten ist die vorzüglichste im ganzen arabischen Volk – die Perser aber sind das beste Volk außerhalb Arabiens.« So will es die schiitische Überlieferung, daß Ali einst selbst eine persische Prinzessin in seinen Haushalt aufgenommen habe.

Die edle persische Abstammung erhöht die Stellung des Zain Al Abidin im Bewußtsein der Gläubigen. Bemerkenswert ist, daß die Schiat Ali selbst, die den Monarchen in der islamischen Welt keinen Respekt zumessen, das königliche Blut in den Adern der Nachfahren des Propheten hoch einschätzen. Trotz dieser Verwandtschaft zu einem bedeutenden Adelsgeschlecht – das allerdings durch die islamische Eroberung Persiens vernichtet worden war – hat »Der Schmuck der Frommen« keinerlei Ehrgeiz mehr, politischer Führer der Gläubigen zu werden. Die Initiative, Einfluß und Macht zu gewinnen, überläßt der Sohn des Husain anderen. Er lebt in Mekka, doch er greift nicht ein in die Wirren der Stadt.

Kufa, das Zentrum im Zweistromland, hatte nach Husains Tod jegliche Bedeutung verloren. Die Schiat Ali hatte sich selbst vernichtet durch Verrat an der Familie des Propheten. Damit war Kufa zu einer der vielen Provinzstädte im Islamischen Reich geworden. Damaskus, die Hauptstadt der Omaija-Sippe, die den Kalifen stellte, war der Mittelpunkt des politischen Geschehens. Mekka und Medina aber – die Orte, in denen der Gesandte Allahs gewirkt hatte – drängten auf Eigenständigkeit. Gerade die Bewohner der Stätte, in deren Richtung alle Moslems fünfmal am Tag ihr Gesicht zu wenden hatten, bewahrten ihre Unabhängigkeit, wollten sich nicht vom Omaijakalifen regieren lassen. In Mekka regierte ein Gegenkalif, der sich um die Allmachtsansprüche der herrschenden Sippe in Damaskus nicht kümmerte, der eher Neigung hatte – um sich vom Regierungsprogramm des Clans Omaija zu unterscheiden –, schiitische Tendenzen wirksam werden zu lassen. Die Absicht, einem Nachkommen des Ali Regierungsverantwortung zu übertragen, hatte der Gegenkalif nie.

Der Omaijasippe konnte die wachsende Bedeutung des konkurrierenden Machtzentrums nicht gleichgültig sein. Der Kalif Abdel Malik, der seit dem Jahr 683 in Damaskus regierte, fürchtete jedoch, mit militärischer Gewalt gegen die heilige Stadt vorzugehen. Mit einer List versuchte Abdel Malik das Heiligtum für die Gläubigen bedeutungslos werden zu lassen. Dem Kalifen war eingefallen, daß der Prophet selbst die Ka'aba in Mekka erst spät zum Mittelpunkt des Islam bestimmt hatte. In den frühen Jahren der Offenbarung hatte Mohammed während des Gebets in Richtung Jerusalem geblickt. Erst in der Phase der Verärgerung über die Juden, die glaubensstolz nichts wissen wollten von der Religion des Propheten aus Medina, hatte Mohammed angeordnet, daß der Betende sich künftig in Richtung der Ka'aba von Mekka zu orientieren habe. Diese Entscheidung korrigierte der Kalif Abdel Malik nun: Jerusalem wurde erneut zum Orientierungspunkt der Gläubigen. Der Herrscher entschloß sich, in Jerusalem auch ein neues Heiligtum erbauen zu lassen, eine Moschee. Er sicherte sich für dieses Vorhaben die Unterstützung eines angesehenen Korangelehrten – Al Zuhri war sein Name –, der bezeugte, Mohammed habe selbst die drei heiligen Orte Mekka, Medina und Jerusalem als gleichwertig eingestuft. Es sei sogar, so meinte der Gelehrte, aus den Worten des Gesandten Allahs eine Bevorzugung Jerusalems festzustellen.

So abwegig ist dieser Gedanke nicht. Ein Jahr ehe Mohammed sich von Mekka nach Jathrib begab, um dort politische Verantwortung zu übernehmen, sei der Prophet während einer wundersamen Nacht über die Stufen einer Treppe aus Licht in den Himmel aufgefahren: Dort habe er die Inspiration für den Islam empfangen, und dort sei ihm auch das Buch Allahs gezeigt worden, in dem alle Vorgänge vermerkt sind, die auf der Erde geschehen sind, derzeit geschehen und die geschehen werden. Die Überlieferung berichtet, Mohammed sei von jener grauen Felsplatte aus, die in Jerusalem seit alters her auf dem Hügel Moria zu sehen ist, in den Himmel aufgestiegen, und dorthin sei er wieder zurückgekehrt. Über jenem Stein ließ der Kalif Abdel Malik eine prächtige Kuppel wölben, die bis heute golden die Heilige Stadt überstrahlt. So entstand Qubbet As Sakhra, der Felsendom. Nach dem Willen des Kalifen sollten die Gläubigen künftig diese Moschee zur Pilgerfahrt aufsuchen. Doch diese Neuerung konnte sich nicht durchsetzen: Mekka blieb im Bewußtsein der Moslems das wichtigste aller Heiligtümer. So mußte sich der Kalif dann doch noch dazu durchringen, die rebellierende Stadt Mekka erobern zu lassen.

In diese Turbulenzen hat Zain Al Abidin nicht eingegriffen. Schiitische Chroniken berichten, dieser vierte der Imame habe sich völlig vom irdischen Leben zurückgezogen. Er habe sein Haus für jeden Fremden verschlossen und habe die Zeit im Gebet zugebracht. Und doch wird von ihm auch gesagt, er habe viele Schüler gehabt; zu seiner Zeit sei die Überzeugung der Schiat Ali weit verbreitet worden »unter denen, die zu glauben bereit waren«.

Offenbar hat das Wirken des Zain Al Abidin den Clan der Omaijaden in Damaskus gestört, denn der vierte Imam ist ermordet worden auf Betreiben der Herrschenden. Schiitische Chroniken sind da sehr deutlich: Sie besagen, Walid, der Sohn des Kalifen Abdel Malik, habe dem Oberhaupt der Schiat Ali Gift eingeträufelt. Im Jahre 712 n. Chr. ist dies geschehen – das war im Jahre 95 islamischer Zählung.

Gift beendet das Leben manches Imams

Fünfunddreißig Jahre lang war Zain Al Abidin Imam gewesen, seit dem Tod seines Vaters, des Imam Husain, im Jahre 680 christlicher Zeitrechnung. Etwa sechzig Jahre alt muß Zain Al Abidin geworden sein. Ihm folgte im Amt des Imams sein Sohn Mohammed Ibn Ali. Auch er hatte noch das Martyrium des Husain bei Kerbela erlebt – als kleiner Junge von vier Jahren.

Durch göttlichen Befehl – dies ist schiitische Formulierung – ist Mohammed Ibn Ali Imam geworden. Im Jahre 732, also nach zwanzig Jahren Führung der Schiat Ali, ist auch dieser Imam vergiftet worden, wiederum auf Betreiben des Omaijaclans. Gift war üblich geworden zur Beseitigung von Personen, selbst unter den Mitgliedern der Familie Omaija. Der Kalif Omar II. war im Jahr 720 durch Gift im Abendessen ermordet worden. Die eigenen nächsten Verwandten des Herrschers hatten gehandelt, weil sie fürchteten, dieser wahrhaft gütige, weise und auch fromme Mann – er war eine Ausnahme unter den Kalifen – werde die Pfründe der Familie ruinieren.

Derartige Streitigkeiten innerhalb der Familie Omaija gaben dem Fünften Imam die Möglichkeit, über Jahre hin unbehelligt in Mekka zu leben. Als Nachfahre des Propheten war er für viele Gläubige wichtig, die von weither zur Pilgerfahrt nach Mekka kamen. Mohammed Ibn Ali gab ihnen sein Wissen um den Koran und den Willen Allahs so weiter, wie er diese Kenntnis von seinem Vater und der wieder vom Prophetenenkel Husain empfangen hatte. Dem fünften der Imame, ebenso wie dem vierten, wird von der Schiat Ali bestätigt, daß er die Zahl der wahren Gläubigen vermehrt habe.

Als auch Mohammed Ibn Ali durch das Gift der Omaijafamilie starb, da war sein Sohn Ja'far Ibn Mohammed dreißig Jahre alt. Er führte das Amt des Imam in kritischer Zeit. Aufstände, die besonders im Osten des Islamischen Reiches ausbrachen, führten zum blutiggrausamen Ende der Familie Omaija. Während dieser Jahre blühte in der Schiat Ali die Hoffnung auf, ihr werde Gerechtigkeit zuteil. Da bahnte sich ein Strafgericht an, das dann über genau die Kalifenfamilie hereinbrach, die der Sippe des Ali so Übles zugefügt hatte.

Um das Jahr 745 – der sechste Imam war schon mehr als zwölf Jahre lang das Oberhaupt der Schiat Ali – schrieb der Gouverneur der irakisch-persischen Provinz an seinen Herrn, den Kalifen in Damaskus, einen Brief voll aufrüttelnder Worte:

»Schläft das Haus Omaija, oder wacht es? Staunend stelle ich mir diese Frage. Ich sehe glühende Kohle unter der Asche glimmen, die bald zur hellen Flamme auflodern wird. Wenn die Klugen nicht die Glut ersticken, wird dieses Feuer Kopf und Rumpf des Reiches der Gläubigen verzehren. Krieg wird sich entzünden aus aufrührerischen Reden!« Der Gouverneur hatte schwarze Fahnen wehen sehen auf manchen Häusern der Stadt. Niemand hatte ihm den Sinn dieser schwarzen Fahnen deuten können. Sie mußten Signale darstellen, davon war der Vertreter des Kalifen überzeugt – Signale zur Rebellion. Die Frage war für ihn nur, ob die Schiat Ali dahintersteckte, ob die Nachkommen des Propheten wieder nach der Macht im Islamischen Reich griffen.

Gefährlich klangen die Schlagworte, die einem Mann zugeschrieben wurden, der sich Abu Muslim nannte, der jedoch auch im Verborgenen blieb. Diese Parolen waren zu hören:

»Mein Schwert hat die Verbrechen derer zu sühnen, die nicht unserer Partei gehören! Das Grab wird ihr ewiges Gefängnis sein!«

Wenn Abu Muslim von »unserer Partei« sprach, dann konnte nur die Schiat Ali gemeint sein. Der Unbekannte sprach die armen Schichten an im Osten des Islamischen Reiches, die Menschen ohne Recht. Religiöse Argumentation und Klassenkampftheorien mischten sich: Abu Muslim predigte im Zorn auf den Kalifen, der zum ausbeuterischen König geworden sei – obgleich der Prophet Mohammed im Namen Allahs eben kein Königtum den Menschen in Arabien verordnet habe. Hätte Ali damals, beim Tode des Gesandten Allahs, die Macht übernommen, wäre es nie dazu gekommen, daß die Gläubigen einen König anzubeten hätten. Was jetzt geschehen mußte, war dies: »Die wahren Mitglieder des Prophetenhaushalts, die wahren Nachkommen werden die Regierung übernehmen und werden zum geistlichen Führer. Dann erst wird die Befreiung vom Übel der Korruption möglich sein, dann wird das Ende des moralischen Verfalls anbrechen!«

Der Sechste Imam Ja'far Ibn Mohammed war in der Zeit des beginnenden Untergangs der Herrschaft des Clans Omaija verhaftet und nach Damaskus gebracht worden. Doch niemand konnte Beweise dafür liefern, daß er in die revolutionären Umtriebe verwickelt war, die in den Ostprovinzen Unruhe stifteten. Die Mächtigen des Omaijaclans wollten in jener Phase der emotionalen Aufheizung an Euphrat und Tigris nicht durch die Tötung des Imams, der sofort zum Märtyrer und Heiligen der Revolution geworden wäre, die Rebellen zum Äußersten reizen. Ja'far Ibn Mohammed wurde wieder freigelassen. Argwöhnisch ließen ihn die Höflinge des Omaija-Kalifen beobachten. Doch auch weiterhin hielt sich der Sechste Imam fern von denen, die Revolution machen wollten.

Abu Muslim, der Kopf der Revolte im Zweistromland, war auch nie von der Absicht getrieben, den Sechsten Imam zum Kalifen auszurufen. Als er schließlich mit 50000 Kämpfern in Kufa einzog – eine riesige schwarze Fahne flatterte ihm voran –, als die Menschen in der Moschee sein Gesicht zu sehen bekamen, da sagte Abu Muslim den Gläubigen, er selbst sei nicht ausersehen, die Welt vom Bösen zu reinigen. Diese Aufgabe habe ein anderer zu übernehmen. Sein Name sei Abdallah Ibn Mohammed. Vierundzwanzig Jahre alt war dieser Abdallah Ibn Mohammed. Daß er verwandt war mit dem Propheten Mohammed, daß er in die Familie des Gesandten Allahs gehörte, das war unbestreitbar – doch blutsverwandt mit dem Propheten war er nicht. Schon gar nicht konnte er sagen, er stamme vom Gesandten Allahs und von Ali und Fatima ab. Abdallah Ibn Mohammed war der Urenkel eines Onkels des Propheten.

Dieser Onkel hatte Abbas geheißen. Er war ein reicher Händler in Mekka gewesen, und hatte zu denen gehört, die dem Islam lange feindlich gegenübergestanden waren. Schon bald aber nach der Umsiedlung Mohammeds von Mekka nach Jathrib/Medina hatte Abbas begonnen, die Bedeutung des Propheten zu begreifen.

Als Mohammed dann im Jahr 618 zum erstenmal wieder Mekka hatte besuchen können, da hatte Abbas zu denen gehört, die ihm noch draußen vor der Stadt gehuldigt hatten. Allerdings war dieser Abbas unter Moslems den Makel nie losgeworden, bei den ersten Kämpfen zwischen Mohammeds Anhängern und seinen Feinden auf der falschen Seite gefochten zu haben. Da war noch ein zweiter Makel des Abbas, den die wahren Nachkommen von Ali nie vergessen konnten: Berichtet wird, Abbas habe einst Ali verhöhnt, als der beim Tode des Gesandten Allahs daran gedacht hatte, Nachfolger im höchsten Amt des Staates zu werden.

Auf die Abstammung von diesem Onkel des Propheten berief sich Abdallah Ibn Mohammed, der bereit war, die Revolution nach Damaskus zu führen, um dort die Macht der Familie Omaija zu brechen. Als er im November des Jahres 749 christlicher Zeitrechnung in Kufa die Huldigung der dortigen Gläubigen empfing, da trug er bereits einen anderen Namen, der ihm für sein Vorhaben als passender erschien. Sein Sohn hieß Abbas, wie einst der Onkel von Mohammed – und so fügte der Revolutionär seinem Namen Abdallah den Zusatz »Abu Abbas«, Vater des Abbas, an. Auf den bisherigen Zusatz »Ibn Mohammed«, Sohn des Mohammed, verzichtete er.

Unmittelbar nach dem Empfang der Huldigung verkündete Abdallah Abu Abbas sein Programm, und er sprach darin geschickt das Bewußtsein der Anhänger der Schiat Ali an:

»Gepriesen sei Allah, der den Islam als das Edelste ausgewählt hat. Unsere Familie hat Allah zur würdigsten unter allen Familien gemacht. Durch die Verwandtschaft mit dem Gesandten Allahs sind wir über alle anderen erhaben. Wir sind aus demselben edlen Stamme wie er entsprossen. Allah hat uns im Islam den höchsten Rang zugewiesen. Im Koran hat Allah unsere Führungsaufgabe beschrieben: ›Ich will euch durch die Familie des Propheten von der Sünde befreien und euch reinigen.‹ Ferner sagte Allah: ›Was dem Gesandten Allahs gehört, das bleibt für immer seinen Verwandten vorbehalten!‹ Allah hat den Gläubigen unsere Vorzüge bekanntgegeben. Er hat den Gläubigen vorgeschrieben, uns zu lieben und unsere Rechte zu achten. Er hat uns durch einen großen Anteil an jeder Beute geehrt und bevorzugt. O, ihr Bewohner von Kufa! Ihr habt stets treu zu uns gehalten. Ihr habt mit festem Mut jede Tyrannei ertragen, bis jetzt endlich die Zeit gekommen ist, daß Allah uns für euch zum Herrscher gemacht hat. Ihr sollt von uns nun bevorzugt werden. Ich erlaube euch, Blut zu vergießen, bis die Rache vollkommen ist!« Berichtet wird, daß Abdallah Abu Abbas bei diesen letzten Worten derart von Erregung gepackt worden sei, daß er nicht habe weiterreden können.

Auch dies wird berichtet: Die Hälfte der männlichen Bevölkerung von Kufa zog mit Abdallah Abu Abbas nach Damaskus. Was drei Generationen zuvor die Männer von Kufa dem von Mohammed wahrhaft bevorzugten Ali versagt hatten, das gewährten sie dem Nachkommen eines entfernten Verwandten im einstigen Prophetenhaushalt. Für den Prophetenenkel Husain, dem das Blut des Großvaters in den Adern floß, hatten die Bewohner des Zweistromlandes nicht ihr Leben einsetzen wollen – für Abdallah Abu Abbas nahmen sie jede Gefahr auf sich. Auf ihren Schultern zog der Nachfahre des Onkels von Mohammed als Kalif in Damaskus ein. Er behauptete, Rache üben zu müssen an der Sippe Omaija, die einst Ali durch Tücke um sein angestammtes Amt als Nachfolger des Propheten betrogen hätte. Kein Mitglied der Sippe sollte am Leben bleiben. Abdallah Abu Abbas gab sich den Namen »As Saffah« – der Blutvergießer, und er sorgte dafür, daß er seinem neuen Namen gerecht wurde. Merwan Ibn Mohammed, der letzte Kalif aus dem Hause Omaija wurde auf der Flucht nach Ägypten erschlagen. Alle Familienmitglieder, bis auf einen, ereilte an unterschiedlichen Orten dasselbe Schicksal. Der einzige, der entkommen konnte, begründete später das Emirat Cordoba auf der Iberischen Halbinsel.

Mit der Übernahme der Herrschaft in Damaskus durch die Nachfahren des Prophetenonkels Abbas begann für den Sechsten Imam keineswegs eine bessere Zeit: Der »Blutvergießer« ließ das wahre Oberhaupt der Schiat Ali verhaften. Im Zweistromland wurde der Sechste Imam dann im Gefängnis gehalten, gerade in dem Landstrich, auf dessen Bewohner einst Ali und Husain übermäßige Hoffnungen gesetzt hatten und enttäuscht worden waren.

Der Nachfolger des »Blutvergießers« genehmigte die Rückkehr des Sechsten Imam nach Medina, unter dem Vorbehalt, daß der Begnadigte keinerlei politischen Ehrgeiz zeige. Obgleich sich Ja'far Ibn Mohammed – nach Überzeugung der Schiiten – streng an die Bedingung hielt, ist er im Jahr 757 auf Befehl des zweiten Abbasidenkalifen vergiftet worden. Die islamische Zeitrechnung zählte damals gerade das Jahr 140.

Abu Ja'far Mansur hieß der zweite Kalif der Dynastie, die den Omaijaclan abgelöst hatte. Der Begründer der Abbasidenherrschaft hatte nur vier Jahre lang regieren dürfen, dann hatte der Tod dafür gesorgt, daß die Herrschaft des »Blutvergießers« zu Ende war. Schon zu seiner Regierungszeit war Damaskus abgelöst worden als Hauptstadt. Der Kalif, der aus dem Osten gekommen war, wollte dorthin zurück. Er hatte sich nicht wohlfühlen können in der Oase im Westen, die so nahe bei der öden Wüste liegt. Das Land um die zwei Ströme Euphrat und Tigris, das weithin fruchtbar ist, hatte ihm mehr behagt. Der Nachfolger des »Blutvergießers«, Abu Ja'far Mansur, zeigte noch weniger Neigung, in der staubigen Stadt Damaskus zu leben. So entstand der Entschluß, sich im Osten eine Hauptstadt zu bauen. Ihr Name war Baghdad.

Am Tigris erfuhr Abu Ja'far Mansur, daß der Sechste Imam vergiftet worden war – so wie er, der Kalif, es angeordnet hatte. Er schrieb umgehend einen Brief an den Gouverneur von Medina mit dem Befehl, er möge sich sofort nach Empfang des Briefes zum Haus des toten Prophetennachkommen begeben unter dem Vorwand, er komme, um das Beileid des Herrschers auszudrücken. Der Auftrag lautete weiter, der Gouverneur müsse nach dem Wortlaut des Testaments fragen, das sicher die Nachfolge regle. Der Mann, dessen Name genannt wurde, sei dann auf der Stelle zu enthaupten.

So glaubte Abu Ja'far Mansur die Kette der Imame unterbrechen zu können. Damit sollte das Problem für die Sippe der Abbasiden aus der Welt geräumt sein, immer in der Furcht leben zu müssen, daß die Nachfahren in direkter Linie des Propheten eines Tages doch noch mit Erfolg ihre Ansprüche durchsetzen.

Der Gouverneur von Medina befolgte die Anweisungen seines Herrn. Er überbrachte der Familie des toten Sechsten Imam die Beileidsgrüße des Kalifen und erkundigte sich dann nach dem Wortlaut des Testaments. Ratlos war der Gouverneur allerdings, als er den letzten Willen des Ermordeten las: Da hatte Ja'far Ibn Mohammed, der Sechste Imam, vier Nachfolger benannt: Den Kalifen, den Gouverneur, seinen ältesten Sohn Isma'il und seinen jüngsten Sohn Musa Ibn Ja'far Kazim. Diese Namensliste verhinderte, daß der Gouverneur den wichtigsten Teil des Kalifenbefehls ausführen konnte – den im Testament genannten Nachfolger des Imam zu töten.

Die Gefahr von seiten der rechtmäßigen Imame war nicht beseitigt: Der Kalif hatte auch weiterhin zu fürchten, daß ein ehrgeiziger Mann unter dem Rechtstitel der Nachfolge des Propheten von den Massen in Mekka und Medina oder im Zweistromland Gehorsam forderte. Aber noch bedeutender war die Gefahr, irgend jemand der immer zahlreicher werdenden Männer aus dem Haushalt des Gesandten Allahs, der nicht auf die Nachfolge in direkter Linie hinweisen konnte, werde versuchen, Aufstände anzuzetteln unter der Parole, durch Blutsbande zum Propheten und zu Ali berechtigt zu sein, die Abbasiden zu stürzen. Der Sohn des »Blutvergießers«, der jetzt regierte, kannte die Möglichkeiten, die sich boten, aus eigener Anschauung, denn schließlich hatte seine Familie durch dieselben Parolen die Macht im Islamischen Reich erobert.

Da hatte einer aus der Prophetenfamilie bereits die Chance erkannt, die Herrschaft für sich zu gewinnen. Sein Name war Abdallah Ibn Hasan Ibn Hasan Ibn Ali. Durch die Länge des Namens sollte die direkte Linie der Abstammung von der Urwurzel der Alifamilie dokumentiert werden. Sein Ziel war nicht der Griff nach der Macht in ganz Arabien; er wollte nur den östlichen Teil für sich erobern.

Abdallah Ibn Hasan Ibn Hasan Ibn Ali fand Agitatoren, die für ihn

Propaganda machten. Da waren Händler unterwegs in den Dörfern an Tigris und Euphrat, die Waren verkauften, die ihre Kunden jedoch auch zu überzeugen versuchten, daß sich ein Mann, blutsverwandt mit dem Propheten, bereit halte, Ungerechtigkeit auszurotten. Die Agitatoren fanden aufmerksame Zuhörer, denn die Menschen im Zweistromland fühlten sich ungerecht behandelt. Bei der Machtübernahme hatten die Abbasiden versprochen, die Bewohner der Gebiete im Osten für ihre Treue besonders zu belohnen. Dieses Versprechen war dann jedoch schon bald in Vergessenheit geraten. Die Agitatoren des Abdallah Ibn Hasan Ibn Hasan Ibn Ali konnten mit dem Zorn ihrer Zuhörer rechnen, und dennoch stießen sie bald auf Zurückhaltung. Der Grund dafür war, daß die einfachen Menschen, die Handwerker und Bauern, die Methode der Ehrgeizigen aus der Prophetenfamilie begriffen hatten: Die Armen wurden mobilisiert, sie waren das Potential der Revolution, sie hatten ihr Leben einzusetzen. Doch kaum hatten die Ehrgeizigen gesiegt, wurden die Armen weiterhin ausgebeutet wie zuvor.

Abu Ja'far Mansur, der Kalif, ließ den ehrgeizigen Abdallah Ibn Hasan Ibn Hasan Ibn Ali überwachen. So erfuhr er, daß vor allem dessen Söhne Mohammed und Ibrahim machtlüstern waren – sie hatten den Vater nur vorgeschoben. Um den Umtrieben der drei ein Ende zu bereiten, verfiel er auf die List, die sich vielfach schon bewährt hatte in Arabien: Der Kalif lud Abdallah Ibn Hasan Ibn Hasan Ibn Ali und die Söhne zusammen mit anderen wichtigen Männern aus der Region um Euphrat und Tigris zu einem Gastmahl nach Kufa ein. Er wußte, daß die Verdächtigen eine solche Einladung nicht abschlagen konnten. Folgten sie aber der Einladung, dann begaben sie sich in die Hand des Gegners.

Abdallah Ibn Hasan Ibn Hasan Ibn Ali sah keinen Ausweg: Er fand keinen plausiblen Grund, um die Einladung abzulehnen. Die Söhne Mohammed und Ibrahim aber weigerten sich, dem Kalifen in die Falle zu laufen. Sie versteckten sich in abgelegenen Dörfern bei zuverlässigen Freunden. Wie vorauszusehen war, ärgerte ihr Fernbleiben den Kalifen, denn gerade auf sie, auf die Erben aus der Führung der Schiat Ali hatte es Abu Ja'far Mansur abgesehen. Als der Vater allein zum Gastmahl erschien, schrie der Kalif ihn an: »Deine Söhne sind Verbrecher, die sich gegen den rechtmäßigen Herrscher verschwören!« Abdallah Ibn Hasan Ibn Hasan Ibn Ali und seine Begleiter wurden gefesselt und in die finsteren Gewölbe des Gouverneurpalastes geführt. Dort ließ sie der Kalif einmauern. Ein schmaler Schlitz im Gemäuer ermöglichte es den Gefangenen zu atmen.

Den Söhnen des Abdallah aber gelang die Flucht nach Medina. Ihre Berichte von der Grausamkeit des Abu Ja'far Mansur löste wieder einmal Mitleid aus für die Nachkommen der Familie des Propheten. Heilige Schwüre wurden in Medina geleistet. Racheschreie erfüllten für Stunden die Luft.

Diese unruhige Zeit der wachsenden Empörung von Teilen der Anhängerschaft der Schiat Ali fiel in die Jahre, da Musa Ibn Ja'far Kazim das eigentliche Oberhaupt der schiitischen Gläubigen war. Er war der Sohn des Sechsten Imam, der den Gouverneur von Medina durch den Trick der vier Namen im Testament übertölpelt und so verhindert hatte, daß der Befehl des Herrschers zum Mord am Nachfolger im Amt des Imam vollzogen wurde. So war der Siebte Imam, Musa Ibn Ja'far Kazim, gerettet worden.

Die Chronisten sind sich einig, dieser Imam habe sich nicht an den Umtrieben und an der Agitation der Schiat Ali gegen den Kalifen beteiligt. Er habe sich sogar zeitweise verborgen gehalten aus Sorge vor der Rache des Abu Ja'far Mansur. Sorgfältig achtete der Siebte Imam darauf, dem Kalifen in Baghdad nicht als politisch ehrgeizig aufzufallen. Sein Privatleben muß dieser Nachkomme des Ali sehr gepflegt haben, denn von ihm wird gesagt, er habe achtzehn Söhne und dreiundzwanzig Töchter gehabt. Dagegen hatte niemand etwas einzuwenden, wohl aber dagegen, daß Musa Ibn Ja'far Kazim keine legale Frau gehabt habe. Sklavinnen, unfreie Frauen also, hatten ihm diese einundvierzig Kinder geboren. Den Kritikern der Zustände im Haus des Oberhaupts der Schiat Ali entgegnete der Imam: »Meine Söhne sind trotzdem vornehmer an Adel als alle Männer, die nicht zu unserer Familie gehören. Nur die Vaterschaft zählt. Sie allein gibt den Adel weiter!« Erstaunlich ist die Haltung, die der Siebte Imam gegenüber seinen Töchtern eingenommen hat: Er verbot ihnen zu heiraten oder sich, ohne Ehe, in einen Harem aufnehmen zu lassen. Er wollte so verhindern, daß die Nachkommen der Töchter die Zahl derer vermehrten, die Führungsansprüche über die Gläubigen stellen konnten.

Musa Ibn Ja'far Kazim hatte Probleme gehabt, als Imam anerkannt zu werden. Im Wortlaut des Testaments, das der Gouverneur von Medina nach der Ermordung des Sechsten Imam hatte sehen wollen, war als Nachfolger – neben dem Kalifen, dem Gouverneur und neben Musa Ibn Ja'far Kazim – auch der älteste Sohn des Ermordeten, Isma'il, genannt.

Dieser Erstgeborene, so wird erzählt, sei jedoch während der Monate zwischen der Abfassung des Testaments und der Ermordung des Sechsten Imam gestorben. Nach schiitischer Rechtsauffassung ist, trotz des Todesfalls, die Amtsübertragung auf den Erstgeborenen rechtsgültig, und manche Anhänger der Schiat Ali wollten sich an die gültige Rechtslage halten. Sie waren der Meinung, mit dem Tod des bereits zum Nachfolger bestellten Sohnes sei die Kette der Imame unterbrochen. Allah habe damit ein Zeichen gesetzt: Die Zeit der Imame war beendet.

Andere Gläubige aber sagten, dieser Isma'il sei der rechtsgültig wirksame Imam, der überhaupt nicht gestorben, sondern von Allah entrückt worden sei. Isma'il bleibe für alle restliche Zeit der rechtmäßige Imam, denn Allah werde ihn zurückkehren lassen am Tag des Jüngsten Gerichts. Isma'il, der Siebte und letzte Imam, werde von Allah verborgen gehalten vor den Gläubigen. Doch dieser rechtmäßige Nachfolger des Ali wirke unter den Menschen und beobachte ihr Verhalten. Am Jüngsten Tag werde Isma'il – davon sind manche Schiiten überzeugt – neben Allah stehen und zusammen mit ihm Gericht halten.

Der Teil der Gläubigen, der sich zu dieser Überzeugung bekennt, gilt heute noch als die Sekte der »Siebener Schiiten«, als »Sab'ija«. Ihre Anhänger leben in Indien, in einigen Gebieten des Iran und in Zentralasien.

Die Mehrzahl der Schiiten aber hält diese Überzeugung für ketzerisch: »Allah unterbricht die Kette der Imame nicht!« – daran halten die meisten fest. Die göttliche Inspiration habe deshalb den Sechsten Imam veranlaßt, seinem Erstgeborenen das Recht auf das Amt des Imam wieder zu entziehen. Noch vor dem Tod sei Isma'il, auf Befehl Allahs, auf das Maß des normalen Gläubigen zurückgeführt worden.

Umstritten blieb jedoch weiterhin die Anordnung des Testaments, auf den Sechsten Imam habe der jüngste Sohn im Amt nachzufolgen. Zwischen dem ältesten Sohn Isma'il und dem jüngsten Sohn Musa Ibn Ja'far Kazim waren dem Sechsten Imam zwei weitere Söhne geboren worden, die ebenfalls noch lebten. Daß die Wahl im Wortlaut des letzten Willens gerade auf Musa gefallen war, mißfiel den beiden älteren Brüdern. Erzählt wird, Musa habe durch ein Wunder beweisen können, daß Allah selbst ihn auserwählt habe. Im Hof seines Hauses in Medina habe Musa Brennholz aufschichten und anzünden lassen. Dann sei er in die Mitte der Flammen hineingetreten und dort stehen geblieben, ohne daß seinen Kleidern, seinen Haaren oder seinem Leib der geringste Schaden geschehen sei. Seine erstaunten Brüder habe Musa, so berichtet die Legende, aufgefordert, zu ihm ins Feuer zu treten, wenn sie überzeugt seien, gerechte Ansprüche auf das Amt des Imam erheben zu dürfen. Keiner der Brüder habe den Schritt gewagt. Keiner habe daraufhin dem jüngsten Sohn des Sechsten Imam die höchste Würde im Glauben streitig gemacht.

Als Musa Ibn Ja'far Kazim gegen die Ansprüche seiner Brüder unbestrittener Imam geworden war, sah er seine Aufgabe nicht darin, den unruhigen Anhängern der Schiat Ali in Medina Anführer zu sein. Diese Aufgabe überließ er den Söhnen des Abdallah Ibn Hasan Ibn Hasan Ibn Ali, der im Gefängnis von Kufa eingemauert lebte. Besonders der Sohn Mohammed entwickelte sich zum führenden Kopf der schiitischen Rebellion, die zunächst noch gewaltlos blieb.

Mohammed Ibn Abdallah, das war unbestritten, konnte von sich sagen, er sei Nachkomme eines Mitglieds der einstigen Familie des Propheten. So geschah es, daß der Kalif Abu Ja'far Mansur diesem Kopf der Rebellion ganz erstaunlich weit entgegenkommen wollte. Überliefert sind die Worte eines Briefes, den der Kalif an Mohammed Ibn Abdallah geschrieben haben soll:

»Im Namen Allahs, des Allbarmherzigen, des Allgnädigen, vom Beherrscher der Gläubigen zu Mohammed Ibn Abdallah! Wisse eines: Diejenigen, welche Allah und seinen Kalifen bekämpfen, verbreiten Verderben auf Erden. Ihre Strafe wird sie erreichen. Sie werden erschlagen oder erhängt. Man schneidet ihnen zuvor Hände und Füße ab. Ihre Strafe im Reiche Allahs ist fürderhin schwere Pein. Nur diejenigen finden Gnade, die sich bekehren, noch ehe sie überwunden werden. Erfahre, o Mohammed Ibn Abdallah, Allah ist gnädig und barmherzig. Ich schwöre dir bei Allah und beim Gesandten Allahs, daß ich dich und deine Kinder und die ganze Familie, sowie alle euere Anhänger vollständig begnadige. Voraussetzung ist, daß du dich unterwirfst. Euer Blut und euer Gut seien mir heilig. Ich schenke dir noch eine Million Dirhem, und dazu alles, was du außerdem brauchst. Du darfst überall hinreisen, wo du wohnen willst. Alle deine Verwandten, die sich in meinen Gefängnissen befinden, werden freigelassen. Niemand, der sich dir angeschlossen hat, wird deshalb zur Rede oder gar zur Verantwortung gezogen werden. Schwüre sollen unser Abkommen besiegeln.«

Der Kalif Abu Ja'far Mansur wollte den Abschluß eines ähnlichen Abkommens erreichen, wie es neunzig Jahre zuvor zwischen Hasan, dem Enkel des Propheten Mohammed, und dem Omaijadenkalifen Mu'awija ausgehandelt worden war: Hasan hatte damals gegen Geld auf seinen Machtanspruch im Islamischen Reich verzichtet. Diesmal aber hatte der Kalif keinen Erfolg: So auf Kompromisse bedacht wie einst Hasan war Mohammed Ibn Abdallah nicht. Der Kalif erhielt auf sein Schreiben diese höhnische Antwort:

»Im Namen Allahs, des Allbarmherzigen, des Allgnädigen. Von Mohammed Ibn Abdallah, dem Rechtgeleiteten. Auch ich biete dir dieselben Bedingungen der Gnade, die du mir geboten hast. Auch ich biete dir eine Million Dirhem an. Das Recht ist auf unserer Seite. Nur durch uns, die Nachkommen des Propheten, habt ihr euere Herrschaftsansprüche begründet. Nur weil wir euch geholfen haben, durftet ihr hervortreten aus dem Dunkel. Unser Stammvater Ali war durch Allah zur Regierung bestimmt. Wie könnt ihr es euch erlauben, sein Reich erben zu wollen, wenn die wahren Nachkommen des Ali noch leben? Nur wir können unsere Ansprüche mit wahrhaft edler Herkunft begründen. Fatima, die Tochter des Propheten, ist unsere Stammesmutter. Wir sind nicht, wie ihr, Abkömmlinge von Verfluchten oder von geschiedenen Frauen. Allah hat uns auserwählt: Er ließ uns von Mohammed, seinem Gesandten, abstammen. Ich bin ein Blutsverwandter von Fatima, die

Allah zur Herrin aller weiblichen Bewohner des Paradieses bestellt hat. Du kennst mein Recht. Du weißt, daß ich zur Herrschaft würdiger bin als du. Die Versprechungen der Gnade, die du erwähnst, hast du schon anderen vor mir gemacht. Auf welchen deiner Eide kann man sich verlassen?«

Der Kalif wußte, daß der Hinweis auf die Blutsverwandtschaft mit Fatima eine kluge Bemerkung im Brief des Mohammed Ibn Abdallah war – schließlich war diese Frau die Tochter des Gesandten Allahs gewesen. Der Herrscher bemühte sich deshalb in einem Antwortschreiben, die Verwandtschaftsbindung an Fatima mit diesem Einwand zu entwerten:

»Erinnerst du dich nicht, daß Allah die Frauen keineswegs den Männern gleichgesetzt hat? Welchen Wert kann es haben, sich auf eine Frau als Ursprung des Stammes zu berufen? Das Siegel des Propheten haben deshalb wir geerbt und nicht ihr! Friede sei mit dir und Allahs Barmherzigkeit!« Hartnäckig beharrte Mohammed Ibn Abdallah auf seinem Standpunkt, zu Recht Herrschaftsansprüche stellen zu können. Der Kalif Abu Ja'far Mansur mußte schließlich die rebellischen Geister in Medina durch einen Feldzug bändigen. Mohammed Ibn Abdallah fühlte sich durchaus sicher in der Stadt, denn die Stämme ringsum hatten Bewaffnete geschickt, die bei der Verteidigung helfen sollten. Chronisten nennen sogar die Zahl der Verteidiger: Da waren, so wird berichtet, eine Million Männer zusammengekommen. Diese Zahl ist nicht als reale Mengenangabe zu werten; sie gilt als Chiffre für »ungeheuer viele«. Gleichgültig, wie groß die Truppe war, Mohammed Ibn Abdallah machte dieselbe Erfahrung, die ein Jahrhundert zuvor schon das Leben des Ali verbittert hatte: In kritischer Situation lassen die Kämpfer der Schiat Ali ihre Anführer im Stich. Vergessen sind dann Ergebenheit und Anbetung. So geschah es, daß am Tag des entscheidenden Waffengangs zwischen den Kampfverbänden des Mohammed Ibn Abdallah und des Kalifen Abu Ja'far Mansur die Front der Kämpfer von Medina rasch abbröckelte. Der Widerstand brach zusammen. Der Schiat Ali war es wiederum nicht gelungen, ein eigenes unabhängiges Herrschaftsgebiet zu errichten.

Aufstieg und Fall des Mohammed Ibn Abdallah hatte sich zur Zeit des Imam Musa Ibn Ja'far Kazim vollzogen. Die militärische Niederlage der Schiat Ali hatte auch Konsequenzen für den Imam. Der Kalif verlangte vom Gouverneur der Stadt Medina, er möge das Haus des Imam niederbrennen lassen. Ein Wunder sei geschehen, so berichten schiitische Legenden: Das Haus sei gerettet worden, weil sich die Flammen geweigert hatten, das brennbare Baumaterial zu verzehren. Der Kalif war nun entschlossen, dem Nachfahren des Propheten nicht nur das Leben durch derartige Schikanen in Medina schwerzumachen, er wollte ihn unter allen Umständen ins Zweistromland holen, um ihn besser unter Kontrolle halten zu können. Dem Befehl, aus Medina abzureisen, entgegnete der Imam:

»Ich hörte, wie mein Vater von seinem Vater und der wiederum von seinem Großvater, der Allahs Gesandter war, ein gescheites Wort übernommen hat. Dieses Wort heißt: Der Mann, der seine Heimat verläßt, der wird mit dem Segen Allahs sein Ziel erreichen! Doch derjenige, der bei seiner Familie bleibt, der wird sein Leben verlängern!«

Der Kalif soll noch nachgefragt haben, ob dieses Wort des Propheten auch tatsächlich als echt zu gelten habe. Die Antwort des Imam habe gelautet: »Vor Allah schwöre ich, daß dies ein Wort meines Vorfahren, des Gesandten Allahs ist!«

Die Weisheit der Imame

Von seinem Vater hatte der Siebte Imam den Ausspruch des Propheten übernommen. Der Vater wiederum hatte sich auf seinen Vater berufen. So hatte sich bis zur Zeit des Siebten Imam in dessen Wissen ein Hort der Weisheit angesammelt. Vom Großvater war die Definition des Unterschieds zwischen Prophet und Imam überliefert. Sie lautete: »Der Prophet ist ein Mann, der die Offenbarung aus den Stimmen der Engel hört. Er sieht die Engel auch als körperliche Wesen vor sich. Der Imam hört ebenfalls die Stimmen der Engel, doch er sieht sie nicht.« Der Prophet hat im Koran zwar die volle Wahrheit verkündet, gewisse Geheimnisse aber hat er zunächst für sich behalten. Vor seinem Tode hat er die Geheimnisse an Ali weitergegeben. Ali hat die nächsten zwei Imame zu seinen Vertrauten gemacht, die das Wissen des Propheten zu bewahren hatten. Jeder Imam trägt die Geheimnisse, das letzte Wissen um Allah, an die nächste Generation weiter.

Vom Vater hatte der Siebte Imam diese Erkenntnis übernommen: »Wen Allah aus dem Sumpf der Sünde zu den Höhen der Gnade erhebt, der wird von Allah reich gemacht, ohne daß ihm wirklicher Besitz aufgehäuft wird – der wird von Allah auch geadelt, ohne daß weltlicher Adel ihn kennzeichnet. Wer Allah fürchtet, der wird wiederum auch von Allah gefürchtet. Wer Allah nicht fürchtet, der lebt selbst in Angst.«

Jener Vater, der Sechste Imam Ja'afar Ibn Mohammed, hatte eine Theorie der Schöpfung der Welt entwickelt, die bis heute die Vorstellung der Schiiten von der Entstehung der Menschen und der Welt prägt. Dieser Wortlaut ist überliefert:

»Als Allah sich entschloß, die Schöpfung zu beginnen, machte er für alles, was er schaffen wollte, zuerst kleine Partikel, die als Grundstoff dienen sollten. Dies war geschehen, ehe die Welt ausgebreitet wurde, und ehe der Himmel gespannt wurde über die Erde. Allein Allah existierte damals, als Wille und Macht. So warf er ins Dunkel einen Lichtstrahl, einen Funken seines Glanzes. Dieses Licht fiel auf den Grundstoff, auf unsichtbare Atome, aus denen Allah zunächst die Gestalt unseres Propheten formte. Allah, der Allmächtige, sagte ihm: ›Du wirst derjenige sein, der die Kraft hat zu wählen und der zugleich zu den Auserwählten gehört. Dir habe ich mein Licht anvertraut und die Kraft meiner lenkenden Gewalt. Um deinetwegen werde ich den Wassern freien Lauf lassen und die Himmel aufrichten. Um deinetwillen werde ich Lohn und Strafe austeilen. Um deinetwillen schaffe ich für die Menschen das Paradies und das Höllenfeuer. Die Männer deiner Familie werden meinen Willen den Menschen mitteilen! Ich werde deinen Nachkommen das Wissen um meine Geheimnisse übermitteln. Keine Wahrheit wird vor den Mitgliedern deiner Familie, die erstgeborene Männer sind, verborgen bleiben. Kein Geheimnis bleibt vor ihnen verhüllt. Sie werden als Beweis meiner Existenz vor die Menschheit treten. Sie werden allen Menschen meine Macht verkünden.‹«

Neuartig in diesem Gedankengang, den der Sechste Imam entwickelt hatte, war die Idee, der Prophet Mohammed sei vor allen Dingen und Wesen von Allah geformt worden. Danach erst, vielleicht Ewigkeiten später, habe der Allmächtige sein Schöpfungswerk fortgesetzt: »Als die Zeit gekommen war, da breitete Allah die Erde aus und unterwarf sie dem Gesetz der Zeit. Er ließ die Wasser aufspringen, daß sie schäumten und Dampf bildeten. Sein Thron schwamm auf dem Wasser dahin. Auf den Rücken des Wassers legte sich das Land. Aus dem Dampf ließ Allah die Himmel entstehen. Er befahl dem Land und dem Wasser, ihm gehorsam zu sein und beide unterwarfen sich. Allah formte sodann die Engel aus einem Licht. Darauf gab Allah zu wissen, Mohammed sei sein Prophet. Das war in den Himmeln bekannt, lange bevor Mohammed den Auftrag erhielt, auf der Erde zu wirken.«

Adam, der erste Mensch, ist in diesem Gedankengebäude um die Schöpfung von Allah zunächst mit einem hohen Amt bedacht:

»Allah erschuf Adam. Den Engeln machte Allah bekannt, daß Adam mit einem Teil des Wissens vertraut sei, das göttlicher Natur sei. So seien ihm die Namen aller Dinge und Wesen geläufig. Allah ermahnte die Engel, sich vor Adam zu beugen.«

Allah machte dann Adam vertraut mit der Verantwortung, die er trage: Adam sei als Imam eingesetzt, als geistiger Führer auch unter den Engeln.

In dieser Verantwortung versagte Adam allerdings: Er verfiel in Sünde und mit ihm die ganze Menschheit. Mohammed war es, der das Licht Allahs danach wieder auf die Erde brachte. Von Mohammed übernahmen die Imame den Auftrag, das göttliche Licht scheinen zu lassen.

Erhalten geblieben sind andere Versionen der Schöpfungsgeschichte, die Variationen des ursprünglichen Berichtkerns, Ausschmückungen, Erweiterungen enthalten. Sie beziehen sich jedoch immer auf den Sechsten Imam als verläßliche Autorität.

»Es wird berichtet, daß Imam Ja'far Ibn Mohammed von seinem Vater folgendes erfahren hat: Ali Ibn Abu Talib sagte einst, daß Allah aus einem Lichtstrahl Mohammed geschaffen habe, noch bevor er Adam, Noah und Abraham zu erschaffen gedachte. Gleichzeitig mit Mohammed schuf Allah zwölf wundersame Vorhänge. Diese zwölf Vorhänge tragen die Namen Kraft, Größe, Großzügigkeit, Wohlstand, Gnade, Güte, Würde, rechte Lebensführung, Übereinstimmung mit Allah, Gnade der Offenbarung, Reinheit und Fürbitte. Siebentausend Jahre lang war Mohammed, aus dem Lichtstrahl geschaffen, im Vorhang der Macht verborgen. Am Ende der siebentausend Jahre sprach Mohammed: ›Lob sei demjenigen, der in sich genügsam ist und der nichts benötigt.‹ Siebentausend Jahre lang war Mohammed im Vorhang der Würde verborgen, und er sagte: ›Lob sei dem Hohen und dem Großen.‹ Fünftausend Jahre verbrachte Mohammed in den Falten des Vorhangs der rechten Lebensführung, und er sprach: ›Lob sei Allah, der auf dem Großen Thron sitzt.‹ Viertausend Jahre lang verbarg sich Mohammed im Vorhang der Übereinstimmung mit Allah, und er sagte: ›Lob sei dem Herrn, der alles verändert.‹ Dreitausend Jahre lang umhüllte der Vorhang der Gnade der Offenbarung den Propheten, und er sprach: ›Lob sei dem Herrn über alle Könige und Reiche.‹ Zweitausend Jahre lang blieb Mohammed im Vorhang der Reinheit, und er sagte: ›Gepriesen sei der Herr, der über allem steht und der alles beherrscht.‹ Dann enthüllte Allah den Namen Mohammed auf einer goldenen Tafel, und der Name war strahlend zu sehen auf dieser Tafel viertausend Jahre lang. Das Licht des Propheten stieg auf in die Himmel und ruhte an einem Bein des göttlichen Thronsessels siebentausend Jahre. Als Allah aus dem Lichtstrahl Mohammed geformt hatte, da gab er ihm sechs wunderbare Dinge zu eigen – das Hemd der Unterwerfung unter Allahs Willen, den Mantel des Glücks, das Beinkleid der Güte, den Gürtel der Liebe, die Schuhe der Furcht und den Stab der Würde. Und Allah sprach zu ihm: ›Geh' unter die Menschen, gib dich zu erkennen und sage ihnen: Es gibt nur einen Gott!‹«

In jenen Jahren, da die Abbasidenkalifen herrschten und der Schiat Ali keine Möglichkeit ließen zur politischen Entfaltung, beschäftigte sich der Siebte Imam mit Gedanken über die Inhalte des Glaubens. Die islamischen Denker, mit denen er sprach, hatten entdeckt, daß zwei Grundzüge des Glaubens nicht miteinander vereinbar waren: Auf der einen Seite war die Welt von Allah im voraus geordnet, war im Buche Allahs alles vermerkt, was geschah, was geschieht und was geschehen wird – auf der anderen Seite aber wurde gelehrt, daß dem Menschen die Möglichkeit der Entscheidung bleibt, der Wahl, sich zu Allah zu bekennen oder sich gegen ihn zu stellen. Der Siebte Imam entschied in dieser Frage mit Hilfe eines Urteils, das aus der Zeit des Sechsten Imam Ja'far Ibn Mohammed überliefert worden ist:

»Ich habe meinen Vater sagen hören: ›Der Allmächtige hat für vieles direkte Vorbestimmung erlassen. Für andere Sachverhalte wiederum hat er bestimmt, daß wir entscheiden können. Die Vorbestimmung, die unser Leben direkt betrifft, bleibt uns verborgen. Was unserem Willen freisteht, das wurde uns offenbart. Wir sollten uns deshalb weniger darum kümmern, was über uns in der Vorbestimmung Allahs steht, sondern um das, was uns zur Entscheidung freigestellt ist. Richtschnur ist allein der Koran, die Offenbarung. Der Gläubige muß in seinem Handeln prüfen, ob es in Übereinstimmung ist mit dem Koran – alles andere hat der Moslem zu verwerfen.‹«

Musa Ibn Ja'far Kazim hatte viel Zeit, um über die Glaubensdinge nachzudenken. Vom Jahre 757 bis 799 christlicher Zeitrechnung war dieser Nachfahre des Propheten Imam der Schiat Ali – zweiundvierzig Jahre lang. Er überlebte die Kalifen Abu Ja'far Mansur, Hadi und Mahdi.

Harun Al Rashid siegt über den Imam

Im Jahre 786 aber wurde Harun Al Rashid Herrscher in Baghdad. Er war machtbewußter als seine Vorgänger. In Harun Al Rashid brachen die Charakterzüge der persischen Könige vorislamischer Zeit wieder hervor. Dazu gehörten Brutalität, Skrupellosigkeit, entschlossenes Handeln in Gefahr. Hervorstechendes Merkmal seines Charakters aber war die Ungerechtigkeit. Unter dem Kalifen Harun Al Rashid wurde das Steuersystem verändert: Die ärmeren Schichten hatten die Hauptlast an Abgaben zu tragen: Unterschiedlich nach Umfang des bebauten Landes und nach dem Maß der Fruchtbarkeit des Bodens zahlten die Bauern mindestens ein Drittel vom Wert ihres Jahresertrags an die Steuereinnehmer. Als Höchstsatz der Abgabe galt die Hälfte des erwirtschafteten Werts. Die Grundbesitzer aber, die nicht selbst das Land mit dem Pflug bearbeiteten, brauchten nur ein Zehntel ihrer Einnahmen an den Staat abzuführen. So entwickelte sich eine bevorzugte Schicht gegenüber der unterprivilegierten Masse der Bevölkerung. Viele der Bauern traten, da sie die Steuer nicht aufbringen konnten, ihr Land an die Grundbesitzer ab. Die Entrechteten aber blickten wieder einmal auf die Familie des Propheten, der nun über einhundertfünfzig Jahre tot war. Erneut hatten die Besitzlosen Hoffnung, von Mohammeds und Alis Nachkommen Worte des Trostes und Versprechungen auf gerechte Zeiten zu hören.

Der Kalif Harun Al Rashid benützte die Gelegenheit der Pilgerfahrt nach Mekka, um den Siebten Imam zu überprüfen. Harun wollte wissen, ob Musa Ibn Ja'far Kazim hinter den Unzufriedenen und Unruhestiftern steckte. Die Überlieferung berichtet, der Imam und der Kalif seien im Hof der Großen Moschee von Mekka, unmittelbar vor der Ka'aba zusammengetroffen. Harun habe sich vor dem heiligen Gebäude verneigt mit den Worten: »O du Prophet des Allmächtigen, ich grüße dich als meinen Vetter!« Der Kalif gehörte zum Clan der Abbasiden, deren Abstammung von Abbas abgeleitet wird, der einst der Onkel des Gesandten Allahs gewesen war. Der Imam aber, so wird erzählt, soll die Gelegenheit benützt haben, um das Mitglied der Abbasidenfamilie in die Schranken zu weisen. Im Gegensatz zu Harun, der sich verbeugt hatte, sei Musa Ibn Ja'far Kazim aufrecht vor der Ka'aba stehen geblieben und habe gesagt: »O du Prophet des Allmächtigen. Ich grüße Dich, meinen lieben Vater.« Der Imam wollte damit seine unmittelbare Blutsverwandtschaft zum Propheten ausspielen. Im »Haushalt des Propheten« stand der Imam an Ansehen vor dem Kalifen an erster Stelle.

Gleichgültig, ob diese Begegnung vor der Ka'aba in Mekka so geschehen ist oder nicht – der Kalif Harun litt darunter, daß in der Heiligen Stadt einer lebte, der sich auf engere Verwandtschaft zum Gesandten Allahs berufen konnte, der bei den unruhigen Gemütern im Zweistromland, die Neigung zur Schiat Ali besaßen, in hohem Ansehen stand. Die schiitischen Chronisten berichten, dem Kalifen sei bald schon derart Außerordentliches gelungen, daß ihm selbst hartnäckige Gegner des Abbasidenclans den Respekt nicht versagen konnten.

Erzählt wird, Harun Al Rashid habe sich während eines Jagdritts darüber gewundert, daß sein Pferd plötzlich störrisch stehen blieb. So sehr der Kalif das Tier auch antrieb, es blieb, trotz der Schläge, zitternd stehen. Zu sehen sei wenig gewesen am Boden. Da war nur eine leichte unauffällige Erhebung im Sand zu bemerken. Das sonderbare Verhalten des Pferdes habe den Kalifen veranlaßt, an der Stelle, die das Tier nicht überschreiten wollte, den Sand beiseite fegen zu lassen. Da sei ein unverwester Leichnam freigelegt worden, dessen Schädel ein Loch in der Stirn aufwies. Der Kalif und seine Begleiter hätten sofort erkannt, daß dies der Körper des Ali sein müsse. Großer Jubel sei zu hören gewesen – zunächst bei den Höflingen des Harun Al Rashid und dann im ganzen Land um Euphrat und Tigris.

Ob diese Erzählung wahr ist oder nicht, war unbedeutend. Wichtig war allein, ob sie von den Gläubigen als Wahrheit anerkannt wird. In der Überlieferung wird deutlich, daß das Ansehen des Kalifen, nachdem er das Grab entdeckt hatte, im Bewußtsein der Schiat Ali anstieg. Da es Harun Al Rashid gelungen war, den Leichnam des neben dem Märtyrer

Husain wichtigsten Heiligen der Schiat Ali zu finden, mußte man einfach glauben, daß dieser Herrscher in der besonderen Gnade Allahs stand. Einem Verworfenen, das war die Überzeugung, hätte Allah nicht die Aufgabe zugedacht, gerade diesem Toten einen würdigen Begräbnisplatz zu geben. Die schiitischen Chronisten wissen, Harun Al Rashid habe ein schlichtes Mausoleum über dem Grab errichten lassen. Um Alis Grab, das längst schon durch ein würdiges Gebäude geschützt wird, entstand bald schon die Stadt, die heute den Namen Nedjef trägt. Neben Kerbela, dem Begräbnisort des Märtyrers Husain, ist Nedjef bedeutende Pilgerstätte der Schiiten. Nedjef und Kerbela liegen im heutigen Irak.

Das Grab des Ali, davon war der Kalif wohl überzeugt, mußte für das sensible Bewußtsein der Anhänger der Schiat Ali attraktiver sein als das Haus des Siebten Imam – auch wenn Ali tot, und der Siebte Imam Musa Ibn Ja'far Kazim am Leben war. Wer sich auf Pilgerfahrt zu einem Heiligen begeben wollte, der wandte sich nun nicht nach Medina, um dort den Imam zu verehren, der begab sich nach Nedjef, um an Alis Grab zu beten.

Nachdem es Harun Al Rashid gelungen war, diese Priorität zu setzen, konnte er auch daran denken, die unbedeutend gewordene, aber dennoch lästige Konkurrenz im Wettstreit um Einfluß auf die Gläubigen zu beseitigen. Berichtet wird, Harun Al Rashid habe Musa Ibn Ja'far Kazim während der Gebetszeit in der Moschee des Propheten in Medina verhaften lassen. Der Imam sei von einem Gefängnis ins andere gebracht worden. Einige Monate habe er in den Verliesen von Basra zugebracht, zuletzt sei er in Baghdad in einem Gefängnis gehalten worden, das den Namen Sindi Ibn Shahak getragen habe. Dort habe ihm Harun Al Rashid Gift einflößen lassen. Musa Ibn Ja'far Kazim hatte das Alter von fünfundfünfzig Jahren erreicht. Sein Sohn Ali Al Rida übernahm – wie die Schiiten sagen, nach dem Willen Allahs – das Amt des Imam. Der Achte Imam war vierunddreißig Jahre alt, als ihm die Verantwortung für die Gläubigen der Schiat Ali übertragen wurde.

Zehn Jahre lang lebte Ali Al Rida unter der Herrschaft des Harun Al Rashid in Medina – immer in Sorge, das Schicksal seines Vaters Musa Ibn Ja'far Kazim zu erleiden. Doch während dieser zehn Jahre wurde der Kalif von Sorgen bedrückt, neben denen die Belästigung durch Agitation der Schiat Ali harmlos war.

Die Kluft war aufgebrochen zwischen Ost und West im Islamischen Reich. Großfamilien, Clans, die in Persien ansässig waren, gewannen an Bedeutung auch am Kalifenhof in Baghdad. Bisher waren im Machtzentrum meist nur Männer arabischer Abstammung wichtig gewesen. Sie fühlten sich nun bedroht.

Der Zirkel der immer mächtiger werdenden Perser wurde von der Sippe Al Barmaki angeführt, deren Mitglieder zu höchsten Staatsämtern aufstiegen. Diese Sippe besaß schließlich mehr Einfluß als der Kalif selbst. Harun Al Rashid mußte sich wehren, wenn er nicht in Gefahr geraten wollte, seine Herrschaft vollends ganz an den Clan Al Barmaki zu verlieren. Harun Al Rashid ließ die politisch Mächtigen der Sippe unter billigem Vorwand verhaften. Ja'far Al Barmaki, der jahrelang Haruns Wesir gewesen war, mußte sterben. Die arabischen Clans konnten triumphieren.

Bald darauf begannen die Stämme in der persischen Provinz zu rebellieren. Der Kalif war schließlich gezwungen, eine Militärexpedition in die Unruhegebiete zu kommandieren. Der beschwerliche Ritt über die Ausläufer des Elbursgebirges zehrte an den Kräften des Herrschers. Harun Al Rashid starb plötzlich, ohne die Rebellion gezügelt zu haben. Sein Tod geschah im Jahr 809.

Der Versuch des Ali Al Rida, Kalif zu werden

Kaum war Harun Al Rashid begraben – er war in der persischen Provinz gestorben –, da brach Streit aus unter den Söhnen und Erben. Wieder wurde ein Riß zwischen persischen und arabischen Ansprüchen spürbar. Der eine Sohn hatte eine Araberin zur Mutter; sein Name war Amin. Der andere stammte von einer Perserin aus dem Harem des Harun Al Rashid ab; sein Name war Ma'mun. Der Einfluß der Mütter wirkte sich aus: Amin bevorzugte die Araber, Ma'mun die Perser.

Bemerkenswert ist, daß zu dieser Zeit der Nationalitätenstreit ausbrach, der den bisherigen traditionellen Konflikt zwischen der Partei des Kalifen und der Schiat Ali überlagerte. Der Kampf um die Macht, der die Jahre nach dem Tod des Harun Al Rashid prägte, war nicht von der Frage bestimmt »Wer ist der rechtmäßige Nachfolger des Propheten Mohammed?« Dieses Problem hatte die historische Entwicklung des Islamischen Staates seit dem Jahre 632 beeinflußt – also über 170 Jahre lang. Jetzt brachen die Leidenschaften auf, um den Entscheidungskampf zu führen zwischen persischen und arabischen Clans. Der Achte Imam glaubte, eine Chance für sich zu finden. Zerrieben sich die Arabersippen und die Perserclans, konnte, unter glücklichen Umständen, die Schiat Ali Gewinn aus dem Streit ziehen.

Die beiden Söhne des Harun Al Rashid, Amin und Ma'mun, hatten jeweils starke Truppenverbände hinter sich, die durch Bestechung und Versprechungen gewonnen worden waren. Amin konnte sich zwar, als Nachfolger des Vaters, Kalif nennen, doch zu keinem Zeitpunkt gelang es ihm, unangefochten in Baghdad zu herrschen. Vier Jahre nach dem Tod des Harun erwies sich Ma'mun als stärker. Mit Hilfe seiner Truppen aus Persien schloß er den Kalifen Amin in Baghdad ein. Am 26. September 818, nach erfolgreicher Erstürmung der Stadt durch die Kämpfer aus dem Osten, wurde Amin im Tigris ertränkt.

Im Verlauf der Kämpfe war die Hauptstadt des Islamischen Reiches weitgehend zerstört worden. In Trümmer zerfielen die prächtigen Gebäude, die Harun Al Rashid hatte errichten lassen. Aus den Brunnen – sie waren der Stolz von Baghdad gewesen – sprudelte kein Wasser mehr. In die zuvor üppigen Gärten des Kalifen trug der Wind den Wüstensand. Baghdad erhielt nie mehr seine frühere Bedeutung. Die Perser hatten sich gerächt für eineinhalb Jahrhunderte der Unterdrückung.

Als die arabischen Clans ihren Einfluß verloren hatten, erhielt die Schiat Ali, die schon immer im Osten ihre Glaubensbasis hatte, starken Auftrieb. Ma'mun, der nun Träger des Kalifenamtes war, dachte sogar daran, die Glaubensrichtung der Schiiten zur verbindlichen Religion für die Moslems insgesamt zu machen.

Dies war allerdings ein revolutionärer Gedanke für den Kalifen aus dem Hause Abbas. Die Sippe, die vom Onkel des Propheten abstammte, hatte sich bisher angestrengt, die rechtmäßigen Führer der Schiiten zu bekämpfen und zu töten. Nun sollten sie die Leitgestalten werden. Das Resultat mußte Wiedergutmachung an den Imamen, an den direkten Nachkommen des Propheten und dessen Schwiegersohn Ali sein. Eine Aussöhnung zwischen dem politischen Amt des Kalifen und dem religiösen Amt des Imam sollte stattfinden als Demonstration der Wiedervereinigung von Glauben und Politik.

Der revolutionäre Gedanke des Kalifen Ma'mun begann Wirklichkeit zu werden: Der Achte Imam Ali Al Rida wurde vom Mächtigen des Abbasidenclans, vom Kalifen, eingeladen, als freier Mann, als Gast sogar, nach Baghdad zu kommen, um dort Mitverantwortung im Staat zu tragen.

Ali Al Rida brach auf zur langen Reise von Mekka in das Zweistromland. Mehrmals schon hatten Nachkommen des Propheten den Ritt durch die Wüste unternommen in der Hoffnung, an Euphrat und Tigris an die Macht im Islamischen Staat zu kommen – alle diese Wüstenritte hatten mit der Niederlage, und meist sogar mit dem Tode des jeweiligen Prophetennachfahren geendet. So ist es nicht erstaunlich, daß sich der Imam Ali Al Rida Zeit ließ unterwegs. Bedenken waren ihm gekommen, ob es für einen Mann in seiner Position nicht klüger sei, verehrt, aber ohne politischen Ehrgeiz zu bleiben. Doch so langsam der Imam auch ritt, seine Reise endete schließlich in Baghdad. Als er in der Hauptstadt eintraf, hatte der Kalif bereits eine Münze prägen lassen, auf der zu lesen war: »Ma'mun, der Beherrscher der Gläubigen und Ali Al Rida, der Imam aller Gläubigen«.

Die schiitischen Gelehrten sind sich heute darüber einig, daß es dem

Kalifen Ma'mun zu keinem Zeitpunkt ernst war, die Idee der Aussöhnung zwischen dem Amt des Staatsoberhaupts und dem Amt des Imam wirklich in die Realität umzusetzen. Es sei eine List gewesen, um der Feindschaft der Schiat Ali gegen die weltlichen Herrscher, die nun schon Generationen andauerte, die Basis zu entziehen. Die Anbindung des Imam an den Kalifenhof, so lautet die Meinung schiitischer Gelehrter, sollte den geistlichen Führer hineinziehen in die Machenschaften der Tagespolitik. Das Ziel sei gewesen, die Nachfahren des Propheten, die sich seit langem »rein« gehalten hatten von Entscheidungen politischer Art, ihrer »Reinheit« zu berauben. Dem Kalifen war wohl bewußt, daß er und sein Hofstaat als »unrein« galten in der Anschauung der Schiiten. Zu groß war die Ähnlichkeit des Prunks im Palast von Baghdad mit der protzigen Pracht der persischen Kaiserhöfe von einst oder mit den reichgeschmückten Bauwerken der Kaiser von Byzanz. Zwar war, als Folge des Bruderkriegs nach dem Tode des Harun Al Rashid, Baghdad und damit auch der Kalifenpalast, bei weitem nicht mehr so glanzvoll, wie sie bis zum Jahr 809 gewesen waren, doch noch immer glaubten die meisten der Schiiten, Stadt und Palast seien Orte der Sünde. Daß sich der Imam dorthin begeben konnte, mußte ihnen als Vergehen gegen den Glauben erscheinen.

So gesehen kann es tatsächlich die Absicht des Kalifen Ma'mun gewesen sein, den Imam zu kompromittieren. Die Vorbereitungen zum Vollzug der Machtteilung in Baghdad deuteten allerdings auf Ernsthaftigkeit des Vorhabens hin. Seit Abdallah Abu Abbas, dem ersten Kalifen aus der Dynastie der Abbasiden, galten schwarze Fahnen als Zeichen der Herrschaft. Wo sich der Kalif aufhielt, da wehten schwarze Tücher an den Masten. Diese Tradition sollte nun geändert werden: Ein Dekret des Kalifen verbot fortan das Hissen der schwarzen Abbasidenflaggen. Grün galt wieder als Farbe des Kalifen – Grün war einst schon die Farbe des Propheten gewesen.

Um zu erklären, was er plante, rief Ma'mun die führenden Köpfe des eigenen Clans zu sich in den Palast. Er stieß die Verwandten mit der Feststellung vor den Kopf, er habe in ihren Reihen niemand entdecken können, der geeignet wäre, nach ihm das Kalifat zu übernehmen. Ma'mun schloß mit der Erklärung, er sehe keinen anderen Ausweg, als den Imam Ali Al Rida später einmal in das Amt des Kalifen einzusetzen. Ganz offensichtlich war der Inhalt dieser Verkündung mit dem Achten Imam abgesprochen.

Die schiitischen Chronisten betonen ausdrücklich, der Nachkomme des Propheten Mohammed habe das Angebot des Kalifen zuerst abgelehnt, und er sei bei dieser Ablehnung auch lange Zeit geblieben. Tatsache ist jedoch, daß der Imam im Jahre 814 n. Chr. auf den Vorschlag des Kalifen einging – dies geschah genau im Jahr 200 islamischer Zeitrechnung.

Ali Al Rida war also der Versuchung erlegen. Er hatte alle Bedenken beiseite geschoben: Er war entschlossen, durch die Übernahme der Macht der eigenen Familie, den Nachkommen Alis, nach Jahrzehnten der Existenz im Dunkel, wieder Glanz zu geben. Der Imam, so wird berichtet, habe jedoch nicht aus familienegoistischen Gründen gehandelt, sondern im Sinne der Gläubigen, denen er einen neuen Pakt mit Allah versprach, der ihnen Einigkeit bescheren sollte. Das Ergebnis dieses Programms war, daß die Popularität des Imam im Zweistromland gewaltig anschwoll. Den Anhängern der Schiat Ali schien die Zeit von Ali und Husain wiedergekommen zu sein – die Familie des Propheten, die von Allah doch als einzige mit der Vollmacht versehen war, die Gläubigen zu lenken, hatte wieder den Platz eingenommen, der ihr rechtmäßig zustand. Diese Entwicklung mußte dem Clan der Abbasiden mißfallen. Seit mehr als sechzig Jahren hatte die Sippe Macht und Reichtum des Islamischen Staates in der Hand. Außer dem Kalifen war da niemand in der Familie zu finden, der bereit war, die Macht mit einem Mitglied der Familie des Propheten zu teilen. Mancher wartete nur auf die Chance, den Kalifen Ma'mun und den Achten Imam zu stürzen und zu ermorden.

Der Kalif Ma'mun lebt in der Geschichte der islamischen Welt fort als ein Herrscher, der den geistigen Horizont zu erweitern versuchte. Ein seltsamer Zwiespalt ist zu bemerken in der Person des Ma'mun. Er bindet sich zwar an einen Mann, der – als Nachkomme des Propheten – den Koran als höchste Stufe der Erkenntnis betrachtet, und doch hält er zugleich die Schriften griechischer Philosophen für derart bemerkenswert, daß ihr Inhalt am Hof des Kalifen diskutiert wurde. Es wird erzählt, an einem Nachmittag sei dem Kalifen ein Mann im Traum erschienen, der auf einem großen Sessel Platz nahm. Das sei keine furchterregende Gestalt gewesen, sondern eher eine Person, die Weisheit und auch Güte besaß. Erstaunt über Gestalt und Hautfarbe des Mannes – beides wies ihn als Fremdling aus dem Westen aus –, soll der Kalif die Frage nach dem Namen gestellt haben. Die Antwort sei gewesen: »Aristoteles«. Dreizehnhundert Jahre zuvor hatte dieser griechische Philosoph gelebt, doch bisher waren seine Gedankengänge in Arabien und auch in Persien unbekannt geblieben. Für den Kalifen Ma'mun sei, so sagen die Chronisten, die Begegnung mit dem Philosophen, die im Traum geschehen war, Anlaß zur Auseinandersetzung mit dessen Denken in der Realität gewesen. Er berief Gelehrte nach Baghdad, die ihm die Lehre des Aristoteles erklärten. Er erfuhr, daß als »gut« zu gelten habe, was dem Verstand als »gut« erscheine. Der Verstand aber war unter den Moslems bisher nicht Richtschnur gewesen in der Beurteilung von Gut und Böse. Die Offenbarung des Koran hatte die Richtung der moralischen Orientierung gewiesen. So hatte der Koran als Buch aller Bücher gegolten, dem keine andere Quelle der Weisheit zur Seite stehen durfte. Der Kalif Ma'mun war der erste Herrscher, der Männer seines Vertrauens nach Zypern und nach

Konstantinopel schickte, damit sie Bücher einkauften, deren Inhalt lesenswert und bedenkenswert war. Der Kalif wurde von der Einsicht getrieben, der Koran könne nicht mehr Antwort geben auf Problemfragen der sich verändernden Zeit. Die Offenbarung des Propheten sei für Menschen geschehen, die abseits des großen Weltgeschehens in der Wüste lebten. Inzwischen hatte sich der Islamische Staat weiterentwikkelt: Sein Machtzentrum hatte die Wüstenstädte verlassen, war zum Mittelpunkt geworden eines riesenhaften Reiches, in dem Menschen unterschiedlichster Kulturkreise zusammenlebten.

Wurden erst die bisher unantastbaren Rechtsvorschriften des Koran den Zwängen des Staates angepaßt und schließlich sogar geopfert, dann war die nächste Konsequenz, daß auch die Existenz Allahs anders gesehen wurde als in den seitherigen mehr als einhundertundsiebzig Jahren der Islamischen Zeitrechnung. Da traten Glaubensmänner auf, die den Grundsatz in Frage stellten, Allah habe alles Geschehen der Welt im voraus geordnet. Sie gaben das Prinzip der Vorbestimmung auf und wiesen die Menschen an, selbst zu entscheiden, was gut und böse, was zu tun und was zu lassen war. Die islamischen Theologen, die Mohammeds Offenbarung und das Denken griechischer Philosophen in Einklang bringen wollten, formulierten ihre neue Einsicht so: »Allah kann nicht unser Leben vorausbestimmen, um dann Wohlgefallen oder Entrüstung über unser Verhalten zu zeigen, denn dieses Handeln hat Allah doch festgelegt.«

Was zur Zeit des Sechsten und Siebten Imam in Mekka und Medina, fast zwei Generationen zuvor, in Kreisen der Schiat Ali bereits diskutiert worden war – nämlich die Frage: wie verhalten sich Vorbestimmung und freier Wille der Menschen zueinander –, das war nun Gesprächsthema am Hofe des Kalifen in Baghdad. Die Diskutierenden zeigten Neigung, den Inhalt des Koran und Allah selbst immer stärker in den Hintergrund zu drängen, um dafür den Menschen, dessen Erkenntnisse und dessen Willen hervortreten zu lassen. Daß an solchen Diskussionen auch der Achte Imam teilgenommen habe, das verschweigen auch schiitische Chronisten nicht. Ali Al Rida, so wird gesagt, habe jedoch nie die Grundsätze des wahren Glaubens verleugnet.

In dieser Zeit des geistigen Wandels verfolgte der Kalif Ma'mun seinen Plan weiter, das Islamische Reich in die Hände des Imam zu legen. Er reiste mit dem Oberhaupt der Schiat Ali nach Persien, um dort die Rebellion, die sein Vater Harun Al Rashid nicht mehr hatte auslöschen können, vollends zu beenden. Den Feldzug des Kalifen und des Imam in Richtung Osten benützten jedoch die Unzufriedenen des Abbasclans zum Aufstand in Baghdad. Die eigene Familie wollte den Kalifen durch einen Mann ersetzen, der Sippeninteressen besser zu wahren versprach. Der Kalif war gezwungen, mit treuen persischen Truppenverbänden die eigene Hauptstadt zu belagern. Es gelang ihm auch, den Aufstand der

Familie zu unterdrücken – doch geschah dies auf Kosten der Idee von der staatlichen Einheit zwischen Arabien und Persien. Auf Befehl des Kalifen hatten Araber gegen Perser gekämpft. Die Rivalität zwischen den beiden Völkern hatte erneut Nahrung gefunden.

Es muß zu jenem Zeitpunkt gewesen sein, daß dem Kalifen Ma'mun die wachsende Popularität des Achten Imam auffiel. Der Streit im eigenen Clan um die Macht hatte das Ansehen der Mitglieder der Sippe Abbas insgesamt geschmälert. Eifersucht auf Ali Al Rida kann der Grund gewesen sein, warum er den Gedanken zu verfluchen begann, dem Imam die Herrschaft zu übertragen. Besonders mißfiel dem Kalifen, daß auch die Befehlshaber der nun dominierenden persischen Truppenteile dem Imam demütig begegneten, daß wichtige Höflinge auf Ali Al Rida einen guten und vor allem willigen Eindruck zu machen versuchten. Offenbar sahen Befehlshaber und Beamte im Achten Imam zu gern bereits den Mächtigen im Islamischen Staat. Jetzt wurde der Ehrgeiz des Kalifen angestachelt, denn zurückschieben lassen ins zweite Glied der Macht wollte sich Ma'mun nicht. Der Zorn gab ihm schließlich die Idee ein, zum traditionellen Mittel zu greifen, das seit Generationen zur Beseitigung unliebsam gewordener Imame gedient hatte: Der Achte Imam wurde, wie seine Vorgänger, vergiftet. Er hatte, wie Ärzte feststellten, vergiftete Trauben gegessen. In Persien war der Mord geschehen, ganz in der Nähe des Ortes, wo der Kalif Harun Al Rashid, der acht Jahre zuvor gestorben war, beerdigt lag. Der Ort gehörte zur Provinz Chorasan.

Schiitische Gelehrte sagen, der Prophet Mohammed habe bereits fast zweihundert Jahre zuvor das Begräbnis des Achten Imam in Persien als Vision vor sich gesehen. Zum Zeugnis zitieren sie diesen Wortlaut, der Mohammed zugeschrieben wird:

»Ein Teil meines Körpers wird dereinst in Chorasan bestattet werden. Wer auch immer diesen Platz als Pilger aufsucht, dem sichert Allah den Einzug ins Paradies zu. Sein Leib wird niemals von den Flammen der Hölle verzehrt werden.« Die Textstelle »ein Teil meines Körpers« wird so interpretiert, daß der Gesandte Allahs seine Nachfahren als Teil von sich selbst gesehen habe.

In schiitischer Überlieferung hat sich eine ähnliche Voraussage vom Tod des Achten Imam in Alis Worten erhalten: »Eines meiner Kinder wird vergiftet werden im Lande Chorasan. Es wird denselben Namen tragen wie ich, es wird Ali heißen. Der Name seines Vaters aber wird Musa sein. Wer sein Grab besuchen wird, von dem sind alle Sünden genommen, die vergangenen und die zukünftigen Sünden. Sollte der, dessen Sinn danach steht, an jenem Grab zu beten, auch so viele Sünden begangen haben, wie es Sterne am Himmel gibt, und sollten sie selbst an Zahl den Regentropfen gleich sein, so werden diese Sünden doch alle vergeben sein.« Ali Al Rida zählt für die Schiiten zu den heiligsten unter ihren Märtyrern. Die Erinnerung an seine Allianz mit dem verhaßten

Haus der Abbasiden ist verblaßt, doch seine Wundertaten haben sich im Gedächtnis erhalten: »Wenn er darum betete, fiel Regen. Er konnte sogar voraussagen, welche Regenwolke für welche Provinz bestimmt war. Ali Al Rida hatte die Macht, Goldmünzen aus den Felsen wachsen zu lassen, wenn er mit einem Stück Holz daran rieb. Der Achte Imam wußte, was in den Herzen der Menschen vorging, und er kannte die Stunde ihres Todes. Mitten im Winter Persiens konnte er Gras wachsen und Trauben reifen lassen.« Viele Schiiten sind überzeugt, daß eine Pilgerfahrt nach Mashad – so heißt der Begräbnisort des Achten Imam heute – für das Heil der Gläubigen wesentlicher ist als der Besuch der Ka'aba in Mekka.

Der Kalif Ma'mun, der den Schiiten als Mörder des Achten Imam gilt, ließ noch im Todesjahr des Prophetennachkommen ein Mausoleum über dem Grab bauen. Von jenem Jahr 815 n. Chr. an entwickelte sich Mashad zum wichtigsten Heiligtum der Schiiten in Persien. Das Wort Mashad läßt sich übersetzen mit Grabkapelle. Längst ist aus dem einfachen Gebäude eine prächtige Moschee mit weitem Innenhof geworden. Dessen Betreten ist allerdings jedem verboten, der sich nicht zum islamischen Glauben bekennt. Im heiligsten Bezirk der Moschee liegt das Grab des Achten Imam, das der Gläubige durch ein silbernes Gitter betrachten kann. An der Wand der Grabkammer, so erzählen Pilger, sei die Schüssel zu sehen, in der dem Imam einst die vergifteten Trauben gereicht worden seien.

Mit dem Tod des Achten Imam, der vom Kalifen zum Nachfolger bestimmt worden war, löste sich die Unzufriedenheit der Abbasidenfamilie auf. Der Anlaß zum Widerstand existierte nicht mehr – der designierte Nachfolger lag im Grab zu Mashad. Als Ma'mun nach der Rückkehr aus Persien in Baghdad einzog, da wurden die grünen Fahnen von den Palastzinnen geholt und durch die schwarzen Abbasidenflaggen ersetzt. Diese innenpolitische Veränderung bedeutete jedoch nicht weitere Verfolgung der Nachkommen des Propheten. Der Kalif bewies Respekt vor dem Sohn des toten Imam. Der Neunte in der Kette der heiligen Männer, er hieß Mohammed Ibn Ali Taki, war gerade erst neun Jahre alt geworden. Zum Zeitpunkt der Ermordung seines Vaters hatte sich der Junge in Medina aufgehalten.

Die schiitischen Chronisten berichten von der ersten Begegnung des Kalifen Ma'mun mit dem noch überaus jugendlichen Oberhaupt des »Haushalts des Gesandten Allahs«. Der Junge war erst kurz zuvor von Medina nach Baghdad geholt worden. Er spielte, so wird erzählt, mit Altersgenossen auf der Straße, als der Kalif mit seiner Wache in scharfem Tempo daherritt. Die Spielkameraden des Imam verschwanden um die Hausecken. Er aber blieb stehen. Ma'mun sprach ihn deshalb voll Erstaunen an, und erhielt diese Antwort: »O Beherrscher der Gläubigen! Die Straße ist nicht so eng, daß es nicht Platz gibt für dich, deine Männer und mich. Ich habe nichts getan, was dich beleidigen könnte, also brauche ich auch keine Furcht vor dir zu haben. Du aber gehörst nicht zu denen, die einem Menschen Böses zufügen, der unschuldig ist!«

Zainab
Der Neunte Imam heiratet die Kalifentochter

Aus diesem schiitischen Chronistenbericht ist abzulesen, daß die Familie des Propheten in jener Zeit jede Form der Konfrontation mit dem Herrscherhaus vermeiden wollte. Propagiert wurde das Nebeneinander zwischen dem Kalifenpalast und dem »Haushalt des Propheten«. Unbeachtet blieb der Umstand, daß die Schuld an der Ermordung des Achten Imam eben jenem Kalifen Ma'mun zugeschrieben wurde, dessen politische Herrschaft akzeptiert wurde.

Das Nebeneinander wurde erneut zum Miteinander: Der Kalif gab seine eigene Tochter Zainab dem Imam zur Frau. Damit gehörte die Imamfamilie zur etablierten Schicht in Baghdad. Die Entwicklung, die mit dem Achten Imam begonnen hatte, hielt an: Die Nachkommen des Propheten lebten weiterhin im Wohlstand. Die Jahre der Armut in Medina waren längst vergessen. Der Wohlstand hielt an, solange der Kalif Ma'mun lebte.

Die Einbindung des Imam in die Gesellschaft der Hauptstadt hatte zur Folge, daß der führende Kopf der Schiat Ali in den Augen und im Empfinden der Menschen die Eigenschaft verlor, eine außergewöhnliche Erscheinung zu sein. Sein Verhalten wurde am Maßstab des Handelns anderer gemessen. Das Ergebnis wiederum war, daß die anderen den Imam tatsächlich auf ihre Ebene der Alltäglichkeit herunterzogen. Niemand erwartete mehr, daß dieser Mann, der da als Nachbar in Baghdad lebte, religiöse Weisungen geben würde. Mohammed Ibn Ali Taki, der Neunte Imam, wurde bald schon zum Objekt des Klatsches in Baghdad. Besprochen wurde von den Menschen in der Hauptstadt vor allem die Intimsphäre des Imamhaushalts. Anlaß dazu gab häufig die Frau des Imam.

Überliefert ist auch, daß eines Tages eine überaus schöne Frau im Beisein der Zainab gesagt habe, auch sie gehöre zu den rechtmäßigen Gattinnen des Imam. Zainab soll voll Zorn die Bemerkung der Frau ihrem Vater weiterberichtet haben, der nun ebenfalls in Wut geriet. Da Ma'mun gerade Wein getrunken hatte, kontrollierte er seine Sinne nicht mehr. Er griff nach seinem Schwert und eilte durch die Gänge des Palastes auf den Raum zu, in dem er seinen Schwiegersohn beim

Nachmittagsschlaf vermutete. Der Kalif stürmte in den Raum und schlug mit seinem Schwert mehrmals auf das Bett ein, bis ihm die Waffe endlich abgenommen wurde. Der Betrunkene wurde dann in seine Räume zurückgebracht. Als er wieder nüchtern war – so schließt der Bericht –, hat sich Ma'mun reumütig und voll Sorge nach dem Befinden des Schwiegersohns erkundigt. Erstaunt war er, daß Mohammed Ibn Ali Taki völlig unverletzt war – er hatte nicht den Mittagsschlaf im eigenen Bett genossen.

Der Imam begriff schließlich, daß er seine religiöse Würde eingebüßt hatte. Die Stadt Baghdad war Gift für sein Ansehen. Er mußte ihr entfliehen. So bat Mohammed Ibn Ali Taki seinen Schwiegervater, er möge ihm die Übersiedlung nach Medina gestatten. Als Grund gab der Imam an, er müsse näher an den Heiligen Stätten sein. Ungern ließ Ma'mun Schwiegersohn und Tochter Zainab ziehen. Ungern nur verließ Zainab die Stadt am Tigris.

Im Jahre 833 christlicher Zeitrechnung starb der Kalif Ma'mun während einer Reise. Er hatte vom Führer seiner Karawane eine Handvoll Datteln erbeten, die er mit großem Appetit aß. Dazu trank er Wasser. Bald darauf schüttelten Fieberanfälle seinen Körper, dann wurde er bewußtlos und hörte schließlich auf zu atmen.

Sein Sohn Al Mutasim war noch vom Vater für das Kalifenamt bestimmt worden. Er hatte ein schweres Erbe zu übernehmen: Die Armee des Islamischen Staates hatte begonnen, selbständig in die Politik einzugreifen. Verändert hatte sich die Mannschaft der Truppe während der vergangenen hundert Jahre. Die Bewaffneten waren nicht mehr Männer der Wüste, waren nicht länger Söhne der Beduinen. Fremde waren als Söldner ins Land geholt worden: Ägypter, Nubier, Männer aus dem Maghreb. Aber da waren auch Militärsklaven rekrutiert worden in Samarkand, in der Region des Kaspischen Meers, des Aralsees und der Hungersteppe. Tapfer und einsatzbereit waren diese fremden Söldner, doch ihnen fehlte jegliche Bindung an die herrschende Sippe in Baghdad, an den Clan der Abbasiden. Die Offiziere sahen keinen Grund für Loyalität gegenüber dem Kalifen. Er bezahlte sie zwar glänzend, doch er bekam immer stärker zu spüren, daß sie ihren Willen durchsetzten und den Herrscher schließlich als ihren Abhängigen betrachteten. Seine Autorität schmolz bei Offizieren und Soldaten völlig dahin. Da sie niemand mehr zu zügeln vermochte, verrohten sie und wurden gewalttätig gegen die Bewohner der Stadt. Aus den Untaten der Söldner entstand wieder Unzufriedenheit der Untertanen. So geschah es, daß an einem der hohen islamischen Feste einer, der seinen ganzen Mut zusammennahm, dem Kalifen in der Moschee bittere Vorwürfe machte: »Allah strafe dich! Du hast diese Wilden ins Land geholt und sie mitten unter uns angesiedelt. Die Fremden machen unsere Kinder zu Waisen und unsere Frauen zu Witwen. Verlasse mit den Söldnern unsere Stadt, oder wir werden dich mit einer Waffe bekämpfen, gegen die du keine Macht hast, und das ist die Waffe des Gebets. Bei Nacht werden wir im Gebet kämpfen, wenn deine Augen ruhen!«

Auch religiös begründete Unruhe machte sich damals breit in Baghdad. Die Gedanken, die zur Zeit des Kalifen Ma'mun in die Köpfe der Korangelehrten gepflanzt wurden – übernommen aus der Denkwelt griechischer Philosophen –, blühten nun auf. Da wurde immer wieder darüber diskutiert, ob der Koran »ewig« sei, ob er die Qualität an Erhabenem besitze, die den Allmächtigen selbst auszeichne, oder ob der Koran »geschaffen« worden sei, wie alle anderen Dinge dieser Erde auch. War der Koran »erschaffen« worden, dann war er behaftet mit allen Unzulänglichkeiten der Dinge dieser Erde. Die Konsequenz wiederum war dann, daß der Koran die Verbindlichkeit verlor, die er als »ewiges Gut« besaß. Durch ein Edikt zwang Kalif Al Mutasim die Gläubigen, ihrer bisherigen Überzeugung abzuschwören, der Koran sei »ewig«. Der Imam befand sich zu dieser Zeit in Medina. Unbekannt ist, ob auch er vom Kalifen aufgefordert worden ist, auf den neuen Glaubensgrundsatz, der Koran sei »geschaffen«, den Schwur zu leisten.

Die schiitischen Chronisten berichten allerdings, der Imam Mohammed Ibn Ali Taki sei im zweiten Amtsjahr des Kalifen Al Mutasim in Baghdad gestorben. Seine Frau Zainab, die Tochter des vorigen Kalifen Ma'mun, habe ihn vergiftet – auf Befehl des Kalifen Al Mutasim.

Baghdad blieb nach diesem Ereignis nicht mehr lange die Hauptstadt des Islamischen Reiches. Der Kalif war nicht länger nur Abhängiger der fremden Söldner, er fühlte sich jetzt als ihr Gefangener. So reifte der Entschluß, die Stadt zu verlassen, um weiter aufwärts am Tigris einen neuen Mittelpunkt seiner Herrschaft zu erbauen. Seine Söldner wollte Al Mutasim in Baghdad zurücklassen. Doch so einfach ließen sie sich nicht abschütteln: Sie zogen dem Herrscher einfach nach in die Gegend, wo die neue Stadtanlage, die Samarra hieß, entstand. So blieb Al Mutasim Gefangener der Söldner.

Die Kalifen sterben oft rascher als die Imame

Sobald Samarra halbwegs fertig war – mit dem Bau war im Jahr 836 n. Chr. begonnen worden – wollte sich der Kalif um das Problem der Imamfamilie kümmern. Er wußte, daß nach dem Tod des Mohammed Ibn Ali Taki dessen Sohn Ali Ibn Mohammed Naki das Amt des Imam übernommen hatte. Der Kalif wollte den Jungen, der acht Jahre alt war, in die Hauptstadt Samarra holen. Er schickte den Kommandeur seiner Leibwache nach Medina, um diesen Auftrag zu erfüllen. Der Bericht des Kommandeurs, sein Name war Jahya Ibn Harthama, über die Ausführung dieser Mission ist erhalten geblieben:

»Ich sollte Ali Ibn Mohammed Naki nach Samarra bringen, damit er dort dem Kalifen Auskunft geben könnte über sein Verhalten in Medina. Als ich ankam, brachen die Mitglieder seines Haushalts in derartiges Gejammer und Wehklagen aus, wie ich es noch nie in meinem Leben gehört hatte. Ich versuchte die Weinenden zu beruhigen mit der Versicherung, daß ich keinen Befehl besäße, diesem Ali Ibn Mohammed Naki nur irgendein Leid zuzufügen. Ich durchsuchte sein Haus, fand aber nur einen Koran und Gebetbücher. So nahm ich Ali Ibn Mohammed Naki mit, wie es mir befohlen war, doch ich achtete ihn sehr. Eines Tages, wir waren schon über eine Woche unterwegs, bei Sonnenaufgang, wunderte ich mich darüber, daß dieser Ali seinen Mantel anzog und seinem Pferd den Schwanz hochband. Dabei war der Himmel über der Wüste klar und die Sonne schien. Doch nur wenig später zogen Wolken auf, und ein Regensturm prasselte auf uns nieder. Ali drehte sich zu mir um und sagte: ›Ich weiß, daß du dich gewundert hast, und du glaubst vielleicht, ich hätte mit dem Wetterumsturz irgend etwas zu tun. Da täuschst du dich; ich habe den Regen nicht herbeigezaubert. Ich bin aber in der Wüste aufgewachsen. Ich weiß, welche Winde blasen, ehe es regnet. Ich kann den Regen riechen. So hatte ich mich rechtzeitig auf das Unwetter vorbereitet.‹«

Ali Ibn Mohammed Naki lebte fortan in der Stadt Samarra. Es geschah ihm lange Jahre hindurch kein Leid. Doch er mußte in Angst leben, vergiftet zu werden, wie alle Imame vor ihm. Aber dieser Nachkomme des Propheten überlebte die Herrscher, die argwöhnisch nicht an seine Harmlosigkeit glaubten. Geboren worden war der Imam noch zu Lebzeiten des Kalifen Ma'mun; dessen Nachfolger Mutasim hat den Vater vergiften lassen. In der Kalifengeschichte wird dieser Herrscher »Der Achter« genannt, denn er hinterließ acht Söhne und acht Töchter; er hatte acht Jahre und acht Monate regiert und hatte an Bargeld im Schatzhaus acht Millionen Dinar und acht Millionen Dirhem besessen. Auf Mutasim folgte Al Watik, der zwar ein beschlagener Korangelehrter war, der jedoch bald dem Wein und den Frauen verfiel. Überliefert ist dieser Bericht: »Ich, der Hofbeamte Ibn Al Harit, war immer dazu eingeteilt, den Kalifen an Freitagen zu unterhalten. Das war meine ganze Arbeit. Ich mußte mit dem Kalifen trinken, wenn er Lust dazu hatte. An einem der Freitage wurde ich ausnahmsweise nicht zu ihm in die sonst üblichen Räume geführt. Die Diener brachten mich weiter in das Innere des Palasts, über Gärten und Höfe in einen Raum, an dessen Fenster zarte Seidenstoffe wehten. Der Boden war mit farbigen Teppichen ausgelegt. Auf dem Thron saß der Kalif Al Watik, in einen Mantel gehüllt, dessen

Stoff golddurchwirkt war. Vor dem Kalifen kauerte die Sklavin Farida. Durch dünne Schleier schimmerte ihr Oberkörper. Nur ungern näherte ich mich dem Beherrscher der Gläubigen und seiner Bettsklavin, doch Al Watik bestand darauf, daß ich mich zu ihm setzte. Er gab mir einen gewaltigen Becher, der mit Wein gefüllt war, und forderte mich auf, einen großen Schluck zu trinken. Auf einmal aber stieß der Kalif das kauernde Mädchen genau auf die Brust. Farida fiel zur Seite und sah ihren Herrn mit Augen an, in denen das Entsetzen zu sehen war. Kaum hatte sie sich gefaßt, rannte sie laut schreiend davon. Bedrückend war danach das Schweigen. Ich dachte, Al Watik sei auf mich zornig, weil er sicher glaubte, ich hätte mit begehrlicher Lust auf Faridas Brüste geblickt. Der Kalif blieb weiterhin still, und meine Angst wuchs. Ich wagte nicht, auch nur ein Wort zu sagen. Dann aber sprach der Beherrscher der Gläubigen langsam, wie in berauschtem Wahn: ›Eine Vision hat mich plötzlich geplagt. Ich habe ganz deutlich gesehen, wie mein Bruder, Ja'far, auf meinem Platz saß und Farida neben ihm. Sie küßten sich, und Farida ließ sich anfassen. Da stieg mir das Blut in den Kopf, und ich trat das Mädchen.‹ Als der Kalif mit seinen Worten zu Ende war, da warf ich mich vor ihm auf den Boden und sagte: ›Allah soll Ja'far töten. Dem Beherrscher der Gläubigen aber schenke er ein langes Leben!‹ Der Kalif befahl mir, mich zu erheben und Farida wieder zu holen. Diener brachten auf seine Anweisung Schmuck und Kleider für das Mädchen. Sie beruhigte sich aber erst, als Al Watik ihr sagte, ein Trugbild sei die Ursache des Zorns gewesen. Er habe sie im Rausch mit Ja'far, seinem Bruder, in herzlicher Umarmung gesehen. Der Kalif war zufrieden mit dem Versprechen der Sklavin Farida, nach ihm nie mehr einen anderen Mann küssen zu wollen.«

Wenige Tage später – so schließt diese Überlieferung – sei der Kalif Al Watik tot gewesen. Dem neuen Kalifen Al Mutawakkil wurde gehuldigt. Es war der Bruder des Al Watik, der auch den Namen Ja'far trug.

Seltsam war die Todesart gewesen, die das Leben des Al Watik ausgelöscht hatte – er war erstickt im Backofen. Seit Monaten schon hatte ihn die Wassersucht geplagt, und da war seinem Leibarzt eine naheliegende Methode eingefallen, um das Wasser aus dem Körper des Kalifen verdampfen zu lassen: Al Watik wurde in den aufgeheizten Backofen gesetzt. Offenbar aber hatte jemand das Feuer zu stark aufflammen lassen und dann den Kalifen über längere Zeit nicht mehr beachtet.

Am 10. August des Jahre 847 unserer Zeitrechnung begann die Herrschaft des Kalifen Ja'far Al Mutawakkil, dessen Name mit Ja'far, der (in Allah) Vertrauende, übersetzt werden kann. Er schreibt dem Zehnten Imam, den er bei sich in der Hauptstadt Samarra hält, einen freundlichen Brief, dessen Wortlaut vom Respekt spricht, den der Kalif für die Familie des Propheten empfinde – doch sein Handeln ist darauf ausgerichtet, der

Familie zu schaden. Ja'far Al Mutawakkil ordnete an, daß beim Freitagsgebet in der Moschee die drei ersten Imame Ali, Hasan und Husain nicht mehr gepriesen, sondern verflucht werden sollen. Nur wenige Wochen später soll die Grabstätte des Ali in Nedjef, die der Kalif Harun Al Rashid mehr als ein halbes Jahrhundert zuvor wiederentdeckt hatte, nicht mehr besucht werden dürfen. Bald genügt das Besuchsverbot dem Herrscher nicht mehr. Er läßt das Mausoleum abbrechen und den Boden umpflügen. Keine Erinnerung an Ali soll bleiben.

Ali aber war der Erste der Imame gewesen. Wenn er zu verfluchen war, dann war auch das Ansehen des Zehnten Imam in Mitleidenschaft gezogen. Wurde die Erinnerung der Gläubigen an Ali ausgelöscht, dann gab es auch kaum noch Grund, Ali Ibn Mohammed Naki zu beachten, oder gar zu verehren. Zwar sei, so wird berichtet, der Imam häufig an den Kalifenhof eingeladen worden, doch damit sei die Absicht verbunden gewesen, ihn zum Genuß von alkoholischen Getränken, und damit zum Bruch der Vorschriften des Propheten zu veranlassen. Der Kalif habe den Nachfahren des Propheten auch gezwungen, bei Tänzen gering bekleideter Frauen zuzuschauen. Die Absicht des Herrschers war, den führenden Kopf der Schiat Ali in Situationen zu bringen, die sein Ansehen im Bewußtsein der Gläubigen mindern mußten. Gleichzeitig minderte Al Mutawakkil das Einkommen der Imamfamilie in Medina durch Beschlagnahme von Ländereien, die bisher dem »Haushalt des Propheten« gehört hatten. Berichtet wird, daß die Frauen der Prophetenfamilie sich zeitweise unverschleiert in Medina auf der Straße zeigen mußten, weil sie – durch die Maßnahmen des Kalifen – kein Geld gehabt hätten, um sich Gesichtstücher kaufen zu können.

Die Armut der Familie läßt sich allerdings kaum vereinbaren mit der von schiitischen Chronisten besonders erwähnten Begabung des Ali Ibn Mohammed Naki, Wunder verüben zu können: Er soll Sand in Gold verwandelt haben.

Von weiteren Wundern wird berichtet: Der Zehnte Imam habe die Gabe besessen, Tote wieder ins Leben zurückzurufen und Prophezeiungen auf die Zukunft zu geben. Viele der Gläubigen waren offenbar der Meinung, er stehe unter Allahs ganz direktem persönlichen Schutz. Der Grund dafür war, daß sich Soldaten geweigert haben sollen, dem Befehl des Kalifen zur Ermordung des Imam zu folgen. Derartiges sei in Samarra sonst nie zu beobachten gewesen.

Der Zehnte Imam überlebte auch diesen Kalifen. Al Mutawakkil wurde in der Nacht vom 9. zum 10. Dezember 861 n. Chr. von seinen eigenen Wachen ermordet. Sie erstachen ihn mit ihren Dolchen. Als offizielle Begründung für den unerwarteten Tod wurde die Trunksucht genannt: Er habe sich am Wein so verschluckt, daß er erstickt sei.

Die Bewohner der Stadt Samarra waren damals überzeugt, Al Mutawakkil sei auf Betreiben seines Sohnes Al Muntasir umgebracht worden.

Der allerdings kann die Macht im Islamischen Reich nicht lange ausüben. Ein Jahr nach Al Mutawakkils Tod stirbt auch Al Muntasir. Sein Leibarzt, der von den Offizieren der Palastwache bestochen wurde, träufelt ihm Gift in die Blutbahn. Der Mord zeigt, daß die militärischen Chefs – meist die Nachkommen der Gastsoldaten, der fremden Söldner – in Samarra zu bestimmen hatten.

Der nächste Kalif wußte von vornherein, in wessen Macht er sich befand. Als er sein Amt übernahm, gab er sich den Namen »Al Mustain Billahi« (Der bei Allah Hilfe sucht). Ihm war eine Amtszeit von vier Jahren vergönnt, dann schlugen ihm Angehörige der Palastwache den Kopf ab. Dies geschah im Jahre 866.

Der Kampf der Herrscher um das Überleben, ihre Auseinandersetzungen mit dem mächtigen Militär, schenkte dem Imam eine Zeit der Ruhe. Er war kein Faktor im Streit der Mächtigen des Islamischen Reiches, so blieb er unbeachtet und unbehelligt. Dies änderte sich, als Al Mu'tazz Billahi Kalif wurde. Er besaß keinerlei Einfluß mehr auf die Regierungsgeschäfte. Eine Junta seiner Offiziere verwaltete den Staat. So hatte er Muße, persönliche Feindschaften zu pflegen – und Al Mu'tazz Billahi erinnerte sich daran, daß die Nachfahren des Propheten die Konkurrenten der eigenen Sippe, des Abbasidenclans waren. Er fand Männer, die bereit waren, den Zehnten Imam zu vergiften. Die Tat geschah im Jahr 868 n. Chr.

Der Kalif Al Mu'tazz Billahi lebte nur ein Jahr länger. Er mußte sterben, weil seine Offiziere Geldforderungen stellten, die der entmachtete Herrscher nicht erfüllen konnte. Sie sperrten Al Mu'tazz Billahi in seinen eigenen Räumen ein und befahlen seinen Dienern, ihm weder Essen noch Trinken zu bringen. Drei Tage lang hielt der Kalif ohne einen Schluck Wasser aus. Diese drei Tage wurden ihm zur Qual, denn die Sommerhitze steigerte den Durst. Al Mu'tazz Billahi wurde am Ende des dritten Tages ohnmächtig, dann erlöste ihn der Tod.

Dieser Kalif war der siebte gewesen in der Reihe der Herrscher, die der Zehnte Imam erlebt hatte. Beiden, dem Kalifen und dem Imam, war das Schicksal beschieden gewesen, durch Mord aus dem Amt zu scheiden – und das sollte sich auch in Zukunft für die nächsten weltlichen Herrscher und für die nächsten Nachfahren des Propheten nicht ändern.

Auf göttlichen Befehl – so sagen die Schiiten – wurde der Sohn des Ali Ibn Mohammed Naki der Elfte Imam der Gläubigen. Dreiundzwanzig Jahre war er alt, als die Führung der Schiat Ali auf ihn überging, Hasan Ibn Ali war sein Name.

Nun begannen die gefährlichsten Jahre für den »Haushalt des Propheten«. Der Grund für den wachsenden Druck der Mächtigen ist darin zu suchen, daß während der letzten drei Jahrzehnte des neunten Jahrhunderts unserer Zeitrechnung die Zahl der Anhänger der schiitischen Bewegung gewaltig anwuchs. Die Offiziere der Leibgarde, die den

Kalifen zum Gefangenen gemacht hatten, fürchteten nur noch den Einfluß der Prophetennachfahren – allein von ihnen aus konnte Gefahr für ihr Gebäude der Macht entstehen. Sie, die Offiziere, die Nachkommen der Gastsoldaten aus der Fremde, besaßen keine religiös begründete Legitimation. Ihre politische Basis war deshalb gefährlich dünn. Zeigten die Imame wieder politischen Ehrgeiz, war die Zeit der absoluten Machtausübung für die Militärs zu Ende. Sie sahen sich deshalb veranlaßt, die Imame zu vernichten, ihre Familie auszulöschen, der lästigen Konkurrenz endlich ein Ende zu bereiten.

Die Mächtigen in Samarra waren ganz besonders über eine Prophezeiung beunruhigt, die verkündete, der Elfte Imam werde einen Sohn haben, der als »Mahdi« die Menschheit auf den richtigen Weg, der zur Gnade Allahs und ins Paradies führe, leiten werde.

Der Sohn des Elften Imam
Warten auf den »Mahdi«

Dem Propheten Mohammed selbst wird die Prophezeiung zugeschrieben, die aussagt, daß einer kommen werde, der Irrungen aus dem Glauben der Menschen tilge, um sie so vorzubereiten auf die Endzeit der Erde. Der Gesandte Allahs hatte diese Entwicklung vorausgesehen: Verzerrt wird zuerst die Einsicht der Gläubigen in die Natur Allahs. Viele fallen dann, besonders in der Epoche vor dem Tag des Jüngsten Gerichts, von Allah völlig ab. Das Böse nimmt daraufhin derart überhand, daß die Schrift der Heiligen Worte in allen Exemplaren des Koran gelöscht wird; nur noch das blanke Papier sei dann zu sehen.

Verschwinden werde auch die Ka'aba vom Erdboden. Wenn das Böse völlig siege, werde sich niemand mehr an die Suren des Koran erinnern; gelöscht aus dem Gedächtnis seien dann auch die Lehren, die einst im Namen Allahs verkündet worden sind. Diese Vision von der Zukunft sieht voraus, daß sich die Menschen unmittelbar vor dem Tag des Jüngsten Gerichts nur noch mit sinnlosen Liedern und Gedichten beschäftigen. Dies sei dann das Zeichen, daß das Ende der Welt anbreche.

Allein dem »Mahdi«, dem »Geleiteten«, ist die Kraft gegeben, diese Entwicklung aufzuhalten. Er stellt immer wieder die Glaubensgrundsätze in aller Reinheit dar und fordert die Menschen auf, den Weg der Bequemlichkeit und der Irrungen zu verlassen. Es wird dem »Mahdi« gelingen, so lautet die Überzeugung der Schiiten, die Menschen zum wahren Glück zu führen. Der Tag werde kommen, an dem die Gemeinschaft der Menschen in Frieden und Perfektion leben werde – allein durch das Wirken des »Mahdi«. Er werde dann der wahre Retter, der Erlöser aller menschlichen Wesen sein.

Von diesem »Mahdi« hatte Mohammed einst zu sagen gewußt: »Er wird aus meiner Familie entspringen!« Überliefert ist eine große Zahl von Aussagen, die auf das Kommen des Erlösers hinweisen. Der Achte Imam soll gesagt haben: »Nach mir wird mein Sohn Mohammed Ibn Ali Taki der Imam der Gläubigen sein. Und nach ihm kommt Ali Ibn Mohammed Naki. Auf ihn folgt Hasan Ibn Ali, und dessen Sohn wird der erwartete ›Mahdi‹ sein. Er wird in der Entrückung leben, doch wenn er nicht entrückt ist, wird er Befehle geben, die von allen zu befolgen sind. Sollte die Existenz der Welt nur noch für die Dauer eines Tages vorgesehen sein, wird Allah diesen einen Tag solange ausdehnen, bis der Mahdi den Menschen vor Augen tritt, um die Wahrheit zu verkünden, denn Allah will, daß die Erde mit Gerechtigkeit gefüllt sei. Dem, der nach Tag und Stunde fragt, wann der ›Mahdi‹ aus der Verborgenheit hervortreten wird, gebe ich zur Antwort: ›Mein Vater hatte von seinem Vater, und der wiederum von seinem Vater, und der von seinen Vorfahren und die hatten von Ali gehört, daß der Heilige Prophet gefragt worden ist: ‚O Gesandter Allahs, wann wird der Mahdi diese Welt retten, der Mahdi, der aus deiner Familie stammen wird?' Die Antwort des Gesandten Allahs war: ›Wie beim Tag des Jüngsten Gerichts: Tag und Stunde des Mahdi liegen allein bei Allah!‹«

Vom Neunten Imam ist eine ähnliche Abfolge der Dynastie des »Haushalts des Propheten« überliefert. Der Neunte Imam soll unter Tränen gesagt haben: »Der Zwölfte Imam wird genannt werden ›Der, den die Wahrheit stützt‹.«

Diese Visionen der Zukunft, die populär waren im Volk, schreckten die Kommandeure der Leibwache im Kalifenpalast von Samarra. Wenn die Bewohner des Zweistromlandes derart überzeugt waren vom Kommen des »Mahdi«, dem, gemäß ihrem Glauben, von Allah Befehlsgewalt über alle Menschen gegeben war, dann war zu fürchten, daß sie diesem Zwölften Imam entschlossener folgen würden als allen Nachfahren des Propheten in der Vergangenheit. Die Mächtigen in der Hauptstadt ließen deshalb durch wachsame Augen das Haus des Elften Imam, sein Name war Hasan Ibn Ali, in Medina Tag und Nacht beobachten. Jeder Vorgang, der sich auf das Verhältnis der Prophetennachfahren zu Frauen und deren mögliche Schwangerschaft bezog, sollte bemerkt und sofort nach Samarra berichtet werden. Da war eines Tages zu melden, der Elfte Imam habe eine byzantinische Prinzessin geheiratet. Mit diesen Worten ist die Geschichte dieser Heirat überliefert:

»Bashar Ibn Suleiman war ein Freund des Zehnten Imam, der einst in Samarra am Hof des Kalifen festgehalten wurde. Dieser Freund erhielt vom Zehnten Imam den Auftrag, eine Sklavin zu kaufen für den Sohn des Imam. Dem Beauftragten wurde ein Brief mitgegeben, geschrieben in der Schrift der Christen, und eine Geldtasche, in der sich 220 Dinare befanden. Vom Zehnten Imam erhielt Bashar Ibn Suleiman dazuhin noch diese mündliche Anweisung: ›Geh nach Baghdad zum Hafen am Tigris. Begib dich genau zu dem Platz, wo die Schiffe aus Syrien anlegen. Dort werden die Sklaven an Land gebracht und von Händlern in Empfang genommen. Du wirst feststellen, daß die meisten der Käufer von Sklavinnen im Auftrag des Kalifenhaushalts handeln. Andere Käufer lassen sich dort selten sehen.

Du aber wartest auf den Schiffseigner, der Amr Ibn Jezid heißt. Achte darauf, ob er ein Sklavenmädchen anbietet, das seinen Leib durch zwei seidene Kleidungsstücke verhüllt. Sie wird in der Sprache der Christen reden. Du wirst sie sagen hören, daß sie jeden verflucht, der sie auch nur anrühren will. Wenn du diese Sklavin erkannt hast, gibt ihr den Brief. Sie wird ihn lesen können.‹«

Bashar Ibn Suleiman berichtete, was er im Hafen von Baghdad erlebte:

»Als ich das Mädchen erkannte, und ihm den Brief gegeben hatte, da las sie ihn sofort. Beim Lesen konnte sie ihre Tränen nicht zurückhalten. Zu dem Sklavenhändler sagte sie: ›Verkaufe mich an diesen Mann, sonst bringe ich mich um!‹ Wir einigten uns auf den Kaufpreis von 220 Dinar, auf die Summe also, die ich in der Geldtasche bei mir trug. Das Mädchen ging mit mir und schien sehr zufrieden, ja sogar glücklich zu sein. Den Brief des Zehnten Imam küßte sie mehrmals und drückte ihn dann auf die Herzgegend ihres Leibes. Während der langen Wanderung von Baghdad nach Samarra erzählte sie mir ihre Geschichte.«

Wundersames wußte die Sklavin zu berichten. Dies war es, was Bashar Ibn Suleiman erfahren hat:

»Ich bin eine Prinzessin!« So begann die Sklavin ihren Bericht. »Ich bin vom Vater her eine Enkelin des Kaisers von Byzanz. Meine Mutter stammt ab von Simon, dem Jünger, der einst bei Jesus war. Mein Großvater, der Kaiser, wollte mich vor Jahresfrist seinem Neffen verheiraten, und ließ alles für das Fest vorbereiten. Ich war gerade dreizehn Jahre alt geworden. Zur Hochzeit kamen siebenhundert Männer aus dem Adel des Kaiserreichs und viertausend Offiziere und Höflinge. Der Kaiser saß auf einem Thron, der reich mit Diamanten verziert war. Nur über vierzig Stufen war dieser Thron zu erreichen. Neben dem Kaiser hatte sein Neffe Platz genommen. Ringsum an den Wänden standen Figuren aus Stein, die heilige Männer darstellten. Mein Großvater, der Kaiser, erhob sich und verlangte, daß das Buch des Neuen Testaments aufgeschlagen werde. In diesem Augenblick gaben die Beine des Sessels nach, auf dem der Neffe des Kaisers saß. Dieser, der künftig mein Mann sein sollte, stürzte zu Boden. Auch einige der Standbilder waren umgefallen und zersprungen. Schrecken verbreitete sich. Jeder glaubte an böse Vorzeichen für die Heirat, oder gar für den christlichen Glauben. Mein Großvater aber wollte von solchen Gedanken nichts wissen. Der Sessel wurde wieder aufgestellt, die Trümmer der Standbilder wurden weggeräumt. Erneut sollte die Hochzeitsfeierlichkeit beginnen. Kaum aber war das Buch des Neuen Testaments aufgeschlagen worden, da brach derselbe Schrecken über uns herein. Der Sessel fiel um und die Steinfiguren lagen zersprungen am Boden. Der Neffe des Kaisers, der als mein künftiger Mann gedacht war, hatte sich wiederum auf dem stürzenden Sessel nicht halten können. Mühsam nur erhob er sich. Jetzt packte die siebenhundert Männer vom Adel und die viertausend Offiziere und Höflinge Furcht, die sie fast bis zum Wahnsinn trieb. Sie rannten schließlich davon. Der Kaiser aber begab sich mit Kummer im Herzen in seine Gemächer.«

In der Nacht nach diesem furchterregenden Ereignis habe sie geträumt, so erzählte die Prinzessin, die nun Sklavin war, dem Bashar Ibn Suleiman, der sie gekauft hatte. Dies war ihre Erzählung des Traums:

»Jesus erschien mir mit allen seinen Jüngern. Sie standen genau an der Stelle im Palast, wo sich der Sessel befand. Mohammed trat zu Jesus, und hinter Mohammed schritt Ali. Dann waren alle Nachkommen des Ali, die erleuchteten Imame, im hellen Licht zu sehen. Jesus umarmte Mohammed. Der Prophet aber sprach zu ihm: ›O du Geist Allahs! Ich bin gekommen, um die Tochter aus dem Stamme deines Jüngers Simon für meinen Nachfahren Hasan Ibn Ali, den Elften Imam, zu erbitten.‹ Jesus blickte auf Simon und sagte: ›Adel und Ruhm sind hier erschienen, um dein Heil mit dem der Familie des Mohammed zu vereinigen!‹ Der Jünger Simon stimmte meiner Hochzeit mit Hasan Ibn Ali zu. Dann stiegen alle auf eine Tribüne, die aus Licht gebaut war.«

Nach dem Traum habe sie, die Prinzessin von Byzanz, nicht den Mut gehabt, irgend jemand davon zu erzählen – berichtete das Mädchen dem Bashar Ibn Suleiman, dem Abgesandten des Zehnten Imam. Sie habe kaum noch gegessen, vor allen Dingen aber sei ihr der Wein nicht mehr bekommen. Innerhalb weniger Wochen sei sie abgemagert und schließlich krank und schwach geworden. Ihre Gesundheit habe sich erst dann etwas gefestigt, als sie dem Kaiser das Zugeständnis abgerungen habe, die islamischen Gefangenen im christlich-byzantinischen Reich freizulassen.

Doch dann – so erzählte die byzantinische Prinzessin, die jetzt Sklavin war – sei ihr vollständige Heilung zuteil geworden. Im Traum sei ihr Fatima, die Tochter des Propheten Mohammed, zusammen mit der Jungfrau Maria erschienen. Beide hätten ihr eindringlich zugeredet, sie solle den Glauben der Moslems annehmen, und diese Worte sprechen:

»Allah ist der einzige Gott und Mohammed ist sein Prophet! Ich bezeuge, daß Ali der Freund Allahs ist!«

Keinen Augenblick habe sie gezögert. Sie habe diese Worte nachgesprochen, die Fatima und Maria ihr vorgesprochen hatten. Von diesem Traum an seien ihre Nächte erfüllt gewesen vom Wesen des Hasan Ibn

Ali, des Sohnes vom Zehnten Imam. Sie habe seine Nähe gespürt: Neben ihr sei der Sohn des Imam leibhaftig und lebendig gelegen. Hasan Ibn Ali habe die von Mohammed gewünschte Ehe vollzogen.

Ehe der Weg von Baghdad nach Samarra zu Ende ging, erfuhr Bashar Ibn Suleiman, der die Sklavin im Auftrag des Zehnten Imam gekauft hatte, vom Ende ihres Erlebnisses.

»Als Ehefrau des Sohnes des Zehnten Imam konnte ich nicht in Byzanz bleiben. Ich wollte in das Land meines Mannes wandern. Um dies tun zu können, zog ich Männerkleider an und schloß mich einer Einheit von Soldaten an, die ins Gebiet der Gläubigen Allahs zog. Bei einem Überfall durch Moslemreiter geriet ich in Gefangenschaft. Da ich mich dagegen wehrte, mich, wie die anderen Gefangenen nackt auszuziehen, wurde ich als Frau erkannt. Da die Moslems, die mich gefangen hatten, mich für wertvoll erkannten, behandelten sie mich mit Respekt, aber eben doch als Sklavin, die verkauft wurde.«

Der Zehnte Imam – darauf legt die Überlieferung Wert – sei höchst zufrieden gewesen mit seinem Abgesandten Bashar Ibn Suleiman. Bei der ersten Begegnung in seinem Haus in Samarra fragte der Imam die junge Frau, deren Art und Äußeres ihm gefiel: »Was ziehst du vor? Tausend Dinare oder eine gute Nachricht?« Die byzantinische Prinzessin wählte die gute Nachricht. Darauf sprach der Zehnte Imam: »Du wirst, als Frau meines Sohnes, wiederum einen Sohn gebären, von dem wird dereinst die Herrschaft der Gerechtigkeit ausgehen auf Erden! Dein Sohn ist zum Retter der Welt auserwählt!«

Undeutlich ist der Wirklichkeitsgehalt dieser Legende. Sicher zu sein scheint, daß Hasan Ibn Ali noch vor dem Tod seines Vaters, des Zehnten Imam, eine christliche Sklavin in seinen Haushalt aufgenommen hat. Die Verwandlung dieser Sklavin in eine byzantinische Prinzessin gab den schiitischen Chronisten die Möglichkeit darzustellen, daß Jesus selbst die Überlegenheit des Islam anerkannt habe, daß von ihm selbst zugegeben worden sei, ein wahrer Erlöser werde kommen. Zugleich aber konnten die Chronisten durch eine derartige Legende den Adel der Prophetennachkommen noch verstärken. Hasan Ibn Ali, der Elfte Imam, brachte seine edle Abstammung in die Ehe ein – die Prinzessin entstammte der hervorgehobensten Familie der christlichen Welt: Der Sohn der beiden vereinigte Islam und Christentum. Er soll zum Erlöser beider Religionssphären und damit der ganzen Welt werden.

Kein Zweifel besteht daran, daß sich die Legenden um die Abkunft und um die außerordentliche Begabung mit Einsicht in göttliche Dinge, die dem Sohn des Elften Imam demnächst zuteil werden würde, bereits zu Lebzeiten des Elften Imam gebildet hatten. Prophezeiungen um die Person dieses Sohnes, um den kommenden Zwölften Imam, um den »Mahdi« waren den Regierenden in Samarra zu Ohren gekommen. So ist es kaum erstaunlich, daß die politisch Mächtigen das Haus des Hasan Ibn

Ali, des Elften Imam, das sich in Medina befand, durch wachsame Augen Tag und Nacht beobachten ließen. Selbst in seinen eigenen Räumen konnte Hasan Ibn Ali keinen Schritt tun, der nicht registriert wurde. Bemerkt wurde, wann er zu seinen Frauen ging – zeitweise war nur die Christin im Haus. Festgehalten wurde, wann eine Schwangerschaft als sicher galt. Berechnet wurde, wann eine Geburt zu erwarten war. Daß der Zwölfte Imam das Licht der Welt erblickte, sollte verhindert werden.

Der Vater des zu erwartenden »Mahdi« wird als Mann geschildert, der nicht – wie der Zehnte Imam – Wunder wirken konnte. Wenn der Elfte Imam Erstaunliches erreichte, dann durch Handlungen, die den Schiiten vernünftig zu erklären waren. Von ihm, dem Vater des »Mahdi«, wird in schiitischen Chroniken dies berichtet: »Zur Zeit, als der Elfte Imam in seinem Hause durch die Handlungen der Mächtigen unter Arrest gehalten wurde, da herrschte über viele Monate hin Trockenheit im Land um Euphrat und Tigris. Hungersnot war die Folge. Da machte ein christlicher Geistlicher von sich reden: Er brauchte nur die Hand zu heben, und schon fielen dort, wo er stand, Regentropfen aus einer Wolke, die sich eigens rasch gebildet hatte. Aus Sorge, der Christ werde den Menschen sagen, seine Religion, die derartiges bewirken könne, sei ganz offensichtlich dem Islam überlegen, veranlaßten die regierenden Offiziere den Kalifen, den sie völlig in der Hand hatten, einen Boten zum Elften Imam zu senden, mit der Frage, wie der ›Haushalt des Propheten‹ den Fall beurteile. Der Imam versprach, dem christlichen Geistlichen die Zauberkraft zu nehmen.«

So geschah es, daß Imam Hasan Ibn Ali zusammen mit vielen Hundert Menschen dem Christen zusah, wie der wieder einmal Regenwolken am bisher völlig klaren Himmel erscheinen ließ. Der Bericht darüber lautet:

»Der Imam griff nach dem Arm des Christen und schlug ihm den Ärmel des Gewandes zurück, da bemerkten alle Umstehenden, daß der Priester dort einen Knochen verborgen hielt. Der Imam erklärte den Erstaunten, es handle sich um einen Knochen, der zu den Gebeinen eines schiitischen Heiligen gehöre. Es sei wohl selbstverständlich, daß ein derart heiliges Gut die Fähigkeit besitzen müsse, Wolken entstehen und Regentropfen fallen zu lassen.« Die Menge, so erzählt die Legende, habe fortan vom christlichen Glauben nichts mehr wissen wollen. Verschwiegen wird, was mit dem christlichen Priester geschah. Im Jahre 872 starb der Elfte Imam. Bei seinem Ende ist in schiitischen Chroniken nicht von Gift die Rede, und doch wird dem abbasidischen Kalifen Mu'tamid Schuld für den Tod zugesprochen.

Diesem Kalifen gelang es erstaunlicherweise, die Macht der Nachkommen der fremden Soldatensklaven zu beschneiden. In den dreiundzwanzig Jahren seiner Regierung gewann der Kalif selbst wieder an Einfluß. Diese Entwicklung war weniger dem Kalifen selbst zuzuschreiben als dessen Bruder Talcha. Klugerweise hatte Mu'tamid das außerordentliche politische Geschick des Bruders erkannt: Er trat kurz nach Amtsantritt einen Teil seiner Befugnisse an Talcha ab. Dessen energische Haltung, aber auch Glück verhalfen zum Erfolg. In den Ostprovinzen des Islamischen Reiches waren Unruhen ausgebrochen. Die für die Staatskasse so wichtigen Steuereinnahmen aus jenen wohlhabenden Gegenden blieben aus. Die regierenden Offiziere waren gezwungen, selbst das Kommando über die Garnisonen in den rebellierenden Provinzen zu übernehmen. Diejenigen, die zurückblieben, waren schließlich dem Bruder des Kalifen an Entschlossenheit und Schlauheit nicht gewachsen. Als die Autorität des Kalifats ohne Einschränkung wiederhergestellt war im Islamischen Reich, da verlegte Mu'tamid auf den Rat seines Bruders hin die Hauptstadt wieder nach Baghdad zurück. Fünfzig Jahre lang hatten die Monarchen des Abbasidenclans in selbstgewählter Verbannung in Samarra gelebt.

Zweiundzwanzig Jahre lang – von 870 bis 892 christlicher Zeitrechnung – regierte Mu'tamid im riesigen Gebiet zwischen den Indischen Grenzprovinzen und der Atlantikküste Afrikas. Während dieser Jahre geschah es, daß der Nachfahre des Propheten, der zum »Mahdi« werden sollte, nach dem Tode des Elften Imam die Führung der Schiat Ali übernahm. Dies ereignete sich im Jahr 872 n. Chr. im zweihundertsechzigsten Jahr des islamischen Kalenders.

Geboren worden war der Zwölfte Imam vier Jahre ehe er das hohe Amt – wie die Schiiten sagen – auf Befehl Allahs übertragen bekam. Samarra wird als Geburtsort angegeben. Die Überlieferung berichtet, sein Leben habe mit Wundertaten begonnen: »Sofort nach der Geburt kniete er nieder. Dann hob er seinen rechten Zeigefinger zum Himmel und sagte: Preis sei dem Herrn der Welt – Heil für Mohammed und seine Familie!«

Der Zwölfte Imam
Der Mahdi, »der Auserwählte Allahs«

Noch vor Ablauf des ersten Lebenstages soll der Mahdi diese Worte gesprochen haben:

»Ich bezeuge, daß es nur einen Gott gibt. Mein Vorfahr, viele Generationen zuvor, war der Gesandte des Gottes Allah. Mein Vater ist der Freund Allahs. Er ist der Elfte von würdigen Männern, die dem Gesandten Allahs nachfolgten. Ich bin der Zwölfte Imam. O Herr! Gib, daß ich meine Aufgabe erfüllen kann. Laß mich stark sein in deinem Dienst. Stärke meine Autorität vor den Gläubigen. Fülle die Erde mit Gerechtigkeit!«

Als Zeugin dafür, daß der Mahdi so gesprochen habe, gilt seine Tante Halimah. Sie hat auch berichtet, der Junge sei bei der Geburt bereits beschnitten, und durch keine Nabelschnur mit der Mutter verbunden gewesen. Auf dem rechten Arm des Neugeborenen habe sie diese Worte gelesen:

»Die Wahrheit ist auf die Erde gekommen. Die Unwissenheit wird verschwinden. Für sie gibt es keinen Platz mehr auf Erden.«

Das Erstaunen jener Tante Halimah ist überliefert: Sie habe jeweils im Abstand von vierzig Tagen den Jungen gesehen und sei immer wieder darüber verblüfft gewesen, wie rasch er gewachsen und reif geworden sei. Überliefert ist auch der Zweifel der Tante Halimah, ob der junge Mann, der ihr gezeigt wurde, wirklich der kürzlich geborene Sohn der christlichen Sklavin sei. Ihr Bruder, der Elfte Imam, aber habe ihr versichert, dies sei sein jüngster Sohn, der zum Nachfolger im Amt des Imam bestimmt sei. Bald schon werde er, auf Befehl Allahs, Pflicht und Würde dem Zwölftem Imam übertragen.

Nach schiitischer Überlieferung war der Mahdi gut darauf vorbereitet, Nachfolger des Vaters zu werden: Er habe, wie alle Imame zuvor, den Wortlaut des Koran schon im Mutterleib in sich aufgenommen. Seine weitere Bildung hätten sofort nach der Geburt die Engel übernommen. Bezeugt gewesen sei, daß sich von der ersten Lebensstunde des Mahdi an viele Vögel auf dem Haus des Vaters niedergelassen hätten – diese Vögel seien die Verkörperung der Engel gewesen. Der Vater, der Elfte Imam, habe gesagt: »Unter solchen Voraussetzungen entwickelt sich der Junge in einem Monat so weit wie andere in einem Jahr!«

Daß der Mahdi Mohammed heißen müsse, wie einst der Prophet selbst, darüber habe es nach der Geburt keinen Zweifel gegeben. Der Gesandte Allahs selbst sei es gewesen, der die Namensgebung mit diesen Worten festgelegt habe:

»Sein Name wird meinem gleichen. Seine Ehrennamen aber werden sein: Der Geleitete, der Langerwartete, der Meister aller Zeiten. O du Volk! Ich bin der Prophet und Ali wird mein Erbe sein. Aus unserem Stamme wird er kommen, der Mohammed heißen wird, der letzte der Imame, Er wird alle anderen Religionen besiegen, und Rache nehmen an denen, die dem Bösen dienen. Er wird die Familien der Götzenanbeter vernichten. Er wird die strafen, die am Tod der Märtyrer Allahs schuld sind. Er wird ein Held des Glaubens sein, Festungen nimmt er ein und zerstört sie. Er wird Wasser fließen lassen aus dem Brunnen der göttlichen Weisheit. Der letzte der Imame ist der Auserwählte Allahs. Er wird alles Wissen erben. Was er tut, ist recht. Ihm wird Allah den Islam anvertrauen!«

Ein Bericht ist erhalten von der Weitergabe der Kraft Allahs vom Imam Hasan Ibn Ali auf den Zwölften Imam, den Mahdi. Diesem Bericht fehlt allerdings das wundersame Element des raschen Wachstums – er ist daher wohl durchaus als realistisch anzusehen. Bezeugt ist, daß der Zwölfte Imam beim Tod des Vaters vier Jahre alt war. Das Kind, das im Wortlaut des Berichts erwähnt wird, befand sich in dieser Altersphase. Der Augenzeuge des Geschehens, der in der Ich-Form erzählte, hieß Isma'il. Über seine Person ist nichts Näheres bekannt. Dies sind Isma'ils Worte:

»Ich saß am Bett des Imam Hasan, der sich bemühte, eine Medizin einzunehmen, sie zu trinken. Doch seine Hand zitterte derart stark, daß die Medizinschale an seine Zähne schlug. Der Imam setzte die Schale ab und sprach zu seinem Diener: ›Geh' in den Raum dort und hole mir das Kind, das da betet!‹ So geschah es. Der Diener betrat den anderen Raum und sah dort das Kind, das laut Gebete sprach und das dabei die Zeigefinger zum Himmel streckte. Erst als das Kind mit dem Gebet fertig war, ließ es sich zu seinem Vater bringen. Das Gesicht des Jungen unter dem lockigen Haar leuchtete. Er zeigte seine Zähne, als er lächelte. Als ihn der sterbende Imam anblickte, sagte dieser: ›Dir werden bald Haus und Haushalt gehören. In geringer Zeit schon werde ich zu dem eingehen, der alles beschützt. Gib du mir die Medizin zu trinken.‹ Nun zitterte Imam Hasan nicht mehr. Der Sterbende sagte: ›Bereite mich für das Gebet!‹ Da nahm der Junge ein Handtuch und verrichtete die vorgeschriebenen Waschungen. Er bestrich dem Vater auch Haupt und Füße mit Öl. Dann sagte der Imam, der sich anschickte, die Erde zu verlassen: ›Mein Kind, du bist der Herr über alle Zeiten, du bist der Geleitete und der Leiter! Du bist auf Erden der Beweis von der Existenz Allahs. Du bist der letzte der Imame, rein und mit allen Tugenden versehen. Der Gesandte Allahs hatte schon dein Kommen verkündet. Er sagte voraus, wie dein Name sein werde. Dieses Wissen habe ich von meinen Vätern. Es kam durch sie an mich!‹ Nach diesen Worten verstarb Imam Hasan.«

Eine Überlieferung deutet an, die Übergabe des Amts vom Vater auf den Sohn sei doch nicht ganz so ohne Probleme verlaufen. Da habe im Haus des verstorbenen Elften Imam zunächst nicht der Sohn Mohammed, sondern dessen Onkel namens Ja'far die Trauergebete gesprochen. Nach der Tradition galt derjenige, der die Gebete zu sprechen hatte, als Nachfolger im Amt des Verstorbenen.

Offenbar hatte der Onkel Ja'far eine Möglichkeit gesehen, sich an die Spitze des Prophetenhaushalts zu stellen: Er beachtete einfach den vierjährigen Sohn des Elften Imam nicht. Dieser Sohn aber, so wird erzählt, habe die Hand des Onkels ergriffen und ihn auf die Seite gezogen.

Dann habe der Junge die Gebete gesprochen, und habe sich so als Imam ausgewiesen.

Doch der Ehrgeiz des Onkels, so läßt der Bericht erkennen, war damit noch keineswegs erloschen. Wenige Tage nach der Beerdigung des Elften Imam seien Pilger aus der iranischen Stadt Qum nach Samarra gekommen, um sich Gewißheit darüber zu verschaffen, wer nun Allahs Auftrag, Imam zu sein, für die Zukunft erfülle. Die Überlieferung läßt wissen, Ja'far habe sich als rechtmäßiger Imam vorgestellt. Dem Einwand, es sei doch Tradition, daß das Amt vom Vater auf den Sohn und nicht auf den Bruder übergehe, soll Ja'far mit diesen Worten begegnet sein: »Es liegt allein bei Allah, ob eine Tradition gültig ist, oder ob sie aufgelöst wird!«

Die Pilger aber hatten Ja'far erst glauben wollen, wenn er durch eindeutige Zeichen beweise, daß er tatsächlich durch den Willen Allahs an die Spitze der Schiat Ali gestellt worden sei. Ein solches Zeichen sei für sie gegeben, wenn Ja'far sagen könne, wie sie heißen und wieviel Geld jeder für die Pilgerreise eingesteckt habe. Sei Ja'far in der Lage, die richtige Antwort zu geben, dann würden sie wohl glauben wollen, daß ihm die Kraft Allahs für das Amt des Imam gegeben sei.

Ja'far, so besagt der überlieferte Bericht, sei empört gewesen: Einer derartigen Prüfung habe sich noch nie ein Imam unterziehen müssen. Er verlange Respekt, denn schließlich habe er allein auf Allahs Befehl die Nachfolge seines Bruders, des Imam Hasan, angetreten. Ein Argument des Ja'far sei gewesen, auf den Imam Hasan, den Prophetenenkel, sei einst auch dessen Bruder Husain nachgefolgt.

Doch diese Argumentation habe nichts genützt. Der Überlieferte Bericht erzählt dann von der Niederlage des Mannes, der sich nach vorn gedrängt hatte:

»Der Protest des Ja'far beeindruckte die Pilger aus Qum keineswegs. Sie wollten sich auf die Suche machen, so sagten sie, nach dem rechtmäßigen Imam. In diesem Augenblick trat ein Diener durch die Tür, um zu sagen, daß sein Herr ihm aufgetragen habe, einige Namen und mit diesen Namen einige Geldbeträge zu nennen. Zum Erstaunen der Pilger waren dies ihre eigenen Namen und es waren die Geldbeträge, die sie für die Reise von Qum nach Samarra eingesteckt hatten. Sie wollten den Herrn sehen, der dem Diener den Auftrag gegeben hatte, doch Ja'far hielt die Männer aus Qum zurück und sprach: ›Ihr seid doch Männer des Glaubens, wollt ihr euch durch Blendwerk des Teufels täuschen lassen?‹ Kaum waren diese Worte gesprochen, da sahen die Pilger ganz deutlich einen Jungen von vier Jahren vor sich stehen, der sagte: ›Ja'far, warum greifst du danach, was rechtens mir zusteht?‹ Nur einen Augenblick hatte diese Erscheinung gedauert, dann war sie wieder verschwunden. Die Männer aus Qum haben das Haus, in dem der Elfte Imam verstorben war, verwirrten Sinnes verlassen.«

Sofort nach ihrem Weggang, so endet diese Überlieferung, habe Ja'far den Jungen im Haus suchen lassen, doch ohne Erfolg. Niemand habe ihn gefunden. Der echte Zwölfte Imam blieb fortan verschwunden.

Der schiitische Glaubensgrundsatz lautet: »Der Zwölfte Imam wurde vor den Augen der Allgemeinheit verborgen, nur die Elite der Schiat Ali besaß die Gabe, ihn zu sehen.«

Wer der überlieferten Erzählung folgt, der muß annehmen, der Junge sei durch Familienmitglieder aus Sorge vor Machenschaften des Onkels Ja'far versteckt worden. Nach der Erfahrung mit den Männern aus Qum hätte Ja'far planen können, den Jungen durch Gift zu beseitigen. Tatsächlich soll das Haus des Elften Imam in Samarra über einem weitverzweigten Kellersystem gebaut worden sein, das schon Hasan Ibn Ali Gelegenheit geboten haben soll, sich in Zeiten der Verfolgung vor den Agenten der Mächtigen zu verbergen. Der Mahdi habe den Verlauf der unterirdischen Gänge auch gekannt. Doch die Spekulation, der Junge habe sich dort verborgen, kann nur sein Verschwinden während der ersten Tage nach dem Weggang der Pilger von Qum erklären. Doch was geschah danach?

Die »Entrückung« bedeutet im Glauben der Schiiten keineswegs, daß der Zwölfte Imam gestorben sei. Im Gegenteil. Die Schiiten sind überzeugt »Er ist geboren worden und er lebt, aber im Verborgenen. Nach dem Willen Allahs wird er wiederkommen am Ende der Zeit!«

Daß der entrückte Zwölfte Imam im Verborgenen bleibt, bedeutet nicht, daß er sich im Himmel aufhält. Er lebt unter den Menschen. Mit manchen tritt er in Kontakt. Viele haben die Gewißheit, er habe auf wunderbare Weise in ihr Leben eingegriffen. Der entrückte Imam ist ansprechbar – daran glauben die Schiiten. Der Gläubige kann sich durch Gebete an ihn wenden, oder durch Briefe, die an heiligen Plätzen, etwa am Grab des Märtyrers Husain in Kerbela niedergelegt werden.

Die Entrückung des Zwölften Imam ist wirksam bis heute. Doch sie wird von den Theologen der Schiat Ali nicht als ein zusammenhängender Zeitkomplex gesehen. Die Jahre seit 872 n. Chr. bis heute sind unterteilt in zwei Phasen, die mit den Begriffen »Kleinere Entrückung« und »Größere Entrückung« gekennzeichnet sind. Die Ausdrücke der Gläubigen lauten »ghaybat i suqhra« und »ghaybat i kubra«.

Für die erste Phase der Entrückung hatte der Mahdi Stellvertreter ernannt, die in Kontakt mit ihm treten und ihn anreden konnten. Sie sind namentlich bekannt. Der erste dieser Stellvertreter hieß Othman Ibn Said Omari; er hatte schon zu den Vertrauten des Elften und des Zehnten Imam gehört. Durch diesen Mann hatten die Anhänger der Schiat Ali während der ersten Jahre nach Beginn der Entrückung Anordnungen des Imam empfangen können. Othman Ibn Said Omari durfte auch Fragen an den Zwölften Imam und dessen Antworten vermitteln. Auf diesen Stellvertreter folgte dessen Sohn Mohammed Ibn Othman Omari. Die

Namen der Stellvertreter während der nächsten zwei Generationen lauteten Abu Al Qasim Husain und Ali Ibn Mohammed Simmari.

Wenige Tage vor dem Tod des letzten dieser Stellvertreter – er trat im Jahr 939 n. Chr. ein – habe Allah befohlen, so lautet die Überzeugung der Schiiten, daß nun die Phase »ghaybat i suqhra« ein Ende habe und durch »ghaybat i kubra« ersetzt werde. Die Zeit der »Großen Entrückung« begann. Fast siebzig Jahre islamischer Zeitrechnung vom Jahr 260 bis zum Jahr 329 hatte die Epoche gedauert, in der Stellvertreter zu den Menschen im Namen des Mahdi, des entrückten Zwölften Imam, hatten sprechen können. Die jetzt andauernde Epoche der »Großen Entrükkung«, in der es keine Mittler mehr gibt, wird mit dem Tag enden, an dem Allah dem Entrückten die Erlaubnis gibt, sich wieder den Menschen zu zeigen. Das Wort des Gesandten Allahs gilt, daß vom Allmächtigen der letzte Tag vor dem Jüngsten Gericht notfalls so lange ausgedehnt werde, bis »der eine aus meinem Haushalt« zum Heil der Menschen sichtbar wird.

So lange der Zwölfte Imam unsichtbar ist, wird er vom Gläubigen im Gebet so angesprochen:

»Das Dasein Allahs, daß Deine Armee siegen wird, daß Deine Freunde gerettet, Deine Feinde aber bestraft werden. Du bist der Bewahrer allen Wissens. Du wirst offenbaren, was verborgen ist. Du wirst die Wahrheit zeigen und die Unwahrheit vernichten. Du bist mein Lenker, mein Führer, mein Meister. Keinen anderen Herren nehme ich statt Deiner. Ich bezeuge, daß Du die Wahrheit bist. Keinen Zweifel daran gibt es. Allah hat uns Deine Wiederkehr versprochen. Doch die Geduld fehlt mir, um lange zu warten. Viele sind aus Ungeduld abgefallen. Wenn Du kommst, wirst Du uns nie mehr genommen werden. Ich bezeuge, daß durch Deine Gnade allein unsere Werke rein werden. Wer Dich, o Imam, um Freundschaft bittet, dessen Werke werden angenommen, dessen Wort wird geglaubt, dessen Sünden verblassen. Wer Deine Freundschaft zurückweist, den wird Allah mit dem Gesicht voraus in das Höllenfeuer werfen, ohne die guten Werke des Bestraften auch nur anzusehen. Ich bezeuge die Existenz Allahs und die Existenz der Engel. Mein Glaube an Dich ist aufrichtig. Die Worte des Mundes unterscheiden sich nicht von den Worten, die in meinem Herzen geschrieben sind. Meine Worte vor anderen sind dieselben, die ich auch im geheimen sage. Du bist darin mein Zeuge. Das ist das Bündnis, das Allah geschlossen hat zwischen Dir und mir. Mit Deinem Kommen wird der Heilige Krieg ausbrechen. Für diesen Heiligen Krieg bin ich bereit, mein Leben herzugeben, mein Eigentum, meinen Sohn, meine ganze Familie. O Meister aller Zeiten, wenn ich Dein Kommen erlebe, stehe ich unter Deinem Befehl! Die Gelegenheit sei mir gegeben, Märtyrer zu werden.«

Dieses Bekenntnis verbindet die Wiederkunft des Zwölften Imam mit dem Ausbruch des Heiligen Krieges. Für diesen Krieg kennt die schiitische Lehre unterschiedliche Stufen. Noch ehe der Zwölfte Imam wieder sichtbar unter die Menschen tritt, erwarten die Schiiten das Kommen des Ali, des Ersten der Imame. Ali wird den Siegelring des Salomo und den Stab des Moses tragen; daran wird der Schwiegersohn des Gesandten Allahs zu erkennen sein. Am Euphrat, bei Kufa, wird er sein Heer sammeln. Nach und nach werden sich alle Getreuen von einst um ihn scharen.

Das Böse aber wird – nach schiitischer Überzeugung – den Sieg nicht ohne Gegenwehr dem Ersten Imam überlassen. Alis Gegner wird der Satan sein, der ebenfalls ein starkes Heer kommandiert. Für möglich gehalten wird sogar, daß die Scharen des Teufels zahlenmäßig dem Kampfverband des Ali überlegen sein werden, denn schließlich kämpfen alle auf des Teufels Seite, die ihm, und wenn auch nur jeweils einmal in der langen Geschichte seit Adam, geholfen haben. Dieses Riesenheer wird zunächst erfolgreich sein: Die Gläubigen werden erleben müssen, wie Alis Männer zurückweichen, solange, bis einige der Getreuen des Ersten Imam ins Wasser des Euphrat zu stürzen drohen. Doch trotz dieser kritischen Situation wird Gewißheit herrschen, daß Allah den Untergang der Gerechten nicht zuläßt.

Die größte und härteste Schlacht aller Zeiten endet in der Vorstellung der Schiiten mit dem Sieg der Armee des Ali. Durch Hilfe des Himmels ist es Ali möglich, über den Teufel zu triumphieren: Mohammed, der Gesandte Allahs, erscheint in einer Wolke und jagt Satan, samt seinen Helfern, furchtbare Schrecken ein. Sie fliehen an den Ort, der ihnen zugewiesen ist: die Hölle. Das Böse hat dann für immer seine Macht verloren. Der Tag des Jüngsten Gerichts kann anbrechen.

Die Schiiten besitzen eine präzise Vorstellung vom Ablauf dieser endgültigen Abrechnung menschlicher Schuld. Zwei Gruppen der Menschen werden zunächst das Urteil erfahren, das über sie gesprochen wird: Die Besten der Guten und die Schlimmsten der Schlechten. Ein Teil der Strafe der Bösen besteht darin, daß sie sich ansehen müssen, wie wunderbar die Rechtgläubigen und Guten belohnt werden – dann erst beginnt die unbegrenzte Zeit der Qualen für sie.

Am Urteilsspruch ist der nun nicht mehr entrückte Zwölfte Imam beteiligt. Er ganz allein wird die Toten aus den Gräbern rufen. Zuerst jeweils die Anführer der ganz Guten und der ganz Bösen. Der Märtyrer Husain steht an der Spitze derer, die nie gefehlt haben, die nie Allah durch Worte oder durch Handeln beleidigt haben. Jezid Ibn Mu'awija ist der Anführer der Schlechten. Jezid war der Kalif gewesen, zu dessen Herrschaftszeit Husain, der Dritte Imam, den Märtyrertod bei Kerbela gestorben war. Die beiden Gegner von einst führen beim Jüngsten Gericht wie einst zu Beginn der Schiat Ali die Haufen derer an, die zu ihnen standen. Hinter Jezid Ibn Mu'awija gehen diejenigen den ewigen Qualen entgegen, deren Existenz überhaupt nur aus Schlechtigkeit bestand. Die Toten, die als Lebende weder extrem gut noch extrem schlecht waren, ruhen solange in ihren Gräbern, bis die furchtbare Abrechnung für die Frevler und die wunderbare Belohnung der Besten angefangen hat. Den Lauen gilt geringeres Interesse des Herrn aller Zeiten – sie werden summarisch abgeurteilt. Die Menschen, die sich in Tat und Wort zur Schiat Ali bekannt haben, werden nicht den Höllenqualen ausgeliefert.

Ein Perser, der zur Zeit des Mittelalters schiitische Überlieferungen sammelte – sein Name war Mohammed Bakir Majisli –, gab den Gläubigen Rat, wie sie es schaffen konnten, unter die Guten eingereiht zu werden:

»Wer die besonderen Verpflichtungen gegenüber Allah an vierzig aufeinanderfolgenden Sonnenaufgängen wiederholt, der wird zu den anerkannten Genossen der Imame gehören. Stirbt ein solcher Gläubiger noch vor der Wiederkunft des Zwölften Imam, wird ihn Allah bei dieser Wiederkunft aus dem Grab holen, um ihn dann dem Zwölften Imam als Diener zuzuordnen. Für jedes Wort, das der Gläubige aus dem Wortlaut dieser Verpflichtung spricht, wird Allah ihm tausend Sünden vergeben.«

Dies ist der Wortlaut der Verpflichtung, die sich für die Gläubigen so segensreich auswirken soll:

»O Allah, Du bist Herr über das Große Licht, Du bist Herr über den Erhabenen Thron, Du bist Herr über Licht und Schatten. Du hast den Erhabenen Koran zu uns gesandt. Du bist Beherrscher der Erzengel, der Propheten. O Allah, Dein Reich dauert ewig. Du lebtest vor jedem anderen Leben, du wirst leben, wenn niemand sonst noch lebt. O Herr, der Du den Toten Leben gibst, und Tod den Lebenden. Neben Dir existiert kein Gott. O Allah, segne unseren Herrn, den Imam, unseren Führer und Lenker. Friede sei mit ihm und seinen Vorfahren, die alle frei von Sünde waren. Friede sei auch mit allen Gläubigen gleichgültig ob sie Männer oder Frauen sind, ob sie im Osten oder im Westen wohnen, ob sie auf Hügeln oder im flachen Land ihre Heimat haben, im Innern der Erdteile oder an den Meeresküsten.

O Allah, ich erneuere an diesem Morgen meine Übereinkunft mit Dir, wobei mir der Imam helfen möge. Ich will diese Übereinkunft mit Dir niemals aus dem Sinn verlieren, ich werde sie niemals brechen. O Allah, gib, daß ich für immer unter den Freunden, Genossen und Kampfgefährten des Imam bleiben kann, daß ich zu denen gehöre, die rasch sind im Dienst des Imam, die seine Befehle ausführen, die Deinen Gegnern Widerstand leisten, die Deine Absichten vorausahnen. Ich will zu denen gehören, die Märtyrer werden für den Imam. O Allah, wenn der Tod mich trennen wird vom Imam, dann laß mich auferstehen, und aus dem Grabe steigen, in meinen Sterbekleidern, mit gezücktem Schwert und mit erhobener Lanze, bereit, dem Ruf des Imam zu folgen. O Allah, laß mich das Antlitz des Imam sehen, das so freundlich ist wie der Neumond.

Veranlasse den Imam, daß er mich beachte. Veranlasse ihn, daß er sich beeile mit seiner Wiederkehr. Erleichtere ihm die Ankunft bei uns, bereite ihm den Weg.«

Der Schluß dieses Bekenntnisses, dessen vierzigfache Wiederholung an aufeinanderfolgenden Tagen Aufnahme in den Kreis derer bedeutet, die frei von Sünde sind, stellt den entrückten Zwölften Imam in das Zentrum der schiitischen Glaubenshierarchie:

»O Allah, laß uns sichtbar werden Deinen Stellvertreter, den Nachkommen der Tochter Deines Propheten, den Träger desselben Namens, den Dein Gesandter getragen hat. Er wird kommen zu stürzen, was eitel und wertlos ist. Er wird der Wahrheit zum Recht verhelfen für alle, die Wahrheit verdient haben. O Allah, mache aus dem Imam die Zuflucht für deine unterdrückten Diener. Mache aus ihm den hilfreichen Freund all derer, die keinen anderen Freund besitzen als Dich. Der Imam möge bald verwirklichen, was bisher nicht erfüllt wurde von Deinen Forderungen an die Menschen. O Allah, beschütze den Imam in der Festung Deines Glaubens vor den Anschlägen derer, die gegen ihn sind. Laß ihn bald wieder erscheinen, wie im Koran gesagt ist: ›Die Unwürdigen sahen den Tag seines Kommens als fern an, doch wir wissen, daß er nahe bevorsteht!‹ So möge es sein, durch Deine Gnade – o Gnädigster der Gnädigen!«

Daß der entrückte Zwölfte Imam unter den Gläubigen weilt, diese Überzeugung hat sich innerhalb der Schiat Ali erst langsam gefestigt. Da soll die Frage gestellt worden sein: »Der Zwölfte der Imame gilt als Beweis für die Existenz Allahs. Welchen Nutzen bringt ein solcher Beweis, wenn er sich versteckt?« Als Antwort diente ein Wort des Vierten Imam, der ein Sohn des Märtyrers Husain war. Er habe gesagt: »Der Imam ist vergleichbar mit der Sonne. Sie bringt uns trotzdem Nutzen, auch wenn sie hinter Wolken versteckt ist. So, wie die Sonne den Menschen gegenwärtig ist, so ist es auch der Imam.«

Dem Sohn des Märtyrers Husain wird die umfassendste Definition des Wirkens der Imame zugeschrieben. Betont wird ausdrücklich, wie stark ihre Funktion mit ihrer Zugehörigkeit zur Familie des Gesandten Allahs zusammenhängt:

»Wir sind die Anführer aller Moslems. Am Tag der letzten Abrechnung werden die Schiiten durch uns ins Paradies eingehen. Ihre Gesichter, ihre Hände und ihre Füße werden weiß sein, als ob das Licht sie reingewaschen habe. Als die Führer der Getreuen werden wir das Volk der Gläubigen vor dem Zorn Allahs retten. Solange die Sterne am Himmel stehen, werden die Engel keine Angst zeigen vor dem Gericht. Solange wir, die Imame, auf Erden sind, solange wird das Gericht ausbleiben, solange wird es keine Strafe geben. Doch wenn wir von der Erde genommen werden, muß das alte Zeichen beachtet werden, daß die Vernichtung und der Tod allen droht, die auf der Erde wohnen. Wenn die

Sterne aus ihren Verankerungen fallen, ist das Zeichen gegeben für den Einsturz der Himmel, für die Vertreibung der Engel. Die Imame sind diejenigen, die mit der Gnade Allahs die Himmel an ihrem Platz bewahren, daß sie nicht auf die Erde stürzen. Dieser Sturz wird erst am Tag des Jüngsten Gerichts geschehen. Unser Segen veranlaßt Allah, die Himmel solange nicht zerbrechen zu lassen. Die Imame sind für Allah Anlaß, seine Gnade zu erweisen und die Erde zum Erblühen zu bringen. Denn wenn es keine Imame gäbe, würde die Erde in sich zusammenfallen. Alles, was auf der Erde lebt, würde untergehen.«

Mit der »Entrückung« des Zwölften Imam ist, so glauben die Schiiten, die Warnung und die Mahnung an die Menschheit ausgesprochen, daß das Jüngste Gericht kommen wird. Solange dieser Imam, wenn auch im Verborgenen, auf der Erde lebt, so lange ist den Gläubigen noch die Chance gegeben, sich einzuordnen unter die Getreuen. Nur wer in der Furcht lebt vor dem entrückten Imam, wird seine Seele vor dem Höllenfeuer retten können.

Isma'il Safavi
Persien wird schiitisch

Die Überzeugung von der realen Existenz des Zwölften Imam mitten unter der Gemeinschaft der Gläubigen wirkte sich in der weiteren Geschichte sowohl der Region um Euphrat und Tigris als auch des persischen Berglandes zwischen Khusistan und Chorasan aus. Als die Große Entrückung im Jahre 939 begann, da geriet der Entrückte keineswegs in Vergessenheit. Immer wieder besannen sich Herrscher darauf, daß sie ihre Macht nur geborgt hatten, daß sie in Vertretung des Zwölften Imam regierten. Anerkennung durch die Schiat Ali fanden diese Monarchen deshalb jedoch nie, denn nach Meinung der Schiiten kann die höchste Autorität im Staate allein von einem Imam aus der Familie des Propheten ausgeübt werden.

Bald schon nach dem Beginn der »Großen Entrückung« wirkte sich der schon lang andauernde Zerfall der Kalifenherrschaft aus: Das arabische Islamische Reich hörte auf, eine bedeutende Macht zu sein. Von Osten her, aus Asien, brachen Eroberer über die persischen Gebirge zu den zwei großen Strömen vor. Persien begann nach und nach die Selbständigkeit wiederzugewinnen, die es bei der Eroberung durch die Araber im Jahre 637 n. Chr. nach der Schlacht von Qadisiya verloren hatte. Über Jahrhunderte hin vollzog sich dieser Prozeß der Abtrennung von Arabien. Diese politische Aufspaltung förderte im Verlauf der Generationen die religiöse Spaltung. Die Sultane, die von Istambul aus das wachsende Osmanische Reich kontrollierten, waren Sunniten, die nichts wissen wollten vom Anspruch der Nachkommen des Propheten auf Ausübung der Macht – sie kümmerten sich nicht um die Idee, ein entrückter Zwölfter Imam sei der eigentliche Beherrscher der Gläubigen. Der sunnitische Sultan Suleyman eroberte im Jahr 1535 n. Chr. Baghdad und wurde damit auch zum Monarchen über die schiitischen Heiligtümer in Kerbela und Nedjef, die für sein Verständnis von Glaube und Macht keinerlei Bedeutung besaßen. Für die schiitische Bevölkerung im Zweistromland galten die Sultane als unrechtmäßige Herrscher, als Unterdrücker.

Die Sultane wiederum fühlten sich bedroht durch die Entwicklung, die sich in Persien vollzog. Dort hatte, nur wenige Jahre vor der sunnitischen Eroberung von Baghdad, Isma'il Safavi die Herrschaft an sich gerissen, ein machtbewußter Mann, der den früheren Glanz persischer Großreiche wieder herstellen wollte.

Die Wurzeln seines Ehrgeizes hatte ein Vorfahr gelegt, der Safi Ad Din Ishaq hieß. Er hatte eine Glaubensbruderschaft gegründet in der Stadt Ardabil, die nur wenige Kilometer vom Kaspischen Meer entfernt liegt. Der energische Mann machte die Stadt bald unabhängig von jeder Anbindung an übergeordnete staatliche Autorität. Als die Souveränität unangefochten blieb, erweiterte Safi Ad Din Ishaq seinen Herrschaftsbereich.

Die Gebietsvergrößerung störte dann allerdings die Mongolenherrscher am Kaspischen Meer, doch nie fanden sie die Zeit zum wirkungsvollen Unterwerfungsfeldzug – durch interne Bruderkriege waren sie beschäftigt.

Kinder und Enkel des Safi Ad Din Ishaq übernahmen die Macht im Kleinstaat um Ardabil. Ihre Dynastie wurde unter der Bezeichnung Safawiya bekannt. Das Wort ist abgeleitet vom Namen des Dynastiegründers. Die Sippe Safawiya hat sich in drei Generationen soviel Respekt verschafft, daß sie Beachtung fand in Persien. Die Bewohner dieses Landes hatten über ebenfalls drei Generationen hin ein stärkeres nationales Bewußtsein entwickelt. Der Überdruß war gewachsen gegen die Fremden, die Persien seit neunhundert Jahren beherrschten: Da waren die Perser erst von der Sippe Omaija abhängig gewesen, dann vom Clan Abbas und jetzt von herrschenden Mongolenfamilien. Kaum einmal war die Kette der Fremden unterbrochen, die dem Volk von Persien ihren Willen aufzwangen. Die Safawiya-Sippe war klug beraten – wenn sie Persien in die Hand bekommen wollte –, zu betonen, daß sie persischer Abstammung sei, persische Nationalgefühle empfinde und die persische Unabhängigkeit wiederherstellen wolle. So wurde der Clan Safawiya im Verlauf von Generationen zum Symbol des persischen Nationalbewußtseins. Die Männer an der Spitze des Clans entwickelten sich zu Führern einer Befreiungsbewegung gegen die mongolische Fremdherrschaft.

Durch viele Niederlagen und wenige Siege war die entscheidende Phase des Befreiungskampfes gekennzeichnet. Ardabil, die Stadt, in der die Safawiya-Dynastie gegründet worden war, wurde häufig geplündert, manchmal auch von den Mongolenherren über Wochen und Monate besetzt gehalten. Zu den Feinden zählten schließlich auch christliche Stämme, die von Georgien aus der Safawiya schaden wollten. Auch die Gouverneure des Osmanenkalifen im Land um Euphrat und Tigris glaubten zeitweise, durch Plünderung des Safawiyagebiets ihre Kriegskassen füllen zu können.

Doch die Nachfahren des Safi Ad Din Ishaq verteidigten ihr Eigentum sehr geschickt. Sie verfügten über eine schlagkräftige Truppe, die aus kleinen Reiterverbänden bestand, die ihre Zusammengehörigkeit durch einheitlich geschnittene rote Mützen demonstrierten. Aus zwölf Stoffstücken waren diese Mützen gefertigt – die zwölf Stoffstücke sollten Sinnbild sein der zwölf Imame. Der Safawiya-Clan bekannte sich zum schiitischen Glauben.

Im Jahre 1501 christlicher Zeitrechnung gelang es den Rotmützen der Safawiya, die Stadt Täbris in Azerbeidschan zu erobern. Die Sippe hatte damit Fuß gefaßt auf persischem Gebiet. Der damalige, noch sehr junge Anführer der Safawiya heiß Isma'il Safavi. Er ließ sich in Täbris sofort nach der Einnahme der Stadt zum Schah von Persien krönen. Das Ansehen des Isma'il Safavi und seiner gesamten Sippe war derart bedeutend, daß die Perser in der Safawiya die Garanten einer glücklichen nationalen Zukunft sahen. Unter dieser Voraussetzung fiel es Isma'il Safavi leicht, das gesamte persische Gebiet für sich zu gewinnen.

Er wurde zum Vollstrecker der vollständigen Separation Persiens von Arabien. Isma'il Safavi erkannte die Notwendigkeit, seine Machtsphäre auch mit einer Ideologie auszustatten, die sich von der des Sultans unterschied. Die schärfste Unterscheidung war zu erreichen, wenn sich Isma'il Safavi entschloß, für seinen Staat seine eigene Überzeugung, den Glauben der Schiat Ali, als verbindlich zu erklären. Dagegen sprach allerdings, daß die Mehrheit der von ihm regierten Menschen eben nicht zur Schiat Ali gehörten, und damit nie der Überzeugung waren, sie müßten auf die Machtübernahme durch die Familie des Propheten warten. Der Lebensraum der Schiiten war damals weitgehend auf die Euphrat- und Tigrisufer beschränkt. Die Bewohner Persiens waren Sunniten. Um ein Beispiel zu nennen: In Täbris, in der Stadt, in der Isma'il Safavi gekrönt worden war, lebten 300000 Einwohner; nur 20000 bekannten sich zum schiitischen Glauben. Doch durch derartige Tatsachen ließ sich Schah Isma'il nicht von seinem politischen Weg abbringen.

Isma'il Safavi zwang seine Untertanen tatsächlich dazu, ihre Überzeugung zu wechseln. Sie hatten fortan ihrem Glaubensbekenntnis den Zusatz beizufügen: »Ich bezeuge, daß Ali der Freund Allahs ist!« Neu für die Untertanen war auch, daß sie die drei ersten in der Reihe der Kalifen – Abu Bakr, Omar und Othman – zu verfluchen hatten. Die Sunniten achten diese Nachfolger des Propheten als rechtmäßige, von Allah eingesetzte Herrscher.

Die Untertanen des persischen Schahs wurden einer von oben dekretierten Revolution des Glaubens unterworfen. Zu ihrem Glauben gehörte nun auch die Überzeugung, daß die Wiederkunft des entrückten Zwölften Imam zu erwarten sei, daß er der oberste Richter über alle Menschen sein werde. Isma'il Safavi dachte jedoch keineswegs daran, seine eigene Autorität durch Hervorhebung der Machtansprüche des Zwölften Imam zu schmälern. Er fand einen Weg, um den Entrückten zum Partner zu machen, um sich selbst gleichberechtigt neben ihn zu stellen: Isma'il Safavi erklärte den Untertanen, er sei verwandt mit dem Zwölften Imam, mit den Imamen überhaupt – er sei ein Nachfahre des Gesandten Allahs. Er gehöre damit zu denen, die das Recht haben, die Gläubigen zu regieren. Gesagt muß werden, daß es allerdings nie einem Historiker gelungen ist, die Verwandtschaft der Familie Safavi mit der Familie des Propheten nachzuweisen.

Durch Verordnung von oben wurde der Iran zu einem schiitischen Staat. Zu Beginn des 16. Jahrhunderts unserer Zeitrechnung war dies geschehen. Isma'il Safavi gelang es durch die Behauptung, er handle als Verwandter der Imame, ihm müsse gehorcht werden, treue Untertanen zu gewinnen, die ihm halfen, sein Reich bis zum Kaukasus und bis nach Indien und Zentralasien auszudehnen. Die schiitische Überzeugung wurde zum einigenden Band der Perser. Daß Gewalt nötig war, um den Wechsel der Überzeugung durchzusetzen, gilt als sicher. Wobei Isma'il Safavi vor allem die Menschen dazu bringen mußte, seine Wurzel in der »edlen und von Allah hervorgehobenen Familie des Propheten« anzuerkennen. Wer daran nicht glauben wollte, der hatte sein Leben verwirkt, denn er erklärte sich damit zum Feind Allahs.

Die Übernahme der schiitischen Überzeugung im wachsenden persischen Staat schuf Verärgerung und schließlich Angst im Bewußtsein der sunnitischen Herrscher, die in Baghdad zuständig waren. Sie hatten über schiitische Untertanen zu bestimmen, die voll Neid hinüberblickten nach Persien, wo der Glaube der Schiat Ali zur Staatsreligion geworden war. Die Schiiten im Land um Euphrat und Tigris erwarteten Befreiung durch die Herrscher der Safavi-Dynastie. Sie hatten keinen Zweifel daran, daß die Sippe Safavi tatsächlich ihren Ursprung auf die Imame und auf den Propheten zurückführen konnte. Die Erinnerung lebte auf an die Zeiten der Märtyrer Ali und Husain. Die Bereitschaft war da, wieder gutzumachen, was damals falsch gemacht worden war durch mangelnde Unterstützung der Nachfahren des Propheten. Doch die Hoffnung der Schiiten im Zweistromland erfüllte sich nicht: Angriffe iranischer Truppen, die unternommen wurden, um die Heiligtümer Kerbela und Nedjef zu erobern, brachen zusammen, da das Sunnitenheer der Sultane entschlossen die Grenzen des Osmanischen Reiches verteidigte. Bis zum Jahr 1639 n. Chr. zog sich der militärische Konflikt zwischen Schiiten und Sunniten, zwischen den Mächtigen in Iran und in der irakischen Provinz hin. Dann machte der Abschluß eines Vertrags dem Streit ein vorläufiges Ende. Er brach jedoch erneut im Jahr 1723 aus: In den Sog des Zerfalls der Dynastie Safavi, die nach zweihundert Jahren der Machtausübung verbraucht war, wurden auch die Streitkräfte hineingezogen. Die Osmanischen Herrscher erkannten ihre Chance und überfielen den Westen des persischen Reiches. Ehe sie den Überfall wagten, hatten sie ein Abkommen mit dem russischen Zaren getroffen, weite Teile des Iran aufzuteilen zwischen dem Osmanenreich und dem Reich des Zaren. Retter des bedrohten Schiitenstaates wurde der Feldherr Nader, der sich nach erfolgreicher Verteidigung selbst zum Schah ernannte – er wurde dann zum ersten der modernen Herrscher Persiens.

Nader behielt zwar den schiitischen Glauben als Staatsreligion, doch er versuchte nicht mehr, die Glaubensgrundsätze den Untertanen mit Gewalt aufzuzwingen. Für die Mäßigung hatte er zwei Gründe: Zum einen glaubte Nader-Schah, er könne durch den Abbau der Gegensätze zu den Sunniten die Spannungen zwischen Iran und dem osmanischen Sultan verringern – zum anderen konnte er kaum Gehorsam der Untertanen erzwingen durch die Behauptung, auch er gehöre zur edlen Familie des Propheten. Dies war nur dem Clan Safavi geglaubt worden. Von nun an waren die persischen Schahs Männer, die sich nicht auf alten islamischen Adel berufen konnten.

Vom Ende des 18. Jahrhunderts unserer Zeitrechnung an interessierten sich die europäischen Staaten sowohl für Irak als auch für Iran. Handelsbeziehungen zu England und Frankreich wurden aufgenommen. Die russischen Zaren mischten sich mehr und mehr politisch ein. Schah und Sultan ließen sich von englischen, französischen und russischen Herrschern bestechen. Sie nahmen Geld für die Erteilung von Genehmigungen zur Ausbeutung der Rohstofflager, zur Einfuhr industrieller Güter. Die eingenommenen Beträge wurden von Herrschern und Höflingen verschleudert. Die Untertanen waren abgeschnitten von Entwicklung und Fortschritt. Unruhe und Aufstände waren die Folge.

Die Geistlichen standen während dieser Unruhen immer auf der Seite der Rebellierenden. Der Streit um das Tabakmonopol, der im letzten Jahrzehnt des 19. Jahrhunderts die Gemüter in Iran zur Wut reizte, kann als Beispiel gelten für das gespannte Verhältnis zwischen schiitischen Mullahs und dem Schah.

Der Herrscher brauchte im Jahr 1890 Geld, und sah eine Möglichkeit, den Betrag zu beschaffen: Für 15000 Pfund vergab er die Ausbeutungsrechte für die gesamte Tabakernte im Iran an die Imperial Tobacco Company, die sich in britischen Händen befand. Dies war für die Gesellschaft ein gutes Geschäft, denn für die besondere iranische Tabaksorte war in der westlichen Welt ein hoher Preis zu erzielen. Ärger im Iran bereitete die Tatsache, daß von nun an auch die Iraner nur noch Tabak kaufen konnten, der von einer britischen Gesellschaft verarbeitet und verpackt worden war. Die Kaufleute in den Basaren waren vom Tabakgeschäft nahezu ausgeschlossen. Sie sahen sich in ihrer Existenz bedroht. Von den Kaufleuten wiederum waren die meisten der Geistlichen abhängig; sie bestritten ihren Lebensunterhalt aus Abgaben und Spenden der Basari. Das gemeinsame Interesse trieb die Mullahs dazu, zum Sprecher der Kaufleute zu werden. So wurde das Tabakmonopol zum Thema der Freitagspredigten: Die Geistlichen klagten den Schah Nasser ad Din an, er verkaufe Persien an die Engländer, an die Ungläubigen; er zerstöre auf diese Weise die »Zitadelle des Islam«. Sayyed Jamal al Din, einer der führenden Geistlichen jener Jahre, schrieb diese Worte des Protests:

»Der Schah ist ein Verbrecher, der die Provinzen Irans zur Versteigerung unter den Großmächten freigegeben hat. Er verkauft das, was dem Islam gehört, er verkauft die Heimstätten Mohammeds und seines Haushalts an Fremde.«

Die Geistlichen erklärten in Teheran offen, durch das Tabakmonopol werde »Krieg gegen den Zwölften Imam« geführt, »Krieg gegen den Imam des Zeitalters«. Der Schah sah sich als Feind des Zwölften Imam angeprangert. Einer derartigen Konfrontation sah er sich nicht gewachsen: Er hob im Januar 1892 die Konzession für die Imperial Tobacco Company auf.

Damit hatte die Schahdynastie Schwäche gezeigt. Die Mullahs aber galten als Sieger. Sie hatten gespürt, was sie zu erreichen vermochten, und sie steckten sich weitere Ziele, die sich der Entmachtung des Schahs annäherten. Um diese Ziele zu erreichen, mußte Unruhe in Persien herrschen, eine Art revolutionärer Stimmung. Den Geistlichen gelang es tatsächlich, das Land unter Spannung zu halten.

Die Unzufriedenheit zwang den Schah Muzaffar Ad Din am Ende des 19. Jahrhunderts eine Verfassung ausarbeiten zu lassen.

Schah Muzaffar Ad Din
Der entrückte Imam bleibt »Herr aller Zeiten«

Am 30. Dezember des Jahres 1906 wurde das Grundgesetz des Schahs Muzaffar Ad Din politische Wirklichkeit für sein persisches Reich. Die wichtigste Neuerung war wohl, daß ein halbwegs demokratisch zu wählendes Parlament eingesetzt wurde, dem genau definierte Kontrollrechte über die Regierung zugestanden wurden. Die Macht, die Exekutive zu ernennen und zu entlassen, blieb zwar in der Hand des Schahs, doch hatte das Parlament wenigstens die Befugnis, von den Ministern Rechenschaft zu verlangen. Im Bewußtsein der Untertanen, die in der Mehrheit aus Schiiten bestanden, war die schriftliche Fixierung des Fortschritts in Richtung Demokratie weit weniger bedeutend als ein kleiner Abschnitt des Verfassungstextes, der einen religiösen Bezug besaß. Das Bekenntnis des Herrschers zur demokratischen Mitverantwortung des Volkes wurde zu Recht als vorübergehendes verbales Zugeständnis betrachtet, über das sich der Schah, wenn er wollte, leicht hinwegsetzen konnte. Ernster genommen wurde der vom Schah wiederum als überholte Nebensächlichkeit betrachtete Verfassungsgrundsatz, der »entrückte Zwölfte Imam«, der »Herr aller Zeiten«, sei die eigentliche, über allem stehende Autorität in Iran. Im Gedenken an ihn werde das Parlament tagen und beraten – in seinem Sinne würden Gesetze erlassen. Die Träger von Exekutive und Legislative wurden zu Statthaltern erklärt des letzten der Nachfahren des Propheten, der als Imam, als »Mahdi« eingesetzt worden war. Der Mann wurde zum Mächtigen erklärt, der 1027 Jahre zuvor unter rätselhaften Umständen dem Blickfeld der Menschen entzogen worden war.

Der Niederschrift dieser Verfassung vorausgegangen war eine Auseinandersetzung zwischen dem Schah Muzaffar Ad Din und einer Allianz von Bürgerschicht und schiitischen Geistlichen. Die Allianz hatte sich zusammengefunden, als der Gouverneur der Hauptstadt Teheran im Dezember 1905 einige der Basaris, der Kaufleute, die bestimmend waren in den Basaren, den Märkten, öffentlich hatte verprügeln lassen, mit der Begründung, sie hätten die Preise für Zucker ungerechtfertigt hochgetrieben. Zucker gilt als überaus wichtiges Grundnahrungsmittel in Persien – und, da es unabdingbarer Zusatz zum so beliebten Tee ist – als Genußmittel auch der ärmeren Schichten. Die Herrscher hatten guten Grund dafür zu sorgen, daß Zucker erschwinglich blieb. Die Verprügelten aber fühlten sich zu Unrecht bestraft. Aus Protest setzten sie sich in die Hauptmoschee von Teheran und rührten sich nicht mehr. Sie traten in Hungerstreik. Seit Jahrhunderten schon war es in Persien Sitte gewesen, daß die Gläubigen unbehelligt in der Moschee Zuflucht suchen konnten, wenn sie sich von den Mächtigen unterdrückt fühlten. So empfand die Masse der Bewohner der Hauptstadt Sympathie für die trotzigen Kaufleute – auch wenn die Ärmeren keinen Gefallen an der Preiserhöhung für Zucker hatten finden können. Erst trafen sich Hunderte von Männern und Frauen bei der Hauptmoschee; schließlich waren es Zehntausende. Sie alle hörten den Geistlichen, den Mullahs zu, die den Gouverneur von Teheran und dann sogar den Schah anklagten, ein gegen das Volk gerichtetes gottloses Regime zu führen. Mit großer Eloquenz sprachen die Mullahs von der Gerechtigkeit, die verlorengegangen, von der Unterdrückung, der jeder wahrhaft Gläubige ausgesetzt sei.

Der eigentlich unbedeutende Vorfall der Bestrafung von Preistreibern entwickelte sich zu einem Ereignis, das Gewicht bekam in der Geschichte der Schiat Ali, das einzuordnen war in die unendlich lange Chronik der Unterdrückungen, deren Opfer gerechte Gläubige waren. Diese Liste der Opfer hatte einst mit Ali begonnen, hatte mit Husains Leidenstag bei Kerbela einen Höhepunkt gefunden.

Berichtet wird, einer der Geistlichen habe damals, im Dezember des Jahres 1905 unserer Zeitrechnung, in der Hauptmoschee von Teheran wieder einmal die Leidensgeschichte des Husain erzählt. Trauer sei auf die Gemüter der Zuhörer gefallen. Erst hätten einige der Frauen zu schluchzen begonnen, dann seien alle Anwesenden von Verzweiflung gepackt worden.

Immer wieder stellte der Mullah die Frage: »War Husain ein unschuldiger Märtyrer?« Die Menge antwortete mit: »Ja! Er war ein unschuldiger Märtyrer!« Frage: »Hat Husain irgendein Verbrechen, hat er auch nur einen Fehler begangen?« Ein »Nein!« war die Antwort. Frage: »Wer hat ihm den Tod gebracht?« Die Antwort der Zehntausende lautete: »Der Kalif Jezid war's!« Die letzte Frage peitschte die Gefühle zum Äußersten hoch: »Wer ist dieser Kalif Jezid?« Die Menge schrie darauf: »Ein Bastard des Teufels und einer Hündin!«

Die revolutionäre Stimmung war angeheizt. Ganz von allein hatten Fragen und Antworten den Bezug zur Gegenwart hergestellt. Was einst vor nahezu dreizehnhundert Jahren dem Prophetenenkel Husain bei Kerbela widerfahren war, das hat sich über diese lange Zeit im Bewußtsein der Schiiten tief eingeprägt. Gegner des Dritten Imam Husain war damals der Kalif Jezid aus der Sippe Omaija gewesen. Die Schiiten sehen in jenem Jezid die Verkörperung des Teufels. Wer in den Augen der Schiiten mit ähnlicher Schuld beladen ist, der wird mit dem Schimpfwort »Jezid« bedacht. Im Dezember des Jahres 1905 war Schah Muzaffar Ad Din zum »Schah Jezid« und damit zum »Bastard des Teufels und einer Hündin« geworden.

Die Verfassung des Jahres 1906 gab den Grundbesitzern, Kaufleuten und dem gewerbetreibenden Mittelstand politischen Einfluß in Persien – wenn auch keineswegs wirkliche Macht. Vor allem aber gelang es den Geistlichen, den Mullahs, dafür zu sorgen, daß ihre Meinung gehört wurde. Um ihren Willen durchzusetzen, begaben sich die Mullahs unmittelbar nach dem Ausbruch der Demonstrationen gegen Schah Muzaffar Ad Din zu Beratungen in die heilige Stadt Qum. Da die Geistlichen im ganzen Lande für die Einhaltung der Gesetze verantwortlich waren, da sie die Funktion des Richters ausübten, stockte die Rechtsprechung im Reich des Schahs – die geistlichen Richter befanden sich alle in Qum. Um die Ordnung nicht ins Chaos umzustürzen, blieb Muzaffar Ad Din nichts anderes übrig, als den Mullahs Beteiligung an der Verfassunggebenden Versammlung zuzusprechen.

Die Mullahs waren es dann, die in das endgültige Verfassungsdokument die Formulierung einfügen ließen, der »entrückte« Zwölfte Imam sei der eigentliche Herrscher von Persien. Dem Schah war damit die Pflicht auferlegt, dem Imam den Thron freizumachen, wenn dessen Zeit gekommen sei, nun wieder sichtbar vor die Menschen zu treten.

Konnte die Formulierung, der Zwölfte Imam sei der eigentliche Herrscher Persiens, noch als verbale Konzession ohne politisch-rechtliche Folgen betrachtet werden, so wurde durch einen Nachtrag zur Verfassung, der im Juli des Jahres 1907 verabschiedet wurde, deutlich, welche Macht die Geistlichen bereits erreicht hatten. Der Nachtrag befaßt sich mit der »Beratenden Versammlung« – so wurde das Parlament in Teheran genannt. Dies ist der Wortlaut des zweiten Absatzes der Einfügung in die Verfassung:

»Die Beratende Versammlung, die durch den Segen des Imam des Zeitalters – möge Allah sein Kommen beschleunigen – und durch die Gnade Seiner Majestät des Schahs, durch die Wachsamkeit der islamischen Gelehrten – möge Allah ihr Beispiel vermehren – und durch die iranische Nation ins Leben gerufen worden ist, darf niemals Gesetze erlassen, die den heiligen Gesetzen des Islam widersprechen. Selbstverständlich liegt es in der Verantwortung der islamischen Gelehrten, solche Widersprüche festzustellen und zu beurteilen. Es wird daher offiziell festgesetzt, daß in jeder Sitzungsperiode ein Gremium von nicht weniger als fünf Männern, das aus Korangelehrten und gottesfürchtigen Sachverständigen des islamischen Rechts besteht, von den islamischen Gelehrten ernannt wird. Die Männer dieses Gremiums sollen von der Beratenden Versammlung als reguläre Mitglieder anerkannt werden. Es ist die Pflicht des Gremiums, alle Gesetzesvorschläge zu prüfen, und wenn einer davon den heiligen Gesetzen des Islam widerspricht, sollen die Gremiumsmitglieder diesen Gesetzesvorschlag ablehnen. Die Entscheidung dieses Gremiums ist bindend und endgültig. Diese Verfassungsbestimmung ist unabänderlich bis zum Erscheinen des Imam des Zeitalters – möge Allah sein Kommen beschleunigen.«

Überzeugt, das Kommen des Zwölften Imam, des »Mahdi«, stehe bevor, hatten gläubige Männer mehrfach schon Termine für den Tag gesetzt, an dem die Entrückung beendet sein würde. Die Termine waren verstrichen, ohne daß der Zwölfte Imam vor die Menschen getreten war – doch hatte die Erwartung der Massen Männer, die sich berufen fühlten, zum Handeln veranlaßt.

Die Baha'i als Splittergruppe der Schiiten

Am 23. Mai des Jahres 1844 n. Chr. hatte sich der Tag, an dem der Zwölfte Imam entrückt worden ist, zum tausendstenmal gejährt – wobei die Zeitspanne in Mondjahren gerechnet wurde. Große Erwartungen waren mit diesem Jahrestag verbunden gewesen. Die Mehrheit der schiitischen Gläubigen hatte in der Überzeugung gelebt, der Imam werde nach tausend Jahren der Entrückung vor die Augen der Menschen treten, um die Überzeugten in ihrem Wissen um seine Existenz ganz sicher zu machen, und um die Zweifler endlich zu überzeugen. Viele der Bewohner von Persien und Irak lasen aus den Offenbarungen des Propheten und der Imame Hinweise auf die Wiederkehr des »Mahdi« nach tausend Jahren heraus.

Vom Imam erfolgte kein Zeichen am 23. Mai 1844 n. Chr., doch da machte ein gläubiger Mann auf sich aufmerksam, der Sayyed Ali Mohammed hieß. In der Moschee der Stadt Schiras erklärte er den dort Betenden, er sei »das Tor, durch das die Menschen mit dem entrückten Imam in Verbindung treten könnten«.

Die Lehre, daß ein solches Tor existiere, war durch Sayyed Ali Mohammed nicht neu in das Denksystem der Schiiten eingeführt worden. Da hatte es früher schon die Sekte der »Babis« gegeben – ihr Name war abgeleitet aus dem arabischen Wort »bab«, das »Tor« bedeutet. Die »Babis« waren überzeugt gewesen, der Gläubige sei verpflichtet, ein Tor des Zugangs zu Allah zu suchen.

So traf die Behauptung des Sayyed Ali Mohammed durchaus auf vorbereitete Gemüter. Seine Worte wirkten. Innerhalb weniger Minuten hatte der Mann einen Kreis von Menschen um sich, die ihm Vertrauen schenkten, die von ihm verlangten, daß er sie ins Heil führe, daß er ihr Fürsprecher sei beim entrückten Imam. Sayyed Ali Mohammed versprach dem ständig anschwellenden Kreis von Zuhörern, er werde, wenn die Stunde gekommen sei, das Tor bilden, das sich zur Herrlichkeit des Paradieses öffne.

Die Beschreibung seiner eigenen Person nahm bald überaus anmaßende Züge an, die offenbar seine Anziehungskraft steigerten. Er nannte sich selbst den »höchsten Punkt der Heilsverkündung«. Er beschrieb sich als die Person aus der Familie des Ali – zu dessen direkten Nachfahren rechnete er sich –, die am Tag des Jüngsten Gerichts, der unmittelbar bevorstehe, neben dem Zwölften Imam die Aufgabe des Richters übernehmen werde. Gemeinsam mit dem »Mahdi« werde er, Sayyed Ali Mohammed, über die Menschen das letzte Urteil sprechen.

Den Gipfel der Selbstdarstellung erreichte er, als er sich selbst als die Verkörperung der Offenbarung Allahs darstellte. Zwölfhundert Jahre zuvor sei der Prophet eine solche Verkörperung gewesen. Jetzt habe Allah, der Allerbarmer, in seiner großen Gnade, der Menschheit noch einmal, und zwar eindeutiger als zuvor, einen Imam auf die Erde geschickt, der ein Spiegel sei, in dem der Gläubige Allah erblicken könne.

Schriftlich hielt Sayyed Ali Mohammed seine Offenbarung fest. Sein Buch – es trägt den Titel ›Bajan‹ – ist von ihm durchaus als ebenbürtig zum Koran betrachtet worden. Neu in das schiitische Ritual ist die Anbetung der Sonne eingeführt worden. Die Verehrung der aufgehenden Sonne hatte am Freitag, am Feiertag der Moslems, zu geschehen.

Eine weitere Neuerung war, daß der Moslem eine bisher unbekannte Zahlenmystik zu beachten hatte: Sie kreiste um die Zahl 19. Sayyed Ali Mohammed teilte das Jahr in neunzehn Monate ein, die jeweils neunzehn Tage umfaßten. Mit neunzehn Männern umgab er sich. Von ihnen sagte er, sie seien seine Apostel. Sie hatten der Welt mitzuteilen, daß seine Auffassung von der Ordnung der Welt nun Gültigkeit für die ganze Menschheit besitze. Durch ihn, Sayyed Ali Mohammed, mache Allah zum letztenmal allen Bewohnern der Erde seine Absichten deutlich. Von Persien aus müsse das Heil ausstrahlen in alle Staaten der ganzen Welt, bis alle Bewohner des Erdballs die neue Lehre des Islam angenommen haben. Sayyed Ali Mohammed wollte einen allesumfassenden Gottesstaat begründen, in dessen Mittelpunkt er allein – als Verkörperung Allahs – stehen würde.

Wer noch Sunnit war in Persien, der fühlte sich nicht angesprochen von den Lehren des Mannes, der dem Islam einen neuen Inhalt geben wollte. Schiiten aber erwiesen sich als anfälliger. Viele waren wirklich der Meinung, da tausend Jahre vergangen waren seit der »Entrückung« des Zwölften Imam, sei für Allah die Zeit gekommen, den Menschen eine neue Offenbarung zu senden. Mancher glaubte, Sayyed Ali Mohammed könne durchaus selbst der Zwölfte Imam sein, dem Allah nun, mit neuer Botschaft an Gläubige und Ungläubige, erlaubt habe, wieder allen sichtbar auf der Erde zu wandeln.

Die Faszination, die von Sayyed Ali Mohammed ausging, ließ für den Schah die Gefahr entstehen, daß die Staatsreligion ausgehöhlt wurde. Der neue Prophet wurde zum Konkurrenten für den Schah, der zwar schiitischen Glaubens war, jedoch in keiner Weise blutsverwandt mit den Imamen aus dem Haushalt des Propheten. Darauf aber berief sich Sayyed Ali Mohammed immer wieder ausdrücklich. Wieder prägte sich die Situation der Frühzeit des Islam aus: Der Herrscher und Männer, die bewiesen oder unbewiesen behaupteten, sie gehörten zur Familie des Propheten, wurden zu Gegnern.

Der Schah mußte sich wehren, und so begann die Verfolgung des Sektengründers. Aus der Provinz Fars, wo er residierte, wurde er vertrieben. Im August 1845, also nur fünfzehn Monate nachdem er begonnen hatte seine Lehre zu verbreiten, wurde Sayyed Ali Mohammed in Bushir von Truppen des Schahs verhaftet. Doch weiter geschah ihm nichts. Er scheint auch nachlässig bewacht worden zu sein, denn nach sechs Monaten Gefangenschaft verhalfen ihm seine Anhänger zur Flucht. Der Statthalter des Schahs in Isfahan fand sich schließlich bereit, dem Verfolgten Schutz zu gewähren – in offenem Trotz gegen den Herrscher. Die Folge war, daß sich Isfahan zum Zentrum der Sekte entwickelte.

In Isfahan wurde deutlich, daß die neue Lehre besonders auf Frauen attraktiv wirkte. Sayyed Ali Mohammed hatte das Gebot, das Frauen das Tragen des Schleiers vorschreibt, aufgehoben. Allahs Wille sei es, so verkündete er, daß sich die Frauen genau so frei bewegen können wie die Männer. Kein Unterschied bestehe vor Allah, zwischen Mann und Frau. In Fortführung dieses Gedankens gab er den Frauen das Recht, in der Moschee als Vorbeter zu dienen und zu predigen.

Eine ganze Anzahl der Männer unter den Sektenmitgliedern war mit dieser Aufwertung der Frau nicht einverstanden. Die Moschee war bisher noch immer der Ort gewesen, wo die Männer allein zu bestimmen hatten, wo allein ihre Meinung gefragt war. Mit Abscheu reagierten manche, als sie feststellen mußten, daß einige Frauen tatsächlich zu predigen begannen. Die Vorbeterinnen und Predigerinnen argumentierten leidenschaftlich dafür, daß Allah auch der Frau den Eintritt ins Paradies gestatte. Sie wurden unterstützt von Sayyed Ali Mohammed, der verkündete, Allah habe ihn unter anderem auch deshalb zu den Menschen geschickt, um ihnen mitzuteilen, sie hätten den göttlichen Willen und Auftrag in bezug auf die Frauen bisher mißverstanden.

Gewalt mußte ausbrechen, da die Emotionen aufgeheizt wurden. Streit unter Verwandten stand am Beginn der Auseinandersetzung, die blutig endete. Eine der Predigerinnen, sie hieß Kurratu Al Ain, wurde von ihrem Onkel, einem schiitischen Geistlichen von Rang und Ansehen beschimpft – und schließlich wegen Lästerung Allahs in die Hölle verflucht. Diese Kurratu Al Ain wird als sehr schön, intelligent, aber auch als bösartig und machtbesessen geschildert. Sie soll dafür gesorgt haben, daß der Onkel, der Geistliche, wenige Tage nachdem er die Verfluchung ausgesprochen hatte, in der Moschee von Isfahan ermordet wurde.

Da geschah es, daß auch der Gouverneur von Isfahan starb. Damit hatte Sayyed Ali Mohammed seinen Gönner verloren. Bald danach gelang es den Sicherheitskräften des Schahs, den Sektengründer erneut zu fangen; er wurde nach Azerbeidschan deportiert. Seine Anhänger bemühten sich hierauf, bewaffnete Streitkräfte zu organisieren, um künftig die eigene Glaubensgemeinde besser schützen zu können. Diese Streitkräfte bewährten sich während der Kämpfe des Jahres 1849. Da standen sie unter dem direkten Befehl des Sektengründers, dem es auf heute nicht mehr feststellbare Weise möglich gewesen war, aus der Gefangenschaft zu entkommen. Die Gefechte wurden schließlich für die Armee des Schahs derart verlustreich, daß der Monarch gezwungen war, Waffenstillstand anzubieten. Dieses Angebot zur Einstellung der Kämpfe von seiten des Schahs führte zu einem weiteren Gewinn an Ansehen für Sayyed Ali Mohammed. Die Konsequenz war, daß der Herrscher auf dem Pfauenthron dem Sektengründer eine Amnestie anbot, die völlige Straffreiheit versprach für die Verbrechen der Rebellion, der ketzerischen Veränderung der Glaubenslehre, der Verachtung für die Gebote Allahs. Die Amnestie sollte auf alle Anhänger des neuen Glaubens ausgedehnt werden. Am Ende langer Verhandlungen ließ der Schah durch seinen Bevollmächtigten erklären, der Sekte sei künftig freie Wirkungsmöglichkeit im gesamten persischen Reich gestattet.

Die Untergebenen des Sayyed Ali Mohammed, die Kommandeure der Kampfverbände, glaubten den Versprechungen des Schahabgesandten. Da sie den Frieden für sicher hielten, vernachlässigten sie die Wachsamkeit, wurden vertrauensselig. Darauf aber hatten die Gegner nur gewartet: Als sich die Streitkräfte an das ruhige Leben zu gewöhnen begannen, als die Männer eben versuchten, wieder als normale Menschen zu arbeiten, da fielen die Kampfverbände des Schahs über sie her und töteten viele. Sayyed Ali Mohammed hatte sich jedoch rechtzeitig in Sicherheit gebracht. Er hatte zuvor schon gewarnt, die Angebote des Schahs seien nichts als der Ausdruck seiner Heimtücke.

In Täbris versuchte der Sektenchef noch einmal, sich eine Streitmacht zu schaffen, doch die eben erlittene Niederlage schreckte davon ab, ihm zu folgen. Man hatte von der »Verkörperung Allahs« erwartet, daß sie siegreich sei im Kampf gegen den Schah – der in keinerlei Verbindung stand zur Familie des Propheten, der folglich ein Teufel war, der sich seine Machtfülle nur angemaßt hatte. Mit den enttäuschten Anhängern wurde Sayyed Ali Mohammed auch vom Glück verlassen: Am 8. Juli 1850 wurde er in Täbris erschossen.

Seltsames wird berichtet von dieser Exekution. Sayyed Ali Mohammed sei auf einem öffentlichen Platz in Täbris an den Handgelenken aufgehängt worden. Ein ganzes Regiment von Soldaten sei vor dem Hängenden aufmarschiert und habe eine gewaltige Salve aus den Gewehren abgefeuert. Als sich der Pulverdampf verzogen habe, da sei aus den Kehlen einer vieltausendköpfigen Menge ein Schrei des Erstaunens zu hören gewesen. Der Grund dafür war, daß vom Gerüst, an dem der Sektengründer gehangen hatte, die leeren Seile baumelten – Sayyed Ali

Mohammed aber war verschwunden. Die Suche nach ihm blieb nicht erfolglos. Er saß in aller Seelenruhe und ohne sich verborgen zu haben, auf den Stufen der Moschee und besprach mit einem alten Mann Probleme des Glaubens. Ganz willig habe er sich abführen lassen zu einer Wiederholung der Erschießung. Sie habe mit dem Tod des Sayyed Ali Mohammed geendet.

Nichts Besseres konnte der Sekte geschehen: Nun besaß sie einen Märtyrer von unschätzbarem Wert. Sein Tod war auf wunderbare Weise verzögert worden, damit er noch Glaubensprobleme lösen konnte. Diese Verzögerung konnte nur Allah zum Wohl der Menschheit gewollt haben. Die Anhänger waren der Meinung, einem Zeichen Allahs beigewohnt zu haben. Da war ganz bestimmt der Heiligste der Heiligen gestorben, zum Heil der Gläubigen.

Sayyed Ali Mohammed wurde eingeordnet in die Reihe der von Allah besonders Bevorzugten, die sich geopfert hatten für den wahren Glauben. Der Sektengründer wurde nun zum letzten der Imame, zum endgültigen Abschluß der Märtyrerkette, die einst mit dem Imam Ali begonnen hatte. Der Märtyrer Sayyed Ali Mohammed wurde von seinen Anhängern ganz rasch an die Spitze der Liste aller Imame gesetzt. Wer an ihn glaubte, für den war der eben Getötete wichtiger als Mohammed, Ali und Husain.

Der Tod des Gründers gab der Bewegung wiederum starken Auftrieb. Der Gedanke an Rache beherrschte das Bewußtsein der Anhänger. Überall in Persien flammte Unruhe auf. Um die Emotionen zu dämpfen, entließ der Schah seinen Ministerpräsidenten. Der Entlassene wurde zum Sündenbock gemacht: Ihm wurde die Schuld zugeschoben an Massakern gegen die Sektenmitglieder, an der Ermordung des Sektenchefs. Doch diese Maßnahme half nichts. Sie ermutigte die Rebellen nur zu aggressiven Taten.

Einen Monat nach dem Tod des Sayyed Ali Mohammed entging der Schah mit knapper Not den Schüssen eines Attentäters. Damit war für den Herrscher die kurze Zeit des Entgegenkommens vorüber: Wieder wurden die Anhänger der Sekte ohne Gnade verfolgt. Der Schah ließ schreckliche Rache nehmen. Zehntausende seiner Untertanen verloren ihr Leben. Ganze Sippen wurden ausgerottet. Noch im August 1850 starb auch die schöne Predigerin Kurratu Al Ain an den Folgen eines Attentats.

Mit dem Tod des Gründers blieb die Sekte nicht ohne Führung. Baha'ullah – auf deutsch »Der Glanz Allahs« – war der Name des Mannes, der jetzt Gehorsam forderte. Er war einer der ersten Schüler des Sayyed Ali Mohammed gewesen. Er versprach zunächst, im Sinne dieses Märtyrers zu handeln. Doch er ging bald seinen eigenen Weg. Er fand ihn während der Haft in Teherans damals schlimmstem Gefängnis, das den Namen »Das Schwarze Loch« trug. Dorthin war er im August 1852 gebracht worden, als auf Schah Nasser Ad Din ein allerdings erfolgloses Attentat verübt worden war. Im »Schwarzen Loch« entwickelte er die Gewißheit, wahrhaftig der Gesandte Allahs in der Neuzeit zu sein.

Offenbar war ihm eine Beteiligung am Attentat auf Schah Nasser Ad Din nicht nachzuweisen. Baha'ullah wurde im Januar 1853 aus dem »Schwarzen Loch« entlassen. In Persien konnte er mit seinen Anhängern nicht bleiben. Er wich deshalb mit einigen tausend Frauen und Männern nach Baghdad aus. Diese Stadt gehörte zum Osmanischen Reich, unterstand dem Sunnitischen Sultan, der in Istambul regierte. Der Sultan verlangte von Baha'ullah, sich jeder politischen Agitation gegen Persien zu enthalten, und daran hielt sich der Emigrant. Diese Zurückhaltung aber wurde ihm nicht gelohnt. Der Schah legte dem Sultan seine Sorgen dar, die Sekte könnte weiterhin Unruhe stiften in Persien. Die Untertanen waren beunruhigt über die Härte der Bestrafung von Menschen, die zwar in schiitischer Auslegung Ketzer waren, aber doch eben auch Menschen, die sich um Allah bemühten. In Anbetracht dieser besonderen Umstände bat der Schah darum, der Sultan möge den Sektenführer Baha'ullah samt seinen Gläubigen aus Baghdad entfernen und in ein Gebiet bringen lassen, das abgelegener war von der persischen Grenze. Der Sultan erfüllte die Bitte. Die Folge war, daß die wachsende Entfernung zwischen dem heiligen Mann und den in Persien zurückgebliebenen Anhängern die Faszination des Baha'ullah immer leuchtender werden ließ. Unmittelbar vor dem Ablauf der Frist, die ihm vom Sultan zum Verlassen der Stadt Baghdad gesetzt worden war, verbrachte Baha'ullah im April 1863 zwölf Tage und zwölf Nächte in einem Garten am Tigrisufer. Am Ende dieser Tage und Nächte verkündete er seine göttliche Natur – ohne jedoch zu behaupten, er sei selbst Gott. Baha'ullah sah sich, durch seine göttliche Natur, als der von Allah bestellte Vermittler des göttlichen Willens zu den Menschen. Sein Kommen sei lange schon geweissagt gewesen. Als Opfer der Ungläubigen fühlte er sich während der langen Wanderung von Baghdad nach Istambul. Sie war ihm vom sunnitischen Sultan auferlegt worden, der sich nicht um die Göttlichkeit des Baha'ullah kümmerte. In Istambul blieb der aus Persien Deportierte nur vier Monate, dann wurde ihm als endgültiger Aufenthalt Adrianopel zugewiesen. Diese Stadt, sie heißt heute Edirne, liegt rund zweihundert Kilometer westlich von Istambul nahe der griechischen und der bulgarischen Grenze.

Von Adrianopel aus schickte Baha'ullah Schreiben an die Herrscher von Frankreich, Persien, Rußland, Preußen, Österreich, England und des Osmanischen Reiches: Er informierte die Monarchen über seine göttliche Herkunft. Auch den Papst ließ er wissen, wer er sei. Reaktionen der Angeschriebenen erfolgten nicht: Sie nahmen keine Kenntnis von Baha'ullah.

Bemerkenswert ist die Parallele zum Propheten Mohammed, der einst ebenfalls aus der Position der politischen Machtlosigkeit an den Kaiser von Byzanz einen Brief geschrieben hatte, der auf die Prophetenschaft aufmerksam machen sollte. Briefe, die Baha'ullah geschrieben hat, sind im Wortlaut erhalten. Ihr Text gibt vor allem Auskunft über den hohen Grad des Sendungsbewußtseins des Autors. Dies schrieb Baha'ullah an Papst Pius IX:

»O Papst! Zerreiße die Schleier! Er, der Herr der Herren ist gekommen, von Wolken überschattet, und der Ratschluß ist erfüllt worden durch Gott, den Allmächtigen, den Unendlichen. Wahrlich, der Tag der Ernte ist gekommen, und alle Dinge sind von einander geschieden. Was Er wollte, hat Er in den Gefäßen der Gerechtigkeit verwahrt und ins Feuer geworfen, was diesem verfallen ist. So ist es von deinem Herrn, dem Allmächtigen, dem Liebevollen, an diesem verheißenen Tag beschlossen worden. Wahrlich, Er verordnet, was Ihm gefällt.«

An seinen einstigen Herrn, den Schah Nasser Ad Din, schrieb Baha'ullah diese Worte:

»O Schah! Ich war nur ein Mensch wie andere und schlief auf Meinem Lager. Siehe, da wehten die Winde des Herrlichsten über Mich und gaben Mir Kenntnis von allem, was war. Dies geschah nicht von Mir aus, sondern von dem, welcher allmächtig und allwissend ist. Und Er gebot Mir, Meine Stimme zu erheben zwischen Erde und Himmel, und um dessentwillen wurde ich verfolgt. Darüber weinte jeder Mensch mit Einsicht. Die allgemein übliche Gelehrsamkeit der Menschen studierte ich nicht. Ihre Schulen betrat ich nicht. Frage nach in der Stadt, wo Ich wohnte, auf daß du erfährst, daß Ich nicht zu denen gehöre, die falsch reden. Dies ist nur ein Blatt, das die Winde des Willens deines Herrn, des Allmächtigen, des Allgepriesenen bewegt haben. Wer kann ruhig bleiben, wenn der Sturmwind weht?«

Damals, zur Zeit als diese Briefe geschrieben wurden, in Adrianopel, fanden die Anhänger des Baha'ullah ihren Namen. Sie leiteten ihn von der Bezeichnung ab, die sich ihr Heiliger selbst gegeben hatte: Baha'ullah – der Glanz Allahs. Wer an ihn glaubte, der nannte sich fortan Baha'i. Der Kreis der Gläubigen umfaßte bald einige tausend Menschen: Die wenigsten waren mit ihm aus Persien und aus Baghdad gekommen; die meisten hatte er in Istambul und in Adrianopel für sich gewonnen. Sobald die Zahl der Anhänger wuchs, hatte auch Baha'ullah als Religionsgründer unter der Neigung naher Verwandter zu leiden, eine Spaltung des Blocks der Gläubigen einzuleiten. Ein Halbbruder des Baha'ullah – er hieß Mirza Jahya Sobh-e Azal – wollte eine eigene Glaubensgemeinschaft gründen. Doch nur wenige wollten ihm folgen. Aus Erbitterung darüber hetzte Mirza Jahya die osmanischen Behörden gegen seinen Halbbruder auf mit dem Vorwurf, Baha'ullah gefährde die Staatssicherheit. Der Sultan in Istambul reagierte mit der Anweisung, Baha'ullah sei von Adrianopel nach Akko zu bringen. Akko ist eine

Hafenstadt nur wenig nördlich von Haifa an der Mittelmeerküste. Auch der Halbbruder Mirza Jahya wurde verbannt: Er wurde fortan auf Zypern festgehalten.

In Akko lebte Baha'ullah im Gefängnis. Eine Kaserne war dazu umgebaut worden, das Oberhaupt der Baha'i, dessen Familie und eine große Zahl von Schülern hinter Mauern und Gittern festzuhalten. Die Haftbedingungen waren hart. Auf sie wird der Tod eines Sohnes und einer Reihe von Schülern des Baha'ullah zurückgeführt. Zwei Jahre dauerte die Einkerkerung, doch gerade während dieser Zeit geschah Erstaunliches: Der Glaube der Baha'i weitete sich aus. Das Hauptwerk des Oberhaupts – der Titel des Buches lautet ›Al Kitab al Aqdas‹ – ›Das Heiligste aller Bücher‹ – wurde in Persien gelesen, in Indien, Ägypten und im Sudan. Das Gefängnis in Akko wurde zum Zentrum einer ernst zu nehmenden Religion. Mit der wachsenden Zahl der Gläubigen nahm auch die Zahl derer zu, die beim osmanischen Sultan in Istambul gegen die Behandlung des Baha'ullah protestierten. Dem Druck mußten die Behörden schließlich nachgeben. Der Heilige der Baha'i durfte die Kerkermauern verlassen und in die Stadt Akko umziehen.

Baha'ullah starb im Jahre 1892. Unmittelbar vor dem Ende seines Lebens hatte er noch seinen ältesten Sohn Abd al Baha – »der Diener des Glanzes« – zu seinem Nachfolger bestimmt, als Führer der Baha'i-Gemeinschaft. Dem Sohn, so hatte der Vater gesagt, sei die Kraft übertragen, die Lehre der Baha'i zu deuten. Gut getroffen war die Wahl der Person des Nachfolgers. Abd al Baha begnügte sich nicht damit, von Akko in Palästina aus zu wirken – er reiste nach Afrika, Europa und zum amerikanischen Kontinent. Solche Reisen bewirkten, daß in diesen Erdteilen Gemeinden der Baha'i entstanden. Sie zeichneten sich durch beachtlichen missionarischen Eifer aus. Jedes Gemeindemitglied war verpflichtet, für die Überzeugung der Baha'i zu werben. Beim Tod des Abd al Baha im Jahre 1921 hatte die Glaubensbewegung auch Fuß gefaßt in Australien und in den Vereinigten Staaten von Amerika.

Aus der Splittergruppe der Schiat Ali war eine neue Religion entstanden, die größere weltweite Verbreitung gefunden hat als der schiitische Glaube selbst. Schwerpunkte sind heute Afrika, Indien, USA, Südostasien und die weite Weltregion des Pazifik.

Gewaltig sind die Veränderungen der Glaubensvorstellungen, die sich in der Abspaltung der Baha'i von den schiitischen Überzeugungen vollzogen haben. Verschwunden ist das sichere Wissen um die Heiligkeit der Nachkommen des Propheten. Völlig verblaßt ist die Erinnerung an die Imame Ali und Husain. Verschwunden ist auch das Festhalten am Koran, am Heiligen Buch der Moslems. Vergessen ist das Wort des Propheten Mohammed, nach ihm werde kein Gesandter Allahs mehr Offenbarungen verkünden. Geblieben aber ist die Erkenntnis, daß ein Gott die Welt und alle Himmel beherrsche.

Dieser Gott hat keinen Körper, kein Aussehen – gleichgültig ob menschlich oder nicht –, Gott, so lehrt der Glaube der Baha'i, wächst nicht und nimmt nicht ab. Eine Beziehung, gleich welcher Art, existiert nie und nimmer zwischen Gott und seinen Geschöpfen. Er ist unsichtbar; an nichts ist zu erkennen, ob er gegenwärtig oder abwesend ist. Sein göttliches Wesen ist für den Menschen nicht zu fassen, nicht zu begreifen. Damit die menschlichen Geschöpfe dennoch von seiner Existenz und von seinem Willen erfahren, hat Gott sich durch seine Gesandten geoffenbart. Solche Gesandte sind: Abraham, Moses, Zarathustra, Buddha, Jesus, Mohammed und Sayyed Ali Mohammed.

In der Terminologie der Baha'i sind diese Gesandten »Manifestationen« Gottes, und in dieser Eigenschaft bilden sie eine Einheit unter sich, aber auch mit Gott – und doch bleiben sie, da jeder von ihnen eine vom anderen getrennte besondere Aufgabe zu erfüllen hat, eigenständige Persönlichkeiten. Die »Manifestationen« haben Aufgaben übertragen bekommen, die jeweils in einem bestimmten Zeitabschnitt der menschlichen Geschichte auszuführen sind. Die »Manifestationen« entsprechen also jeweils dem Stand der Zivilisation der Menschheit. Dies bedeutet, daß die Offenbarungen als relativ, als auf ihre Zeit bezogen, betrachtet werden müssen. Hatte der Prophet Mohammed verkündet, durch ihn sei der Wille Allahs für alle Zeiten gültig geoffenbart, so hatte Baha'ullah gelehrt, die Offenbarung werde fortschreitend in jeweils neuen Stufen erfolgen; die Offenbarung dauere an.

Baha'ullah hatte seinen Gläubigen gesagt, daß nach ihm weitere »Manifestationen« folgen würden – allerdings sei zwischen ihm und der nächsten »Manifestation« eine Pause von tausend Jahren. Seine Offenbarung sei die für diesen Zeitraum gültige. Er sei die »Manifestation« für die Gegenwart und für viele kommende Generationen.

Sehen Christentum und Islam die Schöpfungsgeschichte so, daß Gott sich zu einem bestimmten Zeitpunkt dazu entschlossen hat, die Erde und die Gestirne zu schaffen, so geht der Glaube der Baha'i davon aus, daß das Weltall, zusammen mit Gott, immer – ohne einen Anfang zu haben –

existiert hat. Die Menschen, so lehrte Baha'ullah, sind geschaffen worden, damit ein Wesen auf der Erde Kenntnis hat von Gott und ihn anbeten kann. Der Mensch sei deshalb das vornehmste und vollkommenste Geschöpf Gottes. Ausgestattet sei der Mensch mit einer unsterblichen Seele, die sich im Tode vom menschlichen Körper trenne, um in einer anderen neuen Existenz weiterzuleben. Die Seele braucht deshalb nicht angstvoll darauf zu warten, ob ihr Himmel oder Hölle bestimmt sind. Himmel und Hölle gelten als Symbole für den Grad der Beziehung der Seele zu Gott. Wenn die Seele sich Gott nahe fühlt, empfindet der Gläubige Freude; ist die Seele Gott fern, leidet der Mensch und ist dem Bösen verfallen. Um auf dem richtigen Weg zu bleiben, ist der Mensch gehalten, die Anweisungen der »Manifestation« zu beachten.

Die Lehre der Baha'i umfaßt die Überzeugung von der »Einheit der Menschheit«. Der Urenkel des Baha'ullah, der den Gläubigen als anerkannter Deuter der Lehre gilt – sein Name ist Shoghi Effendi Rabbani (1896–1957) –, hat die Überzeugung von der Einheit so definiert:

»Die Menschheit wird Trennungen überwinden, wird sich zusammenschließen. Die Einigung aller Menschen wird bewirkt durch Gottes Geist, der wiederum wirksam wird durch den, der im Namen Gottes spricht. Alle Gläubigen sind aufgefordert, für die Einigung zu arbeiten. Nötig ist dabei die Suche nach der Wahrheit, die Verurteilung von Vorurteil und Aberglauben. Gott hat den Menschen den Glauben gegeben, damit sie dem Ziel der menschlichen Einheit zustreben können. Der Glaube beinhaltet Übereinstimmung mit der Wissenschaft als wichtigstem Mittel, um den Fortschritt der menschlichen Gesellschaft zu sichern. Die Religion tritt ein für das Prinzip der gleichen Rechte und Pflichten aller, für Gleichheit von Mann und Frau, für Abschaffung aller Extreme von Reichtum und Armut. Die Religion verlangt Auflösung des Priestertums und der Klostergemeinschaften. Die Religion schreibt Einehe vor und ist gegen Scheidung. Die Religion betont die Notwendigkeit, den Anweisungen der Regierungen strikt zu folgen. Jede Arbeit, die im Sinne des Dienens ausgeübt wird, erhöht sich selbst zum Gottesdienst. Der Glaube der Baha'i hält die Einsetzung einer einzigen internationalen Sprache für notwendig. Die Welt muß sich Institutionen schaffen, die dem Weltfrieden und dem Ziel der Einigung der Menschen dienen.«

Zu den Pflichten des Baha'i gehört das tägliche Gebet, wobei kein Vorbeter und kein Priester ihm Anleitung zu geben hat. Die Verpflichtung besteht, neunzehn Tage im Jahr zu fasten, ohne Essen und Trinken, von Sonnenaufgang bis Sonnenuntergang. Geblieben ist seit der Zeit des Baha'ullah der Gebrauch des Kalenders, der geprägt ist von der Zahl 19. Das Jahr wird geteilt in neunzehn Monate zu je neunzehn Tagen – unter Verwendung von Schalttagen. Die Monate wandern also nicht, wie in der islamischen Zeitrechnung im Verlauf der Jahre durch alle Jahreszeiten.

Neujahr der Baha'i ist seit der Gründung dieser Glaubensbewegung der 21. März des christlichen Kalenders. Feiertage sind, unter anderem, der Geburtstag (12. November) und der Todestag (29. Mai) des Baha'ullah.

Der Deutsche Udo Schaefer, 1926 geboren, bewertet heute, aus der Sicht der Baha'i, die Bedeutung des Baha'ullah so: »Er ist der Welterneuerer.« Udo Schaefer zieht einen Vergleich:

»Die Propheten des Atheismus, Marx und Feuerbach, und Baha'ullah, der Prophet des lebendigen Gottes waren Zeitgenossen. Karl Marx wollte die Welt nicht neu interpretieren, sondern verändern. Er hat sie bewegt: Die Hälfte der Menschheit wird nach Maximen regiert, die sich auf seine Schriften berufen. Der Sozialismus, wenngleich längst kein monolithischer Block mehr, sondern in zahlreiche Spielarten ausdifferenziert, ist die politische Zielvorstellung vieler Völker, das säkulare Credo weiter Teile der Jugend. Unzählige Menschen hoffen, in dem Theoriegebäude des Karl Marx Orientierungsmittel für eine humane Welt zu finden. Es wird sich herausstellen, ob seine Lehre das Heilmittel ist, an dem die Welt genesen kann.«

Für den Baha'i-Autor Udo Schaefer steht die Antwort bereits fest: Baha'ullah wird Marx überlegen sein. Schaefer stellt eine Frage, und er gibt die Antwort:

»Hat Baha'ullah die Welt verändert? Die Antwort lautet: Die Veränderung ist unterwegs. Es ist die Glaubensgewißheit der Baha'i, daß die Unruhe, die im neunzehnten Jahrhundert in die Welt kam und die Veränderungen, die von der Welt zu erleiden waren, ihren tiefsten geistigen Grund in dem heilsgeschichtlichen Ereignis der neuen Offenbarung haben.«

Udo Schaefer begründet seine Auffassung durch die Worte des Baha'ullah:

»Die Welt ist aus dem Gleichgewicht geraten durch die Schwungkraft dieser neuen Weltordnung. Das geregelte Leben der Menschen ist aufgewühlt durch das Wirken dieses einzigartigen, dieses wunderbaren Systems, desgleichen kein sterbliches Auge je geschaut hat.« Schaefer meint: »Baha'ullah hat der Menschheit das bevorstehende Gottesgericht verkündet und die zu erwartenden tiefgreifenden Veränderungen vorausgesagt: den Zustand der Glaubenslosigkeit, den dadurch bedingten Zusammenbruch der alten Ordnung, und den Aufbau einer neuen, nie geschauten Weltordnung. Über die Heraufkunft des weltweiten Atheismus und das Scheitern aller Versuche, den alten Religionen wieder neues Leben einzuhauchen, ist dies gesagt: ›An diesem Tag haben sich die Neigungen der Menschen gewandelt und ihre Fassungskraft geändert. Die widrigen Winde der Welt haben eine Erkältung verursacht und das Geruchsvermögen der Menschen der süßen Düfte der Offenbarung beraubt. Das Antlitz der Welt hat sich verändert. Der Weg Gottes und der Glaube an Gott haben aufgehört, in den Augen der Menschen noch irgendeinen Wert zu besitzen. Die Lebenskraft des Glaubens der Menschen an Gott stirbt aus in allen Landen. Nur Seine heilende Kraft kann sie jemals wieder herstellen. Der Rost der Gottlosigkeit frißt sich in das Triebwerk der menschlichen Gesellschaft. Was, außer dem Heiltrank seiner mächtigen Offenbarung, kann sie reinigen und neu beleben? Weil, nach Baha'ullah die Ordnungswelt ihren tiefsten Grund in der Religion hat, wird mit dem Absterben der Religion auch die staatliche Ordnung zerfallen.‹«

Der deutsche Baha'i Udo Schaefer beruft sich in seiner Schrift ›Der Baha'i in der modernen Welt‹ auf ein Wort des Religionsgründers: »Religion ist das wichtigste Mittel für die Errichtung der Ordnung in der Welt und für die Ruhe unter den Völkern. Die Schwäche der Pfeiler der Religion hat die Toren gestärkt und sie anmaßend gemacht. Wahrlich, Ich sage, je größer der Niedergang der Religion, desto schlimmer der Starrsinn der Gottlosen. Dies kann letztlich nur zu Chaos und Verwirrung führen. Hört auf Mich, ihr Einsichtsvollen! O ihr, die ihr Unterscheidungsvermögen besitzt. Bald wird die heutige Ordnung aufgelöst und eine neue Ordnung an ihrer Statt errichtet werden.«

Udo Schaefer zieht diesen Schluß: »Der Abfall von Gott und der Umsturz der Werte sind unausweichlich notwendig, weil sie Platz schaffen für das Neue, so wie gesagt ist ›Man füllt nicht neuen Wein in alte Schläuche‹. In dem stürmischen Wandlungsprozeß, der heute die Völker heimsucht, und sie auf das Kommen der ›Größten Gerechtigkeit‹ vorbereitet, ist der Mensch nicht der Gestalter. Er ist, bewußt oder unbewußt, Mitgestalter im göttlichen Heilsplan, der den Sinn hat, das ›Goldene Zeitalter‹ für eine lange zerspaltene und gequälte Menschheit einzuleiten, auf Wegen, die Er allein bereiten, und deren volle Bedeutung Er allein ergründen kann.«

Die Lehre der Baha'i mündet, gemäß der Schrift des deutschen Baha'i Udo Schaefer, in die Überzeugung, Baha'ullah sei als der Retter der Menschheit zu sehen:

»Das Heilmittel, das Gott durch Baha'ullah der Menschheit reicht, seine Lehren und Gebote, sein welterneuernder Geist, wirken zunächst bei denen, die sich um Baha'ullah geschart haben. Die Veränderung und Heilung der Welt durch das neue Wort Gottes braucht Zeit. Nietzsches großes Wort, daß, wie das Licht der Gestirne Zeit braucht, um von den Menschen erkannt zu werden, auch Taten Zeit brauchen, um gesehen und gehört zu werden, gilt vielleicht für nichts mehr, als für den Advent der großen Offenbarungsreligionen. Ihre Gestaltungskraft braucht Zeit, um von den Menschen erkannt zu werden. Über die durch seine Offenbarung wirkende Kraft verkündete Baha'ullah: ›Das Weltall ist schwanger mit all dieser Gnadenfülle und harrt der Stunde, da das Wirken seiner unsichtbaren Gaben auf dieser Erde offenbar werde. Die ganze Erde ist jetzt in einem Zustand der Trächtigkeit. Der Tag naht heran, daß sie ihre edelsten Früchte zeitigt, da ihr die stattlichsten Bäume, die köstlichsten Blüten, die himmlischsten Segnungen entsprießen. Die brausenden Winde der göttlichen Gnade sind über alle Dinge gekommen. Jedes Geschöpf ist mit all den Möglichkeiten, die es tragen kann, ausgestattet worden.‹«

Nach der Lehre des Baha'i bricht keine Endzeit an, und kein Jüngstes Gericht. Udo Schaefer zitiert für den Blick auf die Zukunft ein Wort des Sohnes von Baha'ullah, sein Name war Abd al Baha:

»Als der Ruf Gottes erhoben ward, hauchte er dem Körper der Menschheit neues Leben ein und goß einen neuen Geist in die ganze Schöpfung. Aus diesem Grunde ist die Welt bis in ihre Tiefen bewegt, Herz und Gewissen der Menschen sind erfrischt. Binnen kurzem werden die Zeichen dieser Wiedergeburt offenbar, die tief Schlafenden werden erweckt. Was immer im Innersten dieses heiligen Zyklus verborgen ruht, wird nach und nach erscheinen und geäußert werden, denn heute ist erst der Anfang seines Wachstums und die Morgenstunde der Offenbarung seiner Zeichen.«

Udo Schaefer mahnt, die »Manifestation« Baha'ullah ernst zu nehmen:

»Wenn die Welt erst einmal begreift, daß der angeblich tote Gott durch Baha'ullah zur Menschheit gesprochen hat, wird seine Manifestation sich als das herausragendste Ereignis der Geschichte erweisen: Als Zeitwende, als Tor zu dem von Christus verheißenen Reich Gottes auf Erden.«

Der Zorn der Schiiten auf die Baha'i

Als die Glaubensbewegung der Baha'i ihre weltumspannende Blüte erlebte, also in den Jahren nach dem Ersten Weltkrieg, da war der schiitischen Geistlichkeit bewußt, daß diese neue Religion ihren Ursprung in der Schiat Ali genommen hatte. Schmerzlich wirkte diese Erkenntnis deshalb, weil der Baha'i-Glaube gerade in Iran in weiten Kreisen der bürgerlichen Schichten Fuß gefaßt hatte. Geschäftsleute, Ingenieure, Angehörige freier Berufe bekannten sich zur Lehre des Baha'ullah. In iranischen Städten wurden 1930 über tausend Zentren des Baha'i-Glaubens gezählt. Was dort gelehrt wurde, konnte von den Mullahs nicht akzeptiert werden. Sie sahen in der Lehre des Baha'ullah von Anfang an eine völlige Verdrehung und Auflösung dessen, was die Imame verkündet hatten. Pfeiler der schiitischen Überzeugung ist die

Sicherheit, daß der Zwölfte Imam wiederkehren und am Tag des Jüngsten Gerichts über die Menschen urteilen werde. Die schiitische Geistlichkeit mußte als Anmaßung empfinden, daß ein Mann, der sich Baha'ullah nannte, zu verkünden wagte, daß kein Strafgericht auf die Sünder und keine Belohnung auf die Gerechten warte. Ärgernis für die Mullahs war auch die Lehrmeinung der Baha'i, alle Menschen, ohne Unterschied des Geschlechts, seien gleichgestellt. Nichts war im Glaubensgebäude der Anhänger des Baha'ullah zu finden, was in den Augen der schiitischen Gelehrten Bestand gehabt hätte. Um so erstaunlicher ist die Feststellung, daß eine beachtliche Anzahl der Geistlichen nicht immun gewesen war gegen die neue Lehre. Die Mullahs, meist jüngere Männer, die Baha'i geworden waren, hatten sich leiten lassen vom Gedanken, die Zeit sei tatsächlich überreif für eine Anpassung der Offenbarung an die Erfordernisse der Gegenwart und der Zukunft. Daß es Abtrünnige vom rechten schiitischen Glauben gegeben hat, schmerzte die Ayatollahs.

Nur ungern ließen sie sich daran erinnern, daß einige der bedeutendsten Schüler des Sektengründers einst selbst Mullahs gewesen waren. Die Anhänger des Irrglaubens hatten, nach der maßgeblichen Meinung der Geistlichkeit, nur die Wahl zwischen Tod und Reue. Wer Baha'i war, der leugnete die Existenz und das Kommen des Zwölften Imam, und dies galt seit Beginn der »Entrückung« als Kapitalverbrechen, vergleichbar dem vielfachen Mord. Wer sich zum Glauben des Baha'ullah bekannte, der durfte getötet werden, ohne daß der Tötende zur Rechenschaft gezogen wurde. Viele Tausende verloren über die Jahrzehnte hin in Persien ihr Leben durch Geschosse und Dolche, und niemand untersuchte die Umstände. Es genügte jeweils festzustellen, der Getötete sei »ein Feind des Zwölften Imam« gewesen. Vorgesehen war auch, dem Mitglied der Baha'i-Bewegung die Möglichkeit zu geben, durch eine »Erklärung der Reue«, die schriftlich abgegeben werden mußte, sein Leben zu retten. Der bisherige Baha'i-Bekenner hatte dann festzustellen, daß er sich in einem Irrtum befunden habe, der nur vom Allerbarmer verziehen werden kann, in dessen Gnade er sich begebe; er hoffe auf die Fürsprache des Zwölften Imam. Nur wenige Fälle der Reue sind bekannt geworden seit dem Bestehen der Baha'i-Bewegung. Trotz Gefährdung standen diejenigen, die an Baha'ullah glaubten, zu ihrer Überzeugung. Ein Umstand war ihnen allerdings hilfreich: Die Baha'i-Gemeinschaft war frühzeitig international und sogar weltumspannend geworden. Das Resultat war, daß Morde an Baha'i-Gläubigen Proteste in vielen Ländern auslösten. Solange Persien kein Staat war, der in der Welt Respekt genoß – dies war erst später durch die Ölpolitik möglich –, mußten die Herrscher auf die Meinung der Regierungen in Paris, Berlin und London Rücksicht nehmen. Wurden in Persien Baha'is getötet, dann war mit Pressereaktionen in diesen Hauptstädten zu rechnen, die wiederum

Auswirkungen hatten auf den Standpunkt der Regierenden. Während der ersten Hälfte dieses Jahrhunderts konnte es sich deshalb kein Schah leisten, den schiitischen Geistlichen freie Hand zu lassen zur Belästigung oder gar Tötung der gläubigen Baha'is. Mit dem Anwachsen der weltpolitischen Bedeutung der Vereinigten Staaten von Amerika gewann auch die dort ansässige Glaubensgemeinschaft der Baha'i Gewicht. Protestnoten aus Washington, die darauf hinwiesen, daß es zur Pflicht des Herrschers gehöre, religiöse Minderheiten zu schützen, waren jedem Schah unangenehm. Die Baha'is zu tolerieren, wurde allerdings auch zum Mittel der persischen Innenpolitik. Dadurch, daß er die Sekte der Baha'i vor Angriffen der schiitischen Geistlichen schützte, konnte der Schah zeigen, wer Herr im Hause war. Er konnte beweisen, auch auf internationaler Ebene, daß er sich von niemandem gängeln lasse: Die Regierungen in Paris, Berlin, London und Washington hatten seine Autorität im Reich Persien zur Kenntnis zu nehmen. Erzählt wird, daß Schah Reza bei Inspektionsreisen Kasernenhöfe betreten habe mit dem Schrei: »Alles vortreten, was zu den Hurenweibern Baha'i gehört!« Daraufhin hätten alle Rekruten und Soldaten, die sich zum Baha'i-Glauben bekannten, furchtsam drei Schritte auf den Schah hin getan. Er habe sie verächtlich gemustert und dann wieder ins Glied zurücktreten lassen. Den Vergleich mit Hurenweibern hätten die Baha'is hingenommen, so sagen Kenner der Zeit des Schah Reza. Hätte er die Mitglieder dieser Glaubensrichtung ungleich schlimmer mit Hurenmüttern verglichen, wäre dies als Zeichen gewertet worden, daß der Schah mit der Verfolgung der Baha'i einverstanden war. Das Wort »Hurenmütter« hätte den Tod von Tausenden zur Folge gehabt.

Schah Reza fühlte sich als Gegner der Baha'i-Gläubigen und der Mullahs zugleich. Er hielt überhaupt sehr wenig von Religion. Ihr war die Schuld zu geben an der Rückständigkeit Persiens. Nach seiner Meinung verhinderten ganz besonders die schiitischen Mullahs jeden Fortschritt. Technik beherrschte die neue Zeit – und die war allein in den Staaten des Westens zu finden. Der Schah wollte diese Technik ins Land holen, doch dies lehnten die Mullahs ab, die fürchteten, der Einfluß des Westens werde den Geist des Islam zerstören. Schah Reza reagierte mit Verachtung der schiitischen Geistlichen. Er bemühte sich vor allem darum, daß ihre Schulen geschlossen wurden, in denen, wie er sagte, durchweg Fortschrittsfeindlichkeit gepredigt wurde. Seinem Volk diente Schah Reza durch diese Maßnahme nicht, denn das Angebot an staatlichen Schulen war zu gering, um den Ausfall an Lehrkapazität bei Schließung der religiösen Schulen ersetzen zu können.

Eine Konsequenz der Entscheidung, den Mullahs die Lehrbefähigung abzunehmen, war, daß der Schah auch die zahlreichen Schulen der Baha'i schließen lassen mußte. Er war gezwungen, ein »Zeichen der Herrschaft« zu setzen. Die Baha'i-Schulen aber waren zu wichtigen Bildungseinrichtungen in Persien geworden, die zum Teil soweit ausgebaut waren, daß sie bis zur Universität hinführen konnten. Die Schulen der Baha'i-Glaubensgemeinschaft hätten fortschrittlichen Unterricht garantieren können, den sich Schah Reza für sein Volk wünschte, doch aus Rücksicht auf die schiitischen Geistlichen mußte er auf diese Bereicherung des persischen Bildungswesens verzichten. Nicht zu bezweifeln ist, daß Schah Reza, gezwungen durch die eigenen Maßnahmen, ein beachtliches staatliches Schulförderungsprogramm in Angriff nahm, das nach und nach Ergebnisse zeitigte, die sich sehen lassen konnten. Das Resultat war, daß bis zur Zeit des Zweiten Weltkriegs die religiösen Schulen – und eben auch die Koranschulen – in Persien keine Bedeutung mehr besaßen. Das Reich des Schahs war auf dem Weg, sich westlichen Vorbildern anzupassen, auf allen Gebieten. Eine Familie war bereit, für den Fortschritt im abendländischen Sinne zu kämpfen. Der Gegner war die schiitische Geistlichkeit.

Der Kampf der Pahlavis gegen die Mullahs beginnt

Innerhalb der meist desorganisierten persischen Armee der Zeit des Schahs Nasser ad Din und seiner unmittelbaren Nachfolger, war eine Truppe entstanden, die als diszipliniert, mutig und schlagkräftig galt: Die Kosakenbrigade. Sie stand unter dem Kommando von erfahrenen russischen Offizieren, die in persischen Dienst getreten waren und dem Schah Gehorsam geschworen hatten. Die Offiziere hielten diesen Schwur, denn sie verfolgten zunächst keine persönlichen Interessen. Als Schah Mohammed Ali die Bevormundung durch die »Beratende Versammlung«, durch das Parlament im Jahr 1908 nicht mehr ertragen konnte, schickte er die Kosakenbrigade nach Teheran, um die Delegierten aus dem Parlamentsgebäude zu jagen. Dem Bürgerkrieg, den diese Gewaltmaßnahme auslöste, war die Truppe dann allerdings nicht gewachsen. Sie konnte auch nicht verhindern, daß Schah Mohammed Ali bereits 1909 abdanken mußte.

Zwei Jahre zuvor schon hatte die Dynastie der Kadscharenschahs die eigene Machtlosigkeit eingestehen müssen: England und Rußland hatten sich darauf geeinigt, Persien in Einflußsphären aufzuteilen. Im Norden des Reiches – das nicht aufgespalten, sondern als Ganzes erhalten bleiben sollte – war künftig die Regierung in Moskau zuständig. Im Gebiet südlich einer geographisch genau bestimmten Linie durfte sich England verantwortlich fühlen. Das Englisch-Russische Abkommen war deshalb zustande gekommen, weil England aus Furcht vor russischer Expansion die Moskauer Gelüste auf persisches Gebiet vertraglich zügeln wollte. Das Vertragswerk erfüllte allerdings seinen Zweck nicht: Der russische Druck ließ nicht nach. In den Jahren 1909, 1911 und 1912 besetzten russische Truppen die nordpersische Stadt Täbris. Am 29. März 1912 schoß russische Artillerie auf die Heiligtümer der Schiiten in Mashad. Die Grabstätte des Imam Ali Al Rida wurde dabei beschädigt. Der Vorwand für die Beschießung war: Russische Untertanen seien von der Gefahr eines schiitischen Aufstands bedroht.

Das Englisch-Russische Abkommen – sein Abschluß und sein Scheitern – brachte für die politisch Denkenden unter den Persern herbe Enttäuschungen: Der Abschluß sei nur erfolgt, um Rußland durch eine derartige Konzession im Fall eines Krieges in Europa auf die Seite Englands zu bringen. Gescheitert sei der Vertrag, weil die russische Hartnäckigkeit beim Abschluß nicht einkalkuliert worden war. Unzufriedenheit über die Machtlosigkeit Persiens herrschte derart in Teheran, daß das Parlament die eigene Tätigkeit schließlich für sinnlos hielt.

Daß eine Revolution ausbrach, wurde allein durch den Ersten Weltkrieg verhindert. Offiziell war Persien zwar neutral, doch der Sultanshof im absterbenden Osmanischen Reich verkündete Hoheitsansprüche. Englische und russische Truppen benützten persisches Territorium als Operationsbasis. Am Ende des Ersten Weltkriegs war das Reich im Chaos untergegangen. Die Großmächte England und Rußland, das sich in die Sowjetunion verwandelt hatte, benahmen sich, als ob Persien ihr Eigentum wäre.

Da geschah im Jahre 1921 ein Wechsel in der persischen Regierung, der in London und Moskau wenig beachtet wurde. Der Kommandeur der Kosakenbrigade, sein Name war Reza Khan, übernahm das Amt des Kriegsministers. Er hatte als Offizier lange schon in der Überzeugung gelebt, nur durch die Kraft der Armee könne Persien gerettet werden. Diese Kraft der Armee aber sah Reza Khan vor allem in sich selbst repräsentiert. Die russischen Offiziere seiner Kosakenbrigade hatte er längst schon nach Hause geschickt. Er wollte, daß seine iranischen Majore und Hauptleute die Elite der iranischen Nation werden sollten. Im Chaos der politischen Zuständigkeiten zu Beginn der 20er Jahre sah er immer mehr die Notwendigkeit, selbst als Diktator aufzutreten. So hatte er es sich angewöhnt, in den Städten, in denen er sich mit seiner Truppe aufhielt, Plakate an den Wänden der Häuser anschlagen zu lassen mit diesem Wortlaut: »Ich befehle! Ich Reza, Führer der Kosakenbrigade seiner Kaiserlichen Majestät und Oberster Befehlshaber.« Da sonst kaum jemand Autorität besaß, abgesehen von schiitischen Geistlichen, war die Ernennung zum Kriegsminister die logische Konsequenz seines ehrgeizigen Verhaltens.

Die Menschen in Teheran nannten ihn bald nur »der Mann zu Pferd« –

damit war gemeint, daß er ein Mann sei, dessen Kommandos akzeptiert wurden.

Die britische Autorin Vita Sackville-West, eine Augenzeugin, beschrieb Reza Khan so: »Sein Äußeres war furchteinflößend. Er war etwa 1,90 Meter groß. Sein Wesen war mürrisch. Besonders auffällig waren seine riesige Nase und sein brutaler Unterkiefer. Sein Aussehen war das eines Kosakenführers. Doch es war auch nicht zu leugnen, daß er etwas Königliches ausstrahlte.«

Lange war Reza Khan mit dem Posten des Kriegsministers nicht zufrieden. Im Jahre 1925 wurde er Premierminister, und zwölf Monate später krönte er sich selbst zum Schah. Der Thron war frei geworden: Am 2. November 1923 war Schah Ahmed, der letzte der Kadscharenherrscher nach Europa abgereist, um nie mehr in den Iran zurückzukehren. Dem ehrgeizigen, machtbesessenen und jungen Reza Khan war dieser letzte Sproß der Dynastie nicht gewachsen gewesen. Schah Ahmed hatte resigniert. Im Augenblick der Abreise des Schahs war Reza Khan zum absoluten Diktator in Iran geworden.

Er baute seine Staatsführung auf den bestehenden Volksschichten auf, die auch zur Zeit der Kadscharenschahs tonangebend gewesen waren. Die bürokratische Elite der Verwaltung war wichtig für den Fortbestand des Staates: Sie setzte sich zusammen aus Mitgliedern der alten iranischen Familien und aus Intellektuellen, die sich durch Studium in die Elite hineingearbeitet hatten. Diese Elite fühlte sich wiederum der Mittelschicht der Geschäftsleute in den Basaren verbunden, zu der nicht nur Kaufleute sondern auch Handwerker gehörten. Wenn die Elite für gerechten Steuereinzug sorgte, war die Mittelschicht zufrieden mit der Herrschaft.

Staatstragende Schicht waren auch die Geistlichen, die Mullahs. Sie standen in enger Verbindung zur Bevölkerung unterhalb der Mittelschicht. Diese Ärmeren hatten zumeist wenig Vertrauen zur bürokratischen Elite. Fühlten sie sich bedrückt von Steuerproblemen, dann begaben sie sich erst zum Mullah und dann zum Finanzbeamten. Wollten sich Männer aus der ärmeren Schicht um eine Stellung bewerben, dann holten sie sich Fürsprache beim Mullah. Diese Geistlichen lebten nicht in besonders hervorgehobenen Häusern, vergleichbar den Pfarrhäusern in Mitteleuropa – ihre Wohnungen bestanden zumeist aus primitiven Anbauten an bestehende Häuser, oder aus engen Kammern in Winkeln der Treppenhäuser. Sie hausten einfach, und doch besaßen sie Ansehen.

Daß die Mullahs einen gesetzlich definierten Status bekamen, dafür sorgte Schah Reza. Er ließ die Geistlichen vom Wehrdienst befreien – schon als Studenten –, wenn sie »die Theologie als ihren Beruf betrachten ohne einer anderen Beschäftigung nachzugehen«. Mit der Kleiderordnung des Jahres 1928, die alle Perser dazu zwingen sollte, »westliche Kleidung«, also Anzug und Krawatte zu tragen, wurde auch das äußere

Erscheinungsbild der Mullahs gesetzlich bestimmt: Sie waren davon befreit, »westliche Kleidung« tragen zu müssen; sie durften weiterhin die traditionellen iranischen Hemden tragen. Die Definition der Voraussetzung für die Befreiung vom Anzugszwang hieß: »Das Gesetz betrifft schiitische Rechtsgelehrte und andere Männer, die mit dem Heiligen Gesetz befaßt waren.«

Die Kleiderordnung des Jahres 1928 führte zur Kennzeichnung der Geistlichen: Sie waren künftig daran zu erkennen, daß sie aussahen, wie früher alle Männer in Iran ausgesehen hatten. Jeder, der nicht Geistlicher war, und nun einen europäischen Anzug mit Jacke und Hose tragen mußte, die meist aus billigem Stoff bestanden, der fühlte sich ärmlich gekleidet, während die Mullahs stolz waren, iranische Tradition weiterzupflegen.

Schah Reza gab sich über lange Zeit den Anschein, ein tief gläubiger Schiit zu sein. Am Ashura-Tag, der dem Gedächtnis des Märtyrers Husain gewidmet ist, nahm er, wenigstens einmal, an der Prozession teil. Ihm wurde damals allerdings angekreidet, daß er dabei Chopins Trauermarsch spielen ließ, in Bearbeitung für die Blaskapelle der Armee. Musik aber war bisher völlig verpönt gewesen bei diesem Anlaß, der das heiligste Ereignis der Schiiten im Ablauf des Jahres ist.

Daß ihm religiöse Zeremonien gleichgültig waren, und daß er sich überhaupt nicht darum kümmerte, was Geistliche von ihm hielten, zeigte Reza Khan im März 1928 in aller Deutlichkeit. Da war seine Mutter in die heilige Stadt Qum gereist, um am dortigen Heiligtum zu beten. Gerade als sie vor dem Schrein stand, geschah es, daß die Frau für einen Augenblick ihr Gesicht entblößte. Ob aus Zufall oder aus Absicht blieb ungeklärt – irgendwie hatte sich ihr Tschador gehoben. Der Augenblick hatte genügt, um die Gläubigen unruhig werden zu lassen. Getuschel war in der Moschee zu hören. Diese Störung veranlaßte einen Mullah, der das entblößte Gesicht ebenfalls gesehen hatte, die Mutter des Schahs auf das Unschickliche ihres Verhaltens hinzuweisen. Empört verließ die Frau die Moschee. Am folgenden Tag aber traf der Schah in Qum ein, und er brachte vierhundert Soldaten mit. Der Herrscher und die Bewaffneten drangen in die Moschee ein, jagten die Gläubigen beiseite und trieben auf gewalttätige Art die Mullahs zusammen. Der Geistliche, der es gewagt hatte, die Mutter des Schahs zu rügen, wurde vom Monarchen selbst brutal ins Gesicht geschlagen und durch Fußtritte mißhandelt. Von diesem Tag an waren die Kosakenstiefel des Schahs Reza gefürchtet.

Die Demütigung der Geistlichkeit war für den Schah nicht Selbstzweck. Dahinter stand der Wille des Herrschers, dieser Schicht vor allem deshalb das Ansehen zu zerstören, weil sie bisher durch viele Jahrhunderte hindurch auch die Gewalt hatte, die Rechtsprechung zu beeinflussen. Die Richter beriefen sich allein auf ihre geistliche Ausbildung, auf die Kenntnis des Koran und die schiitischen Traditionen. Schah Reza aber war überzeugt, daß der moderne iranische Staat, den er aufbauen wollte, ohne ein weltlich ausgerichtetes einheitliches Gesetzbuch nicht zu schaffen war. Die Gesetze hatten sich an europäischen Vorbildern zu orientieren. Gegen diese Anleihe bei westlichen Vorstellungen von Recht und Gerechtigkeit wehrten sich die Geistlichen.

Die auf Rechtsprechung spezialisierten schiitischen Korankenner sahen das gesamte System ihrer Ordnung als gefährdet an. Ihr Verständnis ihrer eigenen Funktion schloß ein, daß sie Vertreter waren des »entrückten« Zwölften Imam, dem eigentlich, am Tag des Jüngsten Gerichts, das Urteil über Unschuld und Schuld der Menschen zustand. Die Urteile der Korankenner wurden nur als vorübergehende Lösung eines Rechtsproblems betrachtet, die Gültigkeit hatten bis zur Wiederkehr des Zwölften Imam. Daß seine Urteile auch am Tag des Jüngsten Gerichts noch Bestand haben werden, das wünschte sich jeder der schiitischen Richter. Sie versuchten deshalb alle, im Sinne des Zwölften Imam Recht zu sprechen – und dies konnte nur gemäß den Vorschriften des Koran und der schiitischen Tradition geschehen. Die Einsetzung eines weltlichen und auch noch westlich orientierten Gesetzeswerkes mußte zwangsmäßig in den Augen der schiitischen Geistlichen als Mißachtung des Zwölften Imam gelten, und war somit ein Verbrechen gegen die von Allah eingesetzte Ordnung.

Schah Reza gelang es nicht, alle Punkte der Rechtsreform durchzusetzen. Das Strafrecht ließ sich im Geist europäischer Gesetzbücher verändern, kaum aber das iranische Zivilrecht. Eheschließungen und Besitzwechsel von Eigentum wurden sowohl während der Regierungszeit des Schahs Reza als auch in der des Sohnes Mohammed Reza Pahlavi nach schiitischer Tradition vollzogen. Die Proteste der Geistlichkeit waren erfolgreich gewesen, trotz rücksichtsloser Maßnahmen des Schahs.

Im Juli 1935 sahen sich die Geistlichen in Mashad wieder einmal veranlaßt, gegen die »unislamische und gottlose Politik« des Herrschers zu agitieren. Mashad wurde zum Zentrum der Unzufriedenen. Am Schrein des Ali Al Rida wurden Flüche gegen Schah Reza ausgestoßen. Die Gefahr war groß, daß aus diesen Protesten eine Revolution wurde, denn Tausende waren aus dem ganzen Land in den Osten von Iran gereist, um gegen die Politik des Schahs zu demonstrieren. Um dem Aufstand vorzubeugen, schickte der Monarch Truppen nach Mashad, um die Protestierenden aus dem Hof der Moschee zu jagen. Die Menschenmassen aber wollten bleiben, wollten sich nicht der Gewalt beugen. Doch die Truppen hatten Schießbefehl. Von den Dächern der Gebäude rings um die Moschee schossen die Soldaten aus Maschinengewehren in den ummauerten Hof. Hundert Menschen starben durch die Geschosse. Drei Soldaten, die sich geweigert hatten zu schießen, wurden hingerichtet.

Den Männern des Glaubens wurde deutlich gemacht, daß ihr Widerstand gegen eine Modernisierung des Iran gebrochen werden würde. Iran sollte endlich sein traditionelles Gesicht verlieren: Nicht mehr Minarette der Moscheen hatten das Erscheinungsbild der Städte zu bestimmen, sondern Fabrikschornsteine. Die Frauen wurden gezwungen, nicht länger ihre Gesichter hinter dem Tschador zu verbergen; als nichtig erklärt wurde die Anweisung des Propheten Mohammed, die Frauen dürften Nase und Mund nicht vor Fremden entblößen. Die Weigerung der Frauen aus konservativen Familien, den Tschador einfach abzulegen, beantwortete Schah Reza durch den Versuch, ein Verbot der Gesichtsverhüllung durchzusetzen.

In seinem Bemühen, europäische Sitten einzuführen, die Erfolgsrezepte der europäischen Industrie zu kopieren, schloß der Monarch ganz besonders das Deutsche Reich ins Herz. Die Wirtschaftsbeziehungen zwischen Iran und Deutschland intensivierten sich. Immer mehr Deutsche ließen sich in Teheran und in anderen persischen Städten nieder – teils als Vertreter der deutschen Industrie, teils als Agenten des deutschen Geheimdienstes. Schah Reza war überzeugt von der Überlegenheit des deutschen Soldaten und der deutschen Waffen: Er glaubte, als der Zweite Weltkrieg ausbrach, an den Sieg des Dritten Reiches.

Daß der Monarch sofort bei Kriegsbeginn die Neutralität Persiens erklärte, konnte die Alliierten nicht beruhigen. Im Jahr 1941 verlangte England die Ausweisung aller Deutschen aus dem persischen Territorium, die nicht für das Funktionieren der Wirtschaft und des Staatsapparates notwendig waren. Schah Reza reagierte auf die Forderung nicht. Daraufhin kam aus London das energische Ersuchen, jeden Deutschen aus dem Land zu schicken, der in irgendeiner Form den britischen Interessen gefährlich werden konnte. Auch dieses Ersuchen blieb unbeachtet. Durch diese Haltung des Schahs sahen nun allerdings die Alliierten ihre Kriegsanstrengungen gefährdet. Die Sowjetunion war zum Verbündeten der Engländer und der US-Amerikaner geworden – allerdings zu einem Verbündeten, der selbst Waffenhilfe dringend brauchte. Die sowjetischen Armeen benötigten Kriegsmaterial der vielfältigsten Art. Als Transportweg dafür kam aus Sicherheitsgründen nur iranisches Gebiet in Frage. Auf den vom Schah neu geschaffenen Straßen und auf den Strecken der schnell gebauten transpersischen Eisenbahn konnten die Waffen unbehelligt in Richtung Sowjetunion bewegt werden – wenn nur erst die deutschen Agenten Persien verlassen hatten. Aus dem Grunde der Sicherung der Verkehrswege bestanden die Alliierten darauf, die Deutschen seien auszuweisen.

Hatte Schah Reza geglaubt, er sei der Herr in seinem Reich, so wurde er am 26. August 1941 aus seinen Traumvorstellungen gerissen: Britische und sowjetische Truppen fielen in Persien ein, um einen

Korridor zu bilden, der allein von den Alliierten kontrolliert wurde. Der persische Monarch wurde nicht gefragt, ob er sein Land für die Waffentransporte zur Verfügung stellen wolle: Er wurde als Gegner behandelt.

Nur zwei Tage lang konnte sich schwacher persischer Widerstand gegen die Invasion hinziehen, dann hatten die britischen und die sowjetischen Soldaten gewonnen. Die Kapitulation der iranischen Armeekommandeure gab britischen Politikern und Diplomaten freie Hand in Iran. Sie verfolgten ein Ziel, Schah Reza, den Freund der Deutschen, abzusetzen.

Niemand war da, der dem Monarchen half. Die Armee, eben gedemütigt, konnte ihn nicht verteidigen; das Parlament war längst ohne Bedeutung. Die Geistlichen, die Einfluß auf das Volk besaßen, hatten keinerlei Neigung, die Massen zu Demonstrationen für Schah Reza zu veranlassen. So geschah es, daß der Monarch, der einst Kosakenoffizier gewesen war, am 16. September 1941 zu Gunsten seines Sohnes Mohammed Reza abdanken mußte. In diesem jungen Mann sahen die Alliierten ein williges Instrument, um in Persien tun und lassen zu können, was ihnen behagte.

Als Schah Reza das Land verließ, um ins Exil zu reisen, da empfanden viele Perser ein seltsames Gefühl: Sie standen nicht mehr unter Druck. Sie redeten freier, hatten kaum mehr Furcht vor der Polizei. Sie konnten vor allem wieder anziehen, was sie wollten; mit dem Verschwinden des Schahs war auch der Zwang verblaßt, Anzüge und Krawatten tragen zu müssen. Für manche Frau, die sich aus Scham darüber, daß sie ihr Gesicht unverhüllt zeigen mußte, nie mehr getraut hatte, ihre Wohnung zu verlassen, schien wieder die Zeit der Freiheit angebrochen zu sein.

Der Kriegszustand, das Kriegsrecht der Alliierten verhinderten, daß die Bewohner Persiens ihre Freiheit wirklich entwickeln konnten. Sie waren nicht in der Lage, die hilfsbereite Hand zu erkennen, die von Washington ausgestreckt wurde: Der Vertreter des amerikanischen Präsidenten im Mittleren Osten, General Patrick Hurley, hatte an seinen Staatschef berichtet, die Menschen des Landes lebten unter harten Bedingungen des Feudalismus; die USA müßten helfen, damit diese Regierungsform aufgelöst und durch eine demokratische Gesellschaftsordnung ersetzt werden könnte. Präsident Roosevelt zeigte an solchen Gedanken Interesse. Er kam im Jahr 1943 nach Teheran, um sich mit Churchill und Stalin zu treffen. Er sah Stadt und Land ringsum, und die Menschen, die da lebten, und gewann bald die Überzeugung, in Persien ein Muster schaffen zu können für die Entwicklung zurückgebliebener Länder insgesamt – eine Art von »Experimentierstation« um Erfahrungen zu sammeln in der Gestaltung eines Landes, das bisher der Vergangenheit verhaftet war. Das Rezept des Präsidenten der USA für Persien hieß: »Selbstregierung und freies Unternehmertum«. Diese Kombination sollte dafür sorgen, das von Schah Reza auf sich persönlich zugeschnittene Regierungssystem der einsamen Entschlüsse und der Brachialgewalt in eine demokratisch angehauchte Staatsform nach westlichem Vorbild zu verwandeln. Da war in Washington davon die Rede, Iran werde künftig als eine Art von »Klinik« betrachtet werden, in der die »Medizin« erprobt werde – am lebenden Objekt – für die Heilung der »siechen Entwicklungsländer«.

Das Rezept des amerikanischen Präsidenten konnte jedoch deshalb kaum ungestört angewandt werden, weil eben Iran kein gewöhnliches »sieches Entwicklungsland« war; Iran gehörte schon zur Zeit des Zweiten Weltkriegs zu den ölproduzierenden Staaten, und war deshalb für Ölgesellschaften und für Industrieländer von höchstem Interesse. Sie alle wollten Einfluß nehmen in Iran, wollten eine Entwicklung in ihrem Sinne lenken. Gerade im Jahr 1943, im Jahr, als das Rezept für Iran erste gedankliche Form annahm, stellte eine britische Gesellschaft den Antrag, im Südosten des Iran nach Öl forschen zu dürfen. Ein Jahr später lagen bereits mehrere derartige Gesuche vor. Auch die sowjetische Regierung wollte auf iranischem Gebiet nach Öl bohren lassen, und hatte dafür ein Gebiet im Norden des Reiches ausgesucht. Da die Verantwortlichen in Moskau nicht Gefahr laufen wollten, daß ihr Wunsch unberücksichtigt blieb, übten sie massiven Druck aus auf die iranische Regierung. Sie schreckten sogar vor einer militärischen Besetzung Azerbeidschans nicht zurück.

In dieser Zeit der Wirren in Iran hielt sich die Geistlichkeit zurück: Keiner der Mullahs äußerte sich zum Problem der künftigen Ausbeutung iranischer Ölfelder. Die Aufgabe Mahner zu sein, hatte ein sechzigjähriger Abgeordneter des Teheraner Parlaments übernommen. Sein Name war Dr. Mohammed Mosaddegh. Er setzte im Dezember 1944 die Verabschiedung eines Gesetzes durch, das dem Kabinett strikt die Verhandlung mit ausländischen Ölgesellschaften über mögliche Konzessionen verbot. Erst nach dem Krieg sollte über die Zukunft der iranischen Ölwirtschaft entschieden werden. Der Abgeordnete Mosaddegh hielt wenig von den Gedankenspielen des amerikanischen Präsidenten, Iran mit dem Rezept »Selbstregierung und freies Unternehmertum« in die Zukunft zu führen. Er ahnte voraus, daß ein Thema künftig für Iran vor allen anderen von Bedeutung war: Das Öl. In diesem Stoff sah Dr. Mosaddegh das Mittel, um die Gesellschaft des Landes zu verändern.

Der Zweite Weltkrieg endete mit dem Sieg der Alliierten. Sie hatten keinen Anlaß, länger iranisches Gebiet besetzt zu halten. Die englische und die amerikanische Regierung zogen die Konsequenz: Beide holten ihre Truppen aus Iran zurück. Die Sowjetunion aber hielt die Provinz Azerbeidschan weiterhin besetzt; sie hatte auf diesem nördlichsten iranischen Gebiet sogar eine getrennte, von Moskau abhängige Regierung eingesetzt. Stalins Politik verfolgte zwei Ziele: Er wollte Einfluß behalten auf die Richtung, die Iran künftig einschlug – und er wollte, daß sich die Sowjetunion an der Ausbeutung der Ölvorräte im Boden des Iran beteilige. Der sowjetische Diktator war der Meinung, seine Ziele erreicht zu haben, als im April 1946 seine diplomatischen Vertreter und die des Schahs Mohammed Reza Pahlavi einen Vertrag abschlossen über die Gründung einer sowjetisch-persischen Ölgesellschaft.

In jener Zeit um das Ende des Zweiten Weltkriegs war es Moskau auch gelungen, die marxistisch orientierte Tudehpartei ganz unter sowjetischen Einfluß zu bringen. Stalin glaubte, mit diesen beiden politischen Beinen – mit dem Ölvertrag und der moskautreuen Tudehpartei – die Abhängigkeit des Iran von der sowjetischen Führung für die Zukunft gesichert zu haben. Er täuschte sich: Im Oktober 1946 lehnte das persische Parlament die Ratifizierung des Vertrags über die Gründung der sowjetisch-persischen Ölgesellschaft ab. Ein Jahr später schloß Persien ein Abkommen mit den USA über militärische Zusammenarbeit. Die Bindung des Reiches an den Westen nahm ihren Anfang. Amerikanische Finanzhilfe floß auf die Konten des iranischen Staats. Sie war Bestandteil des Rezepts, durch »Medizin« dem »siechen Entwicklungsland« zu helfen. Doch Dr. Mosaddegh sah ein effektiveres Mittel: Er setzte im April 1951 durch, daß das Teheraner Parlament die Ölindustrie auf iranischem Territorium verstaatlichte. Persien sollte künftig nicht mehr abhängig sein von finanziellen Zuwendungen der Anglo-Iranian-Oil Company. Dem persischen Staat gehörten von nun an alle Gelder, die an persischem Öl zu verdienen waren. Persien war fortan kein armes Land mehr.

Englands Proteste verhallten, da sie machtlos vorgebracht wurden. Diese Schwäche schadete dem Ansehen der Londoner Regierung derart, daß Englands bisher starke Position im Nahen und Mittleren Osten abzubröckeln begann. Persien aber wurde für die Entwicklungsländer zum Vorkämpfer im Streit um Unabhängigkeit von fremden Regierungen und fremden, international orientierten Konzernen.

Dr. Mosaddegh war Ministerpräsident geworden und hatte sich zum Gegner des Schahs Mohammed Reza Pahlavi entwickelt. Der Ministerpräsident schien zunächst Sieger zu sein in der Auseinandersetzung: Demonstrationen gegen die Monarchie veranlaßten den Monarchen im August 1953 zu überstürzter Flucht ins Ausland.

Die Armeeführung hatte die Demonstrationen und die Abreise des Staatsoberhaupts nicht verhindern können, doch sie war, als die Turbulenzen abgeklungen waren, beunruhigt über die Parolen, die von den Demonstranten gerufen worden waren – die waren ganz offensichtlich von der kommunistisch orientierten Tudehpartei formuliert worden. Die Demonstranten hatten sogar die sowjetische Haltung zu Persien gepriesen. Dies war auch den Mullahs aufgefallen, doch sie hatten die kommunistische Tendenz nicht ernstgenommen vor lauter Freude, daß der

Schah seine Macht verloren hatte; die Geistlichen sahen keinen Anlaß zu handeln. Die Armee aber wartete nicht länger. Sie trieb am 18. August 1953 eine Massenversammlung, bei der wiederum die Kommunisten die Parolen bestimmten, auseinander. Am 19. August aber zogen Kolonnen von Männern und Frauen durch Teheran, die sich zum Schah bekannten, die seine Rückkehr forderten. Die Demonstranten schlugen schließlich die Richtung zum Dienstgebäude des Ministerpräsidenten Dr. Mosaddegh ein, der seit der Flucht des Monarchen als der starke Mann in Persien galt. Doch diese Machtposition zerbrach innerhalb weniger Minuten: Die Demonstranten stürmten den Amtssitz des Ministerpräsidenten. Mit knapper Not gelang es ihm, durch den Garten zu fliehen und unterzutauchen.

Der amerikanische Geheimdienst machte später nie ein Geheimnis daraus, daß die »schahfreundlichen Demonstranten« für bares Geld in den Armenvierteln in den südlichen Quartieren von Teheran rekrutiert worden waren. Es waren »die Fremden«, die so für die Rückkehr des Monarchen in seinen Palast gesorgt hatten. Im Bewußtsein des iranischen Volkes entwickelte sich im Verlauf der Jahre das Gefühl, »die Amerikaner« hätten damals, 1953, die Revolution gekauft und damit vernichtet.

Die schiitischen Geistlichen hatten die Entwicklung mit Erstaunen beobachtet. Sie hatten weder auf die Vertreibung des Schahs noch auf seine Rückkehr Einfluß genommen – und Dr. Mosaddegh hatte in den Mullahs auch keine Verbündeten gesehen. Er war iranischer Nationalist, sein Bekenntnis zur schiitischen Ausprägung des islamischen Glaubens war Teil seines Nationalgefühls, Teil der Abgrenzung gegen den panarabischen Nationalismus zum Beispiel. Für den Ministerpräsidenten Mosaddegh stand die Wiederherstellung des schiitischen Rechtsgebäudes als Grundlage iranischer Jurisdiktion nie zur Diskussion. Er konnte kein Partner sein der Mullahs, die den Zwölften Imam, den »entrückten« Nachfahren des Propheten Mohammed für den eigentlichen Herrscher in Persien hielten. Noch war die Zeit nicht gekommen für eine chancenreiche politische Aktivität der schiitischen Geistlichkeit.

Männer, die auch nach seinem Sturz noch zu ihm hielten, berichteten, Mosaddegh habe sich, zu ihrer Überraschung, als religiöser Perser in seinen Untergang gefügt. Als sich die Massen im Süden der Stadt sammelten, um als bezahlte Demonstranten in Teheran auftragsgemäß den Umsturz zu erzwingen, da hätte der Ministerpräsident über den Rundfunk die Mullahs auffordern können, zusammen mit den von ihnen zu mobilisierenden Massen den Aufmarsch der vermeintlichen Schahanhänger zu stören, doch er war der Meinung, sein Schicksal erfülle sich, so wie sich einst das Schicksal des Märtyrers Husain erfüllt habe.

Am 22. August 1953 befand sich der Schah wieder in seinem Palast. Ruhe herrschte in der Hauptstadt, doch Teheran machte den Eindruck, eben erobert worden zu sein. Die Armee beherrschte die Straßen. Für die Bevölkerung sah es so aus, als ob der Schah und die Armee die Macht ungebrochen in Händen hätten. In Wahrheit aber waren weder der Niavaranpalast noch das Armeehauptquartier Machtzentrale im iranischen Staat: In der amerikanischen Botschaft wurden die Entscheidungen gefällt. Von dort aus war die Rückkehr des Schahs organisiert worden. Dort wurde das Geld verteilt, das als Soforthilfe von der amerikanischen Regierung zur Verfügung gestellt wurde. Fünfundvierzig Millionen Dollar standen bereit, um an diejenigen ausbezahlt zu werden, die Treue zum Herrscher bewiesen hatten. Wer unter den Höflingen und Offizieren sich nicht in den Dienst des Ministerpräsidenten Mosaddegh begeben hatte, wurde reich belohnt, nicht nur durch Geld, sondern vor allem auch durch einflußreiche Posten. Die Männer kamen nun zu Rang und Würden, die während der nächsten Jahre, bis zum Ende der Schahzeit Armee, Verwaltung und Geheimdienst lenkten.

Selbst die engsten Ratgeber des Schahs nahmen nicht an, ihr Herr habe jetzt Dr. Mosaddegh in den Herzen der Iraner abgelöst. Wenn der Erfolg gesichert werden sollte, dann mußte der Schah dafür sorgen, daß er im Volk eine breite Basis der Popularität bekam. Die Richtlinien für den Weg, den er zu beschreiten hatte, wurden ebenfalls in der amerikanischen Botschaft ausgearbeitet. Sie sahen vor, der Schah habe vor allem die Sympathie der Frauen zu gewinnen, schließlich bestehe die Bevölkerung Persiens zu mehr als der Hälfte aus Frauen. Erhielten sie die Gleichberechtigung, dann sei als sicher anzunehmen, daß sie dem Herrscher treu ergeben und immun gegen kommunistische oder religiöse Propaganda sein würden.

In den Richtlinien für Maßnahmen zur Steigerung der Beliebtheit des Schahs ist auch der Vorschlag zu finden, der Monarch möge sich intensiv um Glaubensbelange kümmern. Die Religion sei bisher von der regierenden Familie Pahlavi völlig vernachlässigt worden. Häufig sei sogar der Eindruck entstanden, der Schah sei ein Gegner des schiitischen Glaubens. Von nun an, so wird im Memorandum der amerikanischen Berater empfohlen, werde sich Schah Mohammed Reza Pahlavi an jedem Freitag in der Moschee zeigen müssen und zwar von Woche zu Woche jeweils in einer anderen Moschee. Auf diese Weise sei es möglich, die Geistlichen daran zu hindern, ihren Einfluß auf die Bevölkerung zu stärken.

Der Schah befolgte diesen Rat. Jeden Freitag betete er in aller Öffentlichkeit, um zu demonstrieren, daß er ein treuer Moslem sei, und dazuhin auch überzeugt sei, daß der »entrückte Zwölfte Imam« dereinst die Herrschaft antreten werde. Allerdings wollte er nie den Verfassungsartikel als gültig anerkennen, der seit der Epoche der letzten Kadscharenschahs den Monarchen nur als Vertreter des Zwölften Imam definierte. Die eigene Herrschaft hatte Mohammed Reza Pahlavi nach der überstandenen Gefahr als durchaus dauerhaft angesehen – und aus eigener Kraft beständig. Die Dynastie der Familie Pahlavi würde, davon war der Schah überzeugt, von nun an für lange Zeit Persien regieren – ohne die Macht mit dem Zwölften Imam teilen zu müssen. An die Realität dieses »entrückten« Mahdi glaubte Mohammed Reza Pahlavi nie.

Wenn der Schah auch an den Mahdi nicht glaubte, so war er doch um so mehr davon überzeugt, daß die Mullahs in Zukunft ernst zu nehmen waren. Daß der Monarch die Geistlichen respektieren wollte, das signalisierte er im Jahr 1955: Er gab seinem Geheimdienst den Auftrag, islamische Gruppen zur Plünderung der Zentrale der Baha'i-Religion in Teheran zu ermutigen. Erzählt wird, an der Aktion habe sogar der Stabschef der iranischen Armee persönlich teilgenommen. Es blieb nicht bei der Plünderung – große Teile des imposanten Gebäudes, unter anderem auch das Kuppeldach, wurden zerstört.

Unmittelbar nach dieser Verwüstungsaktion erhielt der Schah ein Telegramm des Ayatollah Mohammed Behbahani mit Worten des Dankes und der Glückwünsche, daß die Baha'i, die Feinde des Islam, für ihren Hochmut bestraft worden seien. Der »Tag der Züchtigung der Baha'i« müsse künftig alljährlich als religiöser Feiertag begangen werden. Mit der Veröffentlichung dieses Glückwunschtelegramms war allerdings das Ventil für die Stimmung im Reiche gegen die Baha'i-Gläubigen zu stark geöffnet worden: Da verbreitete sich die Überzeugung, der Schah billige die Vernichtung der Sekte in Persien. Viele, die als Baha'i bekannt waren, wurden verprügelt; einige der Angegriffenen erlitten den Tod. Manche Baha'i-Frau wurde vergewaltigt.

Die Geistlichkeit rechnete schon damit, der Staat werde die Beschlagnahme des gewaltigen Vermögens der Baha'i-Glaubensgemeinschaft den religiösen Stiftungen der Schiiten übereignen, doch diese Hoffnung erfüllte sich nicht.

Das Jahr 1955 ist sonst allgemein gekennzeichnet als Zeitraum der Nachgiebigkeit gegenüber den Meinungen und Ansprüchen der Mullahs. Sie forderten und erhielten Einfluß auf den Religionsunterricht in den Schulen. Sie wurden gefragt, welche Filme an schiitischen Festtagen in den Kinos gezeigt werden durften; ihnen wurde der Bau einer Moschee auf dem Gelände der Teheraner Universität gestattet. Die Ursache für das Entgegenkommen während der ersten neun Monate des Jahres 1955 war bald offenkundig: Der Schah hatte die Absicht, sich durch den Baghdad-Pakt enger an die Vereinigten Staaten von Amerika zu binden. Durch Freundlichkeit gegenüber den Geistlichen wollte sich der Schah deren Zustimmung zu diesem Schritt erkaufen.

Im Oktober 1955 unterzeichnete die persische Regierung das Beitrittsdokument zu jenem Bündnis, dem die Türkei, Irak und Pakistan angehörten. Die Armeen dieser Staaten, dies war der Zweck des Baghdad-Pakts, sollten die Kontrolle der südlichen Flanke der Sowjetunion übernehmen. Die Nachgiebigkeit des Schahs gegenüber den Mullahs zahlte sich tatsächlich aus: In den Moscheen erhob sich damals keine Stimme des Protests gegen diese Anbindung des Iran an die USA. Der Pakt war allerdings von kurzer Gültigkeitsdauer: Im Sommer 1958 wurde die Monarchie im Irak gestürzt – die Männer der Baathpartei, die danach in Baghdad regierten, sahen in Washington keinen Partner für ein tragfähiges Bündnis, ihnen war auch Feindschaft gegenüber der Sowjetunion fremd. Das abrupte Ende des Paktes konnte dem Schah nicht mehr schaden: Er hatte zu diesem Zeitpunkt eine eigenständige Bindung an die USA gefunden.

Der Beginn der 60er Jahre war gekennzeichnet durch ein rasch entwickeltes und ebenso rasch durchgeführtes Reformprogramm, für das der Schah persönlich verantwortlich zeichnete. Mohammed Reza Pahlavi gab ein gutes Beispiel: Er verschenkte eigenes Land an die Bauern, und er veranlaßte andere Großgrundbesitzer zu großzügigen Stiftungen ähnlicher Art. Die Pahlavi Foundation wurde gegründet, die – mit Geld aus dem Vermögen des Schahs – Erziehungsprogramme finanzierte und den Aufbau von Gesundheitszentren für die Armen förderte. Ein Referendum gab durch die hohe Zahl der positiven Stimmen dem Monarchen die Gewißheit, das Volk honoriere, was er zum Wohlergehen aller getan habe.

Der Erfolg der Abstimmung hatte allerdings für den Schah ein Resultat, das er nicht erwartet hatte: Die Geistlichkeit begann Widerstand zu mobilisieren. Anlaß dazu war die Weigerung des Herrschers, den Landbesitz der religiösen Stiftungen vom Zwang zur Bodenverteilung an die Bauern auszunehmen. Viele der höchsten Geistlichen lebten von den riesigen Gütern, die manche der Stiftungen zu verwalten hatten. Sie argumentierten damit, die Verarmung der Stiftungen durch die Wegnahme des Grundbesitzes sei ein Angriff auf den Islam. Zu den lautstarken Kritikern des Schahs – der in Qum, im Zentrum der schiitischen Geistlichkeit, für die Durchsetzung des Gesetzes zur Bodenreform persönlich warb – gehörte Ayatollah Ruhollah Khomeini. Zum erstenmal bezogen der Schah und Khomeini Position gegeneinander. Ihr Konflikt beherrscht iranische Politik während der folgenden Jahre.

Der Protest des Ayatollah gegen die Landreform verhallte noch fast ungehört. Die Umverteilung von landwirtschaftlich nutzbaren Flächen aus den Händen der Reichen an die Armen war ein derart populäres Programm, daß Stimmen dagegen nicht zur Kenntnis genommen wurden.

Weit positiver aufgenommen wurde von den schiitischen Männern der Widerstand des Ayatollah gegen ein Gesetz, das den Frauen Stimmrecht gab. Der Schah hatte nicht verheimlicht, daß er für die Gleichberechtigung der Frauen eintrat. Sie sollten ohne Beschränkung beruflich tätig sein dürfen. Vor den Richtern sollten die Frauen gleich wie Männer behandelt werden. Diese Gleichstellung wurde von den schiitischen Geistlichen als unislamisch abgetan.

Jegliche Zurückhaltung gaben die Männer des Glaubens auf, als den Frauen bei Gemeinderatswahlen tatsächlich Stimmrecht zugestanden wurde. Khomeini stellte damals in seinen Predigten die Frage, ob dieses Gesetz, das die Frauen zu den Wahlurnen hole, von »Angehörigen des Baha'i-Glaubens« formuliert worden sei. Der Gesetzestext passe so sehr »zum Denken dieser Zionisten«, daß er wohl daran glaube, die »Verschwörung der Baha'i« gegen den Islam sei bereits derart weit vorgeschritten. Die Baha'i, so predigte Khomeini, würden als nächstes den Staat und die Wirtschaft kontrollieren wollen. Wie weit ihr Einfluß gehe, sei daran abzulesen, daß nach einem neuen Gesetz gewählte Vertreter des Volkes ihren Eid bei Amtsübernahme nicht mehr auf den Koran zu leisten hätten, sondern – so lautete jetzt die Formel – auf das »Heilige Buch«, und darunter konnte jede Religionsgruppe jeweils ein anderes Buch verstehen: Die Baha'i konnten den Schwur auf die Schriften von Baha'ullah leisten.

Khomeinis Protest gegen »die Entwertung des Koran zu Gunsten zweifelhafter anderer Offenbarungen« fand allgemeine Zustimmung. Die Regierung war gezwungen, das Gesetz zu revidieren – der Koran galt künftig in Iran wieder als das einzige Heilige Buch, das Gültigkeit besaß. Die Geistlichen hatten einen Sieg errungen, der Auswirkungen haben sollte.

Da war einer der Männer des Glaubens hervorgetreten, um in einer politischen Angelegenheit den Standpunkt der schiitischen Religion zu vertreten – und er hatte damit nicht anders gehandelt, als die Imame der Generationen, die auf den Tod des Gesandten Allahs gefolgt waren. Sie hatten zumeist vorgelebt, wie die enge Verbindung von Glaube und Politik, die auf die Herrschaft des Propheten Mohammed im Islamischen Staat zurückzuführen ist, in der Praxis einzuhalten war. Khomeini war der Überzeugung, die Politik dürfe nicht den Politikern und nicht einem Monarchen wie dem Schah überlassen werden. Der Islam umfasse alle Aspekte des Lebens – Mohammeds Leben und Handlungen seien der Beweis dafür. Deshalb seien die Männer des Glaubens im Islam aufgerufen, auf das Wirken der Politiker zu achten, ihre Vorhaben und Taten zu kontrollieren.

Die Tradition gibt den schiitischen Geistlichen allerdings die Möglichkeit, der Verpflichtung zu entgehen, Stellung beziehen zu müssen in Fragen der Politik. War die Übermacht eines Glaubensfeindes zu groß, dann durfte der Geistliche schweigen, sich zurückziehen auf reine Fragen des Glaubens. Eine solche Phase des sich Verstellens wurde »tuqi'a« genannt. Sie wurde damals praktiziert in Iran – seit August 1953, seit der Rückkehr des Schahs aus dem kurzen Exil. Nun aber, im Sommer des Jahres 1963, erklärte Khomeini, die Zeit von »tuqi'a« sei jetzt vorüber.

Die Männer des Glaubens hätten Stellung zu beziehen gegen die Männer des Unglaubens; und er ließ keinen Zweifel daran, daß der Schah an der Spitze derer stehe, die dem Unglauben zuzurechnen seien.

Ein Nachfahre des Propheten kämpft gegen den Schah

Jahre waren vergangen seit dem unrühmlichen Ende der Revolution, für die Dr. Mosaddegh das Symbol gewesen war, da besann sich Khomeini darauf, daß damals auf seiten der Revolutionäre Opfer zu beklagen waren, daß Menschen verhaftet und getötet worden waren. Er entschloß sich, für diese Opfer zu sorgen, und er schrieb Briefe an die Staatsoberhäupter aller islamischer Staaten, mit der Bitte um eine Spende für die Angehörigen der Getöteten und Verschwundenen. Antwort erhielt Khomeini, der damals, auch in der Welt des Islam, völlig unbekannt war, nur vom ägyptischen Staatschef Gamal Abdel Nasser, der in jener Zeit auch der Mächtige in Damaskus war, denn Ägypten und Syrien waren zusammengeschlossen zur Vereinigten Arabischen Republik. Auf Veranlassung von Nasser reiste ein Libanese, der in Wahrheit ein Mitarbeiter des ägyptisch-syrischen Geheimdienstes war, nach Teheran, um Khomeini zu treffen. In seinem Koffer trug er 150000 Dollar in barem Geld mit sich. Der Libanese wurde allerdings sofort bei der Ankunft auf dem Teheraner Flughafen verhaftet. Angenommen wurde damals, der israelische Geheimdienst, Mossad, habe von der Reise des libanesischen Geldboten erfahren und habe seine Ankunft an den iranischen Geheimdienst Savak verraten.

Khomeini hatte von Nassers Geldsendung nichts erfahren und konnte deshalb auch nicht gegen die Beschlagnahme der 150000 Dollar protestieren. Er erfuhr von der Savak-Aktion erst aus einer Sendung des iranischen Rundfunks: Da hatte der Schah den schiitischen Führern seines Reiches die Frage gestellt, was sie von einem zu ihrem Kreis gehörenden Geistlichen hielten, der Geld von Nichtschiiten in Empfang nehme und für sich verbrauche. Khomeini war gezwungen zu antworten, und er benutzte dafür seine Vorlesung, die er in der heiligen Stadt Qum hielt. Der Geistliche sagte: »Wir haben von nun an zu dem zu stehen, was wir für richtig halten. Und richtig ist, daß ich kein Geld aus dem Ausland benötige. Meine Schüler geben mir, was ich für mein Leben brauche. Das Geld, das mir Präsident Nasser geschickt hat, war für Witwen und Waisen bestimmt, für Frauen und Kinder, die durch den Schah zu Witwen und Waisen gemacht worden sind. Das Geld ist diesen Frauen und Kindern durch die Agenten des Schahs gestohlen worden.

Diese Herausforderung nehme ich an!« Damit hatte der Kampf des Ayatollah gegen den Schah begonnen. Genaugenommen wurde dieser Kampf zur Neuauflage der Auseinandersetzung der Familie des Propheten mit denen, die »widerrechtlich die Macht an sich gerissen hatten«.

In Khomein war der mutige Geistliche geboren worden, in einer abgelegenen Oasenstadt, in deren Zentrum ein ärmlicher Markt liegt, der von Bauern besucht wird, die kaum über bares Geld verfügen. Die Straßen von Khomein sind staubig. Die Häuser bestehen aus Lehm. Als Khomeini dort aufwuchs, lebten vielleicht dreitausend Menschen in diesen Häusern. »Niemand hielt sich dort gerne auf«, dies ist die Erinnerung, die Khomeini selbst an seine Heimat hat. Nach der Rückkehr aus dem französischen Exil hat er sich geweigert, den Geburtsort zu besuchen. Diese Weigerung mag aber damit zusammenhängen, daß er überhaupt jede Bindung an einen Ort dieser Erde für Sünde hält, denn Liebe zur Heimat lenke von der Liebe zu Allah ab, und nur diese Liebe gelte es zu bewahren und zu pflegen.

Als Khomeinis Geburtsdatum gilt der 9. November des Jahres 1902, nach dem christlichen Kalender gerechnet. Sein Geburtshaus ist heute noch zu sehen: Ein überaus schlichtes einstöckiges Gebäude. Die meisten der elf kleinen Räume sind fensterlose Kammern. Der einzige Luxus besteht aus Kaminen, aus Luftschächten, die durch die Decke führen, sie sorgen für leichten, kühlenden Wind in den Kammern.

Khomeinis Vater hieß Sayyed Mustafa. Durch den Titel Sayyed war dieser Mann gekennzeichnet als Mitglied des »Haushalts des Propheten«, als Mitglied von »Ahl al Beit«, als zu den »Leuten des Hauses« gehörig. Wer Sayyed genannt wird, rechnet sich zu den unmittelbaren Nachkommen des Propheten Mohammed und gehört damit zur bevorzugten Familie, der Allah bei Mohammeds Tod im Jahre 632 n. Chr. die Gewalt im Islamischen Staat zugesprochen hatte. Attribute der Kleidung hatte die Sayyeds über Jahrhunderte hin von gewöhnlichen Sterblichen unterschieden: Sie hatten grüne Schärpen getragen. Durch die Kleiderordnung, die Reza Khan, der erste der beiden Pahlavi-Schahs verfügt hatte, waren diese Schärpen abgeschafft worden. Doch einem Sayyed, der sich entschloß Geistlicher zu werden, öffnete sich eine andere Möglichkeit der Kennzeichnung seiner Person: Er durfte einen schwarzen Turban tragen.

Diese Regelung gilt bis heute. Einem Geistlichen, der sich nicht zu den Sayyed rechnen kann, ist nur das Tragen eines weißen, höchstens eines cremefarbenen Turbans erlaubt. Khomeini darf zu Recht den schwarzen Turban tragen. Er wurde Sayyed durch seinen Vater, und der war ebenfalls durch seinen Vater Sayyed geworden. Selbst seine schlimmsten Feinde sagen nicht, Khomeini oder dessen Vorfahren hätten sich den Titel Sayyed und den schwarzen Turban widerrechtlich angeeignet, denn ein derartiges Eindringen in die Familie des Propheten war in der

Gegenwart nie und in der Vergangenheit selten gewagt worden – seltener als sich in Europa Männer widerrechtlich selbst zu Mitgliedern bedeutender Adelshäuser ernannt hatten. Wer sich Sayyed nannte, ohne daß Vater und Großvater als anerkannte Sayyeds galten, der riskierte es, erschlagen zu werden. Ertappte jemand einen Geistlichen beim unberechtigten Tragen des schwarzen Turbans, war er verpflichtet, den Geistlichen zu töten. Wer sich, ohne wahrhaft Sayyed zu sein, das schwarze Tuch um den Kopf schlang, der gehörte zu denen, »deren Blut vergossen werden muß«. Dieses Risiko schreckte ab. Es kann daher davon ausgegangen werden, daß, wer sich heute Sayyed nennt, auch mit Recht ein Sayyed ist.

Der Name der Großfamilie, in die Khomeini hineingeboren wurde, heißt Musawi. Diese Familie leitet den Namen von Musa Ibn Ja'far Kazim ab, dem Siebten der Imame. Musa Ibn Ja'far Kazim gilt als der Stammvater. Diese Herleitung der Abstammung schließt selbstverständlich die Abstammung von Ali und dem Gesandten Allahs mit ein.

Vom Siebten Imam wird berichtet, er habe Reisen nach Persien unternommen, und dabei in persischen Städten bei längerem Aufenthalt nach islamischer schiitischer Auffassung rechtlich gültige Ehen auf Zeit geschlossen. Vier Frauen waren dem Moslem zur Heirat erlaubt, er durfte die Zahl jedoch vermehren, wenn er in der Lage war, weitere Frauen zu versorgen, zu ernähren. Die zeitliche Dauer solcher Ehen konnte auf einen Tag beschränkt oder auf viele Jahre ausgedehnt werden. Die Söhne des Siebten Imam, die aus den Ehen auf Zeit entsprossen, hatten das Recht, sich als Angehörige der Familie des Propheten zu bezeichnen. Ihre Nachfahren wiederum nennen sich, ebenfalls mit Recht, Sayyed. Zu ihnen gehört der Ayatollah Ruhollah Khomeini.

Den Namen Khomeini legte sich Ruhollah erst später zu, als Geistlicher, um seine Herkunft aus Khomein zu dokumentieren, sein eigentlicher Name ist Sayyed Ruhollah Musawi. Der Vater Mustafa starb im Frühjahr 1903, als sein Sohn Ruhollah noch nicht einmal sechs Monate alt war. Berichtet wird, Mustafa sei im Auftrag von Großgrundbesitzern erschlagen worden, weil er in einem Streitfall um Eigentum an Grund und Boden auf Einhaltung des schiitischen Rechts gepocht habe. Möglich ist, daß um den Anteil an den Ernteerträgen gestritten wurde, die einem Sayyed nach Brauch und Tradition zustanden. Gängige Meinung unter den Schiiten ist heute, Khomeinis Vater sei einst Opfer der Verfolgung durch Kräfte geworden, die gegen die Gerechtigkeit gekämpft hätten.

Daß der Vater ums Leben gekommen war, wurde in der Kleinstadt Khomein – so seltsam dies klingt – dem Säugling Ruhollah zugeschrieben. Zu den Überzeugungen, die aus Lebenserfahrung gewonnen worden waren, zählte damals der Glaube, ein Kind, auf dessen Geburt bald ein schlimmer Vorfall folge, bringe der ganzen Familie weiteres Unglück. Dieser Überzeugung waren die Nachbarn der Mutter des Ruhollah. Daß der Vater gerade durch sechs Messerstiche getötet worden war, wurde mit den sechs Lebensmonaten des Kindes in Verbindung gebracht. Der Aberglaube trieb derartige Blüten, daß die Mutter Gefahr für ihren Sohn sah. Sie gab Ruhollah aus dem Hause in die Obhut einer Tante. Der Mutter wurde bald darauf noch ein Sohn geboren, der bei des Vaters Tod schon als Embryo im Heranwachsen gewesen war. Dieser letzte Sohn des Mustafa, er wurde Mohammed genannt, nahm die Mutter derart in Anspruch, daß sie sich um Ruhollah nicht mehr kümmerte.

Dieser Geschichte der Kindheit wird heute von den Schiiten besondere Bedeutung zugemessen. Sie sehen die Parallele zum Leben des jungen Mohammed, der auch einst keinen Vater mehr hatte, und der bei Onkel und Tante in Pflege aufgewachsen war. Offenbar hatte Allah ein Zeichen gesetzt – und zu den Pflichten des Gläubigen gehörte es, dieses Zeichen zu erkennen. Zur Auszeichnung, ein Sayyed zu sein, kam im Falle des Ruhollah der Hinweis durch den göttlichen Ratschluß auf die Besonderheit, auf den Auftrag dieses Mannes.

Verwandte, die sich an die Kindheit des Ruhollah erinnern, sagen, er sei so aufbrausend und jähzornig gewesen wie sein Vater, doch seine Tante habe ihn zu beherrschen gewußt. Sie habe auch dafür gesorgt, daß der Junge im Alter von vier Jahren begann, den Koran auswendig zu lernen. Ruhollah wurde in eine der kleinen und ärmlichen Koranschulen geschickt, die in privater Initiative von Mullahs betreut wurden. Damals, zu Beginn dieses Jahrhunderts, hatte es in den kleineren Städten Persiens keine staatlichen Schulen gegeben. Ein Erziehungssystem aufzubauen, das nahm sich dann erst Schah Reza vor. Für die Eröffnung von Koranschulen, Maktab genannt, gab es keinerlei Richtlinien der Schulordnung, und es gab keine Kontrolle durch eine Aufsichtsbehörde, durch ein Schulamt. Die Kosten der Schule wurden durch die Eltern bezahlt und durch bestehende religiöse Stiftungen. Im allgemeinen blieb der Lehrstoff auf den Koran beschränkt. Ruhollah soll im Alter von sechs Jahren bereits den Wortlaut sämtlicher Koransuren beherrscht haben. Diese Leistung hat seine Tante, bei der er aufwuchs, veranlaßt, ihm eine Leibrente auszusetzen, die es ihm möglich machte, den Weg des Geistlichen einzuschlagen.

Mit siebzehn Jahren verließ Ruhollah die Heimatstadt Khomein auf Anraten seines Koranlehrers, der zugab, den jungen Mann nichts mehr lehren zu können.

Die höhere Schule in Arak war das Institut, das Ruhollah zur Weiterbildung auswählte. Unbekannt ist, was ihn nach Arak, einen eher unbedeutenden Ort, gezogen hat.

Vielleicht die Tatsache, daß hier siebzehn Jahre zuvor die beiden Mörder seines Vaters unter Anklage vor Gericht gestanden – und freigesprochen worden waren. Das Polizeigefängnis war noch dasselbe wie zur Zeit des Prozesses. Sein Weg zum Gebäude, in dem er studierte, führte daran vorbei. Bald schon begriff Ruhollah, daß er, wenn er aufsteigen wollte in der Hierarchie der Geistlichkeit, einen berühmteren Studienort wählen mußte. Er entschied sich für die Stadt Qum.

Die Stadt liegt südöstlich von Teheran, etwa einhundertfünfzig Kilometer entfernt, am Rande der Ebene von Zentralpersien. Berühmt geworden ist die Stadt als Begräbnisplatz der Fatima. Gemeint ist nicht die Tochter des Gesandten Allahs, sondern die Schwester des Ali Al Rida, der als Ur-Ur-Urenkel des Märtyrers Husain von den Schiiten besonders in Iran als Führer anerkannt worden war. Imam Ali Al Rida ist in Mashad bestattet, also weit im Osten.

Als die Herrscher aus der Dynastie Safavia zu Beginn des sechzehnten Jahrhunderts christlicher Zählung die Überzeugung der Schiiten zum offiziellen Glauben in Persien erhoben, da wurden die beiden heiligen Orte, die sich auf persischem Boden befanden, in ihrer Bedeutung aufgewertet: Mashad und Qum entwickelten sich zu Pilgerstätten, die Mekka nahezu völlig aus dem Bewußtsein der schiitischen Gläubigen verdrängten. Die Herrscher sorgten dafür, daß in Qum den Betenden auch fürs Auge viel geboten wurde; so hatte Schah Abbas das Grab der Fatima, der Schwester des Ali Al Rida, reich und prachtvoll ausschmükken lassen. Rings um das Mausoleum entstanden Schulen für junge Männer, die sich im Beruf des Geistlichen ausbilden lassen wollten. So wurde Qum zum Mittelpunkt schiitischer Gelehrsamkeit. Bald schon entwickelte sich der Brauch, rechtzeitig ein Grab in Qum zu erwerben. Wer sicher sein wollte, die ewige Ruhe und zugleich den Zugang ins Paradies zu finden, der ließ sich im Umkreis des Mausoleums der Fatima beisetzen.

Die Stadt selbst unterschied sich zur Zeit als Sayyed Ruhollah in Qum eintraf ganz eindeutig vom Paradies. Die Stadt war schmutzig; sie besaß kein Kanalisationssystem: Aus den Häusern flossen die Abwässer direkt auf Straßen und Gassen. Die Berichte aus jener Zeit stimmen darin überein, daß der Gestank fürchterlich gewesen sein muß. Die Luft war voll von schwirrenden Fliegenschwärmen, die über die Menschen herfielen, um Blut zu saugen.

Daran hat sich bis heute wenig geändert, auch nicht an der Hitze, die im Sommer das Leben in Qum zur Qual macht. Damals wurde der Eindruck, den die Stadt auf den Besucher macht, geprägt von der riesigen Anzahl von Krüppeln und Blinden, die zum Heiligtum der Fatima gekommen waren, um Heilung ihrer Leiden zu erreichen, und die – immer in der Hoffnung, es geschehe ein Wunder – in Qum blieben.

Trotz all dieser Unerträglichkeiten empfinden die Schiiten in Qum ein Gefühl der besonderen Heiligkeit dieses Ortes. Ohne Zweifel war auch Sayyed Ruhollah beeindruckt, als er im Sommer des Jahres 1920 in die

Stadt kam, um sich einen Lehrer zu suchen, der ihn zum Mullah ausbilden konnte.

Der Titel Mullah soll vom arabischen Begriff »maula« abgeleitet sein, der mit »Vikar« und mit »Wächter« übersetzt werden kann. So liegt durchaus ein Beiklang von Respekt in diesem Titel. Das Maximum an Ehrfurcht aber fordert Khomeini für den Stand des Mullah, wenn er sagt: »Wer gegen die Mullahs ist, der bezieht eine feindliche Stellung zum Islam. Wenn die Mullahs verschwinden, wird bald darauf der Islam insgesamt verschwunden sein. Nur die Mullahs haben Kraft und Einfluß, die Menschen auf die Straße zu bringen, damit sie für den Islam sterben.«

Vom Propheten Mohammed war der islamische Glaube als eine Religion ohne Priester gedacht gewesen. Bei den Sunniten, bei denen also, die nicht an die Bevorzugung der Familie des Propheten glauben, hat sich die Selbständigkeit des Gläubigen im Gottesdienst und im Leben außerhalb der Moschee erhalten. Die Schiiten aber haben eine Tradition entwickelt, die davon ausgeht, daß der Mensch Anleitung brauche, um Gut und Böse zu unterscheiden, um dem Teufel und dessen Agenten zu entkommen. Den Mullahs ist durch Allah die Aufgabe zugewiesen, die Menschen zu führen.

Um dieser Aufgabe gerecht zu werden, begibt sich der Studierende, der Mullah werden will, in die Obhut eines Lehrers, der in einer »Medresse« unterrichtet. Der Schüler, der bereits die Schule »Maktab« absolviert hat, und in der Lage ist, den gesamten Koran fehlerfrei aufzusagen, wird nun in der Argumentation geschult: Vom Lehrer wird ein Thema aus dem Bereich der Lehre der Imame vorgegeben, über das diskutiert werden soll. Dabei ist nicht vorgesehen, daß der Lernende neue und revolutionäre Gedanken entwickelt; er hat sich auf die Meinung des Lehrenden einzustellen, der sich wiederum auf die Überlieferung von Aussagen des Gesandten Allahs oder der Imame beruft. Solche Aussagen stehen als unumstößliche ewige Wahrheiten am Abschluß jeglicher Diskussion in der »Medresse«. Die Diskussion soll zu keiner Veränderung des Verständnisses von Allah und der Welt führen, zu keiner Erweiterung des Bewußtseins um die Kraft Allahs. Die »Medresse« ist ein Ort des Beharrens in der Überlieferung. Die Lehrer wollen auch Veränderungen der Welt ungern zur Kenntnis nehmen. Fortschritt bedeutet Gefahr, in die Falle des Teufels zu geraten. Wer sich auf Bewährtes beschränkt, der weicht auf keine Weise vom Weg Allahs ab. Wie leicht es geschehen kann, daß der Mensch dem Irrtum verfällt, hat Khomeini selbst beschrieben: »Die Verdammnis beginnt mit einem kleinen Schritt, mit irgendeiner Handlung, die man selbst als gar nicht wichtig betrachtet. Der Weg in Richtung Hölle geht dann zielstrebig weiter. Der Mensch wird nicht plötzlich schlecht und korrupt. Nach und nach gerät der Mensch aus dem Stand der Gnade in den

Stand der Verdammnis. In uns allen steckt ein Teufel, der, wenn wir ihn nicht bekämpfen, uns Schritt für Schritt verdirbt.«

In Qum wurde kaum zur Kenntnis genommen, daß sich die Welt verändert hatte. Der Zar von Rußland hatte einem kommunistischen Regime Platz gemacht. Die Monarchie war durch die Revolution vernichtet worden. Wenn in den »Medressen« von den Veränderungen in Rußland gesprochen wurde, dann mit Worten der Abscheu über die »Auflösung aller moralischen Grundbegriffe«. Für die Geistlichen in Qum war die Revolution vor allem ein Komplott der Juden, mit der Absicht, letztlich den Islam zu vernichten. Diese Vorstellung, die ihm während des Studiums eingeprägt wurde, bestimmte zeitlebens Khomeinis Haltung zur Sowjetunion.

Mit Beunruhigung reagierten Lehrer und Schüler in Qum auf die revolutionären Gedanken im eigenen Land. Da war in den 20er Jahren Schah Reza bemüht, im Bewußtsein der Perser einen Nationalgeist zu entwickeln, der durchaus dazu bestimmt war, die Solidarität der Schiiten untereinander aufzulösen und zu ersetzen. Die Meinung herrschte in Qum, die Gedanken an persischen Nationalismus habe Schah Reza von den Mächten des Westens empfohlen bekommen, die offenbar im neuentwickelten Staatsgefühl der Perser eine Möglichkeit sahen, das ganze Land aus der Welt des Islam auszugliedern – um auf diese Weise den Islam insgesamt zu schwächen. Daß sich der Monarch in allem was er tat, auf die »Große Nation Persien« berief und nicht auf den Islam, erschien der Geistlichkeit in Qum als schlimmes Zeichen. Die Folge der Abwertung des Islam konnte nur sein, daß die Mullahs im Ansehen durch das Volk ihre Bevorzugung verloren.

Die neue Zeit sollte schließlich sogar in der Heiligen Stadt Qum anbrechen, das war der Wille des Schahs. Das Edikt erging, daß auch die Schüler der »Medressen« künftig Militärdienst zu leisten hätten. Der zwangsweisen Rekrutierung konnte jedoch derjenige entgehen, der sich im Schutz des Fatimagrabes aufhielt. Der Mullah Ruhollah mietete sich deshalb eine Wohnung, die direkt beim Mausoleum lag. Da konnte er sicher sein, denn der Schah hatte seinen Soldaten und Rekrutenwerbern die Anweisung gegeben, das Heiligtum und seine Umgebung nicht zu betreten. Während dieser Zeit der Abgeschlossenheit in Qum sah sich der Mullah als Gefangener des Schahs.

Die Frau, die sich der junge Geistliche zur Ehe wählte, war mit Bedacht ausgesucht: Auch sie konnte ihre Herkunft auf die Familie des Propheten zurückführen, sie war mit dem Titel »Sayyedeh« anzureden. Für den Mullah Ruhollah war es wichtig, daß durch seine Frau kein fremdes Blut in die Familie gebracht wurde.

Im Jahr 1932 unterzeichnete der Schah ein Gesetz, das die persischen Untertanen dazu verpflichtete, nach westlichem Vorbild einen Familiennamen zu wählen. Auch der Mullah Ruhollah war gezwungen, sich dem

Willen des Schahs zu fügen. Er nannte sich fortan Musawi Al Khomeini. Der Namensbestandteil Musawi weist darauf hin, daß der Namensträger mit dem Imam Musa Al Kazim verwandt ist, und damit zur Familie des Propheten gehört. Der Name Musawi ist ein Signal der Besonderheit dessen, der so heißt. Der Namensträger wird ganz selbstverständlich der Elite zugerechnet. Al Khomeini nannte sich der Sayyed Ruhollah deshalb, weil er aus der Stadt Khomein stammte.

Der Aufstieg in der Hierarchie der Geistlichen fiel Khomeini – allein unter diesem Namen wurde er im Verlauf der Jahre international bekannt – nicht so leicht, wie man sich das bei seiner Zielstrebigkeit vorstellen könnte. Zeitweise verboten ihm übergeordnete Geistliche die Abhaltung von Unterricht. Möglich ist, daß die zuständigen Ayatollahs Khomeini für überheblich hielten. Zu den Zeiten, da ihm die Lehrbefugnis erteilt war, wurde er in der ersten Hälfte der 30er Jahre mit dem Titel »Hodschat Al Islam« angeredet – »Statthalter des Islam«. Wer diesen Titel trug, war direkt den Ayatollahs nachgeordnet.

Als im Jahre 1935 Schah Reza das Heiligtum von Qum beschießen ließ, war Khomeini offenbar keiner von denen, die gegen den Herrscher protestierten. Zwar schreiben ihm schiitische Chronisten unserer Zeit aktive Beteiligung am Widerstand zu, doch gibt es dafür keine Zeugen.

Der Schah und der Geistliche dachten in einem Punkt damals völlig gleich. Sie waren beide von Bewunderung erfüllt für Adolf Hitler. Von Khomeini wird erzählt, er habe jeden Abend im Rundfunkgerät den persischen Dienst des Reichssenders Berlin gehört, der damals in persischen Städten und Dörfern überaus populär war. Die Schiiten sahen im Führer des Dritten Reiches einen Kämpfer, der bewußt den Moslems helfe, denn er rotte die Juden aus und vernichte die gottlose Sowjetunion. Vielfach wurde sogar geglaubt, Hitler sei ein Gefolgsmann des Imam Ali, des Begründers der Schiat Ali.

Trotz dieser seltsamen Gemeinsamkeit mit dem Schah empfand Khomeini keine Sympathie für Schah Reza, als er von den Engländern gerade wegen seiner Deutschfreundlichkeit 1941 abgesetzt wurde. In dieser Absetzung sah Khomeini sogar eine Chance für das Verschwinden der gesamten Pahlavi-Dynastie. Khomeini glaubte, die Zeit sei nun reif für eine Regierung, die von der Geistlichkeit gelenkt werden würde. Das schiitische Volk von Persien, so dachte der Geistliche, wolle eine Herrschaft derer, die nach schiitischer Tradition das Recht besäßen, die Macht auszuüben. Doch Predigt und Gebet Khomeinis konnten nicht verhindern, daß der damals erst einundzwanzigjährige Kronprinz Mohammed Reza Pahlavi Schah von Persien wurde. Jetzt standen sich die Gegner auf der politischen Szene, die letztlich den Kampf zwischen der Geistlichkeit und der Monarchie austrugen, gegenüber.

Doch es gab Zeiten, da verfolgten sie dasselbe Ziel; da waren beide, der Schah und der Geistliche, von derselben Angst geplagt, die Kommunisten könnten Iran unter ihre Kontrolle bringen. Im Jahre 1944 gelang es der Tudeh-Partei, ihre Anhängerschaft stark zu vermehren. Diese Gruppierung entsprach den sowjetischen »Bolschewiki« – das Wort »Tudeh« ist der persische Begriff dafür – und wurde deshalb ganz außerordentlich von der Sowjetunion gefördert. Das Programm der Tudeh-Partei umfaßte die Forderung nach Abschaffung der Privilegien für Geistliche, nach Reduzierung des Einflusses der religiösen Männer auf Gesetzgebung und Rechtsprechung. Die Tudeh-Partei wollte die Einsetzung einer atheistischen Gesellschaftsform in Iran erzwingen. Die Erinnerung an den »entrückten« Zwölften Imam sollte getilgt werden. Um ihr Programm zu propagieren rief die marxistische Organisation zu einer Massendemonstration am Stadtrand von Qum auf. Die geistlichen Herren einzuschüchtern, das war auch eine der erklärten Absichten der Parteiführung.

Schah Mohammed Reza Pahlavi, der sich gerade im dritten Jahr seiner Regierungszeit befand, erkannte die Gefahr für die Monarchie. Eine Gruppierung, die von Moskau aus gesteuert wurde, konnte sich wohl nicht damit begnügen, den Einfluß der Religion beschneiden zu wollen; sie mußte antimonarchistisch orientiert sein. Wenn er prüfte, welche Kraft in Iran bereit war, ihm bei der Verteidigung der Monarchie zu helfen, dann erkannte der Schah, daß nur die Geistlichen des Islam in Frage kamen. Dieser Partner bot sich an, denn auch die Mullahs waren erschreckt über die Drohung, die durch die Massendemonstration vor Qum ausgesprochen wurde. Beide, der Schah und seine Anhänger und die Geistlichen, sahen ihre Rettung in der Stärkung des Islam. Mohammed Reza Pahlavi, der eigentümlicherweise jetzt davon erzählte, Ali, der erste der Imame, sei ihm im Traum erschienen, begann das theologische Zentrum Qum zu schätzen – und damit auch die Geistlichen, die dort lehrten.

Ein Jahr später geschah es, daß Khomeini durch den Schah zur Audienz empfangen wurde, im Marmorpalast im Süden von Teheran. Khomeini war von anderen Geistlichen beauftragt, für einen Moslem ein mildes Strafmaß zu erbitten, der zur Kampforganisation Fedayin al Islam gehörte, die durch bewaffnete Guerillataktik die Auseinandersetzung mit den Kommunisten zu gewinnen suchte. Der Schah erklärte sich wirklich bereit, mit dem Abgesandten aus Qum zu reden, doch pflegte der Monarch auch ihm gegenüber das Ritual, den Bittsteller warten zu lassen. Ein Höfling hatte dem Geistlichen gesagt, er möge stehend auf den Schah warten. Khomeini setzte sich jedoch, und stand auch nicht auf, als der Herrscher eintrat. Er folgte damit durchaus einem Brauch: Seit vielen Generationen waren die Mullahs in Gegenwart des Schahs sitzen geblieben, zum Zeichen, daß ihr eigentlicher Herrscher der »entrückte« Zwölfte Imam war – und seit jeher hatten die Herrscher dieses Zeichen akzeptiert. Mohammed Reza Pahlavi aber wollte Khomeinis

Benehmen nicht im Blickwinkel der Vergangenheit sehen. Er glaubte, da wolle ein Geistlicher ihm seine Verachtung zeigen. Die beiden Männer schieden im Haß voneinander. Der Schah vergaß den Namen Khomeini nie mehr.

Eine zweite Begegnung fand schon ein Jahr später statt. Khomeini sollte den Monarchen um Geld bitten für Restaurationsarbeiten am Heiligtum der Fatima in Qum. Diesmal benahm sich der Geistliche so, wie der Schah und das Protokoll es von ihm erwarteten. Obgleich der Monarch keine freundliche Miene machte, da er sich an den Ablauf des letzten Besuchs erinnerte, erwies er sich als überaus großzügig: Er ließ eine beachtliche Summe überreichen, die alle Reparaturkosten abdeckte. Die Kuppel des Fatima-Heiligtums konnte mit Gold überzogen werden.

Im Jahr 1951 entstand noch einmal eine Gelegenheit für den Schah und die Geistlichkeit, gleiche Fronten zu beziehen: Dr. Mohammed Mosaddegh, der Motor der Verstaatlichung aller Ölproduktionsstätten und allen Eigentums der Mineralölgesellschaften, war auch darauf bedacht, Iran durch Stärkung der Position des Parlaments auf den Weg zur Demokratie zu bringen. Der Politiker sah seine Feinde nicht nur im Schah und in dessen Höflingen, sondern auch in den Mullahs, die keineswegs die Demokratie für eine erstrebenswerte Staatsform hielten. Sie hielten an der Überzeugung fest, die Basis der Gewalt im Staat sei der »entrückte« Zwölfte Imam, der die Macht Allahs repräsentiere. Solange der Zwölfte Imam im Verborgenen lebte, hatten die Mullahs darauf zu achten, daß die Prinzipien der Regierung in Iran nicht von den Grundsätzen des Mahdi abwichen. Im Kampf gegen die Demokratisierungsbemühungen des Dr. Mosaddegh hätten Schah Mohammed Reza Pahlavi und die Geistlichen Verbündete werden können. Beide wollten die Demokratisierung nicht.

Nur der Hodschat Al Islam Khomeini warnte vor dem Bündnis mit dem Schah: »Der Sohn von Reza Khan muß genauso ein Teufel sein, wie der Vater ein Teufel gewesen ist!« Daß er sich nicht der allgemeinen Strömung anschloß, brachte ihm Ablehnung durch andere maßgebliche Geistliche ein, die in ihm einen Störer der guten Beziehungen zwischen Palast und Moschee sahen. Für Khomeini war eine solche Ablehnung gerade zu jener Zeit gefährlich, da er sich doch eben bemühte, die für ihn wichtigste Stufe in der Glaubenshierarchie zu erreichen: Er wollte Ayatollah werden – ein »Zeichen Allahs«. Dieser Titel steht den Mullahs zu, die für berechtigt gehalten werden, theologische Fragen für die Gläubigen bindend zu entscheiden. Der richtige Schritt gelang ihm im Jahre 1958. Seit damals hat Khomeini das Recht, den Titel Ayatollah zu führen. Es ist ihm durch die führenden Geistlichen von Qum übertragen worden. Tradition war, daß die Zahl dieser Würdenträger auf zwölf beschränkt war. Sie bildeten allerdings noch nicht die Spitze der Hierarchie: Über den zwölf Ayatollahs stehen noch drei Groß-Ayatollahs. Um diese Position erreichen zu können, war die Zustimmung des Herrschers nötig. Mit ihr konnte Khomeini nie rechnen – und dennoch hoffte er darauf. Er machte von einem Tag zum anderen Schluß mit allen bösen Bemerkungen über das Herrscherhaus. Sogar über den verhaßten Reza Khan äußerte er sich zunächst mit keinem Wort mehr, das negativ ausgelegt werden konnte. Das Prinzip seines Handelns war das Motto »Der Zweck heiligt die Mittel« – ein Prinzip, das die Schiiten insgesamt keineswegs verachteten. Für einen guten, für einen heiligen Zweck war es durchaus erlaubt, auch das Mittel der Verstellung einzusetzen. Khomeini soll Briefe an den Schah geschrieben haben, die offenbar in schmeichlerischen Worten abgefaßt waren, und die das Ziel hatten, den Schah für Khomeini einzunehmen.

Als im Jahr 1962 einer der drei Groß-Ayatollahs starb, da glaubte Khomeini, jetzt sei seine große Stunde gekommen. Doch er wartete vergeblich auf eine gute Nachricht aus Teheran. Daß ihn der Schah nicht für das hohe Amt empfahl, sah der Ayatollah als Beleidigung an. Damit waren die Brücken zwischen Schah und Ayatollah abgebrochen. Der Ausbruch der offenen Feindschaft stand bevor.

»Der Schah macht aus Moslemfrauen Huren!« Dies war Khomeinis Kampfruf des Jahres 1963. Er verlangte, daß der Schah darauf verzichtete, die Frauen zum Ablegen des Schleiers zu zwingen. Er schimpfte auf die Verwilderung der Sitten, die es zuließ, daß sich Männer und Frauen in öffentlichen Lokalen trafen. Am Vorabend des iranischen Neujahrsfestes, am 20. März 1963, begannen die Attacken des Ayatollah mit diesen Worten:

»Der Schah stellt sich uns entgegen. Er ist aufgetreten, um ein Komplott durchzuführen. Er tritt die Gebote des Koran mit Füßen. Deshalb sind die Tage des Neujahrsfestes keine Zeit der Freude, sondern der Trauer. O Allah, mit dieser Erklärung habe ich meine erste Pflicht dir gegenüber erfüllt. Wenn Du mir erlaubst, noch länger zu leben, werde ich mir auch weiterhin solche Pflichten auferlegen!«

Khomeini hätte kaum Aufmerksamkeit erzielt, wenn nicht die Regierung eine auffällige Reaktion inszeniert hätte: Sie schickte bezahlte Demonstranten, viele als Mullah verkleidet, von Teheran nach Qum. Die Männer zogen um das Heiligtum und riefen »Lang lebe der Schah!« Als die Schlafräume von Theologiestudenten verwüstet wurden, begannen Khomeinis Anhänger eine Gegendemonstration zu organisieren. Daraus entwickelte sich eine Prügelei, bei der Demonstranten beider Seiten verletzt wurden. Schüsse fielen schließlich. Auf diese Gewaltakte hatte die Armee gewartet. Eine Eingreifreserve, die vor Qum stationiert war, brach in die Stadt ein, und schoß wahllos in die gewalttätige Menge. Zwei der Studenten starben durch Geschosse.

Khomeini nützte damals zum erstenmal die Gelegenheit, die durch den Tod von Anhängern ausgelösten Emotionen für die politische Agitation zu nützen. Der Ayatollah hielt eine seiner ersten bedeutenden Reden – der später Hunderte folgen werden. Diese Worte sprach er:

»Mit ihrer Untat, auf Studenten zu schießen, hat die Herrschaft des Tyrannen den eigenen Untergang ausgelöst. Die Monarchie wird untergehen, aber wir werden siegen. Schon seit langem haben wir zu Allah gebetet, das Regime möge sein wahres Gesicht zeigen und sich selbst mit Schmach bedecken. Unsere Gebete wurden erhört.« Noch über Nacht wurden Khomeinis Worte auf Flugblättern gedruckt und verteilt. Der Sicherheitsdienst des Schahs vereitelte die Verteilung nicht, zur völligen Verblüffung des Ayatollah, der damit gerechnet hatte, daß seine Parolen durch Gewalt beantwortet würden. Doch zu jener Zeit fühlte sich das Regime des Schahs derart sicher, daß seine für Sicherheit zuständigen Verantwortlichen sich kaum durch die Schmähungen aus Qum herausgefordert fühlten. Die Ruhe des Schahs und seiner Minister war das Resultat von Meinungsumfragen, deren Ergebnis gewesen war, daß das politische Programm des Regimes immer populärer wurde. Für Khomeini ergab sich eine Konsequenz: Er brauchte eine Basis in Teheran. Die Beschränkung seiner Wirksamkeit auf Qum ärgerte ihn. Er begriff bald, daß die Anerkennung seiner Ansichten durch Geistliche und durch Theologiestudenten nicht ausreichte, um die politischen Zustände in Iran zu verändern. Khomeini mußte den Mittelstand für sich gewinnen, die Händler in den Suks, in den Basaren, die mittleren Unternehmer, die wachsende Schicht von Technikern und Managern. Diese Schicht aber war gerade dabei, sich westliche Lebensart anzueignen. Bei ihr konnte er nicht erfolgreich sein, wenn er den Menschen, die zu ihr gehörten, Feindschaft gegenüber dem Westen, besonders gegenüber Amerikanern, predigte. Sein Ersatzgegner wurde deshalb Israel – und dessen »Verbündete«, die Angehörigen des Baha'iglaubens. Er verbreitete in Ansprachen die Behauptung, in Israel werde ein gefälschter Korantext gedruckt; die Exemplare, die bewußt Irrtümer enthielten, würden dann von Baha'i an die Gläubigen verschenkt. Die Absicht sei, die Gläubigen zu verunsichern. Khomeini verkündete dies: »Prägt den Menschen die Gefahr ein, die von den Juden und deren Agenten ausgeht. Zu beiden hat unsere Regierung, die aus Verrätern besteht, enge Bindungen. Der Schah denkt bereits daran, den Baha'i General Assadollah Samii zum Ministerpräsidenten zu ernennen.«

Der Monarch nahm die erneute Herausforderung ernst. Er reagierte; doch dabei machte er entscheidende Fehler, die es Khomeini erst ermöglichten, der populäre Führer des Widerstandes gegen das Regime zu werden. Im April 1963 besuchte der Schah die Heilige Stadt Qum. Er wollte den Mullahs gegenübertreten. Polizei und Militär sorgten für die Sicherheit des Herrschers: 700 Polizisten und Soldaten wurden als Mullahs eingekleidet und zum Fatima-Heiligtum entsandt. Sie hatten den Schah mit Jubel zu empfangen, als er in der prachtvollen Uniform des

Armeeoberkommandierenden den Hof der Moschee betrat. In einer Ansprache beleidigte Mohammed Reza Pahlavi die Mullahs als finstere Reaktionäre, die gegen den Fortschritt ankämpften. Sein Ziel sei es, Iran das Düsenzeitalter zu bescheren – die Geistlichen aber hätten nur das Ziel, das Zeitalter der Esel nicht enden zu lassen. Die Mullahs, so rief er aus, seien durchweg Homosexuelle, die nicht dulden wollten, daß Frauen auch menschliche Wesen mit Rechten und Pflichten seien.

Die Zuhörer im Hof der Moschee jubelten. Dieses Verhalten löste die Überzeugung der Mullahs aus, daß die meisten für ihren Jubel Geld bekommen hatten. Die Geistlichen waren fortan der Meinung, Mohammed Reza Pahlavi sei schlimmer als der Vater Reza Khan, denn der hatte nie mit solchen Mitteln für sich arbeiten lassen. »Reza Khan hatte Mut – Mohammed Reza aber ist ordinär und feige!«

Die Ereignisse des Jahres 1963 führten rasch zu einer Zuspitzung. Am Aschuratag, der dem Gedenken an den Märtyrer Husain gewidmet ist, strömten Gläubige in Teheran zusammen; sie wollten protestieren gegen die Drohungen, die der Schah in Qum ausgesprochen hatte. Zum erstenmal war in der Hauptstadt der Kopf mit dem schwarzen Turban auf Plakaten an den Hauswänden zu sehen, und zum erstenmal vor den Regierungsgebäuden der Ruf zu hören: »Lang lebe Khomeini!« Am Aschuratag des Jahres 1963 stürmten junge Männer mit diesem Ruf auf den Lippen öffentliche Gebäude am Platz des Parlaments.

Als die Nachricht von den Unruhen in der Hauptstadt auch in Qum bekannt wurde, da packte Schrecken die meisten der Geistlichen. Die Regierung kannte offenbar die Furcht der Mullahs vor dem eigenen Mut, denn sie schickte Savak-Offiziere zu den führenden Köpfen des schiitischen Glaubens, um sie zu warnen vor weiterer Anstiftung von Unruhen. Auch Khomeini erhielt Besuch. Ein Mann der Savak hatte eine Botschaft von »Seiner Kaiserlichen Majestät« zu überbringen. Diese Botschaft bestand nur aus der Drohung, dem Geistlichen würden die Knochen gebrochen werden, wenn er durch seine Parolen Unruhe erzeuge. Der Schah habe entsprechende Befehle bereits gegeben. Khomeini soll entgegnet haben, auch ihm seien Befehle gegeben worden, allerdings von einer Macht, die auch über Seiner Kaiserlichen Majestät stehe.

Am späten Nachmittag des Aschurafestes, des Tages der Unruhen in Teheran, predigte Khomeini in Qum. Sein Thema war der Kampf der Teufel gegen die Heilige Familie des Propheten Mohammed. Begonnen habe dieser Kampf mit der Familie Omaija, die nach dem Tode des Gesandten Allahs das Kalifenamt an sich gerissen hatte in der Absicht, die rechtmäßige Herrschaft der Prophetennachkommen zu verhindern. Der Kalif Jezid habe die furchtbare Schuld auf sich geladen, den Imam Husain töten zu lassen. Der Schah sei der Kalif Jezid unserer Zeit: Der Teufel Mohammed Reza Pahlavi wolle die Sayyeds vernichten, die heutigen Nachkommen des Propheten. Doch die Tötung der Sayyeds werde nicht gelingen, denn der Schah sei eine erbärmliche Kreatur.

Seit Reza Khan, der Vater des Schahs, die Macht in Iran übernommen hatte, war niemand so kühn gewesen, den Herrscher derart aggressiv anzugreifen. Seit der Flucht des Schahs und seiner Rückkehr im Jahre 1953 hatte niemand gewagt, von einem möglichen Sturz des Monarchen zu reden. Khomeini aber packte genau diesen Gedanken an. Er sprach dabei so, als sei der Schah sein unmittelbarer Zuhörer:

»An dem Tag, der den Sieg der gerechten Sache bringen wird, wenn eine neue Seite für unser Volk aufgeschlagen werden wird, da wird Sie niemand mehr kennen wollen, da werden Sie keinen Freund mehr haben. Denn keiner von denen, die jetzt sagen, sie seien Ihnen treu ergeben, ist wirklich Ihr Freund. Jeder von denen ist nur an den Dollars interessiert, die Sie zu verteilen haben. Auf die Treue dieser Leute können Sie sich nicht verlassen. Der Tag wird kommen, da Ihre Freunde Ihnen alle Ihre Verbrechen vorwerfen werden!« Diese Prophezeiung ist sechzehn Jahre später Wirklichkeit geworden.

Am Tag nachdem Khomeini seine Rede gehalten hatte, hielt der Schah den Text in der Hand. Vor Zorn bebend bezeichnete er Khomeini als »elenden Bocksbart«, und er verlangte von seinen Höflingen hartes Durchgreifen. Obgleich im Palast warnende Stimmen zu hören waren, die meinten, Nichtbeachten sei die bessere Politik. Die Geistlichen, so war zu hören, seien befangen in ihren Vorstellungen vom Märtyrer Ali, vom Märtyrer Husain, daß sie gar nicht anders denken könnten, als in Kategorien der Märtyrer. Ihre Befangenheit führe dazu, daß sie sich auch Märtyrer für die Gegenwart wünschten. Hartes Durchgreifen schaffe diese Märtyrer und verschärfe damit den Konflikt. Trotz dieser Warnungen blieb der Schah bei seinem Standpunkt: Die Polizei führte einen nächtlichen Überfall auf Khomeinis Haus durch und verhaftete den Ayatollah. Er wurde nach Teheran gebracht. Daß die Verhaftung geschah, paßte in Khomeinis Konzept von der Zukunft: Von nun an hatte er als der alleinige Führer der Gläubigen in Iran zu gelten. Die Verhaftung hob ihn in den Augen der Schiiten noch über alle anderen Geistlichen hinaus.

Bald schon zeigte es sich, daß die Befolgung des Rates, nicht zu reagieren, für den Schah besser gewesen wäre, denn kaum war die Verhaftung Khomeinis in Teheran bekannt geworden, brachen dort gewaltige und gewaltsame Demonstrationen aus. Die Parole der Frauen und Männer, die durch die Straßen zogen, hieß »Tod dem Teufel! Tod dem Schah!« Zehntausende schlossen sich den Demonstrationszügen an, die sich schließlich im Stadtzentrum vereinigten, um die Radiostation von Teheran zu stürmen. Polizei und Armee verteidigten das Gebäude. Sie waren schließlich gezwungen, scharf zu schießen. Die Zahl der Demonstranten, die dabei ihr Leben verloren, wurde damals von der

Regierung auf hundert geschätzt. Die Geistlichen aber ließen verbreiten, 15 000 seien an ihren Verwundungen gestorben.

Erstaunliches war geschehen an diesen Tagen: In der Zeit vor jenem Aschurafest des Jahres 1963 hatte der Schah durchaus auf Unterstützung durch die Masse des Volks rechnen können, denn sein Reformprogramm hatte ihm Popularität verschafft. Fast über Nacht aber hatte sich sein Profil im Bewußtsein der Menschen verändert: Daß er Reformen eingeleitet hatte, die den Unterprivilegierten Nutzen gebracht hatten, das zählte nicht mehr. Mohammed Reza Pahlavi galt von nun an vor allem als Feind des Islam. Diesen Meinungsumschwung hatte Khomeini erreicht.

Khomeinis Hinrichtung vom Schah verhindert

General Nasiri, der Chef des Militärs in Teheran, zuständig für die Sicherheit in der Hauptstadt, trat dafür ein, dem Ayatollah einen raschen Prozeß zu machen, dessen Urteil er bereits fertig hatte: Es konnte nur die Todesstrafe enthalten. Für Nasiri stand fest, daß keiner der anderen Geistlichen des Landes auch nur entfernt die Gefährlichkeit dieses einen Ayatollah besaß. Mit seiner Hinrichtung werde zwar eine erneute Zuspitzung des Konflikts verbunden sein – die emotionale Aufheizung der Massen sei dann nicht zu vermeiden –, doch der Tod Khomeinis habe eben auch zur Folge, daß der religiösen Bewegung dann die Führerpersönlichkeit fehlen werde. Nach einem kurzen Aufflammen der Aktivität von Demonstranten werde die Normalität in das Land zurückkehren.

Der Chef des Militärs in Teheran führte auch einen politischen Punkt an, der nach seiner Meinung die Hinrichtung von Khomeini zwingend vorschrieb: Der israelische Geheimdienst hatte ihn darauf hingewiesen, der Ayatollah sei ein Agent des ägyptischen Staatschefs Gamal Abdel Nasser, der als erbitterter Gegner des Schahs von Iran galt. Nasser hatte tatsächlich mehrfach versucht, Umsturzbewegungen in Iran in Gang zu bringen. So wie er selbst den König Faruk gestürzt hatte, so sollte eine nationalistisch-iranische Revolution Mohammed Reza Pahlavi aus seinem Palast vertreiben. Eine solche nationalistisch-iranische Revolution konnte seit dem Scheitern des Dr. Mosaddegh im Jahre 1953 nur aus schiitisch-religiösen Kreisen entstehen – von dieser Einsicht war Gamal Abdel Nasser geleitet gewesen, als seine Beauftragten sich an Khomeini gewandt hatten. General Nasiri war durch den israelischen Geheimdienst korrekt informiert worden, der auch daran erinnerte, daß Nasser ein früher Geldgeber für Khomeini gewesen sei. Nasiri zog aus der israelischen Information den Schluß, daß die Hinrichtung Khomeinis auch die Gefahr eines von Ägypten inspirierten Umsturzes vermindere.

Nasiri stand mit seiner harten Meinung zwar nicht allein, doch gab es unter den Höflingen auch Verteidiger weicherer Positionen. Sie gerieten allerdings in Argumentationsschwierigkeiten, als wenige Tage nach Khomeinis Verhaftung überall im Lande Terror-Anschläge erfolgten, denen Anhänger des Schahs zum Opfer fielen. Die Attentäter waren meist Studenten aus den Seminaren des Ayatollah in Qum. Offenbar verfügte der Ayatollah über eine paramilitärische Organisation zur Liquidierung der Gegner. Auf die Dauer aber half die Ausweitung des Terrorismus den Verteidigern der Politik des Nachgebens. Da der Organisation der Anschläge nicht beizukommen war, mußte ihr die Aggressivität genommen werden – dies war allein durch Nachgeben möglich.

Die politischen Kräfte am Hofe, die Milde propagierten, konnten sich schließlich durchsetzen: Der Schah ließ sich überzeugen, daß Khomeinis Tod die Probleme nicht lösen würde, daß ein Versuch der Verständigung mit dem Geistlichen unternommen werden müsse. Vertraute des Schahs, die den Ayatollah im Gefängnis besuchten, berichteten dem Schah, Khomeini habe zugesagt, sich künftig nicht mehr um Politik zu kümmern. Er habe auch versichert, daß er nie etwas anderes habe sagen wollen, als dieses: »Der Schah wird von seinen angeblichen Freunden ins Verderben geführt.«

Khomeini kehrte im April 1964 in die Heilige Stadt Qum zurück. Daß er dem Schah versprochen hatte, sich nicht mehr politisch zu betätigen, glaubten seine Anhänger keineswegs. Zu sehr hatte sich der Ayatollah in der Vergangenheit für die enge Verknüpfung von Politik und Glauben eingesetzt. Zu deutlich war geworden, daß Khomeini die Sayyeds insgesamt für verpflichtet hielt, den Menschen politische Anleitung zu geben.

Der Ayatollah war dem Tode nahe gewesen – diese Tatsache verstärkte die Ausstrahlung, die Faszination seiner Person. Er, der von der Hinrichtung bedroht gewesen war, stand nun als Held in der Moschee von Qum. Dies konnte nicht ohne positive Folgen für den Ayatollah bleiben: Die zwei Groß-Ayatollahs, die im Amte waren – der dritte war gestorben –, ernannten Khomeini zum Nachfolger des Verstorbenen. Damit hatte er sein Ziel erreicht, an der Spitze der schiitischen Geistlichkeit zu stehen.

Khomeini wußte, daß er damit weit unangreifbarer für Polizei und Geheimdienst geworden war. Savak konnte es sich nicht leisten, den Groß-Ayatollah umzubringen, und sei es durch einen – wie es durchaus üblich war – eigens arrangierten Unfall. Die hohe Position garantierte wenigstens Sicherheit des Lebens. Mit dieser Rückendeckung begann er schon bald nach der Entlassung aus der Haft erneut mit der politischen Agitation. Die Predigt in der Moschee an Freitagen gab ihm dazu

Gelegenheit. Bemerkenswert ist, daß Khomeini nun zunächst den Schah verschonte, ihn nicht frontal angriff. Sein Gegner war in dieser Phase die amerikanische Regierung:

»Die Quelle der Probleme unseres Landes ist Amerika. Unsere Minister sind gekauft von Amerika. Alles kauft Amerika auf. Die Verantwortlichen sind käuflich geworden. Auch die Armee ist gekauft, wird kommandiert von amerikanischen Beratern. Amerikanische Unteroffiziere haben mehr zu sagen, als unsere Viersterne-Generäle. Wenn ich Offizier wäre, dann würde ich in dieser Situation meinen Abschied nehmen. Diese Demütigung könnte ich nicht ertragen. Der Schah soll doch zugeben, daß unser Land von den Amerikanern besetzt ist. Die Konsequenz kann dann nur sein, daß er mich aus dem Land wirft.«

Die Rede gegen die USA löste keinerlei Reaktion in der Bevölkerung aus, weil kaum jemand jemals einen Amerikaner zu sehen bekommen, geschweige denn schlechte Erfahrungen mit ihm gemacht hatte. Die Engländer und die Sowjetrussen waren damals für den normalen Iraner die bösen Fremden. Die Engländer waren deshalb verhaßt, weil sie während des Zweiten Weltkriegs das Land und den Herrscher im Griff hatten – die Sowjetrussen aber, weil sie nach dem Zweiten Weltkrieg Einfluß auf Iran zu nehmen versucht hatten. So konnte der durch nichts vorbereitete Angriff auf die Amerikaner kein Interesse bei der Bevölkerung, auch nicht bei den Mullahs finden.

General Nasiri jedoch, der ein Jahr zuvor die Hinrichtung Khomeinis gefordert hatte, sah sich jetzt gerechtfertigt. Seine Stellung hatte sich verbessert: Er war jetzt Chef von Savak, und damit für die Sicherheit im ganzen Lande verantwortlich. Nasiri verlangte erneut, das Leben Khomeinis müsse ausgelöscht werden – gleichgültig auf welche Weise dies geschehen werde. Ministerpräsident Mansur entschied sich jedoch dafür, Khomeini zu deportieren, ins Ausland abzuschieben. Indien und Pakistan verweigerten die Aufnahme des Groß-Ayatollah. Die Türkei aber gestattete die Einreise. Am 4. November 1964 brachte ein Militärflugzeug den hohen Geistlichen über die Grenze. Die Maschine landete in Ankara.

Keinen Tag fühlte sich Khomeini in der Türkei wohl. Die Schiiten bilden dort nur eine Minderheit und so fehlte dem Groß-Ayatollah die Zuhörerschaft, die ihn schon auf Grund seiner hohen Stellung angebetet hätte. Überhaupt konnte ihm die Türkei als weltlich orientierter Staat in keiner Weise gefallen. Er bereitete sich deshalb schon bald wieder zur Abreise vor. Die irakische Regierung hatte nichts gegen Khomeinis Absicht, sich in Nedjef niederzulassen.

»Dort gibt es soviele Mullahs und Geistliche jeden Ranges, auf einen mehr oder weniger kommt es in Nedjef gar nicht an« – dies war im Jahre 1964 der offizielle Standpunkt der irakischen Regierung. Die Stadt Nedjef liegt rund einhundertfünfzig Kilometer südlich von Baghdad. Kern der Stadt ist das Mausoleum des Imam Ali, des Ersten der Rechtgeleiteten, die auf den Propheten Mohammed gefolgt waren. In unmittelbarer Nähe dieses Heiligtums mietete sich der Groß-Ayatollah eine geräumige Wohnung, denn er hatte vor, das Zentrum des schiitischen Glaubens insgesamt zu werden, das aufgesucht wurde von allen Geistlichen, um die Richtung des rechten Weges gewiesen zu bekommen.

Doch gleich in den ersten Tagen des Aufenthalts in Nedjef bereiteten ihm die Groß-Ayatollahs des schiitischen Landes Irak eine herbe Enttäuschung: Sie weigerten sich, den Neuankömmling aufzusuchen, und erkannten ihn damit eben nicht als Zentrum des Glaubens an.

Mit dem Geschehen in Iran aber blieb Khomeini verbunden: Er bekam Besuch aus Teheran. Schon bald nach der Ankunft in Nedjef wurde der Groß-Ayatollah durch einen hohen Geistlichen, der sich in Verkleidung den Fängen der iranischen und der irakischen Geheimpolizei hatte entziehen können, gefragt, ob er der »Hinrichtung« des iranischen Ministerpräsidenten Hassan Ali Mansur zustimme. Mansur war der Unterzeichner des Dekrets zur Deportation Khomeinis gewesen. Khomeini muß sich so geäußert haben, daß sein Besucher nach Teheran zurückkehren konnte mit dem sicheren Gefühl, der Groß-Ayatollah habe der Tötung des Ministerpräsidenten zugestimmt. Hassan Ali Mansur wurde dann tatsächlich vor dem Parlamentsgebäude in Teheran niedergeschossen; die Verwundung war so schwer, daß der Ministerpräsident nach einer Woche starb. Hassan Ali Mansur war damals verhaßt gewesen bei der Bevölkerung in Teheran: Er hatte eben eine drastische Erhöhung der Benzinpreise durchgesetzt, die Erbitterung aller Autofahrer, vor allem aber der Taxifahrer ausgelöst hatte. So wurde die Ermordung – von der man wußte, daß sie durch die Geistlichkeit angestiftet worden war – als gute Tat gegenüber dem Volk gefeiert. Khomeini galt als der Urheber dieser guten Tat.

Der Erfolg, einen Gegner beseitigt zu haben, machte den Groß-Ayatollah unbeliebt bei den Regierenden in der irakischen Hauptstadt. Sie waren der Meinung, Geistliche hätten sich mit religiösen Fragen abzugeben, nicht aber mit Politik; dafür fühlten sie sich allein zuständig. Geistliche, die außenpolitische Probleme erzeugten, und dazu zählten Konflikte mit der Regierung in Teheran, waren, wie auch immer, zur Vernunft zu bringen. Ärger mit dem Schah von Iran war für die Regierenden in Baghdad nichts Außergewöhnliches, doch den Zeitpunkt des Ärgers wollten sie schon selbst bestimmen. Durch Geistliche in einen Konflikt hineingezogen zu werden, paßte ihnen nicht. Sie sahen eine Möglichkeit, den Groß-Ayatollah, der in Nedjef im Exil lebte, zu disziplinieren: Sie sorgten dafür, daß er kein Geld aus Iran bekam.

Khomeini, der noch keinen Namen besaß in der Heiligen Stadt des Ali, brauchte eine Zuhörerschaft, wie sie ihm in Qum zur Verfügung stand; er brauchte Schüler. Da er nicht bekannt war in Nedjef, war er für Schüler als Lehrer nur attraktiv, wenn er Stipendien bezahlen konnte. Gerade dafür aber fehlte ihm Geld. Da ihm die Zuhörerschaft fehlte, wollte er sich an Leser wenden. Er begann seine Gedanken über die Ordnung der Welt schriftlich zu fixieren. Seine Niederschriften wurden vervielfältigt, und immer auf illegalen Wegen zu den Anhängern in Iran gebracht. Khomeinis damalige Einsicht in Allahs Weltordnung läßt sich so zusammenfassen:

Allah ist die Quelle aller Macht auf Erden. Deshalb muß sich jede Regierung an Allahs Gebote halten, die im Koran zusammengefaßt sind. Daß dies geschieht, dafür haben die Imame zu sorgen, die selbst aus dem erhabenen Licht Allahs geschaffen worden sind. Nie können weltliche Monarchen diese hohe Stufe der Erkenntnis und des Wissens erreichen, die den Imamen zugewiesen ist. Während der Jahre der Entrückung des Zwölften Imams übernehmen rechtgeleitete Geistliche, und bevorzugt unter ihnen die Sayyeds, die Aufgabe der Imame. Die Sayyeds, die Allahs Willensäußerungen studiert haben, sind sowohl Ausleger, als auch Ausführende der Gesetze Allahs. Ihnen ist deshalb alle Macht zu überlassen. Es nütze wenig, daß im Gesetz vorgeschrieben sei, einem Dieb die Hand abzuhacken, wenn den Geistlichen die Macht fehle, dieses Gesetz ausführen zu lassen. Es nütze ebenfalls wenig, daß die Vorschrift gültig sei, eine Ehebrecherin zu steinigen, wenn den Mullahs verboten werde, tatsächlich durch Steinwürfe zu töten. Das Gesetzeswerk Allahs ist nach Khomeinis Ansicht eine Einheit – und es ist nicht erlaubt, nur diejenigen Gesetze als anwendbar zu betrachten, die dem eigenen Rechtsgefühl oder der augenblicklichen Situation der gesellschaftlichen Entwicklung entsprechen. Wer als Herrscher so handle, der wandle auf dem Pfad der Gottlosigkeit und sei ewiger Verdammnis ausgeliefert. Jeder weltliche Mächtige, etwa der Schah von Iran, suche sich die Gesetze aus, die ihm passen – dafür sei ihm die Hölle sicher. Das »Wächteramt« in der menschlichen Gesellschaft stehe den Sayyeds zu.

Wohl um zu rechtfertigen, daß er schreibe und nicht predige, formulierte der Groß-Ayatollah damals diesen Satz: »Die Tinte aus der Feder eines Sayyed ist so heilig wie das Blut eines Märtyrers.«

Khomeini konnte sich nicht darüber hinwegtäuschen, daß seine Anhänger in Iran die Schriften kaum lasen, weil allein schon deren Besitz gefährlich für sie war. In Wahrheit, das mußte sich der Groß-Ayatollah eingestehen, war er isoliert. Der Schah hatte einen Sieg errungen: Die schiitische Revolution, die von Qum ausgehen sollte, war tot. Niemand übernahm dort Khomeinis Funktion als Motor der Revolution.

Der Schah brauchte sich kaum noch durch Khomeini bedroht zu fühlen. Die Ermordung seines Ministerpräsidenten blieb ein Einzelfall. Ganz deutlich konnte sich der Monarch im Aufwind fühlen. Seine Sache stand günstig: Mohammed Reza Pahlavi profitierte ab der Mitte der Sechzigerjahre durch Ereignisse, die nicht in seiner Macht standen. Da verlor sein Feind Gamal Abdel Nasser den Junikrieg von 1967 und fiel damit aus als Anstifter schahfeindlicher Aktionen in Teheran. Gleichzeitig stieg die Bedeutung der Ölförderung am Persischen Golf für die Industrienationen der Welt. Ein ständig ansteigender Ölpreis sorgte dafür, daß Geld in die iranische Staatskasse floß. Der Schah konnte persönlich über gewaltige Summen verfügen. Am 26. Oktober 1967 feierte er in einer kostspieligen Zeremonie seine Krönung, die er bis zu diesem Zeitpunkt hinausgezögert hatte. Der Monarch sagte damals:

»Die Krönung wird jetzt erst vollzogen, weil ich mir vor langer Zeit einst selbst versprochen hatte, ich wolle nie gekrönter Schah eines Volkes von Bettlern oder von Unterdrückten sein. Jetzt aber ist jeder Mann und jede Frau in Iran glücklich und deshalb erlaube ich, daß meine Krönung vollzogen wird!« Dann setzte sich Mohammed Reza Pahlavi die edelsteingeschmückte Krone auf das Haupt. Das Haus Cartier hatte das prunkvolle Objekt angefertigt.

Der Schah scheint unbesiegbar zu sein

Fünf Jahre nach der Krönung erreichte die Prunkorgie des Herrschers ihren Höhepunkt: Er ließ feiern unter dem Motto »Zweieinhalb Jahrtausende schon dauert die Monarchie in Iran«. Begangen wurde das Fest im Jahre 1972, weil historisch nachrechenbar fünfundzwanzig Jahrhunderte vergangen waren, seit Kyrus das Reich der Achämeniden begründet hatte, das sich vom Schwarzen Meer bis Zentralasien und von Indien bis Libyen ausgedehnt hatte. Nach Meinung des Schahs war dies das erste Weltreich gewesen, das von einem einzigen Mann beherrscht wurde. Sich selbst sah Mohammed Reza Pahlavi als ebenbürtigen Nachfolger jenes Weltreichbegründers Kyrus, über den der Schah diese Worte aussprach: »Kyrus heißt zu Recht der Große, weil er ein toleranter und gerechter Herrscher war. Als Eroberer muß er in gewisser Weise als Begründer der Menschenrechte betrachtet werden, denn er hat als erster Monarch Toleranzedikte erlassen.«

Darius und Xerxes hatten das Reich des Kyrus bewahren können, für den Schah waren sie deshalb die Heldenkönige, die trotz der Niederlagen von Marathon und Salamis ihren Herrschaftsbereich ausdehnen konnten. Im Geschichtsbild des Schahs war Alexander der Große der Nachahmer des Kyrus an Größe und Menschlichkeit. Alexander habe schließlich die persische Kultur übernommen. So sieht sich der Schah an der Spitze der ältesten, ständig bestehenden Monarchie der Erde. Eine Kette von persischen Monarchen prägt die Entwicklung der zivilisierten Welt. Trotz der Weltherrschaftsgelüste der Römer entstand das Reich der Sassaniden, das vom Indus bis zum Südufer des Persischen Golfes reichte. Die historische Aufgabe dieses Reichs sah der Schah so: »Iran ist der Vorposten der Arier, denn der Name Iran heißt ›Land der Arier‹. Wir bildeten den ersten Wall gegen den Ansturm der Barbaren, der Nomaden, die über die Steppe aus dem Osten heranbrandeten. Die Hunnen, die Seldschuken, die Turkvölker Asiens wurden während der Jahrhunderte durch uns und auf unsere Kosten von Europa ferngehalten. Die indoeuropäischen Brüder des Oströmischen Reiches haben Persien dafür dann nie gedankt. Byzanz hat gegen uns gekämpft, als wir dabei waren, die barbarischen Nomaden am Vordringen nach Westen zu hindern. Erst als der persische Wall zerbrochen war, konnten sich die arabischen Nomaden ausbreiten, und dann die Mongolen aus Asien, die im dreizehnten Jahrhundert über uns hereinbrachen.«

Schon mit dem Sieg der Araber bei Qadisiya im Jahre 637 n. Chr. war die Kette persischer Herrscher allerdings unterbrochen. Die Kalifen in Damaskus und später in Baghdad waren die Monarchen auch über den Bereich, den Kyrus einst regiert hatte. Dann ließen Dschingis Khan und Hülagü sowie ein Jahrhundert später Tamerlan keine eigenständigen Regenten in Iran herrschen. Der Schah sagte selbst: »Damals schien Persien für immer verschwunden zu sein, aus der Geschichte für alle Zeiten gestrichen. Doch im sechzehnten Jahrhundert wurde die Kette der Monarchen wieder fortgesetzt: Die Dynastie der Safaviden einigte das Land zu einer Militärmacht und verteidigte erneut die zivilisierte Welt gegen die Uzbeken im Osten. Damals wurde der Schiismus zur iranischen Staatsreligion. Im Wechsel von Sieg und Niederlage bestand die Monarchie weiter bis zur Dynastie der Kadscharen, die das Reich ins Chaos führte. Aus diesem Chaos brachte ein großer Mann das Reich wieder heraus: Mein Vater, Reza Schah der Große.«

So sah Mohammed Reza Pahlavi die Kontinuität der iranischen Monarchie – sie galt es zu feiern. Als Ort der Feierlichkeiten hatte der Schah Persepolis gewählt, die einstige Hauptstadt des Achämenidenherrschers Kyrus. Die Ruinen von Persepolis liegen in bergiger, wüster Gegend nordöstlich von Shiraz. Dort waren die Möglichkeiten geschaffen worden, fernab von aller Zivilisation, achtundsechzig Monarchen und Staatspräsidenten samt Gefolge standesgemäß unterzubringen, und mit ihnen zu feiern.

Eindrucksvoll ist die Liste der Gäste, die der Einladung des Schahs nach Persepolis folgten: Da kamen die Könige von Schweden und Norwegen, von Dänemark und Belgien, von Griechenland und Thailand. Der überaus alte Kaiser Haile Selassie von Äthiopien hatte es sich auch nicht nehmen lassen, dem Schah zur 2500-Jahrfeier zu gratulieren. Die Vereinigten Staaten von Amerika waren durch Vizepräsident Agnew vertreten. Auch die Sowjetunion wollte zeigen, daß sie die Monarchie in Persien respektierte: Präsident Podgorny machte seine Aufwartung. Die meisten der europäischen Staaten waren durch ihre Premierminister vertreten, und natürlich fehlten auch die Mächtigen Arabiens nicht. Manche der Gäste hatten ihre eigenen Köche mitgebracht, die für ihre Staatschefs auf Kosten des Schahs Speisen der feinsten Art bereiten durften – für die Mehrzahl der Monarchen und Präsidenten kochten französische Spezialisten nach Pariser Rezepten. Vor allen Dingen standen Berge von Kaviar zur Verfügung.

Der Schah feierte, das Volk von Iran aber war ausgeschlossen. Den Zeitungen des Landes wurde gestattet, über die Verehrung zu schreiben, die der eigene Monarch bei den wichtigsten Männern der Erde genoß, doch sie durften nicht mitteilen, wie hoch die Kosten für das Fest von drei Tagen Dauer in Wirklichkeit anstiegen. Die Zeitungen hatten zu schreiben, daß dem Lande die vierzig Millionen Dollar nicht zu teuer seien, in Anbetracht der außenpolitischen Bedeutung einer Veranstaltung, der kaum ein Staatschef der Erde fernblieb. Niemand erfuhr, daß die wahren Ausgaben einhundertzwanzig Millionen Dollar betrugen – bei einer Staatsverschuldung von damals drei Milliarden Dollar. Bewiesen sei durch das prompte Erscheinen der Gäste, so meinte der Schah, wie viele Freunde die persische Monarchie habe – und damit sei auch bewiesen, daß die Zahl der Feinde wohl gering sei. Die Festtage von Persepolis hätten der Dynastie Pahlavi das Siegel der Legitimität aufgedrückt.

Im irakischen Exil aber hatte Khomeini schon am Tag vor der Feier ausgesprochen, was die Gläubigen vom Fest in Persepolis zu halten hatten:

»Die Bewohner von Iran sollten einen Mann feiern, der den Islam verrät, der die Moslems bekämpft, der Israel mit Öl beliefert? Der Islam steht im völligen Gegensatz zum monarchistischen Gedanken überhaupt. Wenn die Exzesse der Monarchen nicht aufhören, dann werden wir großem Unglück ausgesetzt sein. Abscheuliche Szenen werden uns bevorstehen. Dies sei ein für allemal gesagt: Allah will keine Monarchen!«

Der wichtigste Satz, den Khomeini den Gläubigen in Nedjef gesagt hatte, wurde bald in Teheran zum Schlagwort derer, die keinen Gefallen gefunden hatten am Fest zum 2500. Jahrestag der Begründung der iranischen Monarchie: »Allah will keine Monarchen!« Weniger plakativ, mehr für die Ohren der Mullahs bestimmt, war dieses Argument: »Der Islam steht in völligem Gegensatz zum monarchischen Gedanken überhaupt.« Damit war der Auseinandersetzung die definitive Richtung gewiesen. Nur am Schahhof spürte niemand die heraufziehende Gefahr. Den Höflingen hatte die Feier ungemein gefallen. Sie halfen dem Monarchen fortan, so zu handeln, als sei Persien sein Privateigentum. Er hatte viel daraus zu verteilen, doch er berücksichtigte dabei vor allem die eigene Familie. Der Bruder des Schahs, Prinz Mahmud Reza, sorgte dafür, daß von allen Industriezweigen, die mit der Ausbeutung der Bodenschätze in Iran zu tun hatten, bedeutende Aktienanteile ihm gehörten. Die Schwester, Prinzessin Ashraf – der stärkste Charakter in der Pahlavifamilie – interessierte sich für die Banken des Landes. Dem Schwiegersohn gehörten Teile der Autoindustrie.

Sicher in guter Absicht hatte der Schah im Jahre 1958 die Pahlavi Foundation gegründet. Der Zweck war zunächst, Zinsen aus Geldern, die aus dem Verkauf von privatem Land der Schahfamilie erzielt wurden, für den Bau von Krankenhäusern, von Jugendclubs und für den Studienaufenthalt junger Menschen im Ausland zu verwenden. Doch bald schon wurde die Pahlavi Foundation ein gewaltiges Finanzimperium mit weitverzweigten Beteiligungen, vor allem in der Bauindustrie und im Hotelgewerbe. Bei der engen Verknüpfung von privaten Interessen des Schahs mit volkswirtschaftlich wichtigen Zweigen von Industrie und Tourismus, war es kein Wunder, daß der Finanzminister der iranischen Regierung auch lange Jahre der persönliche Finanzverwalter des Monarchen war.

Parallel zu dieser Entwicklung nahm am Hofe die Verherrlichung des Schahs zu. Die Zeremonien der persischen Schahs längst vergangener Zeiten wurden wieder eingeführt: Jeder Besucher hatte in Gegenwart des Herrschers den Raum rückwärtsgehend zu verlassen; er hatte sich bei jeder nur möglichen Gelegenheit tief zu verbeugen. Die Schmeichelei bestimmte den Arbeitsstil der Höflinge und derer, die im Auftrag des Schahs in der Regierung saßen. Ein Ausspruch zirkulierte damals in Teheran, der die Situation im Palast genau definierte: »Seinem Vater, Reza Schah, hat niemand gewagt, eine Lüge zu sagen – ihm, Mohammed Reza Pahlavi, wagt niemand, die Wahrheit zu sagen!«

Aber er glaubte, anderen die Wahrheit sagen zu müssen. Am 23. Dezember 1973, gerade zum Weihnachtsfest, gab der Schah in Teheran eine Pressekonferenz. Da wollte er den Menschen im Abendland eine Lektion erteilen:

»Die bisher reichen und in der Welt tonangebenden Industrienationen im Westen sind unsicher geworden, ob sie noch stark sein werden in der Zukunft. Die Leute dort müssen lernen, künftig mit dem zu leben, was ihnen bleibt. Ich weiß nicht, ob sie sich Hippies leisten können, oder junge Menschen, die über linke Theorien klug daherschwätzen, von ihnen können wir gar nichts lernen. Die Leute im Westen sind degeneriert. Sie wollen uns weismachen, daß Demokratie zum Glück der Menschheit beiträgt. Doch auch Demokratie ist eine degenerierte Idee. Wir können sie nicht akzeptieren.«

Vor den Höflingen brüstete sich der Schah: »Jetzt sind wir die Herren in der Welt! Unsere Herren von einst sind jetzt unsere Sklaven! Jeden Tag klopfen die Engländer und die Amerikaner bei uns an, um zu fragen, ob wir irgend etwas brauchen, ob sie uns dienen können. Sie fragen, ob wir Waffen brauchen, ob wir einen Atomreaktor brauchen. Wir pfeifen, und sie erfüllen alle unsere Wünsche. Das Fest von Persepolis zeigt doch, daß wir die Spitze der Welt erreicht haben.«

Diese Sätze sind ausgesprochen worden, als die Einnahmen des Staates aus dem Ölgeschäft rapide von fünf Milliarden Dollar auf neunzehn Milliarden im Jahr stiegen. Schon Ende des Jahres 1973 hatte Iran seine Schulden getilgt und verfügte fortan Jahr für Jahr über riesige Dollarbeträge. Der Schah, der treueste Verbündete der westlichen Industrienationen, hatte selbst für die Steigerung der Einkünfte gesorgt: Er war in seinen Forderungen für die Erhöhung des Barrelpreises weit über die Vorstellungen arabischer Ölminister hinausgegangen. Die von ihm durchgesetzte weltweite Steigerung der Energiekosten schadete nun vor allem den europäischen Industrieländern, die über keine eigenen Ölvorkommen verfügten; die Konkurrenzfähigkeit der Europäer sank. Diese Entwicklung wiederum gefiel der amerikanischen Wirtschaft, die nicht unbedingt arabisches Öl benötigte, denn die USA konnten Öl aus dem eigenen Boden fördern. Den Verantwortlichen der amerikanischen Industrie kam die Verzerrung des Wettbewerbs gelegen: Sie hatten schon lange mit Sorge auf das wachsende industrielle Potential Europas geblickt. Das Wirtschaftswachstum der Franzosen, Engländer und vor allem der Deutschen war nun gebremst. Der Schah konnte damit rechnen, daß ihm die amerikanische Regierung dankbar war, für diese Entwicklung den Anstoß gegeben zu haben.

Den Untertanen des Schahs hatten wenig Chancen, sich zu informieren über die Aktivität der wirklich Mächtigen – sie hatten vor allem keine Möglichkeit, selbst in die Politik einzugreifen. Im Parlament war allein die Rastakhizpartei vertreten, die Partei der Wiedergeburt des Iran, deren Führer Lakaien des Schahs waren. Wirkliche Debatten wurden während der 70er Jahre im Parlamentsgebäude nie geführt. Kritik an den Entscheidungen der Staatsführung war zu keiner Zeit während der Regierung des Schahs Mohammed Reza Pahlavi erlaubt. Nach außen schien Iran eine Insel der Stabilität zu sein. Doch da wurden im Jahr 1975 in Teheran zwei Amerikaner erschossen, Techniker, die sich im Auftrag der US-Regierung in Iran befanden, um Flugzeuge der Luftwaffe des Schahs zu betreuen. Wer diesen Mord deuten konnte, der begriff, daß der revolutionäre Geist wieder aufblühte in Iran. Die Frage stellte sich nur, wer die Flammen der Revolution zu schüren begonnen hatte.

Da war häufig ein Mann unterwegs zwischen der irakischen Stadt Nedjef, dem heiligen Ort, den Ayatollah Khomeini als Stätte seines Exils ausgesucht hatte, und der iranischen Hauptstadt. Er trug immer Briefe bei sich, die Botschaften enthielten für Geistliche in Iran, für Mullahs, die aufgeschlossen waren für Khomeinis Nachrichten und Ideen. Daß es sich bei dem Boten um Khomeinis Sohn Mustafa handelte, war dem iranischen Geheimdienst Savak bekannt, doch den Agenten gelang es monatelang nicht, ihn zu fassen. Im September 1977 aber wurde Khomeinis Sohn in einen Hinterhalt gelockt und getötet. Er war unterwegs gewesen nach Teheran und hatte somit noch alle Briefe des Vaters bei sich. Feststellbar waren die Namen derer, die Empfänger der Schreiben sein sollten. Die Folge war, daß einige Mullahs in Teheran verhaftet wurden.

Dieser Sohn Mustafa war der wichtigste Helfer des Ayatollah gewesen. Er hatte nicht nur Botschaften aus dem Exil in die Heimat transportiert, er war der Organisator für den Vater in Nedjef selbst: Da waren Schüler zu betreuen, Predigttexte zu vervielfältigen, Besucher zu empfangen, Briefe zu schreiben. Mustafa muß ein überaus energischer und fleißiger Mann gewesen sein. Der Verlust dieses Mitarbeiters traf den Ayatollah schwer. Daß Savak für den Tod des Sohns verantwortlich war, reizte seinen Willen zur Revolution aufs äußerste. Savak war ein Instrument des Schahs – folglich gab Khomeini dem Schah die Schuld an dem Verlust seines Ältesten, der einmal sein Erbe hatte werden sollen. Khomeini schwor Rache.

Mustafas Tod beschleunigte die Revolution

Als die Mullahs in Teheran von der Ermordung des Sohnes von Khomeini erfahren hatten, da hielten sie Predigten der Trauer, sprachen vom Sieg des Teufels, auf den jedoch bald schon der Triumph Allahs folgen werde. In Teheran, Qum, Täbris und Isfahan waren am darauffolgenden Freitag die Moscheen überfüllt. Um die im schiitischen Glauben verankerten Feiern vierzig Tage nach einem Todesfall zu begehen, versuchten Tausende in den Irak nach Nedjef zu gelangen; die meisten wurden von iranischer und irakischer Grenzpolizei aufgehalten. Einige Hundert Gläubige aber erreichten ihr Ziel: Den trauernden Khomeini.

Am vierzigsten Tag der Trauer verkündete Khomeini: »Wir haben jetzt genügend Tränen vergossen. Ab sofort nehme ich keine Beileidsbezeugungen mehr an. Was wir nun brauchen ist Aktion.« Den Gläubigen, die nach Teheran zurückreisten, gab der Ayatollah vier Instruktionen mit:

1. Die Regierungsorgane müssen boykottiert werden, denn diese Regierung kann sich in keiner Weise auf den Islam berufen.
2. Wer bisher in irgendeiner Form im Auftrag oder zu Nutzen der Regierung gearbeitet hat, der unterläßt dies künftig.
3. Auch Handlungen sind zu unterlassen, die auf indirekte Weise der Regierung Nutzen bringen könnten. Jede Handlung sei genau darauf zu überprüfen, ob sie der antiislamischen Regierung in die Hand arbeite.
4. Auf jedem Gebiet sind islamische Aktivitäten, als Gegenpol zu den Handlungen der Regierungsorgane zu beginnen und auf Dauer durchzuhalten. Zu denken ist an Initiativen auf wirtschaftlichen, finanziellen und auf die Rechtsprechung betreffenden Gebieten.

So unpräzise diese Anweisung auch war, sie gab denjenigen, die Khomeini vertrauten, den ersten Rahmen, innerhalb dessen sie für die Revolution zu arbeiten hatten. Das Vier-Punkte-Programm des Ayatollah war als »Fatwa« zu interpretieren, als ein Befehl, der im Namen Allahs gegeben wurde. Diese »Fatwa« war bindend für jeden, der nicht der ewigen Verdammnis anheimfallen wollte.

Die Mullahs in Iran erhielten noch im Dezember 1977 auf geheimen Wegen aus Nedjef Ausführungsbestimmungen zum Vier-Punkte-Programm, die ebenfalls als Fatwa zu werten waren: Die Gläubigen wurden angewiesen, keine Steuern zu zahlen, Gesetze aus der Zeit des Schahs Mohammed Reza Pahlavi nicht zu beachten, da sie ohnehin von westlichen, dekadenten, unmoralischen Beratern diktiert worden waren. Den Schah erklärte Khomeini für abgesetzt. Er sei ein »taghut«, ein Vertreter teuflischer Mächte. Für den Monarchen bedeutete diese Anweisung an die Gläubigen die offene Kriegserklärung.

Staatsminister Hoveyda, ein ohne Zweifel treuer Diener des Schahs, wies darauf hin, daß Khomeinis Schreiben allein schon deshalb nicht ernstgenommen werde von den Mullahs im Lande, weil es von Schreibfehlern nur so strotze; dies sei das Werk eines lächerlichen Alten. Mohammed Reza Pahlavi aber ließ sich nicht beruhigen: Er sah voraus, daß viele der Gläubigen die vom Groß-Ayatollah ausgesprochene »Absetzung« ernst nehmen würden. Der Schah verlangte, daß das »Ungeziefer Khomeini« endlich verschwinde. Einwände, daß Gefühle der Schiiten tatsächlich verletzt worden waren während der zurückliegenden Jahre, akzeptierte der Herrscher nicht.

Die schwerwiegendste Verletzung war im Jahr 1976 christlicher Zeitrechnung geschehen. Nach der traditionellen islamischen Zählung der Jahre – die erst 622 n. Chr. beginnt, und die Mondjahre umfaßt – war dies das Jahr 1355. Durch Dekret des Schahs aber bekam jenes Jahr über Nacht die Zahl 2535 mit dem Zusatz »der Epoche des Königs der Könige«.

Die Zeit der Staatsgründung durch Kyrus war zum Anfang der neuen Zeitrechnung bestimmt worden. Damit hatte der Schah zeigen wollen, daß er für Iran Werte einer Vergangenheit anerkannte, die vor der Zeit des Islam lag. Khomeini und die Mehrheit der Gläubigen sahen darin ein deutliches Zeugnis für den Kampf des Schahs, des »taghut«, gegen den wahren Glauben.

Die Umänderung des Kalenders gab die gesamte restliche Zeit der Herrschaft des Schahs hindurch den Geistlichen Anlaß, den Schah als Ungläubigen, als Feind der Gläubigen anzuprangern. Im gesamten Land wurden die Predigten im Winter 1977/78 aggressiver. Die Parolen der Mullahs fanden Zustimmung bei den Massen, aber auch bei den Händlern in den Basaren und vor allem bei den Studenten. Die Zustimmung führte wiederum dazu, daß für die Parolen demonstriert wurde. Auf Anordnung des Ayatollah, der noch immer in Nedjef lebte, schufen sich die Mullahs Organisationskomitees, die den Aufmarsch der Massen zu koordinieren hatten. Das Ziel war, die Kräfte der Polizei und der Armee zu zersplittern. Am 7. Januar 1978 veröffentlichte die Teheraner Zeitung ›Ettelaat‹ den Brief einer angeblichen Privatperson, der die Mullahs aufs äußerste beleidigte. Da war zu lesen, die Geistlichkeit sei ein Gezücht von Parasiten, sie würden vom Geld der einfachen Menschen leben, und ihre Tage und Nächte in widernatürlicher Unzucht verbringen. Die Mullahs waren sofort der Überzeugung, diese Worte der Hetze seien nicht von einer Privatperson, sondern von einem Vertrauten des Geheimdienstes in dessen Auftrag geschrieben worden. Kaum war die Zeitung ›Ettelaat‹ in Teheran erschienen, trieben die Geistlichen in Qum Hunderte ihrer Studenten auf die Straße. Schreie »Tod dem Schah!« erfüllten die Luft – und »Heil Khomeini!« Die Läden im Basar schlossen, denn auch die Händler wollten teilnehmen an den Demonstrationszügen. Die Protestbewegung erfaßte zunächst fünftausend Menschen, weitete sich aber nach Stunden auf zwanzigtausend aus. Alle Gebäude, die Embleme des Schahregimes trugen – also Behörden, Banken und staatliche Schulen –, wurden verwüstet. Als die Polizeizentrale gestürmt wurde, fielen Schüsse. Sieben Demonstranten, alle waren sie noch Schüler, starben durch die Kugeln. Die Anti-Schah-Bewegung hatte die Märtyrer bekommen, die sie brauchte, um ihre Aggressivität noch steigern zu können.

Die Chance zur Steigerung der Aggressivität bot sich am vierzigsten Tag nach dem Aufruhr in Qum. Das war der Tag, an dem, unter Ausbruch heftiger Gefühle, der Toten zu gedenken war. Das arabische Wort für »vierzig« heißt »arbain« – es wurde zur wichtigsten Waffe in Khomeinis Hand. Waren Märtyrer zu beklagen, dann konnte der Ayatollah vierzig Tage später die Massen auffordern, sich zu machtvollen Trauerdemonstrationen auf der Straße einzufinden. Dabei kalkulierte er ein, daß sich die Armee wohl erneut gezwungen sehen würde, zum Schutz öffentlicher Einrichtungen auf anstürmende Menschen zu schießen. Wiederum war mit Märtyrern zu rechnen, die wiederum vierzig Tage später bei Demonstrationen beweint werden mußten.

Die »arbain«-Demonstrationen wurden immer von den örtlichen Mullahs organisiert. Das geschah auch am 18. Februar 1978, als der Toten von Qum zu gedenken war. In Täbris, Shiraz, Isfahan und Ahwas gaben die Geistlichen die Parolen zum Aufstand aus. Der Sturz des Schahs war jetzt überall die Forderung der Demonstranten. Sie verwüsteten und zerschlugen diesmal alles in ihren Städten, was auch nur entfernt mit der Monarchie in Zusammenhang zu bringen war: Gebäude der Frauenorganisation, Telefonzellen, Finanzämter – aber auch Läden, in denen alkoholische Getränke verkauft wurden. Kinos waren bevorzugte Ziele der Volkswut, und Restaurants, zu denen Männer und Frauen Zugang hatten. Die Stadt Täbris sah am Abend des 18. Februar 1978 aus wie nach einem Tag heftiger Straßenkämpfe im Bürgerkrieg.

Noch immer erkannte Mohammed Reza Pahlavi die Gefahr nicht. Er konnte nicht glauben, daß die von ihm verachteten Geistlichen einen derartigen Einfluß auf die Massen besaßen, daß sie zum Märtyrertum auffordern konnten und dabei durchweg begeisterte Reaktion auslösten. Die Meinung des Schahs war, ausländische Kräfte seien dabei, ihm den Thron zu rauben, und er dachte besonders an die Vasallen der Sowjetunion. Zu Beginn des Jahres 1978 war am Hof in Teheran der Traum verflogen, Mohammed Reza Pahlavi besitze nur Freunde auf der Welt. Die Berater des Schahs trauten den Großmächten kaum mehr. Mancher war der Ansicht, die amerikanische Regierung wolle die Monarchie in Iran durch eine republikanische Staatsform ersetzen. Andere der Ratgeber im Schahpalast dachten, die Mächtigen in Moskau wollten durch die Ablösung des Schahs die Übernahme der Staatsgewalt durch die linksorientierte Tudehpartei erreichen. Wer die Meinung vertrat, die Kremlherren wollten den iranischen Herrscher beseitigen, der glaubte, die Palästinenserorganisation PLO sei wesentlich beteiligt an der »Aufhetzung« der Massen, sie biete den Organisationsrahmen der Demonstrationen. Die PLO des Jasir Arafat wurde ohnehin als von Moskau abhängig angesehen; Arafat trage durch die aktive Beteiligung seiner Kämpfer am Protest gegen den Schah Schulden ab, die durch sowjetische Waffenlieferungen entstanden seien.

Hätte der Schah erkannt, daß er von einer iranisch-schiitischen Nationalbewegung bekämpft wurde, er hätte im Frühjahr 1978 wenig unternehmen können, um den aufgeputschten Zorn der Iraner zu besänftigen. Geschenke an die Massen, etwa durch Subventionen der wichtigsten Gebrauchsgüter, waren nicht mehr möglich, denn die Staatskasse war keineswegs mehr üppig gefüllt. Die Finanzfachleute hatten sich verrechnet: Die vorausgesagte Steigerung des Ölverbrauchs in der Welt war ausgeblieben; die Einnahmen aus dem Ölgeschäft waren rückläufig. Dafür aber hatte, ausgelöst durch den abgeklungenen Ölboom, der Inflationsdruck zugenommen. Die jährliche Rate der Preissteigerung war zweistellig geworden. An eine Abschwächung der Steigerung war nicht zu denken. Voraussehbar war, daß die Armut in Iran zunahm. Sie wurde auch vergrößert durch die immer stärker werdende Landflucht. Die Aufsplitterung des landwirtschaftlich nutzbaren Bodens in kleinere Parzellen im Rahmen der Landverteilung rächte sich nun: Die für große Landflächen angelegten Bewässerungsanlagen wurden nicht mehr gereinigt und gepflegt: sie zerfielen, und bald schon blieben die kleinen Parzellen ohne Wasser. Die Bauern, denen jetzt zwar das Land gehörte, sahen keine Möglichkeit mehr, Wasser auf ihre Felder zu leiten. Als auf dem trockenen Boden keine Frucht mehr wuchs, keine Ernte eingebracht werden konnte, da verließen vor allem die jüngeren Bauern das Land, das ihnen geschenkt worden war, um in der Stadt nach Arbeit zu suchen. Für ihr Scheitern gaben sie dem Schah die Schuld.

So wurden sie in den Armenvierteln, besonders in Teheran, leicht ansprechbar für die Mullahs, die in ihren Freitagspredigten den Schah für alles Elend verantwortlich machten. Das Versprechen der Geistlichen, Rettung sei allein im Islam zu finden, wurde geglaubt. Den Mullahs stand ein reiches Reservoir der Enttäuschten zur Verfügung. In Teheran lebten nahezu fünfzehn Prozent der Gesamtbevölkerung von Iran. Die meisten davon gehörten zur ärmeren Schicht. Waren sie vor der Kriegserklärung des Ayatollah Khomeini an den Schah schon gläubig gewesen, so wurde jetzt, durch die Propaganda der Geistlichen, der Glaube an den Islam, personifiziert in Khomeini, gewaltig verstärkt.

Den enttäuschten Massen wurde von den Mullahs mitgeteilt, was der Ayatollah im irakischen Nedjef zu sagen hatte. Da genügte es nicht mehr, daß vervielfältigte Texte verbreitet wurden. Die gläubigen Massen, die ohnehin mit den Buchstaben nicht sonderlich vertraut waren, wollten die Stimme des Führers der Revolution hören. Diesen Wunsch zu erfüllen, stellte kein Problem dar: Die Ansprachen, die der Ayatollah in Nedjef hielt, wurden auf Tonband aufgenommen. Bald gehörten Abspielgeräte für Tonbandkassetten zum Inventar jeder bedeutenden

Moschee in Iran. Die Mullahs brauchten nicht mehr selbst zu predigen, sie ließen die Gläubigen hören, was Khomeini zu sagen hatte. Da war in den Moscheen von Teheran, Täbris, Isfahan, Shiraz die leise, aber eindringliche Stimme zu hören, die den Sturz der Pahlavi-Dynastie forderte, die erläuterte, daß der Schah von Amerika und Israel gestützt werde, daß die Juden und die »Kreuzesanbeter« sich verschworen hätten, den Islam in Iran völlig zu vernichten. Besonders die »Kreuzesanbeter« wollten dieses Ziel durchsetzen – so war auf den Tonbändern aus Nedjef zu hören –, um endlich zu erreichen, was den Kreuzrittern einst mißlungen sei. Vor diesen »Heiden« biete erst der Sturz des Schahs völlige Sicherheit: »Wenn dieser Teufel in Teheran bleibt, dann wird der Tag kommen, an dem die Frauen des Islam zur Beute für die ›Kreuzesanbeter‹ werden!«

Khomeini ließ sich auch dann nicht von seiner Meinung abbringen, die »Kreuzesanbeter« hielten den Teufel Mohammed Reza Pahlavi an der Macht, als er erfuhr, daß der BBC-Radiodienst im christlichen England die Ansprachen aus Nedjef über das Sendernetz in Richtung Iran ausstrahlte. So sorgte auch die British Broadcasting Corporation für die Verbreitung der Parole, die Volksbewegung brauche das Blut der Märtyrer, um gedeihen zu können. England war der erste Staat des Westens, dessen Medien, getrieben von der Pflicht zur Berichterstattung über alles Geschehen in der Welt, Khomeinis Ansichten und sogar seine Befehle an die Iraner verbreiteten. Bald schon bot sich dem Ayatollah die Chance des freien Zugangs zu den Medien, zu Fernsehen, Rundfunk, Presse. Khomeini wußte sie zu nutzen.

Es war der Schah, der, ungewollt, dem Ayatollah diese Chance bot. Im September 1978 bat der Monarch den irakischen Geheimdienst, er möge doch dafür sorgen, daß der »geistliche Hetzer« aus Nedjef verschwinde. Mohammed Reza Pahlavi war der Meinung, allein das Heiligtum des Ali, vor dem Khomeini regelmäßig predige, gebe den Worten des Ayatollah Autorität. Werde Khomeini vom Heiligtum getrennt, werde kaum mehr jemand auf ihn hören. Diese Meinung war die schlimmste Fehlkalkulation des Monarchen.

Der irakische Geheimdienst befolgte den Wunsch des Schahs. Der Grund für das Entgegenkommen ist darin zu suchen, daß Irak ein Land ist, das von Schiiten bewohnt wird – sie bilden die Mehrheit –, das jedoch von Sunniten regiert wird. Unter Aufsicht der britischen Kolonialmacht war es nach dem Ersten Weltkrieg der sunnitischen Minderheit gelungen, die Macht im Irak an sich zu reißen. Diese Regierungsschicht war daran interessiert, daß sich die schiitische Mehrheit im Lande ruhig verhielt, daß sie nicht in Unruhe versetzt wurde. Khomeinis Hetze gegen den Schah konnte dazu führen, daß auch die Schiiten des Irak zur Erkenntnis kämen, vom falschen Regenten regiert zu werden. Diese Rückwirkung auf die eigene Bevölkerung zu verhindern, gehörte zur

Aufgabe des irakischen Geheimdienstes. Seine Verantwortlichen ordneten deshalb Khomeinis Ausweisung an.

Der Ayatollah wollte sich fügen, die Frage war nur, welches Land bereit war, ihn aufzunehmen. Khomeini suchte zunächst Zuflucht in der Nähe, doch das Emirat Kuwait, das ein Stück gemeinsame Grenze zu Irak besitzt, verweigerte das Einreisevisum. Der Emir, in Sorge vor möglicher Unruhe unter der schiitischen Minderheit seines kleinen Landes, wollte sich so Ärger ersparen. In dieser kritischen Situation erklärte die französische Regierung, sie habe nichts gegen die Einreise des Ayatollah samt seiner Familie. Am 6. Oktober 1978 flog Khomeini nach Paris. Im Vorort Neauphle-le-Château, dreißig Kilometer westlich der französischen Hauptstadt, bezog er ein Haus.

Von keiner Auflage der französischen Regierung eingeschränkt, sich politischer Aktivität zu enthalten, wurde Khomeini selbst in Neauphle-le-Château zum direkten Leiter des Kampfes in Iran. Er, der sich bisher immer geweigert hatte, ein Telefon auch nur anzufassen, entdeckte die Möglichkeiten der elektronischen Kommunikationsmittel: Er konnte Gesprächspartner in Teheran direkt anwählen – von Nedjef aus zu telefonieren war schwierig gewesen. Die Direktwahl Teheraner Telefonnummern ermöglichte schnellen Kontakt zu den Geistlichen seines Vertrauens; der Ayatollah konnte Anweisungen geben. Durch das Telefon wurde das Haus in Neauphle-le-Château zur Befehlszentrale des Widerstands.

In Iran riß die Kette der Märtyrertage nicht ab. Starben Menschen, wurden sie betrauert, und vierzig Tage später noch einmal. Khomeini konnte, ohne daß Savak ein Mittel gehabt hätte, dies zu verhindern, den Schah beschimpfen, ihn einen »räudigen Hund« nennen. Ungestraft durfte er, bei weltweiter Verbreitung seiner Worte durch den Verbund der Presseagenturen und Fernsehnetze, den »Teufel Reza Pahlavi« auffordern, seinen Thron zu räumen. Auffällig war dabei, daß Khomeini nur den Schah frontal angriff, daß er kein Wort darüber sprach, wie sehr ihm die völlige Veränderung der Gesellschaftsordnung in Iran am Herzen lag. Dem Bürgertum versicherte er sogar, das Wirtschaftsleben werde sich so fortentwickeln wie bisher. Wer Privilegien besitze, der dürfe sie behalten. Sei der Schah erst einmal verjagt, sei vergessen, was in der Vergangenheit geschehen sei. Mit dieser Zurückhaltung erweckte der Ayatollah bei Regierungen und in der fernsehgewohnten Öffentlichkeit den Eindruck, er sei ein demütiger Mann des Glaubens, der nichts anderes wolle als den Sieg der Religion im eigenen Lande. Daß er die Macht erlangen wolle, davon redete Khomeini nicht.

Auch die Regierung des Gastlandes Frankreich gewann den Eindruck, mit diesem Geistlichen, der immer auch von der Freiheit des Ölgeschäfts sprach, könne man über die Zukunft reden. Selbst Staatspräsident Valéry Giscard d'Éstaing glaubte, die Aufnahme des Ayatollah in Frankreich werde sich nach dem Abgang des Schahs für die französische Wirtschaft lohnen. Den übrigen europäischen Regierungschefs machte Giscard d'Éstaing deutlich, daß die Zukunft nicht dadurch belastet werden sollte, das Regime des Schahs künstlich am Leben zu halten.

Auch die Regierung der Vereinigten Staaten von Amerika gewann nun den Eindruck, daß Mohammed Reza Pahlavi nicht mehr an der Macht zu halten war. Diskutiert wurde innerhalb der CIA-Führung, ob der Rücktritt des Monarchen zu Gunsten seines Sohnes die Massen beruhigen könnte, oder ob es besser sei, den Schah durch einen Militärputsch verschwinden zu lassen, an dessen Ende ein als gläubiger Schiit bekannter General die Führung des Iran übernehmen würde. Beiden Lösungen des Problems widersprach allerdings der Botschafter der USA in Teheran. Am 28. September 1978 berichtete er dem State Department in Washington, für die nächsten zehn Jahre habe der Schah nichts zu fürchten; seine Autorität werde durch niemand gefährdet sein, denn die Armee halte in Treue zu ihm.

Botschafter Sullivan zog in seinem Bericht das Fazit: Die starke, fast brüderliche Bindung der iranischen Armee an die Armee der USA – die auf amerikanische Ausbilder und auf amerikanische Waffenlieferungen zurückzuführen sei – bewähre sich jetzt in der Krise. Die Zufriedenheit der sehr elitären iranischen Offizierskaste sei auf übersehbare Zukunft der Garant für die Sicherheit der Monarchie. Der Schah werde politisch auch dann überleben, wenn eine kommende Regierung in Iran starke islamische Tendenzen aufweise. Der Monarch werde sicher auf die religiöse Strömung im Lande Rücksicht nehmen müssen – auf seinem Thron aber werde er durch die Armee gehalten.

Der im Rückblick auf die tatsächliche Entwicklung seltsame Bericht des Botschafters war nicht ohne Grund geschrieben worden. Auf Anordnung Khomeinis hatte ein hoher Geistlicher den Diplomaten in dessen Residenz in Teheran besucht, mit dem Auftrag, dem Vertreter der USA zu sagen, eine künftige islamische Regierung in Iran sei außerordentlich interessiert an guten Beziehungen zu den Verantwortlichen in Washington und zur amerikanischen Armee. Der Geistliche sprach nur von der »islamischen Regierung«, jedoch nicht von der »islamischen Republik«. Das Resultat war, daß Sullivan tatsächlich der Meinung war, zwar sei derzeit der Schah für die Schiitenführer die Personifizierung des Gegners, dies werde sich aber ändern, wenn die Geistlichen innerhalb des auch weiterhin monarchischen Staatsrahmens Einfluß auf die Regierungsbildung erhielten. Diesen Einfluß, so bekam der Botschafter zu hören, forderten die Geistlichen nicht aus eigenem Wunsch, sondern auf Drängen des Volkes.

Daß im Herbst des Jahres 1978 viele der Iraner, die Weitblick besaßen, für sich selbst im Lande keine Zukunft mehr sahen, war daran zu erkennen, daß die Flugzeuge, die von Teheran nach Europa flogen, fast immer voll besetzt waren, daß die Banken mit Aufträgen überhäuft wurden, Gelder nach Europa und in die USA zu transferieren. Das Staatsgefüge und die Wirtschaft wurden instabil. In diese Zeit fiel die Phase der Streiks in Iran, der Arbeitsverweigerung. Insbesondere der streikbedingte Ausfall der Ölförderung erschütterte das Vertrauen in die ökonomische Stärke von Iran. Die Leistungskraft der Industrie, gelähmt durch Stromausfälle, nahm rapide ab. Nicht die Mullahs waren bei diesen Streiks die treibenden Kräfte sondern die Kader der linksgerichteten Tudehpartei, die sich zum Partner der Geistlichkeit erklärt hatte.

Der Schah trug zum Defätismus seiner Anhänger bei durch die Erklärung: »Als Schah von Iran und als Bürger dieses Staates verstehe ich das Volk. Auch ich kann diese Revolution nur gutheißen!« Damit hatte der Herrscher zugegeben, daß gegen ihn eine Revolution im Gange sei, die berechtigt sei. Mohammed Reza Pahlavi gab sogar zu, während der letzten Jahre seien unter seiner Verantwortung auch Grausamkeiten geschehen, für die er um Vergebung bitte. Diese Erklärung hatte keineswegs zur Folge, daß die Demonstrationen in Teheran unterblieben, oder auch nur an Wucht verloren. Mit der Bitte um Vergebung hatte sich der Schah eine Blöße gegeben, er hatte gezeigt, daß er verwundbar war. Für die Mullahs war die Zeit zum Todesstoß für das Regime gekommen. Sie brachten nun meist jeweils hunderttausend Menschen auf die Straße, wenn sie zu Protestmärschen aufriefen. Immer schwächer wurde der Widerstand der Armee. Die Soldaten weigerten sich, auf Menschen zu feuern, die sich nicht wehrten, die Khomeinis Anweisungen befolgten: »Sprecht mit den Soldaten, sucht den Dialog mit ihnen. Zeigt ihnen, daß ihr nicht bewaffnet seid. Werft nicht einmal einen Stein auf sie.«

Rapide verlief der Verfall der Staatsautorität im Iran. Im November 1978 wurden Würdenträger der Monarchie verhaftet, die dem Schah treu in dessen Sinn gedient hatten. Die Haftbefehle waren vom Schah selbst unterzeichnet worden. Ins Gefängnis gesteckt wurde auch Staatsminister Amir Abbas Hoveyda, der länger als jeder andere zur Schahzeit Ministerpräsident von Iran gewesen war. Wegen des Verdachts der Untreue und der Bestechlichkeit sollte gegen Hoveyda ermittelt werden. Die Absicht war, dem Volk Sündenböcke, darunter ein besonders prominentes Exemplar zu präsentieren. Khomeinis Reaktion war: »Jetzt frißt sich das Regime des Teufels selbst auf. Doch der Schah selbst muß Gegenstand gerichtlicher Untersuchungen sein. Bringt ihn vor seinen Richter!«

Im Dezember 1978 begann die letzte Phase der Herrschaft der Pahlavi-Dynastie. Der heilige Monat der Schiiten, der Monat Moharram, brach an, die Zeit des Gedenkens an den Märtyrer Husain, den Prophetenenkel. Mit gewaltigen Demonstrationen war zu rechnen. Die Armee befahl deshalb, am 1. und am 2. Dezember dürfe in der Hauptstadt niemand seine Wohnung, sein Haus verlassen. Aus Paris aber signalisierte Khomeini: »Haltet euch nicht an die Ausgangssperre! Trotzt diesem Befehl des Teufels!« Etwa zehntausend Menschen hielten sich an den Befehl des Ayatollah – sie demonstrierten. Diesmal wollte die Armeeführung zeigen, daß die Anordnung der Ausgangssperre ernst gemeint war. Die Soldaten wurden angewiesen, auf die Demonstranten scharf zu schießen. Daß sie nicht in Gewissenskonflikte gerieten, dafür war gesorgt: Einheiten aus den Provinzen waren nach Teheran geholt worden; anzunehmen war, daß die Soldaten dieser Einheiten kaum Verwandte besaßen unter den Menschen, die in der Hauptstadt demonstrierten. Die Soldaten feuerten tatsächlich auf die Demonstranten, und töteten sechzehn Männer und Frauen. Damit, so glaubten die Kommandeure der Armee, sei den Massen eine Lehre erteilt worden, die wohl über den Heiligen Monat Moharram hinweg anhalte. Dem amerikanischen Botschafter wurde versichert, die Gefahr sei wohl gebannt. Zum Entsetzen der Armeeführung strömten jedoch am folgenden Tag etwa vierhunderttausend Menschen auf die Straßen. Dem Schah wurde zwar von der Demonstration berichtet, der Umfang, die gewaltige Zahl der Demonstranten aber wurde von den Höflingen verschwiegen. Er urteilte deshalb voreilig und falsch: »Das sind alles Kommunisten und Saboteure, die Chaos erzeugen wollen – Moslems sind das auf keinen Fall!«

Aus dem engen Kreis seiner Diener schickte er hin und wieder jemand los, mit dem Auftrag, ihm über die Situation in der Stadt zu berichten. Wer auch immer geschickt wurde, der sah die Wahrheit, sah das gewaltige Ausmaß der Demonstrationen und erkannte auch den Haß der Protestierenden auf das Regime – vor dem Monarchen aber verharmlosten sie alle die Gefahr. Meist bestätigten sie das Vorurteil des Schahs: »Es handelt sich wirklich nur um Kommunisten!« Als endlich Zweifel im Bewußtsein des Monarchen auftraten, ob seine Höflinge ihm wirklich die Wahrheit sagten, da ließ er sich im Hubschrauber über die Straßen und Plätze seiner Hauptstadt fliegen. An jenem Tag wurde von der Armeeführung die Zahl der Demonstranten auf nahezu eine Million geschätzt. Verblüfft und bestürzt sah er auf die Menge der schwarzgekleideten Frauen und Männer herab; er konnte es nicht fassen, daß er alle diese Menschen zu Feinden hatte, für die er doch – davon war er überzeugt – so viel getan hatte. Erst von diesem Tag an wußte Mohammed Reza Pahlavi, daß er betrogen worden war von seinen eigenen Ministern und Beratern. Von nun an hatte er nur noch den einen Gedanken, so rasch wie möglich ins Ausland zu fliegen, sich zu retten. Gleichgültig war ihm nun, wer eigentlich Ministerpräsident war in Iran. Der Monarch hatte den Kontakt verloren zu den Beamten und zur Armeeführung. Monatelang hatte er bis zum Tag der bitteren Erkenntnis in seinem glanzvollen Palast gelebt, fast wie ein Gefangener. Nun brach Angst vor den Massen draußen über ihn herein.

Die USA spielten Khomeini in die Hände

Der Schah hatte schon seit einigen Monaten das Gefühl gehabt, daß ihn der amerikanische Präsident Jimmy Carter als Belastung betrachtete. Da waren aus Washington Andeutungen zu hören gewesen, das Bedürfnis der iranischen Regierung, Waffen zu kaufen, sei übertrieben. Für die USA stellten die riesigen Arsenale der Armee des Iran ein Problem dar. Es könne ja geschehen, daß die marxistische Tudehpartei am Ende der Gewinner in den revolutionären Umtrieben sein werde, eine Partei, die eng mit Moskau zusammenarbeite, und die nach dem Sieg ganz selbstverständlich die Waffenarsenale sowjetischen Spezialisten öffnen werde. Trotz dieser Äußerungen der Verantwortlichen in Washington, von der er durch Botschafter Sullivan gehört hatte, glaubte Mohammed Reza Pahlavi noch immer an die Ehrlichkeit des Präsidenten, der eindeutig versprochen hatte, die USA würden ihn in jeder Gefahr stützen. Daß in Washington ein Meinungsumschwung stattgefunden hatte, erfuhr der Schah Anfang Januar 1979. Im Exil erinnerte er sich daran:

»Eine überraschende Neuigkeit wurde mir überbracht: ›Majestät, General Huyser ist seit einigen Tagen in Teheran!‹ Zwar hatten mich die Ereignisse der letzten Wochen gelehrt, mit Überraschungen zu leben, doch General Huyser war ja schließlich nicht eine unbedeutende Persönlichkeit. Der Stellvertretende Befehlshaber der US-Streitkräfte in Europa hatte sonst bei jedem seiner Besuche in Teheran um eine Audienz ersucht. Niemals hatte es sich dabei um einfache Höflichkeitsbesuche, sondern stets um wichtige Unterredungen gehandelt; schließlich war ich ja der Oberkommandierende der iranischen Armee, und mein Land gehörte dem CENTO-Verteidigungspakt an. Die Besuche des Generals Huyser waren auch stets im voraus angekündigt worden, doch diesmal hatte es keinen einzigen Hinweis gegeben. Der Besuch war also höchstes Geheimnis. Seine Ankunft mußte incognito erfolgt sein. Die amerikanischen Militärs flogen in eigenen Flugzeugen ein und aus, und natürlich waren sie nicht den normalen Formalitäten unterworfen, da sie auf Militärflugplätzen zu landen pflegten. Ich fragte meine Generäle, ob sie etwas vom Besuch des Stellvertretenden Befehlshabers der US-Streitkräfte in Europa wüßten. Auch sie waren nicht informiert. Was mochte wohl dieser amerikanische General im Iran wollen? Seine Anwesenheit war in der Tat ungewöhnlich. Ein Offizier mit seiner Verantwortung spielt nicht ohne triftigen Grund Versteck. Kaum aber war seine Anwesenheit bemerkt worden, da reagierte auch schon die sowjetische Presse, da war in Moskauer Zeitungen zu lesen: ›General Huyser befindet sich in der iranischen Hauptstadt, um einen militärischen Staatsstreich vorzubereiten!‹ Der Kreml wollte mich durch diese Meldung vor den Amerikanern warnen.«

Die sowjetische Presse hatte die Wahrheit berichtet. General Robert Huyser war nach Teheran gekommen, um die Armeeführung zu veranlassen, die Loyalität zum Herrscher aufzugeben. Die Offiziere sollten den geleisteten Eid auf ihren Monarchen vergessen, um den Politiker zu unterstützen, der – nach dem Willen der amerikanischen Regierung – ein bürgerliches, jedoch nicht von der Geistlichkeit beherrschtes Regime aufbauen sollte. Dieser Politiker hieß Schapur Bakhtiar, ein Mann, der im Verlauf seines politischen Lebens immer Distanz zum Schah bewiesen hatte. Er konnte, dank seiner Autorität und Integrität, mit einiger Aussicht auf Erfolg versuchen, die revoltierenden Massen von der Straße zu bekommen. Schapur Bakhtiar dachte nicht daran, irgendwelche Loyalität zum Schah zu bewahren. Heftig drängte er darauf, daß der Monarch rasch das Land verließe – unter der Begründung, der Gesundheitszustand des Staatsoberhaupts mache eine längere Urlaubsreise nötig. In Wahrheit dachte Bakhtiar nicht daran, dem Schah jemals wieder die Einreise in den Iran zu ermöglichen. Er wollte möglichst bald wirklich demokratische Wahlen durchführen lassen.

Schapur Bakhtiar war der Politiker, den sich Präsident Carter zum Retter des Iran vor den Mullahs ausersehen hatte. Deshalb war General Huyser nach Teheran gekommen. Er sollte den Putsch organisieren, der die Machtverlagerung vom Schah auf Bakhtiar bedeutet hätte. Seine größte Schwierigkeit bestand darin, den Offizieren auszureden, selbst die oberste Autorität in Iran übernehmen zu wollen. Da hatte mancher Putschgelüste im eigenen Interesse.

General Huyser sah in der iranischen Armee noch immer den wichtigen Machtfaktor, von dem die Zukunft des Landes abhing. Wenn die Armeeführung bereit war, Bakhtiar zu stützen, dann besaß Khomeini keine Chance bei einer Rückkehr aus Paris, die ausschlaggebende politische Kraft zu sein – so sah die Kalkulation des amerikanischen Präsidenten aus. Botschafter Sullivan, der bisher der Überzeugung war, die Armee bleibe stabil, hatte inzwischen seine Meinung völlig geändert. Er sagte jetzt: »Wenn Khomeini den Fuß auf iranischen Boden setzt, fällt die Armee auseinander!«

Die Regierungsbildung, die Schapur Bakhtiar zu versuchen begann, wurde von Khomeini sofort verurteilt: »Dahinter steckt der Schah. Deshalb wird Bakhtiars Regierung von vornherein illegal sein. Er ist die Puppe der Generale und der Amerikaner.«

Während der ersten Januartage des Jahres 1979 bemühte sich die Schahfamilie, soviel bares Geld in die Hand zu bekommen, wie in der Eile zu beschaffen war. Die Bank Omran, die sich im Besitz der Pahlavi Foundation befand, mußte innerhalb weniger Tage 700 Millionen Dollar an Mitglieder der Familie Pahlavi ausbezahlen. Ein Stoßtrupp der Leibgarde erhielt den Befehl, die Kronjuwelen aus den Gewölben der Staatsbank zu holen, doch die Soldaten hatten keinen Erfolg. Die Anlagen waren derart gut gesichert, daß alle Versuche einer gewaltsamen Öffnung der Gewölbe scheiterten. Diese Sicherheitsmaßnahmen waren einst vom Schah selbst angeordnet worden. Er war nun zum Opfer der eigenen Angst geworden, die millionenteuren Kronen könnten in die Hände einer raffiniert arbeitenden Bande internationaler Juwelendiebe fallen. Den einfachen Weg, die Bankdirektoren zu bitten, die Gewölbe durch die dafür vorgesehenen Schlüssel zu öffnen, gab es nicht mehr: Die Verantwortlichen hatten Teheran unter Mitnahme der Schlüssel bereits verlassen.

Diese Episode zeigt, daß der Schah und seine Familienmitglieder bis zum letzten Augenblick ihrer Macht in Teheran entschlossen waren, die Reichtümer des Landes Iran als ihren Privatbesitz zu betrachten. Sie sahen sich im Recht zu plündern, was ihnen ohnehin gehörte.

Der amerikanische Botschafter registrierte mit Verachtung die Bemühungen des gesamten Pahlavi-Clans, Geld und Wertsachen zusammenzuraffen. Um den 10. Januar 1979 wollte er dem gespenstischen Treiben ein Ende machen: Er drängte den Monarchen zur Abreise. Das einzige Thema, das Botschafter Sullivan während der Telefonate mit Mohammed Reza Pahlavi interessierte, war der Termin des Abflugs des bereitstehenden Flugzeugs der Schahfamilie. Der Schah und der amerikanische Botschafter konnten nur noch durch das Telefon miteinander sprechen. Die Straßen zwischen Botschaftsgebäude und Palast waren durch die Massen blockiert, die auf die Nachricht vom Abflug des »Teufels« warteten.

General Huyser, der stellvertretende Befehlshaber der US-Streitkräfte in Europa, befand sich immer noch in Teheran. Seine Geheimmission war noch nicht abgeschlossen. Huyser war nun von seinem Präsidenten beauftragt, Kontakt zu dem Politiker aufzunehmen, dem, allem Anschein nach, der Ayatollah im fernen Paris die Exekutionsgewalt in Teheran übergeben wollte. Mehdi Bazargan war dieser Politiker. Eigentlich war er Professor für Maschinenbau an der Universität gewesen. Schon als Student in Paris war er einst dadurch aufgefallen, daß er auch während der Vorlesungszeiten sehr genau den Moment einhielt, zu dem die vorgeschriebenen Gebete vollzogen werden sollten. Für ihn gab es keinen Zweifel in der Frage, wer der wirkliche Herrscher von Iran war: Nach seiner Überzeugung gehörte alle Gewalt dem »entrückten« Zwölften Imam – und als dessen Vertreter durfte der Ayatollah Khomeini, ein »Sayyed« aus der Familie des Propheten, in der Gegenwart das Leben der Menschen ordnen. Dabei war Mehdi Bazargan durchaus kein religiöser Eiferer, der die moderne Welt mit Argwohn sah; dazu war er doch zu sehr, als Maschinenbauer, ein Mann der Technik. Schon während der fünfziger Jahre hatte sich Mehdi Bazargan politisch betätigt. Für Dr. Mosaddegh, den iranischen Nationalisten, wäre Bazargan allerdings gerne Erziehungsminister geworden. Er wollte die Schulbücher im Sinne des Islam umschreiben lassen – und genau davor hatte Mosaddegh Angst.

Nach der Rückkehr des Schahs aus dem kurzzeitigen Exil gehörte Mehdi Bazargan zu den Staatsfeinden. Er hätte seine Lage verbessern können durch Reuebekenntnisse, doch er dachte nicht daran, sich beim Monarchen anzubiedern. Die Religiosität und die Ablehnung des Pahlavi-Regimes machte diesen Mann in den Augen Khomeinis zum richtigen Kandidaten für das Amt des Regierungschefs – der selbstverständlich den Weisungen dessen zu folgen hatte, der im Namen des Zwölften Imam zu sprechen befugt war. Zu Mehdi Bazargan hatte, dem Auftrag seines Präsidenten gemäß, General Huyser Kontakt aufzunehmen.

Der Schah erfuhr noch davon, daß der Abgesandte des amerikanischen Präsidenten mit dem erklärten Feind der Monarchie sprechen wollte. Huyser hatte General Ghara-Baghi, den Chef des iranischen Generalstabs, gebeten, ihn mit Bazargan zusammenzubringen. Doch ehe der Kontakt stattfinden konnte, war der Schah gezwungen, Teheran zu verlassen – und kurze Zeit später flog auch der amerikanische General aus der iranischen Hauptstadt ab, die sich nun ganz in der Hand der Khomeini-Anhänger befand. Die Monarchie der Pahlavi-Familie endete am 16. Januar 1979. Sie hatte nur zwei Generationen lang gedauert. Unrühmlich war das Ende. »General Huyser hat den Schah wie eine tote Ratte aus dem Land geworfen!« Dieses Fazit zog General Golam-Reza Rabii, der Oberkommandierende der iranischen Luftwaffe kaum einen Monat später bei seiner Aussage vor dem Revolutionsgericht, das Khomeini eingesetzt hatte. General Rabii wurde unmittelbar nach seiner Aussage erschossen.

Die Islamische Republik Iran

»Die Islamische Republik, die wir proklamieren, gleicht weder der libyschen noch der saudi-arabischen, sondern ganz und gar der Islamischen Regierung, die einst Ali für richtig und für gerecht gehalten hat.« Diese Erklärung gab Mehdi Bazargan am 24. Januar 1979 in Teheran ab. Doch zu jenem Zeitpunkt glaubte noch Schapur Bakhtiar Regierungschef des Iran zu sein und zu bleiben. Mit Zustimmung des Parlaments hatte er das Büro des Ministerpräsidenten bezogen, doch Khomeini ließ keinen Zweifel daran, daß ihm diese, noch vom Schah gebilligte Volksvertretung völlig gleichgültig war. Der Ayatollah, der sich zum Zeitpunkt von Bazargans Erklärung noch immer in Neauphle-le-Château bei Paris aufhielt, war bereits der eigentliche Herrscher im ehemaligen Schah-Imperium. Er gab die Anweisung, der Kampf, der bisher dem Monarchen gegolten habe, sei jetzt auf Bakhtiar auszudehnen; der Ministerpräsident sei nun der »Teufel«, der verjagt werden müsse. Als der amerikanische Präsident – der sich nun doch entschlossen hatte nicht auf Mehdi Bazargan, sondern auf Schapur Bakhtiar zu setzen – dem iranischen Volk empfahl, Bakhtiar zu akzeptieren, da hatte Khomeini sofort die Antwort bereit: »Was in Iran innenpolitisch vorgeht, ist nicht eine Angelegenheit, um die sich Carter zu bemühen hat!«

Jimmy Carter aber, der den Schah nicht hatte an der Macht halten können, wollte jetzt Bakhtiars bürgerliches Regime gegen »die islamische Flut« retten. Durch Vermittlung der französischen Behörden ließ der Präsident dem Ayatollah mitteilen, er möge bitte in Neauphle-le-Château bleiben, zumindest bis auf weiteres, denn die Heimkehr nach Teheran würde dort Straßenkämpfe mit der Armee und letztlich Blutvergießen in bisher unbekanntem Ausmaß bedeuten. Schapur Bakhtiar sandte Khomeini eine ähnliche Botschaft. Der Ministerpräsident bat um eine Frist von drei Monaten bis zur Einreise des Ayatollah. Er werde diese drei Monate nützen, um das Programm zu verwirklichen, das ihnen beiden doch am Herzen liege.

Daß diese Verwirklichung gemeinsamer Ziele tatsächlich ohne sie stattfinde, das war die große Sorge der Berater des Ayatollah im Pariser Exil. Das erste der Ziele war ja bereits erreicht: Der Schah hatte das Land verlassen, die Monarchie existierte nicht mehr in Iran. Andere Programmpunkte standen unmittelbar zur Erledigung an: Die Öllieferungen für Israel zu Vorzugspreisen, für die der Schah selbst verantwortlich gezeichnet hatte, sollten eingestellt, die Beziehungen zum jüdischen Staat sollten eingefroren werden. Beabsichtigt war die Aufkündigung der Mitgliedschaft im CENTO-Pakt. Schapur Bakhtiar wollte aus Iran ein blockfreies Land machen.

Je mehr Punkte aus dem Programm der Khomeini-Berater durch Bakhtiar erfüllt wurden, desto nervöser wurden die Männer um Khomeini im Pariser Exil. Die Gefahr bestand, daß sie schon bald gar nicht mehr gebraucht würden. Bakhtiar begann die Früchte der Revolution zu ernten.

Der Schah hatte beim Abflug aus Teheran am 16. Januar den Eindruck erwecken wollen, er begebe sich nur auf Urlaubsreise aus dem Land, um Bakhtiar die Möglichkeit zu geben, einige sicher notwendige Reformen durchzuführen. In Aswan, dem ersten Aufenthaltsort auf der Flugroute, benahm sich Mohammed Reza Pahlavi noch so, als ob er tatsächlich ein Monarch sei, der sich eben mal auf Reisen begeben hat – und sein Gastgeber Sadat spielte mit. Wichtig war für den Herrscher ohne Volk, die Verbindung zu halten zum Generalstabschef Ghara-Baghi in Teheran, der über zwei Panzerdivisionen der Garde des Schahs verfügte, die immer noch treu und intakt waren. Der Flüchtling kalkulierte so: Wenn Khomeini auf dem Flughafen der iranischen Hauptstadt landet, dann verhindern die zwei Panzerdivisionen, daß er in die Stadt fahren kann. Khomeini werde, so glaubte Mohammed Reza Pahlavi, sofort nach der Landung getötet. Wenn Khomeini aber den Flug nach Teheran nicht wage, dann werde er derart das Gesicht vor den Gläubigen in Iran verlieren, daß sie sich von ihm abwendeten. Der Monarch war der Meinung, noch immer Trümpfe in der Hand zu haben.

Doch der Optimismus wurde überlagert von Stimmungen der Resignation. Er begann sich bitter über »die Amerikaner« zu beklagen, die ihm immer gesagt hätten, er könne sich auf sie voll und ganz verlassen, die jedoch nichts anderes getan hätten, als hinter seinem Rücken mit Gegnern der Monarchie zu verhandeln. Er jammerte über die unwürdige Situation, in die ihn Präsident Carter gebracht habe: »Der König von Marokko hat mir sogar angeboten, er sende Truppen, um die Revolution niederzukämpfen. Jimmy Carter aber hat mir nie ein derartiges Angebot gemacht.« Der Schah hatte offenbar vergessen, daß er selbst über eine genügend große und gut ausgebildete Armee zu seinem Schutz verfügt hatte, ohne daß ihm diese Truppe von Nutzen gewesen wäre.

Die doppelte Gefahr der möglichen Rückkehr des Schahs und des wahrscheinlichen Erfolgs der Maßnahmen von Schapur Bakhtiar, zwang Khomeini zum Handeln. Seine Rückreise verzögerte sich jedoch, weil die Armee den Flughafen Mehrabad, um die Landung des Ayatollah zu verzögern, geschlossen hielt. Auf die Dauer konnte diese Maßnahme nicht durchgehalten werden, wenn nicht das wirtschaftliche Leben der Hauptstadt leiden sollte. Die Berater des Ayatollah bereiteten sich vor, noch Ende Januar oder Anfang Februar den Flug nach Teheran anzutreten. Nach Überwindung großer Schwierigkeiten – keine der Luftverkehrsgesellschaften wollte ein Flugzeug zur Verfügung stellen – gelang es, die Voraussetzung für die Heimkehr des Ayatollah zu schaffen: Ein schiitischer Geschäftsmann erklärte sich schließlich bereit, bei der Verwaltung der Air France drei Millionen Dollar zu hinterlegen, damit diese Gesellschaft bereit war, einen Jumbo-Jet auf die gefährliche Route über die iranische Grenze zu schicken. Die Vorsicht war begründet: Bekannt war in Neauphle-le-Château, daß General Golam-Reza Rabii die Maschine abschießen lassen wollte, die den Ayatollah über die iranische Grenze bringen sollte. Er bat allerdings über Funk den Schah, der das Land verlassen hatte, um ausdrückliche Genehmigung dieser Aktion. Mohammed Reza Pahlavi aber ließ den General ohne Antwort.

Ungehindert konnte der Ayatollah in Teheran-Mehrabad landen. Seit dem Vortag, seit dem 30. Januar 1979, hatten Bewaffnete der islamischen Aktionskomitees das Flughafengebäude und damit auch den Kontrollturm besetzt gehalten. Mitglieder dieser Aktionskomitees waren die ersten, die den Ayatollah nach vierzehn Jahren Abwesenheit in der

Heimat begrüßen konnten. Hatten sie die Massen noch fernhalten können vom Flugfeld, so war der Heimkehrer vom Stadtrand der Hauptstadt an den Massen ausgesetzt. Wäre der »entrückte« Zwölfte Imam wieder sichtbar geworden, hätte der Jubel nicht größer sein können. »Die Seele des Märtyrers Husain ist wiedergekehrt.« – »Die Tore zum Paradies sind wieder offen!« – Das waren die Rufe der Männer und Frauen, die bereit gewesen wären, sich einem möglichen Angriff von Armeeverbänden entgegenzuwerfen.

Doch da stand keine Truppe mehr zur Verfügung, die Khomeinis Einzug in Teheran hätte verhindern können. Die letzte Hoffnung des Generalstabschefs Ghara-Baghi war, der Ayatollah, ein gebrechlich aussehender Mann, werde von den begeisterten Massen erdrückt. Möglich war auch, daß den Ayatollah ein Schlaganfall traf, schließlich mußte die Belastung für sein Gemüt am Tag der Heimkehr, beim Anblick der mindestens zwei Millionen Menschen, die ihn feiern wollten, übermächtig sein. Doch die Angehörigen der Aktionskomitees wußten sich zu helfen: Sie organisierten einen Hubschrauber, der den Umjubelten über die Köpfe der Jubler hinweg in die Stadt flog.

Noch immer glaubte Schapur Bakhtiar, er regiere im Iran. Bei Khomeinis Ankunft proklamierte der Ministerpräsident absolute Ausgangssperre – und er rechnete, in völliger Verkennung der Situation, mit der Befolgung seiner Anordnung durch die Bevölkerung von Teheran. Doch niemand kümmerte sich um das, was Schapur Bakhtiar zu sagen hatte, und er besaß keine Streitkräfte und keine Polizisten mehr, um wenigstens zu versuchen, Khomeini von den Massen zu isolieren. Die Illusionen platzten rasch. Bakhtiar wurde schließlich per Telefon durch General Ghara-Baghi informiert, daß Mehdi Bazargan vom Ayatollah zum Ministerpräsidenten ernannt worden sei. Der Ministerpräsident der Übergangszeit verließ daraufhin sein Büro und wurde nicht mehr in Teheran gesehen, bis er schließlich Monate später in Paris, im Exil, wieder auftauchte. Erst später wurde das Geheimnis seines Verstecks in Teheran, das nicht besser hätte gewählt sein können, gelüftet: Mehdi Bazargan, der Vertrauensmann Khomeinis, hatte den von Khomeini Verfemten in seinem Hause aufgenommen, hatte ihm Schutz geboten.

Ohne Zweifel wäre Schapur Bakhtiar von den rasch eingerichteten Revolutionsgerichten verurteilt und erschossen worden. Lange und gründliche Verhandlungen, Abwägung von Schuld und Unschuld gab es dabei nicht. Die Urteile standen bereits vor Beginn der Gerichtssitzungen fest. Die wenigsten der vom Schah gehätschelten Offiziere trugen ihr Schicksal mit Fassung. General Nassiri, der frühere Chef des Geheimdienstes Savak, bot sich als Zeuge für einen Schauprozeß gegen den Schah an; diese Anbiederung nützte nichts, auch Nassiri wurde erschossen. General Rabii, der Kommandeur der Luftwaffe, weinte, als ihm sein Urteil verkündet wurde. Allein General Rahimi, der Militärgouverneur von Teheran, empfing die Salve aus den Gewehren des Exekutionskommandos mit dem Ruf »Lang lebe der Schah!«

Mit Blutvergießen begann die Zeit der Islamischen Republik Iran. Wer von Khomeini ein Programm erwartet hatte zur Lösung der Probleme der Bevölkerung, der wurde enttäuscht. So nebenbei machte er Versprechungen: Den Armen würden künftig Wohnungen umsonst zur Verfügung gestellt werden; sie brauchten auch nichts mehr zu bezahlen für Strom und Wasser. Khomeinis erste Ansprache in Teheran war geprägt von markigen Sätzen, aus denen die Massen entnehmen sollten, daß das Land wieder von einer starken Persönlichkeit regiert werde. Er wußte, daß die iranischen Männer und Frauen leicht zu faszinieren waren von Führergestalten mit entschlossener Haltung – auch wenn sie nur den Anschein erweckten, zu wissen, was sie wollten. Der Ayatollah kümmerte sich gleich während der ersten Tage nach der Ankunft in Teheran um sein Erscheinungsbild in der Öffentlichkeit. Fortan durften nur noch Fotografien seiner Person veröffentlicht werden, die er gesehen und gebilligt hatte. In Frankreich hatte Khomeini den Wert gepflegter Publicity zu schätzen gelernt. Er wollte auch weiterhin die Phantasie der Menschen beherrschen, er wollte den Einfluß auf ihr Bewußtsein beibehalten. Daß er jetzt mächtiger war als es der Schah jemals gewesen war, das hatte Khomeini begriffen. Dies zu erreichen, war seine Absicht gewesen. Er konnte das Land und seine Menschen neu prägen.

Als der Winter zu Ende ging im Jahr 1979, gab es keine Opposition gegen das Regime des Geistlichen. Die Armee hatte sich Anfang Februar selbst aufgelöst; der Schah hatte jegliches Vertrauen bei der Bevölkerung verloren; die Kommunisten waren im Taumel des Sieges von der Gestalt des Geistlichen magisch fasziniert. Das Problem war nun allerdings, daß alle, die in Staat und Wirtschaft Schaltpositionen besetzten, von der einzigen Autorität im Lande wissen wollten, in welche politische Richtung die Iraner künftig zu gehen hatten. Unklar war, ob Khomeini eine Vorstellung hatte von diesem Weg. Da war vor allem niemand in Khomeinis Umgebung, der genügend Erfahrung in der Lenkung von Menschen hatte, um die Vorstellung Realität werden zu lassen. Sicher hätte sich die Bürokratie, die dem Schah bisher gedient hatte, gern in den Dienst der Islamischen Revolution gestellt – allein schon aus dem ganz praktischen Grund, auf diese Weise im Amt zu überleben, doch dies hätte bedeutet, daß die Verwaltung des Staates auch weiterhin nach den Prinzipien des gestürzten Regimes fortgeführt worden wäre. Neue Männer mußten in die Spitzenpositionen der Ministerien einrücken, die Frage war nur, wo sie zu finden waren. Daß Mehdi Bazargan strenge Kriterien der Auswahl anlegen wollte, das glaubte Khomeini nicht. Zu sehr war ihm dieser Politiker der bürgerlichen Welt verhaftet.

Bazargan aber stellte sich vor, die Exekutive sei nun ihm überlassen; Khomeini werde sich nach Qum zurückziehen, um vom dortigen Heiligtum aus Leitsätze der Staatsführung zu proklamieren, die dann von der Exekutive der Wirklichkeit angepaßt werden konnten. Bazargan wurde jedoch enttäuscht: Der Ayatollah sah sich als Haupt der Exekutive; er kontrollierte und gängelte seinen Ministerpräsidenten. Hätte sich Bazargan mit den früheren politischen Grundsatzerklärungen des Geistlichen befaßt, wäre ihm diese Fehleinschätzung nicht unterlaufen.

Khomeinis Lehre vom Islamischen Staat

Seit dem Jahre 1970 war zu lesen, wie sich Khomeini den Islamischen Staat vorstellte. In jenem Jahr hatte er während der Monate Januar und Februar vor Studenten in Nedjef Vorlesungen gehalten zum Thema »Der Islamische Staat«. Eine Sammlung der Vorlesungstexte ist damals schon veröffentlicht worden. Sie galt unter schiitischen Denkern als das Hauptwerk des Korangelehrten Khomeini.

Die kurze Präambel zeigt bereits an, welche Schlußfolgerungen Khomeini in seinem Denkgebäude ziehen wird. Der Text lautet:

»Im Namen Allahs, des Erbarmers, des Barmherzigen!
Ihn rufen wir um Hilfe an.
Lob sei Allah, dem Weltherrn!
Allah segne sein erhabenstes Geschöpf, Mohammed,
und alle seine Nachkommen!«

Da der Autor zu den Nachkommen des Propheten Mohammed zu zählen ist, soll auch ihm der besondere Segen Allahs zuteil werden. Die Hervorhebung der Nachkommen des Propheten bestimmt sie dazu, für die Menschheit richtungweisend zu wirken. Die Konsequenz ist, daß diesen Nachkommen besondere Gewalt gegeben ist. Grundlage der Weltordnung hat der Koran zu sein. Festzuhalten ist: Khomeini sah schon 1970 den »Islamischen Staat« nicht auf Iran beschränkt. Der Islam war von Allah als Leitfaden für alle Menschen dem Propheten Mohammed und dessen Nachkommen übergeben worden:

»Als der Westen im geistigen Dunkel versunken war, und seine Bewohner im Zustand der Wildheit lebten, und als Amerika das Land der wilden Indianer war, da existierten auch zwei große Reiche, das iranische und das oströmische. Die Menschen der beiden Reiche waren damals der Despotie unterworfen, der Aristokratie, der Herrschaft der Mächtigen. Nirgends gab es auch nur Anzeichen, daß nach Gesetzen regiert wurde. Damals hat Allah, der Allmächtige durch den hochedlen Propheten – Allah segne ihn und alle seine Nachkommen und gebe ihnen Frieden – Gesetze verkündet, deren Größe den Menschen bis heute in Erstaunen versetzt. Für alle Angelegenheiten besitzt der Islam Gesetze und Vorschriften. Es gibt überhaupt keine wichtige Frage des Lebens, ob für den einzelnen oder für die Gesellschaft, die nicht vom Islam gültig beantwortet wird. Allah hat für den Menschen Gesetze verkündet, die sein ganzes Leben, vom Embryonalstadium bis zum Begräbnis umfassen. Das islamische Rechtswerk ist entwicklungsfähig, progressiv und vor allem umfassend.«

In seiner Ordnung der Welt hat Allah keine Monarchen vorgesehen – lehrt Khomeini:

»Monarchen und Monarchien sind antiislamisch. Sie stehen im Widerspruch zu den islamischen Methoden des Regierens und auch im Widerspruch zu den Gesetzen des Islam. Der Islam hat von Anfang an gegen die Monarchie gekämpft. Der hochedle Prophet – Allah segne ihn und gebe ihm Frieden – hat in seinen heiligen Briefen an den oströmischen Kaiser Heraklius und an den damaligen Herrscher von Persien appelliert, die Macht niederzulegen, die Geschöpfe Allahs nicht zu zwingen, die Mächtigen anzubeten und ihnen absoluten Gehorsam zu leisten. Der hochedle Prophet ermahnte die Monarchen, den Menschen die Freiheit zu lassen, Allah, den einzigen Gott, den wahren Herrscher anzubeten. Die Monarchie ist die falsche, die verhängnisvolle Regierungsform. Seine Heiligkeit Husain, der Herr der Märtyrer – Friede sei mit ihm –, hat dagegen gekämpft, und er starb in diesem Kampf den Märtyrertod. Seine Heiligkeit Husain hat die Gläubigen aufgerufen, sich gegen die Monarchen zu erheben. Monarchien haben mit dem Islam nichts zu tun. Im Islam gibt es keinen König und keinen Kronprinzen.«

Khomeini wirft den Monarchen vor, sie seien die Verbündeten der Kolonialstaaten, deren Regenten wiederum vor allem das eine Ziel verfolgten, den Islam zu zerstören. Deshalb hatten die Kolonialmächte – gemeint sind England und Frankreich, aber auch Rußland früher und heute – immer zunächst dafür gesorgt, daß in ihrem Herrschaftsbereich Gesetze westlicher Prägung Gültigkeit erhielten, denen einige wenige islamische Rechtsvorschriften zur Verschleierung der Wahrheit angefügt wurden. Aus dieser Vergewaltigung der islamischen Rechtslehre, so sagt Khomeini, seien die Probleme entstanden, die dem Moslem von heute das Leben erschwerten: »Dadurch, daß unserer islamischen Gesellschaft fremde Gesetze aufgezwungen wurden, wurden den Menschen Schwierigkeiten in den Weg gelegt. Wenn jemand heute in Iran oder in Ägypten einen Rechtsfall geklärt haben will, muß er von Instanz zu Instanz laufen. Ich habe einen erfahrenen Rechtsanwalt kennengelernt, der sagte, er könne einen bei Gericht anhängigen Fall so lange verschleppen, daß er den Fall noch seinem Sohn vererben werde. Die heutigen Gesetze existieren nur, um den Menschen das Leben schwerzumachen, um die Menschen vom eigentlichen Sinn des Lebens fernzuhalten. Die Gesetze schaffen Unrecht. Ein Fall, der früher von einem islamischen

Richter in zwei Tagen geregelt worden ist, kann sich heute mehr als zwanzig Jahre lang hinziehen. Dabei müssen die Betroffenen, ohne daß sie überhaupt verstehen, worum es geht, jeden Tag Stunden im Gerichtsgebäude zubringen oder im Justizministerium vor Amtszimmern warten. Nur wer die Möglichkeit hat zu bestechen, der kann einfach und rasch recht bekommen.«

Schlicht seien die Gesetze im Islamischen Staat und für jeden leicht verständlich. Gesetze hätten vor allem den Sinn, Straftaten überhaupt zu verhindern:

»Wenn das Gesetz vorschreibt, daß ein Weintrinker zu achtzig Peitschenhieben verurteilt wird, wird sich jeder vor der Versuchung hüten, Wein zu trinken. Die Strafe muß der Straftat entsprechen. Wir wissen doch, daß viele Übel der Gesellschaft auf das Weintrinken zurückzuführen sind. Viele Verkehrsunfälle, Selbstmorde und sogar Morde sind Folgen des Weintrinkens. Es heißt sogar, daß die Heroinsucht darauf zurückzuführen ist. Trotzdem ist der Genuß von Wein im Iran des Schahs erlaubt, weil der Wein im Westen nicht verboten ist. Eine eindeutige Folge des Weintrinkens ist die Prostitution. Sie hat bei uns solche Ausmaße angenommen, daß sie ganze Generationen zugrunde richtet, die Jugendlichen verdirbt und die Arbeit lahm legt. Ist es nicht richtig und gerecht, daß die Prostitution öffentlich mit achtzig Peitschenhieben bestraft wird?«

Den »Nazarenern«, den »Kreuzesanbetern« gibt der Ayatollah in erster Linie die Schuld am Zerbrechen der Moralbegriffe in der islamischen Welt – den Christen also:

»Die Nazarener haben zuerst einmal Schulen gegründet, in denen nicht von Männern des Glaubens Unterricht erteilt wurde. Das waren Schulen des Unglaubens. Da wurden unsere Kinder zu Nazarenern gemacht. Wir haben lange nicht begriffen, was hinter den Schulgründungen steckte. Unsere Kinder sollten vertraut gemacht werden mit den Gesetzen des Westens. Sie sollten in Probleme gestürzt werden, in Verwirrung. Die Nazarener wollen, daß wir uns mit Schwierigkeiten herumschlagen müssen, daß wir hilflos bleiben, daß unsere Armen die Armut nicht überwinden. Durch Beachtung der islamischen Gesetze kann Armut bei uns überwunden werden. Die Existenz der Gesetze allein hilft allerdings nicht – sie müssen durchgeführt, ihre Befolgung muß erzwungen werden. Dies kann allein durch die Geistlichkeit geschehen. Die Kolonialmächte hatten es gern gesehen, wenn wir uns zum Beten in eine Ecke der Moschee verdrückten und uns nicht um das kümmerten, was draußen geschah. So wurden die Geistlichen abgetrennt von der Politik. Die Engländer und die Russen verlangten, daß wir uns nicht in die Politik einmischten. Sie forderten damit ein unislamisches Verhalten der Geistlichkeit. Ich frage: War zur Zeit des hochedlen Propheten – Allah segne ihn und gebe ihm Frieden – die Politik von der Religion getrennt? Gab es damals einen Stand der Geistlichen und einen Stand derer, die den Staat verwalteten? Die Kolonialisten und ihre Handlanger bei uns haben die Männer der Religion daran gehindert, die weltlichen Angelegenheiten zu übernehmen und die Gesellschaft der Gläubigen zu regieren.«

Durch Gewalt und Repression seien die Geistlichen gezwungen worden, ihre Handlungen auf rituelle Gebete zu beschränken. Ein Blick auf die Existenz des Gesandten Allahs zeige, daß sein Beispiel solche Einseitigkeit verbiete:

»Der hochedle Prophet – Allah segne ihn und gebe ihm Frieden – stand an der Spitze der exekutiven und administrativen Institutionen der islamischen Gemeinschaft. Er fühlte sich verpflichtet, nicht nur die Offenbarungen zu verkünden und die Gesetze des Islam zu erläutern und auszulegen, sondern auch – um den islamischen Staat zu begründen – diesen Gesetzen in der Wirklichkeit Geltung zu verschaffen. Er wendete die Gesetze an: Er ließ Hände abhacken, ließ auspeitschen und steinigen. Sein Vorbild macht deutlich: Die Männer des Glaubens haben gleichzeitig Exekutive im islamischen Staat zu sein.«

Dann wendet sich Khomeini in seiner Schrift ›Der Islamische Staat‹ dem Wesen und der Eigenart islamischer Gesetze zu: »Die religiösen Gesetze enthalten eine Reihe verschiedener Vorschriften, die ein umfassendes gesellschaftliches System bilden. In diesem globalen Rechtswerk ist alles zu finden, was zur Bewahrung der Ordnung unter den Menschen nötig ist, angefangen von der Verhaltensweise gegenüber Nachbarn, Nachkommen, den Stämmen, den Verwandten, den Mitbürgern. Persönliche Angelegenheiten sind in diesen Gesetzen berücksichtigt, dazu gehört das Eheleben. Geordnet sind auch die Umstände von Krieg und Frieden, die Beziehungen zwischen den Staaten. Zu finden sind Vorschriften für das Strafrecht, für den geregelten Handel. Das Ziel der islamischen Gesetze ist es, den Menschen zu erziehen zur lebendigen Verkörperung der Gesetze Allahs. Der Heilige Koran und die Überlieferung der Worte des Propheten – Allah segne ihn und gebe ihm Frieden – enthalten alle Weisungen und Gesetze, die der Mensch zum Glück und zur Erreichung der Vollkommenheit braucht.«

Der Ayatollah zieht das Fazit aus dieser Betrachtung, daß die islamischen Gesetze zu ihrer Durchführung einen ausgebauten Staatsapparat brauchen, der sich in der Hand der Geistlichen befinden müsse. Unmittelbar nach Mohammeds Tod sei die Schaffung dieses islamischen Staatsapparats frevelhaft verhindert worden:

»Nach dem Ableben des hochedlen Propheten – Allah segne ihn und gebe ihm Frieden – verhinderten seine Feinde, vor allem die Leute aus dem Stamme Omaija – Allah verfluche sie! –, daß ein islamischer Staat unter der Statthalterschaft des Ali – Allah segne ihn – geschaffen wurde. Sie konnten auch verhindern, daß eine von Allah, dem Allmächtigen und von seinem hochedlen Propheten – Allah segne ihn und gebe ihm Frieden – gewollte Regierung entstand. Dementsprechend veränderten sie die Grundlage des Staates. Ihr Regierungsprogramm stand größtenteils im Widerspruch zu den islamischen Prinzipien. Die Staatsordnung und die Politik der Omaijaden, aber auch der Abbasiden waren vollkommen antiislamisch. Die Staatsform wurde in eine Monarchie verwandelt. Seit damals sind die Monarchien an der Macht – und sie sind mächtig bis in unsere Zeit.«

Khomeini ruft auf zum Kampf gegen die »Verdrehung des Islam«: »Die religiösen Gesetze, aber auch die Vernunft gebieten uns, nicht zuzulassen, daß solche antiislamischen Staaten weiter bestehen. Eine unislamische politische Ordnung zu errichten, bedeutet nichts anderes als die politische Ordnung des Islam zu verachten, zu bekämpfen. Die Herrscher in solchen Staaten sind Teufel, sind Muster an Verkommenheit. Wir sind verpflichtet, sie zu vernichten, auszutilgen aus der Gesellschaft der Gläubigen, um zu verhindern, daß ihre Unmoral auf uns übergreift. Das einzige, was wir unternehmen können, ist die Vernichtung der verdorbenen und Verderbnis bringenden Herrschaftssysteme. Das ist eine Aufgabe, die von den Gläubigen in allen islamischen Ländern zu erfüllen ist. Sie sind verpflichtet, politische islamische Revolutionen zum Sieg zu führen.«

Die islamischen Revolutionen – Khomeini nennt die Mehrzahl – dürfen jedoch keineswegs erneut zu Spaltung und Zerrissenheit des islamischen Volkes führen. Die Spaltung in einzelne Staaten und Nationen erkennt der Ayatollah als Erbe der Kolonialzeit:

»Die Kolonialisten und die despotischen und egoistischen Herrscher haben die islamische Heimat zerrissen. Sie haben das islamische Mutterland aufgespalten und haben einzelne, unabhängige Nationen daraus gemacht. Das Osmanische Reich, das einstmals an Fläche und Menschen ein mächtiger Staat war, wurde von Rußland, England und anderen Kolonialländern aufgespalten und besetzt. Das konnte geschehen, weil die osmanischen Herrscher monarchistisch waren, und dazuhin unfähig und verdorben. Die Spaltung verhinderte, daß ein fähiger Mann aus dem islamischen Volk die Macht in die Hand bekommen und die Gläubigen in die Unabhängigkeit führen konnte. Spaltung bedeutete Rivalität der Fähigen untereinander und damit Neutralisierung. Sie bekämpften sich gegenseitig, und hatten somit nicht die Kraft, die Unabhängigkeit für das Volk zu erstreiten.

Aus dieser Erfahrung haben wir gelernt, daß wir zuerst die hörigen, noch immer von den Kolonialmächten abhängigen Regierungen beseitigen müssen. Aus den von Monarchen und Despoten befreiten Gebieten können wir dann den Islamischen Staat aufbauen. Er wird die Einheit der Moslems gewährleisten.«

Aus der neueren islamischen Geschichte hatte Khomeini gelernt, daß politische Führer, wie Gamal Abdel Nasser, deshalb ihr Ziel, Einheit zu schaffen in der Arabischen Welt, nicht hatten erreichen können, weil die Kräfte der Spaltung überall in den Zentren des Geschehens weiter wirkten: Die Vereinigte Arabische Republik, die sich Nasser ersehnt hatte, war am Eigensinn der Politiker in Damaskus gescheitert, die sich nicht von einem Repräsentanten des Nillandes Ägypten, das, nach ihrer Meinung, in Afrika lag, regieren lassen wollten.

Daß die Schuld an der Spaltung nicht allein den Kolonialmächten zuzuschreiben war, erkannte Khomeini nicht. Er übersah die traditionelle Rivalität zwischen Damaskus und Baghdad, die ein Erbe der Zeit des Übergangs der Macht von den Omaijaden auf die Abbasiden war. Den Kolonialmächten war die Spaltung der islamischen Welt deshalb so leichtgefallen, weil sie nur die traditionellen Strukturen der Eifersucht zwischen den Regionen des Nahen und Mittleren Ostens für ihre Zwecke zu benützen brauchten: Politiker, die zuständig waren in Cairo, sahen nicht ein, warum sie Befehle aus Damaskus befolgen sollten; wer Einfluß besaß in Baghdad, wollte die Macht nicht teilen mit einem Politiker, auf den die Menschen in Damaskus hörten. Die Reduzierung der Wurzel der Rivalität auf die Schuld der Kolonialmächte schärfte das Feindbild, das der Ayatollah im Bewußtsein der Gläubigen zu erzeugen beabsichtigte: England, Frankreich und Rußland hatten das islamische Mutterland gespalten; die Einzelteile dieses Mutterlands wurden durch Monarchen oder andere Arten von Vasallen der Kolonialmächte regiert. Beseitigte die islamische Revolution diese Herrscher, dann war auch die Spaltung zu überwinden.

Um die Persönlichkeit zu nennen, die in der Lage ist, die islamische Revolution zu führen, zitiert Khomeini die Prophetentochter Fatima, die nach heutiger schiitischer Überzeugung die edelste der Frauen aller Epochen darstellt. Der Ayatollah gibt der Fatima – auch dies ist in unserer Zeit Sitte geworden – die Bezeichnung »Ihre Heiligkeit«. Das Zitat, das Khomeini der Prophetentochter zuschreibt, lautet:

»Ihre Heiligkeit – Allah gebe ihr Frieden –hat gesagt: ›Die Führung durch den Imam soll die islamische Ordnung sichern. Die Führung durch den Imam setzt an die Stelle der Spaltung des Islam dessen Einheit.‹«

Der Imam ist der Retter, der die Spaltung überwindet, der die Grundlagen des Islamischen Staates schaffen wird. Gemeint ist in erster Linie der »entrückte« Zwölfte Imam, der um das Jahr 873 den Augen der Menschen entzogen worden ist, um seither unbeobachtet die Urteile des Jüngsten Gerichts über Gläubige und Ungläubige vorzubereiten. Gemeint sind aber auch die Nachfahren des Propheten Mohammed, die im Namen des im Verborgenen existierenden Zwölften Imam handeln dürfen. Zu diesen Imamen zählt Ayatollah Ruholla Khomeini. Die Aufgabe der Imame sei einst von Ali, den Khomeini »den Fürsten der Gläubigen« nennt, so umrissen worden: »Seid Feinde des Unterdrückers! Seid Helfer der Unterdrückten!« Allah hat – nach schiitischer Überzeugung – die Imame den Gläubigen gegenüber eingesetzt, als diejenigen, »die Befehlsgewalt über euch haben«.

Die Legitimation der Imame zur Führung der Gläubigen sieht Khomeini in Worten des Achten Imam begründet, der gesagt habe:

»Wenn jemand fragt, warum Allah, der Allwissende, diejenigen, ›die Befehlsgewalt über euch haben‹, eingesetzt hat, und warum den Menschen auferlegt ist, ihnen zu gehorchen, dann antwortet dies: Die Menschen sind an Regeln des Verhaltens gebunden. Werden die Regeln überschritten, führt der Weg ins Verderben. Die Menschen fühlen sich von den Regeln beengt. Sie wollen nicht den geraden Weg gehen, und sie halten sich oft nicht an die Gesetze Allahs. Deshalb muß eine zuverlässige höhere Persönlichkeit eingesetzt werden, die darauf achtet, daß niemand den gesetzten Rahmen überschreitet oder die Rechte anderer verletzt. Wenn es diese Persönlichkeit nicht gäbe, würde niemand auf sein Vergnügen, auf seine Lust und auf die Durchsetzung seiner ganz eigenen Interessen und Bedürfnisse verzichten. Daraus aber würde anderen Menschen ganz von selbst Unglück entstehen. Jeder würde die anderen unterdrücken wollen, um seinen Besitzstand zu vergrößern.«

Khomeini erkennt im Imam den Garanten für Gerechtigkeit im islamischen Staat. Da der Imam selbst nicht von persönlichem Ehrgeiz getrieben sein kann – gemäß einem Wort des Ali, der gesagt haben soll: »Wenn Allah mich nicht verpflichtet hätte, würden mir die Welt und die weltlichen Ämter weniger bedeuten als das Niesen einer Ziege« –, handelt er nur im Sinne Allahs. Daraus wird abgeleitet, der Islamische Staat müsse sich grundlegend von Monarchien und Republiken unterscheiden:

»Der Islamische Staat ähnelt keiner anderen bestehenden Staatsform. Er ist nicht despotisch. Das Oberhaupt des Islamischen Staates ist kein Despot, der eigenmächtig handelt, der mit Vermögen und Leben der Menschen spielt, der tötet, wen er will, der bevorzugt, wen er bevorzugt sehen will, der Boden und Eigentum des Volkes nach eigenem Gutdünken verschenkt. Der hochedle Prophet – Allah segne ihn und seine Nachkommen und gebe ihnen Frieden – und seine Heiligkeit der Fürst der Gläubigen – Friede sei mit ihm –verfügen nicht über eine derartige Gewalt. Der Islamische Staat ist weder despotisch noch absolutistisch; er ist konstitutionell. Selbstverständlich ist ›konstitutionell‹ nicht im gängigen Sinn gemeint: Im Islamischen Staat gibt es keine Gesetze, die mit Stimmenmehrheit von Personen verabschiedet werden. Die Mehrheit ist nicht maßgebend im Islamischen Staat. Er ist konstitutionell in dem Sinne, daß die Regierenden in ihrer exekutiven und administrativen Tätigkeit an eine Reihe von Vorschriften und Anweisungen gebunden sind, die im Heiligen Koran und in der Überlieferung der Worte des hochedlen Propheten – Allah segne ihn und seine Nachkommen und gebe ihnen Frieden – festgelegt worden sind. Daher ist die islamische Regierung die Regierung der Gesetze Allahs über das Volk. Darin liegt der wesentliche Unterschied zwischen dem Islamischen Staat einerseits und den konstitutionellen Monarchien und Republiken andererseits. In den letzteren werden die Gesetze von den Vertretern des Volkes oder von den Königen ausgearbeitet. Im Islamischen Staat gehört die Legislative allein Allah, dem Allmächtigen. Niemand hat das Recht, Gesetze auszuarbeiten und für verbindlich zu erklären, und keine anderen Gesetze als die Gesetze Allahs sind anwendbar. Deshalb kann im Islamischen Staat keine gesetzgebende Versammlung existieren, sondern eine versammlungsähnliche Körperschaft, die auf der Grundlage der islamischen Gesetze Planungsgrundlagen für die Behörden erarbeitet. So wird der Rahmen festgelegt, innerhalb dessen die öffentlichen Dienste im gesamten Islamischen Staat zu arbeiten haben.«

Khomeini geht in seiner Staatstheorie davon aus, daß die im Koran festgehaltenen und überlieferten Aussagen des Propheten von Gläubigen als Willen Allahs akzeptiert werden. Dies bedeutet, daß die Souveränität im Islamischen Staat allein Allah gehört. Das Gesetz ist nichts anderes als ein Befehl Allahs. Niemand im Islamischen Staat, so stellt der Ayatollah fest, stehe außerhalb oder gar über dem Gesetz – auch der Prophet Mohammed nicht. Wenn alle Menschen gleich sind vor dem Gesetz, dann dürfe sich auch der Regierende keine Privilegien zuteilen, wie das in Monarchien üblich sei:

»Im Islamischen Staat gibt es keine Spur von großartigen Palästen. Dem Regierenden stehen keine besonderen Diener und kein Gefolge zu; er soll sich nicht einmal einen Privatsekretär reservieren dürfen. Bekannt ist das einfache Leben, das der hochedle Prophet – Allah segne ihn und seine Nachkommen und gebe ihnen Frieden – in Medina geführt hat. Nach ihm hat vor allem Ali, der Fürst der Gläubigen – Friede sei mit ihm – die schlichte Lebensweise beibehalten. Sein Land, das er, wenn auch nur für kurze Zeit, beherrschte, war reich und trotzdem lebte der Fürst der Gläubigen wie ein armer Theologiestudent. Hatte er einmal zwei Hemden besessen, so wurde er durch seine übergroße Güte veranlaßt, eines dieser Hemden an einen Armen wegzugeben. Wenn die Regierenden weiterhin so gehandelt hätten wie der Fürst der Gläubigen, wenn die Art zu regieren also weiterhin vom Islam geprägt worden wäre, dann hätte nie Gewalt die Herrschaft über Leben und Eigentum der Menschen antreten können; nie hätten Grausamkeiten, Plünderung des Staatseigentums, Veruntreuung und Prostitution stattfinden können; nie wäre es üblich geworden, Wein zu trinken und ins Kino zu gehen.«

Da der Islamische Staat ein Staat islamischer Gesetze ist, so lehrt Khomeini, muß der Mann an der Spitze dieses Staates ein Kenner sein der Gesetze Allahs. »Wer sich nicht in den Gesetzen auskennt, der kann überhaupt nicht fähig sein, zu regieren.« Der islamische Rechtsgelehrte, dem die islamischen Gesetze geläufig sind, steht über jedem anderen, der nach Einfluß im Staat strebt. Wenn jemand glaubt, er habe das Recht, sich König zu nennen, so handelt der, gemäß der Erkenntnis des Ayatollah, frevelhaft an Allah, wenn er nicht den Geistlichen die Befugnis einräumt, ihm in der Gesetzgebung Weisung zu erteilen. Khomeini lehrt:

»Auch über Monarchen sind die geistlichen Gesetzeskenner die wahren und tatsächlichen Gewalthaber. Es ist deshalb von vornherein besser, wenn den islamischen Geistlichen die Macht vom Monarchen ohne Zögern und ohne Vorbehalt übertragen wird. Wer den Staat regiert, der muß nicht nur die Gesetze Allahs kennen, der darf auch nicht mit Sünde belastet sein. Wer das islamische Strafrecht verwirklicht, wer die vorgeschriebenen Strafen ausführen läßt, wer die Staatskasse verwaltet, wem Allah das Schicksal anderer Menschen in die Hand legt, der darf keine Sünde begehen.«

Frei von Sünde, das stellt Khomeini fest, sei ein Imam, der im Auftrag des »entrückten« Zwölften Imam handelt. Dem Imam von heute habe Allah dieselben Vollmachten zugedacht, wie einst seinem Gesandten, oder wie, wenig später, dem Schwiegersohn des Propheten, Ali:

»Es handelt sich um die universelle Macht, der sich alles unterzuordnen hat. Wir sind überzeugt, daß niemand den geistigen Rang der Imame – sie seien gegrüßt – erreichen kann, nicht einmal ein Erzengel. Überliefert ist, daß der hochedle Prophet – Allah segne ihn und seine Nachkommen und gebe ihnen Frieden – zusammen mit den Imamen – sie seien gegrüßt – vor der Erschaffung der Welt Lichtstrahlen in der Finsternis des Himmels gewesen sind; sie waren von Allah dazu bestimmt, über allen Menschen zu stehen.«

Die Ordnung im Islamischen Staat ist damit definiert, auch wenn Khomeini sich hütet, seine Person selbst in den Vordergrund zu schieben. Nirgends ist zu lesen, er präsentiere sich als der Imam, dem von Allah der Auftrag erteilt wurde, die Welt im Sinne der Gesetze des Koran zu ordnen. Nicht vergessen werden darf der Zeitpunkt der Ausarbeitung dieser Gedanken: Die Texte sind im Januar und Februar des Jahres 1970 publiziert worden, und damals besaß der Ayatollah noch keineswegs die geistige Machtfülle, die ihm während der restlichen acht Jahre im Exil von Nedjef und während der Monate des Aufenthalts in Paris zuteil wurde. Im Jahre 1970 war er gezwungen, Rücksicht zu nehmen auf andere Geistliche, die sich auch zur »Familie des Propheten« und damit zur Schicht der »Sayyed« rechnen durften, oder die zumindest einen hohen Rang in der Glaubenshierarchie besaßen. Khomeini hatte die Texte damals so verfaßt, daß sie auch als Argumentationsgrundlage für die Herrschaft der Geistlichen insgesamt im Islamischen Staat gelten konnten.

Erkennbar werden in Khomeinis Theorie vom Islamischen Staat Charakterzüge seiner Revolution, die auf den Menschen des Westens als grausam und abstoßend wirken. Da wird erzählt: »Seine Heiligkeit, der Fürst der Gläubigen, hat einmal zwei Dieben die Hände abgehackt, er ließ ihnen jedoch danach so viel Liebe und Barmherzigkeit zukommen, daß sie seine Milde über alles priesen. Er war barmherzig, doch Menschen, die Verderben stifteten, hat er durch sein Schwert mit aller Härte zerschmettert. Das ist Gerechtigkeit. Der hochedle Prophet – Allah segne ihn und seine Nachkommen und gebe ihnen Frieden – war ein gerechter Gewalthaber. Wenn er befahl, einen Ort zu stürmen und niederzubrennen, wenn er anordnete, einen Menschen zu töten, eine Sippe zu vernichten, so waren zuvor dieser Mensch oder jener Stamm dem Islam schädlich gewesen – folglich war es gerecht, sie auszurotten. Er wäre sogar ungerecht gewesen, wenn er den Befehl zur Ausrottung nicht gegeben hätte, denn er hätte dann die Interessen des Islam, der Moslems und der gesamten menschlichen Gesellschaft außer acht gelassen. Wer über die Moslems und über die menschliche Gesellschaft herrscht, der muß stets den Nutzen der Allgemeinheit im Sinn behalten. Aus diesem Grunde hat der Islam im Interesse der Menschheit von eben dieser Menschheit Opfer verlangt. Viele Menschen wurden beseitigt, damit die Menschheit keinen Schaden nehme. Der Islam mußte ganze Sippen ausrotten, da sie dabei waren Verderben zu stiften; sie waren schädlich für die menschliche Gesellschaft.«

Als in unserem Verständnis besonders übles Beispiel für die Notwendigkeit, Menschen zum Nutzen der Allgemeinheit umzubringen, nennt Khomeini den Fall der Juden von Medina:

»Seine Heiligkeit, der hochedle Prophet – Allah segne ihn und seine Nachkommen und gebe ihnen Frieden – hat die Juden in seiner Nachbarschaft beseitigt, da sie Unruhe stifteten. Die Juden wollten die islamische Gesellschaft verderben; sie schadeten dem Islam und der islamischen Gesellschaft. Seine Heiligkeit hat uns vorgelebt, wie wir uns verhalten müssen, wenn die Macht uns gehört: Wenn die Gerechtigkeit, die Wahrheit und der Islam in Gefahr geraten, muß der Inhaber der Macht mit aller Härte durchgreifen, und er darf unter keinen Umständen Barmherzigkeit zeigen.«

Damit dem Islam nicht durch »falsche Barmherzigkeit« geschadet werde, darf der Moslem keine Befehle befolgen, die von »illegitimen Mächten« ausgehen, von Königen und von Präsidenten, die nicht zur Familie des Propheten oder wenigstens zur Geistlichkeit gehören: »Auf Befehl Allahs dürfen die Menschen nicht an Könige und an tyrannische Machthaber glauben, sie müssen gegen diese unrechtmäßigen Herrscher rebellieren. Man kann Könige und Tyrannen nicht als oberste Regierungsinstanz betrachten und sie gleichzeitig für unrechtmäßig und unfähig halten. Wenn ihr nicht an sie glaubt, und wenn ihr sie für unfähig haltet, dürft ihr sie nicht über euch dulden!«

Der Staat, so lehrt Khomeini, muß von Männern geleitet werden, die eine geistliche Schulung durchgemacht haben. Der Ayatollah faßt diese Idee von der Staatsführung unter diesem Schlagwort zusammen: »Die Geistlichen sind die Erben des Propheten! Da der Prophet einst im Islamischen Staat regiert hatte, steht allein seinen Erben das Recht zu regieren, auch in unserer Zeit zu.« Khomeini vergißt aber nicht, immer wieder darauf hinzuweisen, daß unter den Geistlichen vor allem die Nachkommen des Propheten das Recht auf Ausübung der Macht besitzen. Das Ziel der Geistlichkeit sei es, das Volk aus der Unterdrückung zu lösen, es von Ungerechtigkeit zu befreien, es »dem Haus der Geistlichkeit« zuzuführen:

»Die Moslems können nur dann in Sicherheit und Ruhe leben, und ihren Glauben und ihre moralische Würde bewahren, wenn sie im Schutze einer gerechten und gesetzlichen Regierung leben. Im Islam ist die Basis gelegt für einen Islamischen Staat. Wir haben heute die Aufgabe, die Staatsidee des Islam Wirklichkeit werden zu lassen. Begreift erst die Menschheit die Prinzipien der islamischen Regierungsweise, dann wird ein gewaltiger Sog entstehen, der zur Begründung islamischer Staaten überall führt.«

Neunzehn Jahre nachdem Khomeini seine Staatsidee entwickelt hatte, war von ihm selbst die Voraussetzung geschaffen, dieses Konzept zu verwirklichen. Seine Theorie, einem Geistlichen, möglichst einem Mitglied der Familie des Propheten, müsse die Macht übertragen werden, wurde angewandt: Ganz selbstverständlich übernahm er, als »Sayyed«, die Regierungsgewalt. Was er wollte, das geschah. Er war nicht der einzige gewesen, der Anspruch hatte erheben können auf die Position an der Spitze des Staates. Da hatte sich auch Ayatollah Shariatmadari Hoffnung auf unbeschränkten Einfluß auf die Regierung gemacht. Shariatmadari wäre auch den amerikanischen Außenpolitikern ein genehmer iranischer Partner gewesen. Daß er schon während der Schahzeit Kontakt hatte zur amerikanischen Botschaft, dafür hatte Khomeini schon bald Beweise in der Hand. Die Dokumente präsentierte Khomeini seinem Konkurrenten während eines Höflichkeitsbesuches in Shariatmadaris Haus. Das Resultat war, daß sich Khomeini bald schon keine Gedanken mehr machen mußte, ob Shariatmadari wohl seine gewaltige Anhängerschaft gegen ihn mobilisieren würde.

Der hohe Anspruch des Ayatollah, einen Staat der Gerechtigkeit aufzubauen, hatte Erwartungen im Bewußtsein der Bevölkerung ausgelöst. Erwartet wurde, daß Khomeini ein Konzept besaß, um seinen Anspruch Wirklichkeit werden zu lassen. Vor allem wollte sein Ministerpräsident Mehdi Bazargan wissen, welche Grundsätze der Ayatollah berücksichtigt sehen wollte. Auf entsprechende Fragen antwortete der geistliche und politische Führer der Iraner durch Schweigen. Meist fand Bazargan gar keine Möglichkeit, mit Khomeini allein, unter vier Augen, zu sprechen. Der Ayatollah war fast immer von vielen Männern, meist von Geistlichen umlagert. Während vieler Stunden des Tages hielten sich Hunderte, wenn nicht Tausende von Männern und Frauen rings um die Schule in Qum auf, die sich Khomeini als Wohnhaus und als Arbeitsplatz gewählt hatte. Ihre Rufe »Lang lebe Khomeini!« machten auch im Innern des Gebäudes fast jede Unterhaltung unmöglich. Der Ayatollah, der nicht in Teheran hatte wohnen wollen, machte Qum, die Stadt der Fatima, zum politischen und zugleich geistigen Zentrum des Islamischen Staates – nur hatte der Führer geringe Neigung, Entscheidungen zu treffen. Bereits im November 1979 fühlte sich der nominelle Regierungschef Mehdi Bazargan, auf den niemand hörte, der Aufgabe nicht mehr gewachsen: Er gab sein Amt zurück. Einem seiner Freunde sagte Bazargan, die Massen vor Khomeinis Schule hätten ihn entnervt. Den Ausschlag für den Rücktritt aber habe Khomeinis Bemerkung gegeben, er habe nie einen der Berichte gelesen, die ihm das Amt des Ministerpräsidenten tagtäglich zugeschickt habe.

Mehdi Bazargan war entsetzt: Da wollte Khomeini zwar der Führer auf den Gebieten der Politik und des Glaubens sein, und kümmerte sich nicht um das, was im Land geschah. Dringend notwendig wäre es gewesen, einen islamisch-orientierten, aber effektiven Lenkungsapparat aufzubauen, der Einfluß nehmen konnte auf die Administration. Offenbar glaubte Khomeini, er könne im gleichen Stil regieren, wie es einst der Prophet Mohammed getan hatte. Der Stil des Gesandten Allahs war geprägt gewesen durch die persönliche Begegnung mit seinem Volk – auch vor Mohammeds Haus hatten sich einst Tag für Tag die Massen versammelt. Khomeini sah es deshalb gern, wenn von nah und fern Männer und Frauen mit Bussen, Eisenbahnen, Pferdefuhrwerken und zu Fuß nach Qum pilgerten, um ihn, den Geistlichen aus der Familie des Propheten zu feiern. Die iranischen Verwaltungsbeamten hatten bereitwillig die Bilder des Schahs aus ihren Ämtern entfernt, um die Fotografie des Geistlichen im Schwarzen Turban aufzuhängen. Die Beamten waren bereit, auch im Geist des neuen Regimes ihre Aufgaben zu erfüllen, doch sie erfuhren nicht, wodurch sich dieser Geist auszeichnen sollte. Sie versuchten zu erfahren, was das Vorbild in Qum dachte. Sie hörten auf jeden, der aus der Heiligen Stadt zurückkehrte und von sich sagen konnte, er habe Khomeini gesehen und vor allem, er habe seinen Worten gelauscht. Was die Pilger aus Qum erzählten, das wurde zum Ansatz von Direktiven, von Verwaltungsanweisungen. Doch die Erzählungen widersprachen einander häufig – und so wurden auch die Ansätze der Direktiven widersprüchlich.

Besonders gravierend waren diese Widersprüche auf dem Gebiet der Wirtschaft. Sollte die Freiheit des Handels und damit die unbegrenzte Möglichkeit Profite zu machen, so beibehalten werden, wie es der Schah geduldet hatte? Arm war die Islamische Republik nicht: Die tägliche

Einnahme aus dem Ölgeschäft betrug rund 140 Millionen Dollar. Dieser Betrag sollte sinnvoll verwendet werden. Niemand aber traute sich, neue Projekte zu beginnen; kaum jemand hatte Mut, große Vorhaben fortzuführen. Am Stadtrand von Teheran standen halbfertige Wohnblöcke mit Zehntausenden von Wohnungen, die dringend gebraucht wurden. Die Stadtverwaltung wollte die Wohnungsnot lindern, und sie verfügte auch über die Summen, die nötig waren, um die Wohnblöcke fertigzustellen, doch da war ein Wort des Ayatollah bekannt geworden, das lautete: »In solchen Häusern sind die Gläubigen wie in Särgen untergebracht!« Diese Äußerung war die Ursache gewesen, warum die Bauarbeiten eingestellt worden waren.

Ähnliche Äußerungen des Ayatollah hatten dazu geführt, daß selbsternannte »Wächter der Revolution« in Privathaushalten nach Videoprogrammen selbst der harmlosen Art suchten, nach Spielkarten und nach Musikinstrumenten. »Ich sehe keinen Unterschied zwischen Opium und Musik«, soll Khomeini gesagt haben – »Musik ist Verrat am Islam. Musik ist eine Erfindung der Ausländer zur Zerstörung unseres Glaubens!« Das Resultat solcher Sätze, ob sie wirklich ausgesprochen worden sind oder nicht, war der Versuch des iranischen Rundfunks, ein Programm ohne jegliche Musik zu gestalten, was unmöglich war – auch den Gläubigsten der Iraner konnte nicht zugemutet werden, im Radio nur religiös-moralisch aufbauende Textbeiträge und Koranverse anzuhören. Khomeini, seit Jahrzehnten gewohnt, das Rundfunkgerät einzuschalten, bemerkte, daß seine Vorstellung eines Programms für iranisch-schiitische Hörer unberücksichtigt blieb, machte die Verantwortlichen der Radiostation darauf aufmerksam, daß es nicht Aufgabe der Programmgestalter sein könne, den Menschen Vergnügen zu bereiten, da der Mensch sich nicht zum Vergnügen auf der Erde befinde. Der Märtyrer Husain habe keine einzige Stunde seines Lebens im Vergnügen zugebracht – alle Überlieferungen würden darauf hinweisen, daß der dritte Imam auch nie gelacht habe. Wer im Dienst Allahs stehe, diene einer ernsten Sache und habe auch nie Zeit, sich sinnlos und nutzlos unterhalten zu lassen.

Dem Ayatollah und den Mullahs schien das Programm zu fehlen, nach dem Iran geordnet werden sollte – diesen Eindruck hatten Beobachter aus Europa und aus den Vereinigten Staaten. Für die Iraner selbst entstand dieser Eindruck keineswegs. Sie begriffen, daß Khomeini ein Ziel erreichen wollte: Die Menschen zu zwingen, nach den von Mohammed im Koran geoffenbarten Gesetzen zu leben. War dieses Ziel erreicht, lösten sich, nach Khomeinis Meinung, alle anderen Probleme von selbst. Sein Programm war der Islam. Die Frage stellte sich schon im Jahre 1979, ob dieses Programm den iranischen Menschen in Stadt und Land ausreichte.

Die Besetzung der amerikanischen Botschaft lenkte von Schwierigkeiten ab

Vom Völkerrecht, von internationalen Übereinkünften hielt Khomeini nie etwas. Auf eine entsprechende Frage antwortete er: »Was hat uns das Völkerrecht je eingebracht? Hat es verhindern können, daß der Schah unser Land an die Amerikaner verkauft hat, daß die Amerikaner bei uns taten, was sie wollten? Ich sehe deshalb keinen Anlaß, daß wir uns an internationale Übereinkünfte gebunden fühlen sollten.«

Im Winter 1979 hatte der Ayatollah diese Meinung vertreten, zur Zeit, als die amerikanische Botschaft an der Roosevelt-Avenue in Teheran durch iranische Studenten besetzt war. Damals benahm sich der politische und geistliche Führer rücksichtslos gegenüber Persönlichkeiten von Rang und Ansehen in der westlichen Welt. Dem Papst, der ihn bat, Menschlichkeit walten zu lassen gegenüber den Geiseln, entgegnete er während der Freitagspredigt in der Moschee von Qum mit ruppigen Worten: »Sie sollten sich nicht darum kümmern, was in Iran vor sich geht. Sie sollten mal nach Amerika blicken, was dort alles geschieht! Warum haben Sie sich nicht aufgeregt, als Jerusalem von den Juden erobert worden ist. Da wäre es an der Zeit gewesen, den Mund aufzureißen. Als da die Juden sich zum Feind aller Religionen gemacht haben, da hielt Rom den Mund! Der Papst schwieg, weil die Amerikaner das wollten. Amerika hat sie alle verdorben. Die Regierenden in der Welt sind Amerikas Knechte – der Papst auch!«

Das war diesen Attacken vorausgegangen: Am 4. November 1979, also acht Monate nach dem Sieg der Revolution, hatten meist jugendliche Iraner die amerikanische Botschaft in Teheran besetzt. An jenem Tag hatten mal wieder Demonstranten den Verkehr im Zentrum von Teheran lahmgelegt. Sie hatten gegen die Politik des »Satans USA« protestiert. Die Ursache dieses Ausbruchs der Gemüter gegen Amerika war die Ankunft des Schahs in New York. Ursprünglich hatte das State Department sich geweigert, dem Exmonarchen die Einreise in die USA zu gestatten. Die Sorge war gewesen, daß die schiitische Führung in Teheran die Beziehungen zur amerikanischen Regierung, die sich nach dem Sieg der Revolution etwas verbessert hatten, wieder einfrieren lassen könnte. Durchaus war auch von Khomeini bemerkt worden, wie sehr der Erfolg der Revolution von der Haltung des Präsidenten Jimmy Carter beschleunigt worden war: Carter hatte nichts unternommen, um den Schah zu stützen – der Präsident hatte eher auf die rasche Ablösung des Monarchen hingearbeitet. Khomeini war bereit gewesen, diese Hilfestellung zu belohnen. Als die sowjetische Vertretung in Teheran versucht hatte, eine Liste der CIA-Agenten, die in Teheran tätig waren, in die Hand zu bekommen – die Liste war beim Leiter der CIA-Agentur in der iranischen Hauptstadt gefunden worden –, da hatte der Ayatollah das Dokument zur Geheimsache erklärt. Die Sowjetunion war für Khomeini zum Feind Nummer eins geworden, hatten doch die Mächtigen in Moskau Befehl zum Einmarsch im islamischen Land Afghanistan gegeben, das eben dabei gewesen war, sich zu einer Islamischen Republik zu entwickeln. Häufig waren die Teheraner Zeitungen während der vergangenen Monate angewiesen worden, auf die bedauerliche Lage der Moslems in der Sowjetunion hinzuweisen, die »als Gefangene eines atheistischen Regimes in Knechtschaft« zu leben hatten. Amerikanische Diplomaten, die Khomeinis Politik zu analysieren hatten, waren im Herbst 1979 durchaus der Meinung gewesen, daß der Grad der Beziehungen bald an den Stand heranreichen würde, der ein Jahr vor Ende des Schahregimes zu messen gewesen war. Das Ziel der Beschimpfungen durch Khomeini und durch die Mullahs insgesamt war fast ausschließlich der Schah gewesen – Vorwürfe gegen die amerikanischen Mächtigen waren in maßvolle Worte gekleidet. Mohammed Reza Pahlavi war der »Verderber der Moslems; der Feind Allahs; der Teufel in Uniform, der den Islam vernichten wollte«. Mit Vergnügen lasen die Geistlichen Berichte, daß dieser Teufel in keinem Land aufgenommen wurde, auch im Staat des Königs von Marokko nicht. Khomeinis Kommentar dazu war: »Heimatlos irrt der Satan durch die Welt, gejagt von der eigenen Schuld!« Auf einmal aber durfte der Schah nach New York fliegen. Da waren in den Zeitungen Fotos zu sehen, wie der Monarch ehemalige Minister seines Regimes empfing, wie er mit Henry Kissinger sprach und mit David Rockefeller.

Gerade diese Fotos lösten die Furcht aus, da werde in New York ein Komplott geschmiedet zur gewaltsamen Rückkehr des Schahs nach Teheran. Daß er krank war, daß er operiert werden mußte, das glaubten nur noch wenige der führenden Geistlichen; und Khomeini gehörte nicht zu diesen wenigen. Für ihn war die Nachricht von der lebensbedrohenden Erkrankung ein Teil der Geheimdienstaktion der USA, die Monarchie in Iran wieder einzuführen, die Islamische Republik zu zerschlagen. Die Erinnerung an 1953 brach erneut auf: Damals war es dem CIA gelungen, Mohammed Reza Pahlavi wieder auf den Thron zu setzen – offenbar stand die Wiederholung des Coups von damals unmittelbar bevor.

Die Geistlichen reagierten sofort. In den abendlichen Predigten schimpften sie: »Jetzt zeigen die USA ihr wahres Gesicht. Satan stellt sich neben Satan. Jimmy Carter und Reza Pahlavi wollen wieder die Herrschaft des Teufels in Iran einführen.« Die Massen wurden aufgerufen, dem Teufel die Maske vom Gesicht zu reißen. Jeder habe, als Moslem, die unbedingte Pflicht, die Rückkehr des Satans ins Land der Gläubigen zu verhindern.

Die Angst, die Agenten der Vereinigten Staaten würden den Erfolg von 1953 zu wiederholen versuchen, war echt und tief verwurzelt. Das

Ereignis der Flucht des Schahs und seiner Rückkehr hatte im Bewußtsein Spuren hinterlassen. Die Menschen in Iran hatten das sichere Gefühl, damals seien sie zu Gefangenen der USA gemacht worden. Die jungen Schiiten, von denen 1953 die meisten noch gar nicht gelebt hatten, waren durchweg informiert über das, was in jenem Jahr geschehen war. Alle wußten wenigstens das eine: Die Amerikaner hatten dem Satan wieder seinen Palast geöffnet. Der Kampf gegen die Wiederholung dieses Vorfalls im Jahr 1953 konnte folglich nur einen Gegner haben: die Amerikaner.

Es war gerade der fünfzehnte Jahrestag der Verbannung Khomeinis aus Iran, als die Furcht vor der amerikanischen Geheimdienstaktion in Teheran anschwoll. Junge Männer beschlossen, vor der Botschaft der USA Posten zu beziehen, »um die Aktivitäten des Geheimdienstes zu kontrollieren«. Als sie an den Türen rüttelten, waren sie überrascht, daß der Eintritt ins Botschaftsgelände leicht möglich war. Die bisher kleine Gruppe wurde rasch größer. In der Stadt sprach es sich schnell herum, daß die US-Botschaft »gestürmt« worden sei. Der »Sturm« geschah allerdings erst so nach und nach. Mit Scheu bewegten sich die »Besetzer« zunächst auf dem, nach internationalem Recht, exterritorialen Gelände. Doch mit der Zahl wuchs auch der Mut derer, die eingedrungen waren – und so waren sie schließlich die Herren der gesamten Botschaftsgebäude. Wer sich als Amerikaner gerade in der Botschaft aufhielt, wurde zur Geisel erklärt. Dreiundfünfzig Frauen und Männer befanden sich ab 4. November 1979 in der Gewalt iranischer Botschaftsbesetzer. Die Sieger des Tages gaben jetzt erst ihrer Aktion ein Programm: Sie wollten die Geiseln solange nicht freigeben, bis die amerikanische Regierung den Schah ausliefern würde, damit er vor einem schiitischen Gericht zur Verantwortung gezogen werden könne. Wenig später verlangte ein Komitee der Besetzer auch die Herausgabe aller Vermögenswerte, die von der Schahfamilie Pahlavi ins Ausland gebracht worden waren.

Fest steht, daß die Aktion keineswegs zuvor geplant worden war. Sie hatte sich zufällig entwickelt. Je leichter es gewesen war, ins Innere der Botschaft vorzudringen, desto größer war der Rausch geworden, die Vereinigten Staaten von Amerika demütigen zu können. Das Botschaftspersonal hatte sich nicht gewehrt, teils aus Ratlosigkeit, teils aus Unerfahrenheit im Umgang mit schiitischen Massen. Aus beiden Faktoren war Angst entstanden, die jede Entschlußkraft lähmte. Wohl hatten Diplomaten, Angestellte und auch die für Sicherheit zuständigen Marineinfanteristen die Hoffnung, der Spuk werde sich rasch verziehen. An eine dauerhafte Besetzung dachte niemand – allerdings dachten auch die Besetzer zuerst nicht daran. Auch als sie ihre Forderungen gestellt hatten, glaubten sie nicht an längere Dauer der Aktion. Der Jubel der Massen von Teheran machte jedoch den Rückzug aus der Botschaft fast unmöglich. Die Besetzer wurden zu Helden erklärt – und Helden gingen nicht einfach wieder nach Hause. Als dann nur wenige Stunden nach dem Beginn der Aktion Fernsehteams aus aller Welt auf dem Flughafen von Teheran landeten, um das Geschehen in der US-Botschaft zu beobachten, da konnte selbst Khomeini nicht mehr den Befehl zum Rückzug geben. Die Welt erwartete ein dramatisches Schauspiel, und er war entschlossen, der Welt zu bieten, was sie offenbar brauchte. Er befand sich zum Zeitpunkt der Botschaftsbesetzung in Qum – wie meist – und benötigte zunächst Information über die Personen und die Motive der Besetzung. Sein Sohn Ahmed brachte ihm das Wissen, das für eine Entscheidung nötig war.

Den Sohn hatten die Besetzer gebeten, er möge doch den Vater bitten, ihnen eine geistliche Führungspersönlichkeit zu schicken, die ihnen den richtigen Weg weisen könne. Der Ayatollah betraute den Geistlichen Mohammed Musawi Khoiniha mit diesem Auftrag. Auch Khoiniha gehörte zur Sippe Musawi, und damit zur Familie des Propheten. Khomeini hatte für die Besetzer einen Mann von hohem religiösen Ansehen als geistlichen Führer ausgewählt, der nach schiitischer Überzeugung ja auch das Recht zur politischen Führung besaß. Mohammed Musawi Khoiniha haßte die Vereinigten Staaten von Amerika, weil sie »uneingeschränkt Israel unterstützten«. Seine Freunde waren in der Palästinensischen Befreiungsbewegung zu finden.

Für die Bevölkerung der USA wurde die Gefangenschaft der dreiundfünfzig Botschaftsangehörigen in Teheran zum Trauma der Demütigung. Was Jimmy Carter auch versuchte, die Amerikaner aus der Geiselhaft herauszuholen, schlug fehl. Unmittelbar nach der Besetzung löste sich die Regierung des Mehdi Bazargan auf. Durch die Aktion der Demonstranten war vor der Weltöffentlichkeit bewiesen worden, daß der Regierung jede Macht entglitten war. Pflicht der Politiker in der Regierungsverantwortung wäre es gewesen, das Botschaftsgebäude eines Staates, mit dem internationale Bindungen gepflegt wurden, vor Gewalttaten zu schützen. Dies war Bazargan nicht möglich gewesen. Sein Rücktritt machte den Weg zur Macht für den Geistlichen Mohammed Husain Beheshti frei, der jedoch auch keine Möglichkeit besaß, die Geiselfrage zu lösen, doch er ließ Washington wissen, daß eine Hoffnung auf Freigabe der Gefangenen nur durch die Zusammenarbeit mit den Geistlichen gegeben war. Sie seien jetzt die bestimmende Kraft in Iran. Präsident Carter aber weigerte sich weiterhin, die Mullahs als Verhandlungspartner zu akzeptieren.

So wurde die »Geiselaffäre«, die weltpolitisch ohne Bedeutung blieb, zur Auseinandersetzung zwischen Carter und Khomeini. Der Ayatollah predigte Haß gegen den Präsidenten der USA; Carter aber reagierte durch Hilflosigkeit. Der Präsident befahl, die Geiseln durch eine Militäraktion zu befreien, doch der Flug der Marineinfanteristen in Richtung Teheran endete im Desaster in der Wüste: Durch Motorenschaden und durch Unfähigkeit der Mannschaft wurden Maschinen zerstört, starben Amerikaner. Jimmy Carter übernahm die Verantwortung für die unzureichend geplante und fahrlässig vorbereitete Aktion. Die Blamage raubte ihm das politische Ansehen in der Welt, vor allem aber im eigenen Land. Für die Amerikaner insgesamt war der Gedanke unerträglich, daß Bürger ihres so mächtigen und reichen Staates Gefangene eines schiitischen Geistlichen waren, der ganz offensichtlich die Absicht hatte, die Menschheit in ein Chaos des Fanatismus zu stürzen. Die Mehrheit der Menschen in den USA fühlte sich gedemütigt. Tag für Tag wurde die nationale Schande durch Fernsehberichte aus Teheran vor Augen geführt. Die Kamerateams aus den USA sorgten dafür, daß der Blick der Amerikaner auf Teheran gerichtet blieb.

Khomeini und seine Berater fürchteten die Rückkehr des Schahs schon seit Beginn des Jahres 1980 nicht mehr. Der Exmonarch hatte sehr rasch nach der Operation New York und die USA wieder verlassen müssen. Der ägyptische Staatschef Anwar As Sadat nahm dann den Heimatlosen in seinem Lande auf. Diese Entwicklung veranlaßte Khomeini keineswegs, die Geiseln freizulassen. Er gab die entsprechende Anweisung auch dann nicht, als der Schah am 27. Juli 1980 in Ägypten starb.

Wie direkt die Verzögerung der Freilassung gegen das Ansehen Jimmy Carters gerichtet war, zeigte sich, als der Ayatollah am 20. Januar 1981 die Order gab, die Amerikaner seien nun, durch Allahs Willen, nicht länger in Geiselhaft zu halten. Zum Zeitpunkt, als die Freilassung der Amerikaner gemeldet wurde, hatte der neue amerikanische Präsident Ronald Reagan eben den Amtseid geleistet. Khomeini hatte es Jimmy Carter nicht gegönnt, das Ende der Geiselaffäre dem amerikanischen Volk verkünden zu dürfen.

No East, no West – Islam is the best

Daß es der gewaltigen amerikanischen Militärmacht nicht gelungen war, die Geiseln aus den Fängen schiitischer Geiselnehmer zu befreien, stärkte das Selbstwertgefühl derer, die den Schah aus dem Land getrieben hatten, gewaltig. Die USA hatten sich als machtlos erwiesen. Die politisch Verantwortlichen in Washington wurden fortan nicht mehr als ernst zu nehmende Gegner angesehen, die der Islamischen Revolution schaden konnten. Als die Geiseln noch in der amerikanischen Botschaft festgehalten wurden, war im Kreise um Khomeini der Gedanke herangereift, die Schwäche der USA mache die Ausbreitung der Revolution möglich. Sie müsse exportiert werden in andere islamische Länder. Alle

Könige, Emire und Sultane hätten aus der islamischen Welt zu verschwinden. Überall in der mittelöstlichen und nahöstlichen Welt habe der Inhalt des Koran Grundlage der staatlichen Gesetzgebung zu sein; im Koran aber sei kein Wort dafür zu finden, daß die Monarchie eine von Allah gern gesehene Regierungsform sei – die Demokratie allerdings auch nicht.

Genau zehn Jahre vor dem Sieg der Islamischen Revolution hatte der schiitische Denker Ali Schariati unter dem Titel ›Umma wa Imama‹ (Die Islamische Glaubensgemeinschaft und die Führung durch die Imame) in Teheran vor Geistlichen einen Vortrag gehalten, der mit demokratischen Ideen abrechnete, sie verurteilte. Die Demokratie, so behauptete Ali Schariati, sei keine dem Islam ebenbürtige Basis für einen Staat von heute. Ein abschreckendes Beispiel für die sozialen Folgen der Beibehaltung der demokratischen Staatsform habe Schariati in Frankreich erlebt:

»In Paris sehen sie, daß sogar in den öffentlichen Bedürfnisanstalten und auf den Straßen zahlreiche Menschen übernachten. Die Clochards breiten sich überall aus. Sie sind auf allen Straßen zu sehen, auch dort, wo Ausländer verkehren. Sie schädigen das Ansehen des französischen Volkes auf übelste Weise. Die Clochards benehmen sich in der Öffentlichkeit schamlos und abstoßend. Mit schmutzigen Gesichtern und Kleidern laufen sie herum, tragen gewöhnlich eine Flasche Alkohol in der Hand, trinken daraus, packen die Passanten am Kragen, beschimpfen die Leute, machen obszöne Witze, und führen manchmal sexuell abartige Handlungen vor. Nachtlokale und Bordelle breiten sich überall aus. Zu befürchten ist, daß Frankreich dem Niedergang geweiht ist. An einer einzigen Straße, die in Paris St. Michel mit St. Germain verbindet, wurden in nur einem Jahr nahezu 1700 Verbrechen begangen. Da passierten Messerstechereien, Schlägereien, Diebstähle, Vergewaltigungen. Warum geschah dies alles?«

Schuld ist nach Meinung von Ali Schariati die Liberalität der Demokratie. »Der Glaube, jeder könne sein Leben gestalten, wie er es für richtig halte, hat dazu geführt, daß jede Art von Laster und von Verletzung der sozialen und moralischen Tugenden für erlaubt erklärt wurde.«

Ali Schariati gehörte nicht zu den weltfremden Glaubensmännern, die nie aus dem Bannkreis der heiligen Orte hinausgekommen waren. Er hatte in Paris studiert, und hatte damit auch wirklich gesehen, wovon er sprach. Er hat auch das Funktionieren der französischen Demokratie studiert, und er hält sie für eine verbrecherische Staatsform. Doch nicht die Stimmzettel, wie es in den Ländern der Dritten Welt üblich sei, werden verfälscht, die Manipulation beginne wesentlich früher: »Die Verfälschung erzeugt man offen, Tag und Nacht. Dafür wird viel Wissen und Können eingesetzt. Die Verfälschung geschieht in den Köpfen und Herzen des Volkes, ohne daß die Betroffenen das überhaupt merken.

Jeder Bürger ist frei, seine Stimme dem zu geben, der ihm am besten gefällt. So erhalten diejenigen ein Mandat im Parlament, die sich zuvor in den Köpfen der Menschen und in ihren Herzen einen Platz erobert hatten. Das ist die Verfälschung! Vor Wahlterminen werden die Wähler in den Demokratien mit Hunderten von Aufsätzen, Büchern, Filmen, Theaterstücken und mit tausenderlei Reklame überhäuft. Beine, Brüste und andere wichtige Körperstellen der bekannten und beliebten Mannequins, Tänzerinnen und Schauspielerinnen werden mit Wahlparolen beschriftet. So wird um die Wählerstimmen geworben. Geld und Macht bestimmen bei diesem Verfahren, wer gewählt wird. Wer arm ist, der kann keinen Wahlkampf finanzieren. So geschieht es, daß in den USA und in Europa keineswegs die hervorragendsten Persönlichkeiten an die Spitze der Staaten gestellt werden – das wagt keiner zu behaupten, die Kennedys wären fähig und aufrichtig gewesen. Sie waren durch Betrug, durch Geld und Sex zu ihrer Position gekommen.«

Die Demokratien, so sagt Ali Schariati, können nicht Beispiel für die Staatsform sein, die in der islamischen Welt aufgebaut werden müsse. Staaten mit demokratischer Regierungsform seien zum Untergang verurteilt. Es gehe in den USA und in Europa so zu, wie einst in der Stadt Jathrib, in der vor der Ankunft des Propheten Mohammed die Unzucht zu Hause war. Mohammed habe Jathrib in Medina verwandelt, in die Stadt des Propheten. Mohammed könne dafür sorgen, daß überall die Sicherheit und der hohe moralische Standard von Medina herrsche: »Der Gesandte Allahs fordert alle Regierungen der Welt auf, sich zu ergeben, oder sich ihm nicht in den Weg zu stellen, damit er seine Botschaft den Menschen verkünden kann. Wer sich weigert, der wird bekämpft. Der Prophet ist bewaffnet und ist ein engagierter Führer. Er kann die Menschen nicht sich selbst überlassen, er ist ein Reformator und will die Menschen und die Gesellschaft verändern. Ist eine Meinung irrig, dann läßt er sie nicht gelten, auch nicht für andere Kulturkreise. Sein Glaube verpflichtet ihn, die irrige Meinung auszulöschen. Das ist der Sinn des Sendungsbewußtseins. Wenn daher heute eine engagierte politisch-religiöse Gruppierung die Führung eines Landes übernimmt, das unter dekadenten und unmoralischen Lebensbedingungen leidet, in dem Unrecht und Korruption verbreitet sind, so darf diese Gruppierung nicht zulassen, daß ihre Revolution durch die Farce demokratischer Wahlen verfälscht wird. Die Revolution braucht die Stimmen der Mehrheit nicht, vor allen Dingen deshalb nicht, weil diese Stimmen durch psychologische Beeinflussung manipuliert sind. Die islamische Revolution ist verpflichtet, ihre Ideen und Gedanken über die Veränderung der gesellschaftlichen Verhältnisse auf Grund ihrer Ideologie zu verwirklichen, ohne sich um das Geschwätz von Demokratie zu kümmern. Erst wenn eine Demokratie der unbeeinflußten eigenen Meinungen möglich sein wird, kann man davon reden, daß diese Regierungsform zur Entwicklung der Menschheit auf den richtigen Weg beitragen kann.«

Verächtlich nennt Ali Schariati die Staatsform des Abendlandes »Demokratie der Zahlen« – der Mehrheiten also –, wobei er noch lieber den Begriff »Demokratie der Nullen« gebrauchen würde.

Die »Demokratie der Zahlen«, so sagt Ali Schariati, ist eng mit der Welt des Kapitalismus verbunden, mit der Macht des Geldes, die sich vor allem dadurch bemerkbar macht, daß sie Meinungen kauft. Der Denker der Schiiten geht vor allem auch mit den marxistischen Regimen ins Gericht: »Der Marxismus ist eine streng materialistische Weltanschauung. Er kann sich deshalb den Menschen nur innerhalb der eigenen Grenzen der Materie vorstellen. Notwendigerweise reiht der Marxismus den Menschen unter die Lebewesen insgesamt ein, ohne auf seine Besonderheit, auf seine Seele einzugehen. Der Marxismus macht damit den Menschen zum Gefangenen der unbewußten Natur, deren Entwicklung nicht einem ganz genau bestimmten Ziel gilt. Das islamische Weltbild aber kann sich den Menschen als göttliches Wesen vorstellen, das Eigenschaften besitzt, die über die Materie hinausgehen. Der Geist des Menschen wird vom Islam gewürdigt. Da der Marxismus dem materialistischen Realismus streng treu bleibt, verliert er den Anspruch, von moralischen Werten sprechen zu dürfen. Der Islam, der den Menschen als geistiges Wesen auffaßt, kann die Bindung des Menschen an die göttliche Moral logisch erklären. Der Marxismus betrachtet den Menschen als ein Produkt seiner sozialen Umwelt, ohne den Einfluß der Existenz Gottes zur Kenntnis zu nehmen. Der Marxismus leugnet die Existenz Gottes. Die Konsequenz ist, daß der Marxist – wie Lenin das ausdrückte – jedes moralische Prinzip für eine Lüge halten muß. Der Islam aber geht davon aus, daß menschliche Werte ebenso wesentlich und unveränderbar sind wie die Naturgesetze. Der Marxismus geht davon aus, daß moralische Werte nur Normen des menschlichen Zusammenlebens sind, die willkürlich festgelegt worden sind. Der Islam sieht die moralischen Werte als Spiegelung jenes absoluten Lichts, von dem das Bewußtsein der Menschen erleuchtet wird.«

Der Grundsatz des Marxismus »Gott ist von den Menschen erschaffen worden!« ist für den schiitischen Denker Ali Schariati Lästerung Allahs und damit ein Zeichen für die »abscheuliche Nichtswürdigkeit dieser wahrhaft gottlosen Weltanschauung«. Der Islam aber stelle die Ordnung zwischen Allah und dem Menschen wieder her:

»Nicht Allah ist die Schöpfung des Menschen, sondern der Mensch ist das Geschöpf. Er ist jedoch ein anderes Produkt des Schöpfers, das mit der Schöpfung der Materie nichts zu tun hat. Die Überzeugung, Allah habe den Menschen geschaffen, macht das Geschöpf frei vom Zwang der Materie. Auf den Menschen wartet das völlig unmaterielle Paradies. Die

Sicherheit des Zugangs zum Paradies macht den Menschen frei, und läßt ihn den wahren Humanismus erreichen. Allah setzt den Menschen über die Materie, gibt ihm auf Erden völlige Verfügungsgewalt über die Natur und über die Materie. Allah will, daß die Menschen mit der Erfahrung, die sie im Kampf mit Natur und Materie erworben haben, selbstbewußt wieder zu ihm zurückkehren.«

Ali Schariati formulierte die Absage der Islamischen Welt an Kapitalismus und an Kommunismus. Er ist nicht so naiv zu glauben, daß der Islam, wie er sich derzeit darstellt, in der Lage ist, der Welt den Weg zu weisen, geistig-philosophische Weisungen zu geben, religiöse und moralische Institution zu sein. Schariati sagt: »Wir müssen uns von der Last jahrhundertelanger Erstarrung lösen, wir müssen unsere islamischen Wurzeln finden.« Er predigte seinen Studenten die Besinnung auf das Wesen des Märtyrers Husain. Damit war gesagt, daß der Kampf um Gerechtigkeit das Panier der Schiiten sei, aber auch der Kampf gegen jede ungerechte Herrschaft. Husain hatte gegen die Kalifen gekämpft, die – nach der Überzeugung der Schiiten – kein Recht hatten, den Gläubigen Befehle zu geben. Der Hinweis auf den Märtyrer Husain löst im Bewußtsein des glaubensbewußten Schiiten sofort die Erinnerung an den Gegner Husains aus, an den omaijadischen Kalifen Jezid – und ebenso selbstverständlich stellt sich im Bewußtsein die Frage, wo in unserer Zeit die Herrscher nach Art des »Jezid« zu finden sind. Weit braucht der Gläubige nicht zu blicken: Sie regierten auf der anderen, der westlichen Seite des Persischen Golfs.

Schon bald nach dem Sieg der Islamischen Revolution in Iran versuchten einzelne der Monarchen in Teheran und Qum zu erfahren, welche Ziele sich Khomeini und seine möglichen Nachfolger gesetzt hatten. Die Familie As Sabah, die seit der Mitte des 18. Jahrhunderts, christlicher Rechnung, in Kuwait regierte, sah sich, aus Gründen der überaus engen Nachbarschaft zu Iran genötigt, den ersten Schritt zu tun. Sheikh Sabah al Ahmed as Sabah, der Außenminister von Kuwait, wagte den Flug nach Teheran. Er ging davon aus, daß Khomeini die höchste Autorität in Iran darstellte, und bat deshalb um eine Audienz, die ihm auch gewährt wurde. Zu seinem großen Erstaunen blieben, als er Khomeini gegenübersaß, die unzähligen Menschen im Raum sitzen, die sich schon vor der Ankunft des Sheikhs aus Kuwait dort aufgehalten hatten. Sheikh Sabah hatte nicht die Möglichkeit, auch nur ein vertrauliches Wort an Khomeini zu richten, ganz zu schweigen von der Frage, die ihm doch so am Herzen lag, wie sich die Islamische Revolution die Zukunft der Region des Persischen Golfs denke. Nach dem Austausch von höflichen Floskeln zwischen Khomeini und ihm wartete der kuwaitische Außenminister noch einige Minuten, ob nicht doch ein energisches Zeichen des Ayatollah die lästigen Zuhörer aus dem Raum jagen würde – doch Khomeini verhielt sich so, als sei ihm diese große Gesellschaft angenehm. Nach weniger als zehn Minuten Aufenthalt in der Gegenwart von Khomeini bat Sheikh Sabah den hohen Geistlichen um Erlaubnis, sich wieder entfernen zu dürfen. Khomeini nickte nur.

Der kuwaitische Außenminister reiste aus Iran ab mit dem Gefühl, daß für die Monarchen am Persischen Golf kein Dialog möglich war mit dem Ayatollah. Der schiitische Geistliche hatte bewußt nicht reden wollen mit dem sunnitischen Herrscher des in der räumlichen Nachbarschaft gelegenen Emirats. Sheikh Sabah konnte aus diesem Verhalten nur Feindschaft ablesen – und er wußte, wie gefährlich Khomeinis Feindschaft war. Der Ayatollah hatte gezeigt, daß er in der Lage war, seine Feinde zu vernichten. Sein Ausgangspunkt, um dem Sabah-Clan zu schaden, war äußerst gefährlich für die herrschende Familie: Ein Drittel der Bevölkerung des Emirats Kuwait bekennt sich zur schiitischen Ausprägung des islamischen Glaubens. Bei einer Gesamtbevölkerung von rund einer Million leben, nach Angaben der Regierung, 300 000 Schiiten im Emirat; die Schätzung der Schiiten selbst beläuft sich auf 400 000. Wenn diese Schiiten von Khomeini angehalten werden würden, durch Unruhen der herrschenden Familie Probleme zu schaffen, würde der Wunsch des Ayatollah selbstverständlich erfüllt werden. Der Sabah-Clan bekam Angst vor der Zukunft.

Überall an der arabischen Küste des Persischen Golfs blickten die Herrscher seit dem Sieg der Iranischen Revolution sorgenvoll nach Osten. In Bahrain, einer Insel, die der saudiarabischen Küste vorgelagert ist, regiert seit dem Jahr 1783 die Familie Al Khalifa. Vorgänger dieser Sippe waren allerdings iranische Statthalter, denn von 1602 bis 1783 stand die Insel unter persischer Souveränität, und nie hatten die jeweils in Teheran Mächtigen offiziell auf Bahrain verzichtet. Schah Mohammed Reza Pahlavi hatte sogar den Anspruch, Bahrain sei iranisches Territorium, erneuert. Im Mai 1970 hatte sich eine Kommission der Vereinten Nationen mit der Frage zu befassen, ob die Bewohner von Bahrain auf ihrer Insel in einem unabhängigen Staat oder unter der Flagge von Iran leben wollten. Die Kommission kam zum Ergebnis, die Untertanen des Kahlifaclans wollten gerne ihren Herrscher loswerden, um sich Iran anschließen zu können. Die Konsequenzen waren damals nicht gezogen worden. Der Schah hatte sogar im Jahr 1975 zu erkennen gegeben, daß das Problem Bahrain sich ihm derzeit nicht stelle. Aber jetzt, im Jahre 1979, forderten die iranischen Radiostationen die Schiiten von Bahrain auf, gegen die sunnitische Herrscherfamilie zu revoltieren.

Auch für Bahrain gibt es unterschiedliche Angaben über die Zahl der Schiiten. Die offizielle Statistik sagt: Die 250 000 Untertanen der Familie Al Khalifa sind zur einen Hälfte Schiiten und zur anderen Sunniten. Die schiitische Geistlichkeit aber behauptet, 70 Prozent der Inselbewohner seien Schiiten, die unter der Herrschaft der Sunniten zu leiden hätten. Die Klage der Geistlichkeit richtet sich vor allem dagegen, daß die Familie

Al Khalifa enge Beziehungen zu den Vereinigten Staaten von Amerika unterhalte. Sie verwendet dabei das Vokabular, das Khomeini geprägt hat: Amerika ist der Satan, und der Monarch ist der Verbündete des Satans. Der Herrscher verteidigt sich mit dem Argument, es sei doch besser, Bahrain öffne sich den Amerikanern als den kommunistischen Sowjets. Die Geistlichkeit erregt sich auch darüber, daß auf der Insel alkoholische Getränke ausgeschenkt werden. Die Regierenden haben gute Gründe, Whisky und Bier nicht zu verbieten: Da für Bahrain die Zeit der Ölförderung bereits zu Ende gegangen ist, muß nach anderen Einnahmequellen gesucht werden. Die Lage der Insel ist ideal für ein Zentrum des Handels und der Finanzen. Man könne jedoch die weltweit arbeitenden Banken nicht dazu bringen, Filialen an einem Ort zu eröffnen, an dem der Genuß von Getränken verboten ist, die auch im Bankgewerbe zur Lockerung der Beziehungen zwischen dem Kunden und der Bank üblich geworden sind.

In den Jahren 1979 und 1980 wurden solche Argumente von den Siegern der Islamischen Revolution in Iran nicht als Entschuldigung für »unislamisches Verhalten« angenommen. Von Teheran aus wurden Versuche zum Sturz der Familie Al Khalifa gesteuert: Demonstrationen jugendlicher Schiiten störten den Verkehr in der einzigen Stadt des Emirats. Doch jedesmal gelang es der Polizei, die aus Sunniten besteht, die Rebellen von den Straßen zu treiben, ehe die Emotionen angeheizt wurden, ehe öffentliche Gebäude geplündert und angezündet wurden. Amerikanische Berater, die der Emir ohne Aufhebens auf die Insel geholt hatte, halfen der Bahrainpolizei. Die Berater hatten aus den Erfahrungen in Teheran gelernt. Das Regime in Bahrain widerstand den iranischen Versuchen, die Islamische Revolution auf die einst iranische Insel zu »exportieren«.

Der »Revolutionsexport« ist für Khomeinis Anhänger schwierig, solange der reiche Staat Saudi-Arabien in der Hand der sunnitischen Königsfamilie As Saud bleibt. Khomeinis Propaganda hatte sich die Aufgabe gestellt, auch in Zentralarabien das »Teufelsregime« zu destabilisieren. Den verbalen Attacken der iranischen Radiostationen folgten bald wirkliche Angriffe gegen die Herrschaft der Familie As Saud.

Die schiitische Propagandaparole, überall müssen Islamische Revolutionen ausbrechen, fand auch bei den Sunniten Arabiens Resonanz, die sich mit besonderer Intensität um die Pflege ihres Glaubens kümmerten. Diese Menschen erwarteten im Jahr 1979 ein ganz besonderes Ereignis. 1979 begann das vierzehnte Jahrhundert islamischer Zeitrechnung. Gemäß einem überlieferten Wort des Propheten Mohammed sollte jeweils zum Jahrhundertbeginn ein Mann unter den Menschen erscheinen, der von Allah befugt sei, Fehlentwicklungen innerhalb der islamischen Gemeinschaft, die während des vergangenen Jahrhunderts geschehen waren, zu korrigieren. Dieser Mann, von Allah gesandt, müsse denselben Namen tragen, wie einst der Prophet. Er werde dazuhin »Mahdi« genannt, der »Geleitete«. Die Überlieferung besagt auch, dieser Mahdi werde von den Gläubigen an der Großen Moschee, an der Ka'aba in Mekka erkannt und anerkannt. Als der Beginn des neuen Jahres nahte, da herrschte nahezu überall in der islamischen Welt gespannte Erwartung.

In der Nacht, als das vierzehnte Jahrhundert der Moslems anbrach, waren die Betenden in der Großen Moschee von Mekka auch keineswegs überrascht, als ein weißgekleideter junger Mann über das Mikrofon des Predigers diese Worte an sie sprach: »O Moslems! O Gläubige! Allah steht über allem! Der Mahdi ist gekommen, ist unter uns getreten! Er steht hier vor euch. Erinnert euch an die Worte des Propheten – Allah segne ihn und schenke ihm Frieden! Die Zeit des Mahdi ist gekommen. Dank sei Allah, dem Allerbarmer, dem Allgnädigen!«

Der Mann mit dem Mikrofon zeigte auf einen anderen jungen Mann, der ebenfalls weiß gekleidet war. Doch wenn er erwartet hatte, daß die Menge der Gläubigen den Mahdi begeistert begrüßen und sofort seine Anweisungen befolgen würde, so hatte er sich getäuscht. Die Menschen in der Moschee wichen zuerst entsetzt zurück. Manche flohen durch das Tor hinaus in die Stadt. Viele aber blieben dann doch neugierig unter dem Bogen des Moscheegebäudes stehen. Sie wollten sehen, was sich da entwickelte.

Der Mann, der den Mahdi vorgestellt hatte, begann die herrschende Familie As Saud anzuklagen, sie handle unmoralisch, sei dem Alkohol verfallen und der Prostitution. Manches, was der junge Mann sagte, klang nach den Parolen der Mächtigen in Teheran: »Die herrschenden Teufel bringen die ›Westkrankheit‹ in unser Land, die Verderbtheit der Europäer!« Der Redner forderte die Menschen in Saudi-Arabien auf, so zu handeln wie die Gläubigen in Iran: »Sie haben den Schah, den Freund des Westens vertrieben. Wir müssen hier dasselbe tun!« Und er befahl den Zuhörern, die Macht der Familie As Saud zu zerschlagen.

Etwa zehn Minuten nachdem diese Rede begonnen hatte, stürmte saudiarabische Polizei durch das Moscheetor. Sie wurde durch Schüsse wieder hinausgetrieben. Erst in diesem Augenblick wurde bemerkt, daß der Redner und der Mahdi keineswegs allein waren: Um sie herum hatten sich etwa vierhundert Männer und Frauen versammelt, die alle durch ihre weiße Kleidung aussagen wollten, daß sie bereit waren zu sterben. Einige aus dieser Gruppe hatten auf die Polizisten geschossen; sie waren schon bewaffnet gewesen. Anderen wurden jetzt erst Pistolen und Maschinenwaffen gereicht; sie wurden aus den unterirdischen Gängen und Kammern der Moschee geholt. Die Aktion war hervorragend vorbereitet worden.

Die Bewaffneten besetzten die Minarette. So kontrollierten sie mit ihren Maschinenpistolen die Plätze und Straßen draußen vor dem Heiligtum. Die Tore wurden verriegelt. Die Gläubigen im Hof der Moschee waren nun Geiseln in der Hand der unbekannten Bewaffneten, die sich offenbar auf eine lange Belagerung eingerichtet hatten. Im Untergrund der Moschee waren außer den Waffen auch Kisten mit Lebensmitteln und Kanister mit Wasser verborgen gewesen. Die Geiseln und die Bewaffneten konnten verpflegt werden.

Schon am nächsten Tag erkannten die Belagerten, daß es ihnen auf Dauer unmöglich sein werde, die Geiseln zu bewachen und das ganze Areal der Moschee zu verteidigen. Sie ließen die Gläubigen frei. Während der folgenden Tage eroberte die saudiarabische Polizei nach und nach Teile des Gebäudes. Eine Woche der Belagerung war vergangen, da mußten sich die Moscheebesetzer in den Untergrund zurückziehen. Dort, so glaubten sie, konnten sie sich noch lange verteidigen.

Die herrschende Familie hatte in den Tagen des Kampfes um das Heiligtum von Mekka in der gesamten arabischen Welt an Ansehen verloren. Sie hatte es nicht verhindern können, daß im Bereich der Ka'aba, des heiligsten Gebäudes der gesamten islamischen Welt, geschossen wurde – hatte doch der Prophet ausdrücklich jede Art von Kampf an der Ka'aba verboten. Mit jedem Tag, an dem die Gefechte nicht beendet werden konnten, ging das Prestige der Sippe As Saud weiter zurück. Solange der Kampf allein von der saudiarabischen Polizei geführt wurde, war mit dem Ende nicht zu rechnen. Die Einsatztruppe war nicht dieser Aufgabe entsprechend ausgebildet und sie war überaus schlecht geführt.

Die Konfusion führte dazu, daß auch keine Hilfe von außerhalb des Landes angenommen wurde. Gemäß einer Absprache, die schon lange bestand, hatte König Hussein von Jordanien bei Beginn der Moscheebesetzung einen Spezialverband seiner Sicherheitskräfte zur Verfügung stellen wollen, doch über die spezielle Funkleitung, die in Krisenzeiten die Verbindung sichern sollte, erhielt der Verantwortliche in der jordanischen Hauptstadt Amman keine Antwort. Die königliche Familie von Saudi-Arabien stand schließlich derart unter Druck anderer arabischer Regierungen, die alle auf rasche Beendigung der Affäre drängten, daß Hilfe aus einem nicht-islamischen Land, aus Frankreich geholt werden mußte. Die Anti-Terrortruppe der französischen Regierung – verantwortlich war zu dieser Zeit Giscard d'Estaing – nahm am fünfzehnten Tag des Kampfes den »Mahdi« und seine vierhundert Anhänger gefangen. Sie wurden nach wenigen Tagen hingerichtet. Keiner durfte überleben.

Niemand in der Familie As Saud war daran interessiert, den Fall gründlich, und damit auch langwierig zu untersuchen. Er sollte möglichst rasch in Vergessenheit geraten. Schmerzlich war den Verantwortlichen in der Familie bewußt geworden, daß die Aufständischen mit jedem Tag des Kampfes mehr Sympathie in der Bevölkerung der Städte, mehr aber noch unter den Steppenbewohnern, den Beduinen, gewannen.

Geheim blieb deshalb im Königreich das Resultat der kurzen Befragung des »Mahdi« und des Mannes, der die Vorstellung des »Geleiteten« in der Großen Moschee von Mekka übernommen hatte.

Der Organisator hieß Juhaiman Al Oteibi – der Name weist auf Abstammung aus der angesehenen Großfamilie Oteiba hin. Juhaiman al Oteibi hatte von der Erwartung der Gläubigen gehört, daß in der Nacht zu Beginn des neuen islamischen Jahrhunderts der Mahdi die Menschen ermahnen werde, ein Leben zu führen, das Allah gefällig sei. Er fühlte sich selbst berufen, den Mann zu suchen, der wohl im Namen Allahs handeln konnte. Am meisten entsprach seinen Vorstellungen vom Mahdi ein Bekannter, der Abdallah Qahtari hieß. Nun war eigentlich vorausgesagt, daß der Mahdi des beginnenden Jahrhunderts, wie einst der Gesandte Allahs, also Mohammed heißen sollte, doch Juhaiman Al Oteibi überwand diesen Mangel: Er stellte fest, Abdallah sei der Name des Vaters von Mohammed gewesen, und deshalb passe auch dieser Name in die Prophezeiung, denn schließlich habe der Prophet mit vollem Namen Mohammed Ibn Abdallah geheißen.

Juhaiman Al Oteibi hatte den Bekannten, den er zum Mahdi erklärte, zunächst bei den Stämmen Oteiba und Qoraisch eingeführt. Die Männer in den Zelten der Steppe, die ohnehin bereit waren, den »Geleiteten« zu erwarten, glaubten den Beteuerungen, dieser Abdallah sei der von Allah zum Führer in unserer Zeit bestimmte. Sie erlaubten, daß sich ihm vierhundert Männer und Frauen anschlossen. Bald gewann der Mahdi Anhänger in der Stadt Mekka, und ganz besonders unter den Bediensteten der Moscheeverwaltung. Deren Protektion ermöglichte es Juhaiman Al Oteibi Kisten mit Waffen, Munition und Lebensmittel in die Gänge und Kammern unter der Moschee schaffen zu lassen. Daß den Anhängern des Mahdi derart bereitwillig geholfen worden war, mußte den politisch denkenden Köpfen unter den Mitgliedern der Familie As Saud als schlimmes Zeichen erscheinen.

Der Mahdi, Juhaiman Al Oteibi und ihre zahlreichen Helfer waren keineswegs Schiiten gewesen, und doch hatten sie Khomeinis Parolen von den Gefahren der ›Westkrankheit‹ übernommen. Wenn schon die sunnitische Mehrheit in der Bevölkerung des saudiarabischen Königreichs anfällig war für Schlagworte, die in Teheran verbreitet wurden, wie groß mußte dann erst die Bereitschaft der Schiiten Saudi-Arabiens sein, die Führung dem iranischen Ayatollah zu überlassen? Nach Schätzung der regierenden Familie des Königreichs waren allerdings nur sieben Prozent seiner Bewohner Schiiten. Die Zahlenangaben der schiitischen Geistlichkeit sahen allerdings anders aus: Sie bezifferte den Anteil der Schiiten auf fünfzehn Prozent, also auf über das Doppelte. Wie schwierig Schätzungen in einem Land ohne jede Art der Volkszählung sind, ist daraus zu ersehen, daß die Zahlenangaben der saudiarabischen Regierung für die Gesamtbevölkerung zwischen vier und acht Millionen schwanken. Die Familie As Saud mußte auf jeden Fall mit schiitischer Präsenz im Lande rechnen: Im ungünstigsten Fall war jeder sechste Bewohner des Königreichs ein Schiit, mit dessen Anhänglichkeit an Khomeini gerechnet werden mußte. Kompliziert wurde die Situation noch durch die Tatsache, daß die Schiiten alle im Osten der Arabischen Halbinsel lebten, also der iranischen Küste gegenüber. Gerade dort, wo das Öl verladen wird, auf das die Weltwirtschaft angewiesen ist, leben die Schiiten Saudi Arabiens.

Die Besetzung der Großen Moschee von Mekka im Spätherbst 1979 erschütterte das Königreich derart, daß rasch Unsicherheit um sich griff. Die Suche nach starken Verbündeten begann, die helfen sollten, die von Teheran aus beeinflußte Islamische Revolution von Saudi-Arabien fernzuhalten. Ausdrücklich durfte die Hilfe nicht in Washington gesucht werden, denn der Ayatollah gab sich gerade den mächtigen USA gegenüber unversöhnlich. Verstärkung der Präsenz der amerikanischen Soldaten auf dem Territorium des Königreichs hätte den Zorn Khomeinis intensiv auf die Familie As Saud gelenkt. Die Amerikaner, die bereits im Lande waren – konzentriert auf die Basis Dahran am Westufer des Persisch/Arabischen Golfes –, hatten Radio Teheran schon veranlaßt, davon zu reden, daß die antiislamischen Amerikaner das Heiligtum des Islam in Mekka bedrohen würden, mit der Absicht, den Glauben an Allah auszulöschen. Da die Vereinigten Staaten von Amerika nicht in aller Offenheit der Verbündete sein konnten, und die atheistische Regierung der Sowjetunion auch nicht, mußte ein starker Partner in der Region selbst gesucht werden. Widerwillig nur blickte die Familie As Saud nach Norden, in Richtung Irak. Da herrschte in Baghdad ein Regime, dem nachgesagt wurde, es verfolge Machtpolitik am Persisch/Arabischen Golf; es wolle, nach dem Zerfall der Schahherrschaft, die Funktion der Führung im Gebiet rings um die Schnittstelle zwischen Persern und Arabern übernehmen. Angst vor wachsender Stärke des Irak hatte vor allem die in Kuwait regierende Familie As Sabah, aber auch die Sippe As Saud. Doch nun muß die Furcht überwunden werden: In der Not konnte nur der Irak helfen.

Festgestellt wurde bereits, wie schwierig die Einschätzung der Bevölkerungsanteile der Schiiten und der Sunniten in der Weltgegend rings um Euphrat und Tigris ist.

Nirgends aber liegen die Schätzungen so weit auseinander wie im Fall Irak: Die Regierung in Baghdad gibt an, nur sechsunddreißig Prozent der Bewohner des Irak würden sich zum schiitischen Glauben bekennen; die schiitischen Geistlichen aber sind überzeugt, die Zahl der Schiiten betrage fünfundsiebzig Prozent. Wenn die Geistlichen im Recht sind – und dafür gibt es eine hohe Wahrscheinlichkeit –, dann ist der Irak als ein schiitisches Land zu betrachten, genauso wie Iran. Die Komplikation besteht allerdings darin, daß das schiitische Land Iran von Schiiten regiert wird – das wahrscheinlich schiitische Land Irak aber von Sunniten.

Daß Sunniten in Baghdad regieren, das ist von der britischen Kolonialmacht am Ende des Ersten Weltkrieges so gewollt worden. Die Regierenden in London hatten schon immer den Irak für ein Land gehalten, dessen Bevölkerungsmehrheit schiitisch ist. Sie hielten sich für klug beraten, der sunnitischen Minderheit die Verwaltung zu übertragen – diese Minderheit erwies sich der Kolonialmacht als dankbar; sie sorgte dafür, daß die Schiiten den Anweisungen der Briten gehorchten. Als um das Jahr 1958 der Einfluß der Engländer an Euphrat und Tigris schwand, da sorgte die Sowjetunion dafür, daß die Sunniten die Macht behielten, denn auch die Führung in Moskau wußte, wie erfolgreich das Rezept war, der Minderheit zu helfen, die Mehrheit zu regieren. Genauso wie zuvor die Engländer, konnten nun auch die Sowjets mit der Dankbarkeit der irakischen Sunniten rechnen, die ihre staatstragende Organisation dann auch schließlich »Sozialistische Partei der arabischen Wiedergeburt« nannten.

Wenn die Familie As Saud nur mit Widerwillen auf das gefährlich machthungrige Regime in Baghdad blickte, so durfte sie trotzdem nicht wünschen, daß die Sunniten am Tigris die Regierungsgewalt abtreten mußten, denn diese Veränderung würde bedeuten, daß Iran und Irak einen politischen Block bilden würden, der allein durch seine Bevölkerung von siebzig Millionen Menschen einen gewaltigen Machtfaktor darstellen würde. Dazuhin war in diesem Zusammenhang eine weitere Gegebenheit zu berücksichtigen: Seit dem Putsch des Generals Hafez Assad in Damaskus – der Putsch hatte 1970 stattgefunden –, war Syrien ein Staat, der zwar eine mehrheitlich sunnitische Bevölkerung besitzt, aber von Repräsentanten der schiitischen Minderheit regiert wird. In der Sicht der in Saudi-Arabien regierenden sunnitischen Familie war es ein Glücksfall, daß der Irak sunnitisch beherrscht wurde; er trennte die schiitischen Mächtigen in Damaskus und Teheran voneinander. Würden Schiiten auch in Baghdad regieren, würde sich ein gewaltiger Teil der Islamischen Welt zwischen der Grenze zu Afghanistan und dem Mittelmeer zum schiitischen Glauben bekennen. Ein Riese würde entstehen, dem sich die sunnitischen Regime auf die Dauer nicht gewachsen fühlen würden. Aus dieser religiös-geopolitischen Situation heraus ist das Ausmaß der Unterstützung verständlich, die Irak im Krieg mit Iran zuteil wurde.

Ganz besonders die Führung des Königreichs Saudi-Arabien fühlte sich veranlaßt, die irakische Kriegführung zu finanzieren. Innenpolitische Gründe waren mit für diese Politik bestimmend, die von den außenpolitischen Analytikern in Ost und West nicht bedacht wurden. Wenig nur hatten diese Gründe mit der Besetzung der Großen Moschee in Mekka zu tun, aber viel mit dem Erbe der ersten Könige in der Geschichte des Staates: Sie hatten sehr viele Söhne gehabt, die alle im Rang gleich einzustufen waren. Nach außen machte die Führung des Staates den Eindruck beachtlicher Geschlossenheit. Die Familie präsentierte sich als einheitlichen Block, in dem die Machtstrukturen geordnet waren. In Wahrheit aber warteten viele Prinzen, die zwar über denselben Vater – über den einstigen König Abdel Aziz – miteinander verwandt waren, die aber jeweils von anderen Müttern geboren worden waren, auf ihre Chance, regieren zu dürfen. Die Methode, die Thronfolgekandidaten nach dem Alter zu ordnen, war kaum durchzuführen, da die Söhne von den verschiedenen Müttern alle in einem eng begrenzten zusammenhängenden Zeitraum geboren worden waren. Wer regieren wollte, konnte deshalb seinen Anspruch nur in Übereinkunft mit Brüdern und Halbbrüdern durchsetzen. Dadurch waren Koalitionen der Prinzen notwendig. Wer als Minister bereits im Vorhof der Macht stand, der durfte sich keinen Fehler leisten. Der Vorsichtige aber fürchtet Veränderungen. Die schwerwiegendste Veränderung aber wäre der Sieg des Iran und der Zusammenbruch des sunnitischen Regimes in Baghdad gewesen. Die Vorsicht, keinen von Brüdern und Halbbrüdern kritisierbaren Fehler zu machen, führte zur jahrelangen finanziellen Unterstützung des Irak durch den jeweils als König in Saudi-Arabien Verantwortlichen.

Dieser Rückhalt ermöglichte es dem irakischen Präsidenten den Krieg vorzubereiten ohne Rücksicht auf bestehende völkerrechtliche Abkommen. Der Krieg brach aus, obgleich eigentlich keine direkte Ursache vorlag. Präsident Saddam Hussein gab den Befehl zum Angriff, ohne durch einen Vertrag sich abhalten zu lassen, den er selbst zur Regelung aller Streitfragen mit Iran abgeschlossen hatte. Im Jahre 1975 hatte Saddam Hussein – damals war er zwar nur Vizepräsident, dennoch aber der starke Mann – zugestanden, daß die bisherige Grenzregelung zwischen Iran und Irak am Schatt al Arab am Zusammenfluß von Euphrat und Tigris nicht mehr galt. Durch die Meerengenkonferenz von Montreux war 1937 die Grenze zu Gunsten des Irak festgelegt worden: Seit damals hatte die gesamte Wasserfläche zum irakischen Gebiet gezählt. Die britische Regierung, in jenen Jahren zuständig für die Belange Baghdads, hatte diese Regelung 1937 durchgesetzt; Iran hatte damals schweigen müssen. Zur Zeit des Schahs Mohammed Reza Pahlavi aber war die iranische Politik immer selbstbewußter geworden, und zu Beginn der 70er Jahre war der Herrscher in Teheran entschlossen, die Regierung in Baghdad zur Teilung des Schatt al Arab zu zwingen: Die Grenze sollte künftig in der Mitte der Wasserstraße verlaufen.

Der Schah hatte zur Durchsetzung seines Willens ein ausgezeichnetes Druckmittel in der Hand. Seit Jahren schon unterstützte er die Rebellion der Kurden im Norden von Irak, in den Grenzgebieten zu Syrien, Iran und zur Türkei. Das Volk der Kurden macht etwa ein Viertel der Bevölkerung von Irak aus; es will sich nicht in den arabischen Staat, der von Baghdad aus regiert wird, einpassen lassen, denn es ist zwar islamisch, spricht aber eine dem Iranischen verwandte Sprache, die mit dem Arabischen nichts gemeinsam hat. Die Autonomieforderungen der Kurden, die besonders vom legendären Kurdenführer Mullah Mustapha Barzani erhoben wurden, konnten von der irakischen Regierung schon deshalb nicht akzeptiert werden, weil die Ölfelder von Kirkuk im Bereich des Kurdengebiets lagen. Die Parole des Kurdenchefs hieß: »Das Ölgeld aus Kirkuk muß in die Kasse der Kurden fließen!« Die irakische Regierung aber brauchte die Einnahmen, die durch Ausbeutung der Ölfelder von Kirkuk zu erzielen waren.

Der Krieg gegen die Kurden aber zehrte die irakische Armee aus. »Im wilden Kurdestan« kannten sich die arabischen Soldaten und Offiziere kaum aus; sie wurden von Barzanis Kämpfern immer wieder in Hinterhalte gelockt. Der Feldzug gegen die Kurden kostete Menschen und Material. Im Frühjahr 1975 mußte Saddam Hussein vor dem Revolutionsrat in Baghdad in geheimer Sitzung eingestehen, daß die Luftwaffe des Landes nur noch fünf schwere Bomben besaß, und daß die Artillerie gerade noch über tausend Geschosse verfügte. Er konnte bei jener Sitzung keine Angaben darüber machen, aus welcher Lieferung die Bestände wieder aufgefüllt werden könnten. Die Konsequenz war, den Kampf der irakischen Truppen gegen die kurdischen Rebellen einzustellen – oder das Angebot des Schahs, er werde die Unterstützung der Kurden aufgeben, wenn die Wasserstraße Schatt al Arab geteilt werde, anzunehmen. Der Revolutionsrat gab im Frühjahr 1975 Saddam Hussein Vollmacht, den Vertrag mit Iran über die künftige gemeinsame Verwaltung des Schatt al Arab zu unterzeichnen.

Die Beendigung aller Lieferungen von Waffen und Geld an die Kurden war nicht das einzige Zugeständnis, das Iran hatte machen müssen: Da war vereinbart worden, daß die iranische Regierung ein Gebiet von rund zweihundert Quadratkilometern Fläche an Irak überträgt – damit sollten alte Grenzstreitigkeiten bereinigt werden. Bei Vertragsabschluß ist die Einsetzung einer Kommission vereinbart worden, die alle Modalitäten zur Übergabe des Landstrichs zu vereinbaren hatte. Im Verlauf der nächsten Monate, ja Jahre, hatte die irakische Regierung den Verdacht, die vom Schah ernannten Kommissionsmitglieder seien nur darauf aus, die Arbeit zu verzögern. Als die Islamische Revolution auf ihren Höhepunkt zutrieb, blieben die Iraner den Sitzungen fern. Khomeini aber weigerte sich, nach dem Sieg der Revolution neue Delegierte in die iranisch-irakische Grenzkommission zu entsenden. Saddam Hussein fühlte sich geprellt: Der Schatt al Arab war geteilt, Irak hatte erfüllt, was er im Vertrag von Algier zugestanden hatte; Iran aber hatte genommen, ohne zu geben.

Der Sunnit Saddam Hussein wußte, daß Khomeinis Weigerung, Delegierte für die gemeinsame Kommission zu ernennen, Teil einer ganz bewußten Politik gegen sein Regime war. Er hatte dem Ayatollah zum Erfolg in einer Volksabstimmung telegrafisch gratuliert, und hatte als Antwort ebenfalls ein Telegramm bekommen, das mit den Worten endete: »Friede sei mit denen, die dem richtigen Weg folgen!« Saddam Hussein, zwar kein Schiit, aber dennoch ein guter Moslem, wußte wohl, daß diese Worte die Grußformel waren, die der Prophet Mohammed einst an den Schluß seiner Briefe setzte, die an nichtislamische Stämme und Völker gerichtet waren. Der Iraker, inzwischen Präsident seines Landes geworden, mußte daraus ableiten, daß der Ayatollah Khomeini ihn zu den Ungläubigen rechnete, zu denen, die zu vernichten waren. Saddam Hussein wußte, daß er in Gefahr war, von der schiitischen Mehrheit seines Landes gestürzt zu werden, für die Khomeini, der hohe schiitische Geistliche, eine Leitperson war, deren Anordnungen zu befolgen waren. Der Gefahr wollte Saddam Hussein durch einen raschen und gewaltigen Schlag gegen Iran entkommen – Sympathien auch der irakischen Schiiten waren ihm dann sicher, wenn es gelang, den Krieg der Gegenwart mit einem Krieg der Vergangenheit in Zusammenhang zu bringen.

Im Jahre 637, also nur fünf Jahre nach dem Tod des Propheten Mohammed, war dem arabisch-islamischen Reiterheer in der Schlacht von Kadisija der Sieg über die Perser gelungen; der Islam hatte sich damit dem traditionellen persischen Glauben an Zarathustra überlegen gezeigt. Die Perser waren damals »arabisiert« worden. Nach drei Jahrhunderten des gemeinsamen arabisch-iranischen Staates brachen dann allerdings die Eigenarten der beiden Völker wieder auf, die Gemeinsamkeit zerbrach. Die Folge war, daß zwei Staaten, Arabien und Iran, ihren geschichtlichen Weg gingen.

Saddam Hussein knüpfte in seiner Propaganda für den Krieg gegen Iran an die Schlacht von Kadisija im Jahre 637 an. Seinem Volk, das in der Mehrzahl aus Schiiten besteht, verkündete er, damals sei Arabien, und damit der Islam insgesamt, vor einem iranischen Überfall gerettet worden. Die Gefahr sei derzeit wieder aktuell: Khomeini sei der Repräsentant des aggressiven und expansiven iranischen Nationalismus. Ihm müsse widerstanden werden.

Während einer der Reden zu diesem Thema zerriß der irakische Präsident am 17. September 1980 vor Fernsehkameras das Dokument des Abkommens, das er selbst etwas mehr als fünf Jahre zuvor in Algier unterschrieben hatte. Fünf Tage nach diesem spektakulären Fernsehauftritt begann die irakische Offensive. 60 000 Soldaten überquerten den Schatt al Arab und besetzten iranisches Gebiet. Die ersten Erfolge der irakischen Armee wurden als »Kadisija des Saddam Hussein« gefeiert.

Am 23. September 1980 stellte sich die Absicht der irakischen Führung so dar: Der Hauptvorstoß erfolgte in Richtung auf die iranische Stadt Choramshar, die von den Irakern Muhammarah genannt wird. Der wichtige Ölhafen Abadan war einzuschließen und zur Eroberung vorzubereiten. War erst die Einnahme von Muhammarah erreicht, dann rechnete Saddam Hussein damit, daß die Bevölkerung der iranischen Provinzen Khusistan und Loristan den Anschluß ihrer Heimat an Irak fordern würde – schließlich sprachen die Menschen dort arabisch und waren arabischer Abstammung. Der irakische Präsident sprach deshalb nicht von den Provinzen Khusistan und Loristan; er nannte sie Arabistan. Der Baghdader Verwaltungsapparat wurde angewiesen, die Eingliederung von Arabistan in den irakischen Staat vorzubereiten.

Mit einer langen Kriegsdauer rechnete Saddam Hussein nicht. Iranische Offiziere, die – auf der Flucht vor Khomeinis Häschern – um Exil in Baghdad gebeten hatten, waren der Meinung, es werde dem schäbigen Rest der einstigen Schaharmee nicht gelingen, eine stabile Verteidigungsfront aufzubauen. Da Saddam Hussein die Kenntnisse der Exilanten schätzte, war er der Meinung, der Feldzug sei bis zum 1. Oktober, also innerhalb einer Woche abgeschlossen.

Die Fehlkalkulation des irakischen Präsidenten

Daß er an ein rasches, siegreiches Ende des Krieges dachte, teilte Saddam Hussein auch dem Sicherheitsberater des amerikanischen Präsidenten mit. Zbignew Brzezinski war im Herbst 1980 der bestimmende Kopf der US-Außenpolitik. Der Iraker und der Amerikaner trafen sich am Grenzpunkt zwischen Irak und Jordanien. Auf Wunsch von Saddam Hussein fand das Gespräch über die Zukunft der Region des Persischen Golfs statt. Zbignew Brzezinski war der Einladung gerne gefolgt, denn ihn bedrängte ein Problem, für das er eine rasche Lösung finden mußte: Noch immer waren amerikanische Diplomaten und Botschaftsangestellte in der Gewalt iranischer Geiselnehmer. Immer stärker litt das amerikanische Volk unter dieser Demütigung. Jimmy Carters politische Existenz stand auf dem Spiel. Der Sicherheitsberater war auch um seine Position besorgt: Wenn die Geiseln nicht freikamen, hatte er seine Aufgabe nicht erfüllt, galt er in den Augen der Amerikaner als schmählicher Versager. Jedes Mittel, den Erfolg zu erreichen, mußte ihm recht sein. Gewann Saddam Hussein den Krieg gegen Iran, dann war mit dem Sturz des Ayatollah zu rechnen, dann konnten die Geiseln sicher bald schon als freie Frauen und Männer die amerikanische Botschaft in Teheran verlassen. Zbignew Brzezinski versprach deshalb dem irakischen Präsidenten, im kommenden Krieg am Schatt al Arab werde die amerikanische Regierung positive Neutralität gegenüber Irak bewahren.

Als der Sicherheitsberater von Jimmy Carter dieses Versprechen abgab, da glaubte er an die Prognose vom raschen irakischen Sieg, hatte doch Khomeini die angesehensten Kommandeure der iranischen Armee erschießen lassen. Waren neue, glaubenstreue Befehlshaber ernannt worden, so brauchte kaum mit der Treue der Soldaten gegenüber diesen sicher unbedingten Khomeinianhängern gerechnet zu werden – hatten doch diese Soldaten alle den Schwur auf den Schah abgelegt. Daß ein irakischer Angriff die Solidarität aller Iraner wecken würde, also auch der Feinde des Ayatollah, daran glaubten außenstehende Beobachter nicht. Sie waren überzeugt, die Herrschaft des Ayatollah und der Mullahs habe keine Basis im Volk und werde zerbrechen. Tatsächlich konnte die irakische Heerführung Erfolge melden: Am zehnten Kriegstag waren rund 10 000 Quadratkilometer iranischen Bodens erobert. Ernsthaften Widerstand hatten die Eroberer nicht gefunden. Offenbar hatte die iranische politische Führung das Zeichen, das Saddam Hussein durch die öffentliche Zerreißung des Vertrags von Algier gegeben hatte, nicht ernstgenommen. An die Truppen der Grenzprovinzen war keine Warnung vor einem irakischen Angriff ausgegeben worden. Auch die Bevölkerung traf der Schlag der Iraker völlig überraschend. Sie floh, dem Trieb nach Sicherheit folgend, weiter ins Land hinein. Nirgends aber kam es zu der von Saddam Hussein erhofften Verbrüderung der arabisch sprechenden Menschen von Loristan und Khusistan mit den irakischen Soldaten.

Khomeini, der nie verschwieg, daß er nichts von Armeeführung und nichts von militärischen Zwängen verstand, wußte, daß die Rettung der Islamischen Republik nur durch Mobilisierung der Massen zu erreichen war. Er verwendete das höchste propagandistisch verwertbare Gut der Schiiten: Das Martyrium des Dritten Imam Husain. In seiner ersten Ansprache nach Kriegsbeginn sagte der Ayatollah: »Nun wiederholt sich Kerbela, der Kampf zwischen Gut und Böse. Diesmal aber wird das Gute siegen!« Damit hatte die alles entscheidende Autorität im Staat an das

Bewußtsein der schiitischen Männer appelliert, daß es ihre Pflicht sei, dem Märtyrer Husain nachzueifern. Hunderttausende meldeten sich bei den Geistlichen in den Moscheen, um Kämpfer zu werden im Sinne des Dritten Imam. Militärisch ausgebildet waren die wenigsten, aber alle waren getrieben von der Bereitschaft, zu sterben und vom Willen, vor dem eigenen Tod zu töten. Daß die unausgebildeten und schlecht bewaffneten jungen Gläubigen der Islamischen Revolution das Überleben sichern konnten, das erwies sich bei der ersten wichtigen Schlacht von Choramshar/Muhammarah. Die zahlenmäßig geringen Kräfte der regulären iranischen Armee hatten die Stadt am Schatt al Arab geräumt, um der Gefahr zu entgehen, aufgerieben zu werden. Doch da waren bereits die ersten Freiwilligen aus Ahwas eingetroffen, das war die nächste Stadt, die Saddam Hussein erobern lassen wollte. Die Kämpfer aus Ahwas wehrten sich im Bewußtsein, die Heimat gegen Eindringlinge verteidigen zu müssen. Riesig waren ihre Verluste, doch auch die irakische Armee verlor Tausende ihrer Soldaten. Vor allem aber zerbrach die Sicherheit der Iraker, den »schiitischen Heckenschützen« überlegen zu sein. Hohl klang künftig Saddam Husseins Propaganda, zum zweitenmal sei die »Schlacht von Qadisiya« gewonnen worden. Von Mitte Oktober des Jahres 1980 an gelang es der irakischen Armeeführung nicht mehr, die Offensive weiter voranzutreiben. Khomeinis Mobilisierung der Massen wirkte sich aus. Dazuhin mußten die Iraker die Erfahrung machen, daß die Einheiten siegreich sind, deren Männer wirklich zum Tod bereit sind. Gegen die Bereitschaft zum Märtyrertod ist die überlegene Bewaffnung kein ausgleichender militärischer Faktor.

Die Mullahs versprachen den Kämpfern, die den Tod zu erwarten hatten, den sofortigen Eintritt ins Paradies. Der Märtyrer Husain, der Dritte Imam, der gegen das Unrechtsregime des Kalifen Jezid gekämpft, und der bei Kerbela den Tod gefunden habe, erwarte die Märtyrer der Gegenwart mit offenen Armen. Wer für die Islamische Revolution kämpfe, der setze das Leben auch für die Sache der Familie des Propheten ein, denn schließlich gehöre der Ayatollah Ruhollah Khomeini, als »Sayyed«, zu jener von Allah bevorzugten Gruppe von Menschen, die das Recht besäßen, Gehorsam von den Gläubigen zu fordern. Der starke Mann des Irak aber, so argumentierten die Mullahs, sei als Sunnit der Nachfolger jenes Kalifen Jezid, der den Tod des Dritten Imams vor Allah zu verantworten habe. Wer diesem Teufel Saddam Hussein gehorche, dem öffne sich das Paradies im Augenblick des Todes nicht, dessen Seele verschlinge die Hölle.

Mit solcher Argumentation versuchten die grenznahen iranischen Rundfunkstationen auch die schiitischen irakischen Soldaten zu verunsichern, mit der Absicht, sie zum Verlassen ihrer Einheiten zu verleiten, doch die Zahl der irakischen Deserteure blieb gering. Die seit Jahrhunderten bestehende Kluft zwischen Persern und Arabern wirkte sich zu

Gunsten des Regimes von Saddam Hussein aus: Die Iraker verachteten die Perser. Die irakischen Schiiten achteten den Ayatollah Ruhollah Khomeini sicher als religiös-politischen Führer, doch die meisten konnten es sich nicht vorstellen, in einem gemeinsamen schiitischen Staat mit Iranern zusammenleben zu müssen. Hatte sich der Ayatollah Hoffnung gemacht, die irakischen Schiiten würden den »Teufel Saddam Hussein« stürzen, so gehörte auch er zu denen, deren Kalkulation im Krieg zwischen Iran und Irak letztlich nicht aufging. Doch Khomeini hielt lange an seiner Illusion fest. Sie wurde sogar stärker, als die iranischen Kämpfer Erfolge erzielen konnten, als, zum Beispiel, die Stadt Choramshar wieder befreit werden konnte. Dies geschah nach fünfzehn Monaten Krieg. Von diesem Ereignis ab drängten die Iraner nach Irak hinein. Sie errangen Siege, mußten sich aber immer wieder Phasen der Abnützungskämpfe aufzwingen lassen. Jeder neue Angriff kostete Zehntausende von Leben. Vor mancher Offensive ließ die iranische Heeresführung fünfzigtausend primitiv geschreinerte Holzsärge unmittelbar hinter der Front stapeln. Sie wurden meist alle gebraucht.

Tote zu beklagen hatten zumeist die Familien der ärmeren Schichten in Iran, denn ihre Jugendlichen hatten sich zuerst zum Kampf an der Front gemeldet. Der Grund dafür war gewesen, daß diese Jugendlichen schon während der Revolution die Kämpfer für Khomeini gewesen waren; als der Sieg errungen war, hatten sie nur geringe Neigung, einen Beruf zu erlernen. Sie fühlten sich als die »Wächter der Revolution«, und in dieser Funktion wollten sie auch an der Front wirken. Söhne bürgerlicher Familien waren weniger in die direkte revolutionäre Aktion verwickelt gewesen; sie nahmen deshalb häufig nach Kriegsausbruch eine Chance wahr, die ihnen der Wohlstand ihrer Eltern bot: Sie reisten ins Ausland, um dort die Entwicklung, die sich zu Hause vollzog, abzuwarten.

Opposition gegen Khomeini aus den eigenen Reihen

Aus der Pariser Emigration hatte Khomeini einen noch jungen Mann mitgebracht, der ihm geholfen hatte, Grundsatzerklärungen für die künftige Politik der Islamischen Republik zu formulieren. Dieser Mann nannte sich Abul Hassan Bani-Sadr. Auf Wunsch des Ayatollah war Bani-Sadr von der Mehrheit der Iraner zum Staatspräsidenten gewählt worden. Khomeinis Fürsprache beim Volk hatte fünfundsiebzig Prozent der Wähler veranlaßt, diesem Günstling des Ayatollah die Stimme zu geben. Bani-Sadr hatte sich damit gegen einen Favoriten des Ayatollah Beheshti durchgesetzt. Dieser hohe Geistliche sah sich in der Hierarchie der Ayatollahs als Khomeinis Nachfolger. Die Niederlage seines Favoriten war deshalb ein böser Denkzettel für ihn.

Bani-Sadr wurde am 4. Februar 1980 erster Präsident der Islamischen Republik, und zugleich oberster Befehlshaber der iranischen Armee. Doch der Mann an der Spitze der Truppe besaß so wenig eine Ahnung von Kriegführung wie Khomeini. Strategie und Taktik seiner Offiziere konnte er kaum beurteilen; Auswirkungen von Befehlen blieben ihm verborgen. So geschah es, daß Bani-Sadr die Armee von nahezu einer halben Million Männern bald weniger als Instrument zur siegreichen Beendigung des Krieges sah, sondern als Machtfaktor für seine eigene Karriere. Das Bürgertum, das den Krieg ohnehin bald beendet sehen wollte, erkannte in Bani-Sadr immer mehr einen Hoffnungsträger, der Befreiung aus dem harten Griff der Mullahs möglich machen könnte. Khomeini hatte diese Entwicklung wohl vorausgesehen, denn er hatte seinem Günstling bei Übernahme des Präsidentenamtes empfohlen, sich nicht von den »Verführungen der Welt« einfangen zu lassen. Mancher sei, so meinte der Ayatollah, vielleicht nicht der Klügste für eine hohe Funktion, im Islamischen Staat, doch wenn er dem Islam mehr ergeben sei als der Klügere, sei er dem Klügeren vorzuziehen. Solche Äußerungen raubten Bani-Sadr die Illusion, Khomeini sei der richtige Führer des Staates in die Zukunft. Je mehr Khomeini in Bani-Sadrs Achtung sank, desto mehr sah sich der bisherige Günstling als den wahren Chef des Staates, der er nun als Staatspräsident in keiner Weise war – die Autorität des Ayatollah stand weit über ihm.

Der Krieg konnte ohne Armee nicht geführt werden – das war die Basis der ehrgeizigen Kalkulation des Staatspräsidenten, der zugleich Armeeoberbefehlshaber war. Ganz von selbst mußte im Krieg die Bedeutung der Armee und ihrer Führung steigen. Auch Khomeini würde einsehen müssen, daß er ohne die Stütze der bewaffneten Verbände seinen Gegnern hilflos ausgeliefert war. Um sich selbst langsam aus dem Einfluß Khomeinis lösen zu können, hielt sich der Oberbefehlshaber meist nicht in der Hauptstadt, sondern an der Front auf. Von dort aus schrieb er nahezu täglich Artikel für eine Zeitung in Teheran, in denen er seine Meinung über Kriegsverlauf und Politik verlautbarte. Immer weniger war in den Texten von der »erhabenen Führerschaft des Ayatollah Khomeini« die Rede und immer mehr von der Anleitung, die er, Bani-Sadr, der Islamischen Revolution gegeben habe. Damit öffnete sich der Präsident und Oberbefehlshaber der Kritik des Ayatollah Beheshti, der mit seinen Rügen nicht nur den Günstling, sondern auch dessen Protektor treffen konnte. Angriffe auf Khomeini unternahm schon bald darauf Bani-Sadr selbst. In seinen Artikeln schrieb er offen darüber, daß die Islamische Revolution und die Islamische Republik in viel zu starkem Maße von der Person Khomeinis abhängig seien; dies aber werde sich rächen, wenn die Republik ohne Khomeini weiterexistieren müsse.

Weite Kreise des Bürgertums glaubten Anzeichen für den Aufstand der Armeeführung gegen die Mullahs erkennen zu können. Eine solche neue Revolution wäre auch von der Leitung der linksorientierten Tudeh-Partei unterstützt worden. Die Gerüchte in den Basaren vom nahen Umsturz blieben auch dem Ayatollah nicht verborgen. Als schon zu befürchten war, daß die Händler Bani-Sadr durch Streik der Märkte unterstützten, da drohte Khomeini, er werde sich durchsetzen, wie er sich einst gegen den Schah durchgesetzt hatte. Verhaftungen von Männern wurden vollzogen, die im Verdacht standen, Khomeini politisch isolieren zu wollen. Dann rang sich Khomeini zur Absetzung seines Armeeoberbefehlshabers durch. Da glaubte Bani-Sadr noch, jetzt würden die Streitkräfte offen für ihn eintreten, doch nichts dergleichen geschah. Dem gescheiterten Rebellen blieb nur die Flucht nach Paris übrig. Besonders getreue Anhänger entführten dazu eigens ein iranisches Verkehrsflugzeug vom Teheraner Flughafen Mehrabad.

Der Blick auf den Krieg zwischen Iran und Irak verbarg den Beobachtern die Konflikte in Teheran. Da detonierte am 20. Juni 1981 eine gewaltige Sprengladung im Hauptquartier der »Islamischen Republikanischen Partei«, die den Anspruch der Geistlichkeit auf politische Führung vertrat. Khomeinis Rivale, Ayatollah Beheshti, verlor sein Leben; mit ihm starben siebzig andere Männer von Bedeutung im Islamischen Staat. Der Parlamentspräsident Haschemi Rafsandjani und der Premierminister Mohammed Ali Radschai blieben verschont, denn sie hatten kurz vor der Explosion das Hauptquartier im Süden Teherans verlassen. Damit hatten wenigstens zwei der wichtigsten Persönlichkeiten überlebt; der Staat konnte funktionsfähig bleiben. Diejenigen, die den Sprengstoff gezündet hatten, wollten offenbar die gesamte Führungsspitze der Islamischen Republik auslöschen. Wären außer Beheshti auch der Parlamentspräsident und der Ministerpräsident ums Leben gekommen, hätte Khomeini niemand mehr gehabt, der den Geist und Sinn seiner Anweisungen in politische Realität verwandelt hätte.

Khomeinis Revolution war wieder einmal mit knapper Not gerettet worden. Der Ayatollah wußte diese Rettung auszunützen: »Allah hatte nicht gewollt, daß der Staat, der ihm gewidmet ist, dem Feind, dem Satan zum Opfer fällt. Um die Rettung zu ermöglichen, mußten einige der Wertvollsten selbst geopfert werden. Zu ihnen zählt der überaus edle Ayatollah Mohammed Husain Beheshti, der zum Märtyrer geworden ist. Mohammed Husain Beheshti ist gestorben wie der Märtyrer Husain und dessen Begleiter bei Kerbela. Im Namen dieser Märtyrer werden wir weiterkämpfen. Unsere erste Aufgabe ist es, die Toten zu rächen!«

Die Rachegelüste richteten sich gegen Mitglieder linksorientierter Organisationen, die alle während der revolutionären Phase vor dem Sturz des Schahs Verbündete der Mullahs gewesen waren. Die »Mudschaheddin Chalqe Iran« waren dem Ayatollah vor allem verdächtig.

Schon zu Beginn der Revolution spürte er, daß diese »Kämpfer des Iranischen Volkes« seine Autorität in keiner Weise anerkennen wollten. Die Mudschaheddin wollten einen Staat erkämpfen, in dem nicht die Mullahs die bestimmende Kraft sein sollten. Dieselben Ideen verfolgten die »Fedayin«, die Marxismus und schiitischen Glauben für vereinbar hielten. Die Fedayin waren voll Sympathie für die in Richtung Moskau orientierte Tudehpartei, die auf Grund ihrer straffen Organisation der Revolution des Ayatollah wertvolle Dienste geleistet hatte. Doch die Vergangenheit war nun vergessen. Die Verbündeten von einst waren zu »Feinden Allahs« geworden, die ausgerottet werden mußten. Wer als Angehöriger der Kader der Tudehpartei bekannt war, der wurde verhaftet, gefoltert, getötet. Doch die Terrorwelle war durch den staatlichen Gegenterror nicht einzudämmen: Am 30. August 1981, also noch im selben Sommer, zerfetzte eine Sprengstoffdetonation das Amtsgebäude des Ministerpräsidenten Mohammed Ali Radschai. Diesmal wurde Radschai, der unmittelbar zuvor zum Staatspräsidenten bestimmt worden war, zusammen mit seinem Nachfolger auf dem Posten des Ministerpräsidenten getötet.

Khomeini ordnete an, daß keiner mehr zu schonen sei, der auch nur entfernt im Verdacht stand, als »Feind Allahs« zu gelten. Das Resultat war eine Flut von Hinrichtungen, die im Teheraner Evingefängnis vollstreckt wurden – meist nach nur oberflächlich geführten Vernehmungen, die nicht einmal als Teile eines Prozesses bezeichnet werden konnten. Die Bevölkerung wurde aufgerufen, wachsam zu sein und alle »Feinde Allahs« zu entlarven.

Zum erstenmal seit Beginn der Islamischen Revolution starben jetzt auch Mullahs. Sie hatten sich bis zum Sturz des Schahs nie in die Schußlinie der Demonstrationen begeben; ihr Platz des Wirkens war die Moschee gewesen. Nun aber wurden sie vor ihren Moscheen verwundet und getötet. Die »Mudschaheddin« waren die Schützen – Männer, denen Khomeinis Revolution nicht weit genug in Richtung Sozialismus ging. Sie waren gläubige Schiiten, und waren auch – wenigstens die meisten von ihnen – überzeugt, daß der »entrückte« Zwölfte Imam das Regime der Gerechtigkeit bringen werde, doch trauten sie den Mullahs nicht. Als jedoch während der Monate des aktiven Kampfes gegen den Schah die Geistlichkeit im Gefolge Khomeinis an Kraft und Bedeutung gewonnen hatte, da waren die »Kämpfer des Iranischen Volkes« gezwungen gewesen, die Geistlichen als Leitfiguren der Revolution anzuerkennen. Als die Monarchie beseitigt war, hätten die Mudschaheddin ihr Kampfziel erreicht gesehen, wenn die »Republik Iran« ausgerufen worden wäre – ohne den Zusatz »Islamische«. Doch Khomeini und die Mullahs ließen sich nicht mehr in die Moscheen und Koranschulen zurückschicken. Sie wollten die Politik bestimmen, »so wie einst der Prophet Mohammed und der edle Dritte Imam den Gläubigen die Richtung gewiesen hatte«. So konnte für die entschlossenen »Kämpfer des Iranischen Volkes« die Revolution im Februar 1979 nicht zu Ende sein: Sie wollten den Sieg des Sozialismus und nicht die Aufrichtung der Theokratie. Deshalb begannen sie, die Geistlichen zu töten.

Erbarmungslos schlugen die »Revolutionswächter« zurück. Ein verdeckter Bürgerkrieg entwickelte sich, der Tausende von Toten forderte, während die Weltöffentlichkeit nur die Toten des »großen Krieges« zählte, der unvermindert am Schatt al Arab geführt wurde. Beobachtet wurde der interne Konflikt desto intensiver von den Iranern selbst, denn von seinem Ausgang hing die Staatsform ab, in der sie zu leben hatten. Gewannen die Mudschaheddin, dann hatte die Geistlichkeit Regierungsgebäude und Parlament zu räumen, dann waren die Iraner Republikaner in einem Staat, der Gerechtigkeit nach Maßstab eines schiitisch gefärbten Sozialismus versprach. Das Bürgertum, das Khomeini einst gegen den Schah unterstützt hatte, wäre über den Sieg der »Kämpfer des Iranischen Volkes« glücklich gewesen, doch es zeigte sich, daß Khomeinis Revolutionäre Garden den Mudschaheddin auf die Dauer überlegen waren.

Die »Teufel Amerika und Israel« helfen der Islamischen Republik

Daß Khomeinis Kämpfer in den Konflikt mit den Mudschaheddin verwickelt waren, wirkte sich im Krieg mit dem Irak aus. Da die Kader der Revolutionären Garden in Teheran und in anderen Bevölkerungszentren zum Kampf gegen die schiitische Linke gebraucht wurde, hatten sie weder Zeit noch Kraft, gegen den äußeren Feind zu kämpfen. Sie mußten die Front den regulären Offizieren überlassen.

Nach dem Erfolg der ersten Abwehrschlachten unmittelbar bei Kriegsbeginn war das Ansehen der jungen und unausgebildeten Kämpfer gewaltig angewachsen bei den Mullahs und bei den unzähligen Familien der ärmeren Schichten im Süden von Teheran. Die Revolutionsarmee war zum Lieblingskind der Geistlichkeit geworden. Da wurde bereits darüber diskutiert, ob die vom Schahregime stammende reguläre Armee nicht besser überhaupt abgeschafft werden sollte, da den Offizieren doch wohl kaum zu trauen sei. Mohsin Rezai, der Kommandeur der Garden, sah sich bereits als Chef aller bewaffneten Verbände der Islamischen Republik. Durch die Begeisterung seiner jungen Kämpfer, so glaubte er, werde er bald schon der Befreier der Stadt Jerusalem sein. Der Durchbruch durch die irakische Front sei wohl kein Problem, wenn eine Million junger Männer und Frauen, die bereit sind zum Märtyrertod, die Stellungen des Feindes überfluteten.

Die Offiziere hatten abgewartet. Sie hatten gewußt, daß ihre Zeit wieder kommen würde, und sie behielten recht. Mohsin Rezai wurde in Teheran gebraucht, er vergaß die Front und war froh, daß die Armee noch ihren Stamm an Offizieren besaß. War vorher ohne Plan, nur nach den Gegebenheiten von Tag zu Tag gekämpft worden, so sorgte nun ein neugebildeter Generalstab für eine durchdachte, zeitlich vorausplanende Strategie. Die Soldaten, die sich von den Revolutionären Garden kontrolliert und sogar beargwöhnt gesehen hatten, entwickelten neue Energien. Das Resultat war, daß sich die Situation an der Front veränderte: Die unausgebildete Masse hatte zwar den irakischen Vormarsch aufhalten können, doch war ihr die Rückeroberung verlorener Gebiete schwergefallen; die regulären Soldaten aber waren überzeugt, durch Beharrlichkeit gerade dieses Ziel zu erreichen.

Es gab einen Grund, warum sie ihrer Sache so sicher waren: Sie wußten, daß es ihren Offizieren gelingen würde, ein Waffenbeschaffungsprogramm aufzustellen, das entstandene Lücken in den iranischen Arsenalen schließen würde. Die Grundlage für dieses Vertrauen war der ausgezeichnete Kontakt, den die in der Schahzeit ausgebildeten Offiziere noch immer zu israelischen Kollegen unterhielten. Die enge Zusammenarbeit war aus dem Bewußtsein gewachsen, daß die beiden nichtarabischen Staaten Israel und Iran im gemeinsamen eigenen Interesse Erfahrungen und Wissen austauschen müßten. Mit der Flucht des Schahs war die offizielle Zusammenarbeit der israelischen und der iranischen Armeeführung beendet, doch die Kontakte blieben. Sie wurden von Khomeini nicht verboten. Die Umstände zwangen ihn sogar dazu, den Offizieren im Umgang mit israelischen Kollegen völlig freie Hand zu lassen. Der Ayatollah predigte zwar weiterhin unversöhnliche Feindschaft gegen die »israelischen Teufel«, doch er mußte zugestehen, daß die Armee seiner Islamischen Republik ohne israelische Hilfe nicht erfolgreich kämpfen konnte.

Verborgen blieb über lange Zeit die Präsenz israelischer Militärberater in iranischen Armeebasen. Sie hatten schon im Oktober 1980, also unmittelbar nach Kriegsbeginn, ihre Tätigkeit aufgenommen. Im geheimen, doch ganz offiziell, betreute Israel fortan eine Armee, deren Aufgabe es letztlich war, Jerusalem für den Islam zu erobern. Menachem Begin, der während der ersten Phase des Iran-Irak-Konflikts israelischer Ministerpräsident war, nahm dieses Endziel der iranischen Führung nie ernst – für ihn zählte mehr, daß die iranische Armee in die Lage versetzt wurde, irakische Verbände, die irgendwann gegen Israel eingesetzt werden könnten, zu binden, zu lähmen, und möglichst zu vernichten. Diese politische Grundsatzentscheidung ermöglichte dem israelischen Ministerpräsidenten die Anordnung, die Arbeit der israelischen Militärberater sei trotz der Geiselnahme amerikanischer Staatsangehöriger in der Teheraner US-Botschaft fortzusetzen.

Die Regierung der Vereinigten Staaten hatte daran nichts auszusetzen, stand doch so mit Hilfe der Israelis eine Tür offen für Gespräche mit einflußreichen Persönlichkeiten der Islamischen Republik. Die Verantwortlichen im State Department und im Pentagon wußten, daß die Position der USA gegenüber dem sich aggressiv gebärdenden Iran nicht so schwach war, wie dies den Anschein hatte. Khomeini wollte den Krieg siegreich zumindest mit dem Sturz des irakischen Präsidenten Saddam Hussein abschließen; ohne Waffen aber war dieser Wunsch unerreichbare Illusion. Die Armee aber war auf dem Sektor der Bewaffnung vollständig von den USA abhängig. Der ehemalige Chef der israelischen Luftwaffe, General Mordechai Hod, definierte diese Abhängigkeit im Sektor »Luftkrieg« so:

»Die Firmen McDonnell-Douglas, Bell, Grumman und Sikorski hatten zur Schahzeit auf Geheiß der amerikanischen Regierung die Techniker gestellt, die das fliegende Material der iranischen Luftwaffe flugfähig hielten. Als der Schah abreisen mußte, sind auch diese Techniker abgereist. Sie hatten bisher die dringend benötigten Ersatzteile angefordert. Dazu war nun niemand mehr in der Lage. Wenn Ersatzteile ausbleiben, wenn die Wartung unterbleibt, dann ist ein Kampfflugzeug vom Typ F-14 nach ganz kurzer Zeit nicht mehr einsatzbereit.«

Standard für Wartungszeiten ist, daß bei diesem Maschinentyp für eine Flugstunde etwa fünfundzwanzig Stunden Überprüfung und Reparatur nötig sind. Dies bedeutet bei der amerikanischen Luftwaffe Flugbereitschaft von jeweils nur einem Drittel der Maschinen: Zwei Drittel der Flugzeuge befinden sich jeweils in den Wartungshallen. Da der amerikanische Standard auch verbindlich war für die iranische Luftwaffe, mußte es als selbstverständlich gelten, daß ein völlig ungewarteter Maschinenpark nach weniger als dreißig Tagen nicht mehr für den Kampf einsatzbereit war. Feststellbar war jedoch, daß die iranischen Piloten zwei Wochen nach Kriegsbeginn in die Kämpfe am Schatt al Arab eingriffen. Israelische Hilfe, von der amerikanischen Regierung gebilligt, hatten diese Einsätze möglich gemacht.

Die Unterstützung der iranischen Armee durch Israel – das in diesem Fall Werkzeug der USA war – beschränkte sich keineswegs auf die Luftwaffe, sondern bezog vor allem auch die Bodentruppen ein. Einhundertfünfzig Panzer vom Typ M-48 A5 wurden im Jahr 1983 aus israelischen Beständen an Iran verkauft; ergänzt wurde das Panzergeschäft durch Lieferung von Raketen, die zwar – nach Maßstäben der Nato – veraltet waren, die jedoch den iranischen Soldaten willkommen waren.

Da die israelische Regierung und die Administration in Washington offiziell nicht mit Waffengeschäften befaßt sein durften, die ein Land begünstigten, das, nach Darstellung beider Regierungen, als Basis des internationalen Terrorismus galt, mußten private Waffenhändler eingeschaltet werden. Nützlich für Iran waren dabei besonders französische

Geschäftsleute. Sie verfügten über eine Wunschliste der iranischen Kunden, und sie wußten, wie die Wünsche zu befriedigen waren: Sie sorgten zum Beispiel dafür, daß bereits im Oktober 1980 Reifen für die iranischen F-4 Phantomkampfflugzeuge aus israelischen Reservelagern zur Verfügung standen. Durch private Vermittlung war es dem iranischen Verteidigungsminister General Amir Moayed im Jahre 1981 möglich, aus israelischen Depots Munition für Artillerie und Maschinenwaffen sowie Raketen verschiedener Typen und Kaliber im Wert von rund 135 Millionen Dollar zu beziehen. Ausgangspunkt der Lieferung war Tel Aviv. Die Übernahme durch die iranischen Käufer fand in Rotterdam statt.

Ariel Sharon gab sich bewußt wenig Mühe, die »Waffenpipeline Israel-Iran« zu verbergen. Er sagte im April 1984: »Khomeini ist sicher einer der übelsten Gegner des Staates Israel. Dies ist eine Tatsache: er will uns vernichten. Doch da wird dieser Krieg am Schatt al Arab geführt. Wir können nicht wollen, daß der Irak gewinnt, denn Irak ist ebenfalls ein übler Feind des Staates Israel, und Irak liegt uns noch näher als Iran. Ist der Irak siegreich, dann wird noch etwas anderes geschehen, was wohl auch nicht in unserem Interesse ist: Dann helfen die Sowjets den Iranern. Davor haben wiederum die USA Angst, denn das würde bedeuten, daß Moskau wieder Fuß gefaßt hätte in der Region des Persischen Golfs!«

Diese Erklärung aus dem Munde von Ariel Sharon hatte Gewicht, und blieb von Bedeutung, auch als er nicht mehr Verteidigungsminister des Staates Israel war. Kollegen des Generals leiteten aus den Worten die Genehmigung für eigene Geschäfte mit Iran ab. Eine ganze Reihe der Generäle hatte überaus viel Zeit, sich mit der Vermittlung von Waffenverkäufen zu befassen – dazu gehörten die Generäle, die älter als fünfzig Jahre waren, denn es ist Tradition in der israelischen Armee, hohe Offiziere in diesem Alter, oder sogar noch früher zu pensionieren. Sie besaßen alle einen Vorteil vor anderen Waffenhändlern: Sie verstanden etwas von der Ware, deren Verkauf und Einkauf sie vermittelten. Die Generäle im Ruhestand kannten dazuhin die Kollegen, die im Amt waren, sowohl in Israel als auch in den USA, und häufig genug auch in Iran. Sie wußten auch, welche Waffen ausgemustert und durch neue ersetzt wurden; diese im waffentechnischen Sinne veraltete, aber durchaus noch einsatzfähige Ware stand dann zu »Überschußverkäufen« zur Verfügung.

Von ganz besonderem Vorteil waren die Kontakte der Generäle zu den Behörden in Washington, die zuständig waren für die Genehmigung der Ausfuhr amerikanischer Waffen. Die Verantwortlichen dieser Behörden hatten die Waffentransporte nach Israel genehmigt. Sie mußten auch zustimmen, wenn die einst aus den USA gelieferten Panzer und Raketen Israel wieder verlassen sollten, um an ein drittes Land übergeben zu werden. Wurden alle Regeln beachtet, die von den parlamentarischen

Gremien der Vereinigten Staaten aufgestellt worden waren, dann geriet das Waffengeschäft nicht in unkontrollierte Bahnen. Doch die pensionierten Generäle kannten sich aus in den Amtszimmern der Washingtoner Behörden. So geschah es, daß aus israelischen Depots im Jahre 1985 mehr als hundert Panzer des Typs M-48 an die iranische Armee geliefert wurden, ohne ein Wort des Protests der amerikanischen Regierung.

Gerade in jener Zeit bemühte sich die amerikanische Regierung, die waffenproduzierenden Staaten der Welt zu einem Embargo gegen Iran zu veranlassen. Das Khomeiniregime wurde beschuldigt, es dulde und unterstütze den Terrorismus, deshalb müsse es geächtet werden. Der Wunsch der Regierung Reagan war, daß kein Land der Erde mehr iranisches Öl kaufe, daß kein Land sich dazu hergebe, dem Terrorregime in Teheran aus der Klemme zu helfen: Khomeini sollte durch den Waffenmangel seiner Armee in die Knie gezwungen werden. Die Aufgabe, Solidarität der Industrienationen in dieser Frage zu erreichen, war dem Sonderbotschafter Richard Fairbanks aufgetragen.

Dies war der Hintergrund der Fairbanks-Mission: Im Jahre 1985 hatte die Islamische Republik in wichtigen Städten Europas, Südamerikas und auch in Washington, Singapur und Tokio Büros eingerichtet, in denen iranische Waffeneinkaufsagenten ansprechbar waren. Die Adressen dieser Büros waren bekannt. Festzustellen war auch, daß sie von Händlern aufgesucht wurden, die im internationalen Waffengeschäft tätig waren. Richard Fairbanks war angewiesen, zusammen mit den zuständigen Ministerien der betreffenden Länder legale Schritte auszuarbeiten, um die Waffeneinkaufsbüros schließen zu lassen. Die Erfüllung seiner Aufgabe wurde jedoch dadurch schwergemacht, daß die Regierungen, die er in Verpflichtung nehmen wollte, von ihren Geheimdiensten auf Gerüchte, amerikanische Panzer seien auf dem Umweg über Israel nach Iran gelangt, hingewiesen worden waren. Wenig Glauben wurde der Entgegnung des amerikanischen Sonderbotschafters geschenkt, seine Regierung wisse nichts von einem Verkauf des Panzers M-48 an Iran.

Ganz bewußt steuerten die Berater des amerikanischen Präsidenten eine zweigleisige Iranpolitik: Offiziell vertraten sie die Notwendigkeit der Durchführung eines harten Waffenembargos – auf der Ebene des inoffiziellen internationalen Waffenhandels aber öffneten sie die Möglichkeiten der Waffenlieferung an Iran. Geleitet wurde ihr Denken von der Erkenntnis, der alte Ayatollah werde nicht mehr lange leben – daß er an Kreislaufschwäche litt, war zu jener Zeit bekannt –, »gemäßigte Kräfte« würden seine Nachfolge antreten können. Es sei überaus wichtig, mit diesen Nachfolgern ins Gespräch zu kommen. Eine harte Haltung in der Frage der Waffenlieferung werde die Gemäßigten kaum ermuntern, die Parole »Keine Gespräche mit dem Satan USA« nicht länger zu beachten. Reagans Berater sagten ihrem Präsidenten, Waffenverkäufe seien als vertrauensbildende Maßnahme im Hinblick auf eine künftige Normalisierung der Beziehungen zu Iran zu betrachten – die Verantwortlichen in den USA hätten an die Zeit nach Khomeini zu denken.

Auch der Ayatollah duldete, daß seine Berater eine zweigleisige Politik verfolgten. Die USA wurden in der Propaganda für das eigene Volk weiterhin als der »Große Satan« verteufelt, der die Welt mit Unglück überziehe, bei Gesprächen mit Vertretern der amerikanischen Regierung – sie fanden meist in Genf, Paris oder London statt – wiesen Abgesandte aus Teheran darauf hin, daß eine rasche Kehrtwendung der Haltung gegenüber den USA von den Menschen in Iran nicht verstanden werden würde. Wichtig sei derzeit allein, was der Oberste Verteidigungsrat der Islamischen Republik beschließe. Dieses Gremium sei bereit, in großem Umfang Zugeständnisse an die USA zu machen, wenn die Waffengeschäfte offiziell und inoffiziell fortgesetzt werden könnten. Zu den in Aussicht gestellten Zugeständnissen gehörte auch das Versprechen, alle Verbindungen zu Organisationen oder Personen abzubrechen, die mit Terrorismus in Zusammenhang gebracht werden könnten. Schließlich wurde sogar zugesagt, der Schwur des Verzichts auf jede Art von Gebrauch oder Unterstützung des Terrorismus werde schriftlich geleistet.

In Washington wurden derartige Versprechungen mit Zweifeln aufgenommen, und doch wurde die Neigung immer stärker, der iranischen Armee zu helfen. Der Grund dafür war in Geheimdienstberichten zu finden, die darauf hinwiesen, daß nicht nur die USA als möglicher Waffenlieferant umworben wurden, sondern auch China und die Sowjetunion; beide Länder boten Kampfmaschinen MiG 21 an. Die Kommandeure der Revolutionären Garden waren durchaus bereit, die Flugzeuge des sowjetischen Typs zu kaufen, um eigene Luftwaffenverbände aufstellen zu können. Die ersten Versuche, die Maschinen zu fliegen, brachten ihre Mängel zutage: Enorm war ihr Verbrauch an Kerosin; auffällig hoch war die Zahl der Servicestunden im Verhältnis zur Einsatzzeit – die Zahl überstieg die amerikanische Norm bei weitem.

Daß die iranischen Sachverständigen enttäuscht sein würden, das hatten die Berater des amerikanischen Präsidenten vorausgesehen, und doch hatte sie der Gedanke erschreckt, Khomeinis Revolutionäre Garden könnten sich in der Sowjetunion bewaffnen, und sich vielleicht auch noch politisch an Moskau anlehnen. Die Befürchtungen wurden auch von den israelischen Generälen genährt, die wiederum bei ihren amerikanischen Kollegen offene Ohren fanden.

Die Annäherung zwischen amerikanischen und iranischen Delegationen vollzog sich unter diesen psychologischen Voraussetzungen im Herbst 1985 rasch. Die ersten Verträge über die Lieferung von 10 000 TOW-Panzerabwehrraketen und vierzig Kampfflugzeugen vom Typ F 4 wurden abgeschlossen. Die Ausführung des Geschäfts wurde allerdings dann im Frühjahr 1986 durch New Yorker Zollbehörden verhindert, die sich nicht überzeugen lassen wollten, daß die Ausfuhr von Waffen via Israel nach Iran im Sinne der US-Außenpolitik stattfinde. Mühsam gelang es Regierungsmitgliedern, den Fall ohne Aufhebens zu vertuschen. Der Export der Waffen unterblieb allerdings für diesmal. Doch bald schon öffneten sich neue Wege.

Mitte September des Jahres 1986 zirkulierten Gerüchte in den europäischen Hauptstädten, geheimnisvolle Flugzeuge würden derzeit Waffen von Israel auf iranische Flughäfen transportieren. Zwei der Maschinen, so wurde wenig später bekannt, seien Frachtjets der Typen DC 8 und Boeing 707. Sie hatten offenbar während der zurückliegenden Wochen mehrfach die Besitzer gewechselt. Beobachtet wurde, daß zumindest die DC 8 zwischen Täbriz und Tel Aviv im Pendelverkehr unterwegs war. Der Vorgang des Beladens in Tel Aviv konnte auch nicht ganz verborgen bleiben: Die Ladung des Flugzeugs bestand aus TOW-Panzerabwehrraketen.

Die »Tower-Kommission«, die im Auftrag des amerikanischen Kongresses später die Vorgänge zu untersuchen hatte, stellte fest, daß die Lieferung der Panzerabwehrraketen und einer großen Zahl von Luftabwehrraketen des Typs Hawk – ihre Verladung war niemandem aufgefallen – im Einvernehmen zwischen dem Sicherheitsberater des amerikanischen Präsidenten, Robert McFarlane, und dem israelischen Staatssekretär David Kimche ausgehandelt worden war. Treibende Kraft war der noch junge Colonel Oliver North, der zum Stab des Sicherheitsberaters McFarlane gehörte.

Oliver North glaubte, mit der Umgehung des Waffenembargos seinem Präsidenten Ronald Reagan einen Gefallen zu tun. Reagan war der Meinung, er persönlich müsse alles unternehmen, um amerikanische Geiseln freizubekommen, die sich in der Hand von Schiiten befanden. Er nahm das Geschäft Waffen gegen Geiseln in Kauf. Dabei vergaß Reagan völlig, daß er allen Regierungen der westlichen Welt dringend empfohlen hatte, sich mit »Terroristen« auf keine Verhandlungen und auf keine Geschäfte einzulassen.

Gegenüber McFarlane und Kimche äußerte sich North, der Präsident habe die Lieferung der Panzerabwehrraketen und der Waffen zur Flugzeugbekämpfung autorisiert. Dieser Äußerung widersprach allerdings der amerikanische Außenminister George Shultz, sobald er darüber informiert wurde. Doch er protestierte nicht gegen die Politik der Waffenlieferung. Sein Standpunkt war, der Präsident müsse aus dieser Geschichte herausgehalten werden – und er selbst kümmerte sich fortan nicht mehr darum.

Inzwischen hatte die irakische Regierung von den bereits vollzogenen Waffentransporten erfahren. Ihr Geheimdienst war der Meinung, die iranische Armee habe Ausrüstung im Wert von 800 Millionen Dollar aus

Israel erhalten. Die Antwort kam nicht aus Jerusalem, sondern aus Teheran: »Wir brauchen die Israelis nicht. Die Amerikaner sind doch versessen darauf, uns ihre Arsenale zu öffnen. Sie beliefern uns direkt mit den modernsten Waffen, die es überhaupt nur gibt!« Peinlich war es den Mitgliedern des Obersten Verteidigungsrats also keineswegs, Kriegsgerät in den USA einzukaufen; als unangenehmer Umstand galt, daß die Lieferungen den Umweg über Israel nehmen mußten. Im Obersten Verteidigungsrat wurde damals offen die Meinung vertreten, ohne die Hilfe der Vereinigten Staaten könne Iran höchstens ein Vierteljahr Krieg führen.

Während sich in Genf, Paris, London und New York Bevollmächtigte der iranischen Heeresführung mit Verhandlern trafen, die im Namen der amerikanischen Regierung sprechen durften, griff Khomeini in seinen Reden weiterhin die USA an: »Amerika ist ein Dreck! Und Dreck kann nur Dreck erzeugen! Amerika ist in den Fängen der Mächte des Satans. Wenn uns Amerika im Namen des Satans angreift, werden wir ihm die Zähne einschlagen!«

Das derart beschimpfte Amerika sorgte dafür, daß sich die Zahl der einsatzfähigen Kampfflugzeuge der iranischen Luftwaffe zwischen 1984 und 1985 nahezu verdoppelte, obgleich sie schwere Verluste hinzunehmen hatte. Der irakische Gegner hatte sich schon vor Beginn des Krieges mit Iran langsam aus den Zwängen gelöst, ausschließlich an sowjetische Waffensysteme und an sowjetische Lieferbedingungen gebunden zu sein – er hatte die hohe Qualität französischer Kampfmaschinen entdeckt, und Frankreich hatte sich willig bereit erklärt, seine Technologie in den Dienst der irakischen Kriegführung zu stellen. Die Anfänge der irakisch-französischen Zusammenarbeit waren zunächst keineswegs von Erfolgen geprägt. Die irakischen Piloten, an sowjetische Flugzeugtypen und an sowjetische Bedienungsanleitungen gewöhnt, konnten sich zunächst nur schwer umstellen. Ungewohnt war für sie, daß ihnen die französischen Militärberater die Freiheit der Entscheidung in kritischen Situationen gaben – die Sowjets hatten immer darauf bestanden, daß die Vorschriften der Diensthandbücher streng beachtet wurden. Als sich die irakischen Besatzungen der französischen Mirage-Kampfflugzeuge an Selbständigkeit gewöhnt hatten, erreichten sie einen Standard an Kampfkraft, der ausreichte, um dem iranischen Gegner schmerzhafte Verluste beizubringen.

Vorbei war es mit der iranischen Luftüberlegenheit am Persischen Golf. Bis dahin hatte die iranische Luftwaffe wesentlich dazu beigetragen, daß die Erfolge der irakischen Bodentruppen gering blieben: In mutigen Einsätzen hatten die Piloten immer wieder den Aufmarsch der Iraker zu neuen Offensiven zerschlagen. Die Iraker hatten nun gelernt, sich in der Luft zu wehren. Sie gingen zum Angriff über und wählten sich den Tankerverkehr zwischen der iranischen Ölverladestelle auf der Insel

Kharg und der Straße von Hormus zum Ziel. Die Absicht des irakischen Präsidenten Saddam Hussein war die Zerstörung des iranischen Ölgeschäfts. Khomeinis Waffeneinkäufer konnten nur dann erfolgreiche Abschlüsse tätigen, wenn sie über bares Geld in Dollarwährung verfügten. Solches Geld aber konnte nur aus dem Ölgeschäft gewonnen werden. Wenn keine Reederei, keine Ölgesellschaft mehr ihre Tanker zum Oilterminal Kharg schickte, um dort iranisches Öl zu laden, dann stand den Waffeneinkäufern kein Geld mehr zur Verfügung, dann mußte Khomeini doch endlich einsehen, daß ihm keine Chance blieb, den Krieg noch zu gewinnen.

Doch die Hoffnungen des Präsidenten in Baghdad zerschlugen sich: Hilfe aus den USA rettete Khomeinis Situation.

Die amerikanischen Waffenlieferungen der Jahre 1985 und 1986 – verantwortet vom Sicherheitsberater Vizeadmiral John Pointdexter und dessen Mitarbeiter Oberstleutnant Oliver North – hatten schwerwiegende Konsequenzen:

1. Geliefert wurden unter anderem Boden-Luft-Raketen des Typs Hawk, die effektiven Schutz vor Luftangriffen boten. Der iranischen Luftverteidigung war es mit Hilfe dieser Raketen möglich, das Oilterminal Kharg vor Angriffen der irakischen Piloten zu schützen. Die Insel Kharg selbst war fortan kaum mehr gefährdet. Sicher war auch ein beschränkter Luftraum um die Insel. Ungeschützt blieben die Tanker allerdings weiterhin auf der langen Strecke durch den Persischen Golf.
2. Die Lieferung von Panzerabwehrraketen des Typs TOW gab der iranischen Infanterie im Frühjahr 1987 die Kampfkraft, um die Offensiven bei Basra weit auf irakisches Gebiet vorzutreiben. Die bisher geübte Taktik der irakischen Verbände, mit ihren Panzern feuernd in die angreifenden iranischen Massen hineinzufahren, wurde durch geschickte Anwendung der Panzerabwehrraketen vereitelt.
3. Daß die Vereinigten Staaten von Amerika Waffen an Iran geliefert hatten, gab dem Waffenmarkt insgesamt neue Impulse. Bis dahin hatte relative Zurückhaltung geherrscht – wenn die USA sich nicht an Waffengeschäften mit Iran beteiligten, war es, ganz besonders in diesem Falle, klug, sich ebenfalls vorsichtig zu verhalten. Als offizielle Stellen in Washington Auftraggeber wurden zu Gunsten von Iran im internationalen Waffenhandel, da war die Schamschwelle für die Beteiligung am Geschäft überaus niedrig geworden. Innerhalb kurzer Zeit kamen die Vertreter des Obersten Verteidigungsrates zum Abschluß mit Bevollmächtigten aus achtunddreißig waffenproduzierenden Staaten.
4. Die Glaubwürdigkeit der USA in der mittelöstlichen Weltregion wurde zweifelhaft. Ronald Reagan hatte den Regierungen des We-

stens dringend angeraten, sich unter keinen Umständen auf Geschäfte mit den Staaten einzulassen, die verdächtigt werden, dem Terrorismus nicht unbedingt ablehnend gegenüberzustehen – nun aber hatten sich die engsten Mitarbeiter desselben Präsidenten nicht an diesen ausgesprochenen politischen Willen gehalten.

5. Schlimmer als diese Doppelköpfigkeit der Politik war die Rücksichtslosigkeit der USA gegenüber einem Verbündeten. Die königliche Familie von Saudi-Arabien war zu den engsten Freunden der Mächtigen in den Vereinigten Staaten zu zählen, und gerade sie mußte feststellen, daß die Verantwortlichen in Washington dem erklärten Feind der Familie modernes Kriegsgerät geliefert hatten, das Khomeini auch dazu dienen konnte, die Könige, also auch die Familie As Saud, aus der islamischen Welt verschwinden zu lassen. Aus dem Königspalast von Riadh war im Zusammenhang mit dem Waffengeschäft ein böses Wort gedrungen: »Die Sowjets als Feind sind schlimm – die Amerikaner als Freund sind furchtbar!«

Präsident Reagan versuchte, den Waffenhandel mit Iran als Werk der Menschlichkeit zu erklären und entschuldbar zu machen: Die Voraussetzungen sollten geschaffen werden für die Freilassung von Geiseln, die sich in der Hand der Schiiten des Libanon befanden. Tatsache war, daß die Beiruter Schiitenführung auf Anweisungen von Teheran hörte; wollten die führenden Köpfe in Teheran, daß Gefangenen die Freiheit zu geben war, dann mußte die Geistlichkeit in Beirut gehorchen.

Diese Erkenntnis ist jedoch keineswegs als das wahre Motiv der Handlungsweise des amerikanischen Präsidenten zu werten. Reagan hatte es sich in den Kopf gesetzt, den »Contras« in Nicaragua finanziell zu helfen, damit sie ihren jahrelangen Kampf gegen die regierende linke »Sandinistische« Gruppierung erfolgreich beenden konnten. Die für die Hilfe nötigen Finanzmittel sind regelmäßig vom Repräsentantenhaus der USA blockiert worden. Reagan befand sich in einer mißlichen Lage: Er hatte den Contras Versprechungen gemacht, die er nun nicht einhalten konnte. Den Ausweg fand Oberstleutnant Oliver North, der Assistent des Sicherheitsberaters von Ronald Reagan: Um seinem über alles verehrten Präsidenten die Blamage zu ersparen, eine Zusage brechen zu müssen, kam er auf den Gedanken, die bisher schon praktizierte Methode der »Überschußverkäufe« von Waffen zu intensivieren. Dem Sicherheitsberater des Präsidenten wurde zugetraut, daß er die Vollmacht besaß, solche Verkäufe zu veranlassen.

Tatsächlich hatte Präsident Reagan am 17. Januar 1986 den Waffenverkauf an Iran durch eine Direktive autorisiert, deren Existenz allerdings den Mitgliedern des Kongresses verschwiegen wurde. Von diesem Papier gab es nur eine Kopie, die im Safe des Sicherheitsberaters Vizeadmiral Pointdexter deponiert wurde. Außer Pointdexter hatte auch Oberstleutnant Oliver North Zugang zum Safe. Beide waren durch das

Papier abgesichert: Es gab ihnen völlig freie Hand. Sie konnten über Bestände der amerikanischen Arsenale verfügen. Als Kunde wurde Iran deshalb gewählt, weil er zu diesem Zeitpunkt den höchsten Bedarf an Waffen auf der Welt überhaupt besaß. Für die Ware, die sie lieferten, setzten sie einen Preis fest: Iran sollte zunächst fünfzehn Millionen Dollar bezahlen. Israel mußte dazu gebracht werden, als Vermittler zu wirken. Lieferungen für die israelische Armee wurden aufgestockt durch Luftabwehrraketen Hawk und Panzerabwehrraketen TOW. Mit derartigen Waffensystemen war die Armeeführung des jüdischen Staates gut versorgt; sie konnte den »Überschuß« ohne Bedenken und Reue an die iranische Truppe weitertransportieren. Die Israelis waren gebeten, den eigentlichen Verkauf der Ware durchzuführen, den Preis in Rechnung zu stellen und für den Transfer der fälligen Gelder zu sorgen, die dann den »Contras« in Nicaragua zur Verfügung stehen sollten.

Die Chance, daß der Handel nicht entdeckt wurde, war groß, da die Waffenverschiffungen in Richtung Israel, die jährlich einen Wert von nahezu zwei Milliarden Dollar erreichten, nur selten überprüft wurden. Schwierig war allein die zweite Phase des Transportwegs, die Route nach Iran. Dank hilfsbereiter privater Charterfluggesellschaften wurden auch diese Probleme überwunden.

Um die Gelder aus der Bezahlung der Waffen an kontrollierenden Washingtoner Behörden vorbeizuleiten, wurden komplizierte Wege für die Dollars ausgetüftelt, die über die Netze europäischer Banken führten. Unklar blieb am Ende der Affäre, ob Ronald Reagan tatsächlich in die Lage versetzt wurde, wirklich namhafte Beträge auf die Konten der »Contras« zu überweisen. Der damalige Justizminister der USA, Meese, war der Meinung, es müsse sich um zwanzig Millionen Dollar gehandelt haben.

Blamabel war der Ausgang der Affäre. Die Mitglieder des Kongresses waren wütend darüber, daß der Präsident, gegen ihren Willen, den Contras in Nicaragua Geld verschafft hatte. Ronald Reagan wurde vorgeworfen, in seiner Aufgabe als oberster Kontrolleur der Behörden und der Beamten versagt zu haben. Ein derartiger Vorwurf hätte zur Amtsenthebung führen können, doch Reagans Amtszeit neigte sich ohnehin dem Ende zu. Der Präsident hatte innenpolitisch und außenpolitisch einen Prestigeverlust hinnehmen müssen – der jedoch seinen glanzvollen Auszug aus dem Weißen Haus im Januar 1989 nicht beeinträchtigte. Daß die Geistlichen in Iran keine Partner sind, die eine Möglichkeit, den »Satan USA« zu peinigen, ausließen, zeigte sich, als die iranische Armee die Waffen erhalten hatte, die sie brauchte. Da machte sich Sonderbotschafter Robert McFarlane auf den Weg nach Teheran, um – im sicheren Gefühl, den eigenen Teil des Geschäfts erfüllt zu haben – über die Freilassung von Geiseln im Libanon zu verhandeln. McFarlane kam nicht ohne Geschenk nach Teheran: Er brachte dem Parlamentssprecher und hohen schiitischen Geistlichen Rafsandschani eine Bibel mit, in die Ronald Reagan eine Widmung geschrieben hatte. Rafsandschani ließ sich die Gelegenheit zum großen Auftritt nicht entgehen: Er zeigte sich samt Bibel den Fotografen und der Presse in Teheran, um über den schlechten Geschmack des amerikanischen Präsidenten zu spotten, der einem gläubigen Schiiten ein derartiges Buch des Unglaubens zumute: »Der Satan Amerika zeigte wieder einmal, daß er die Absicht hat, den Islam zu zerstören. Reagan will, daß auch wir zu ›Kreuzesanbetern‹ werden. Doch er wird wohl nicht im Ernst glauben, daß ich in diesem Buch lese!« Die hohe Geistlichkeit in Teheran sah guten Grund zu triumphieren. Die Vereinigten Staaten von Amerika hatten Waffen geliefert, die der Islamischen Revolution zum Sieg und zur Ausbreitung ihrer Ideen verhelfen konnten – und sie machten sich selbst noch lächerlich. Viele in Teheran, auch solche Menschen, die nicht unbedingt zu den Freunden der Ayatollahs zu rechnen waren, lachten mit Rafsandschani über Ronald Reagan.

Daß die Vereinigten Staaten von Amerika – unbeholfen und unwissend, wie ihre Führer sich darstellten – der Islamischen Revolution kein ernsthafter Gegner sein konnten, dieser Eindruck herrschte in Teheran, und zwar nicht nur bei Menschen, die blind die Ayatollahparolen glaubten, sondern auch bei Männern mit Einsicht. Da hatte in der iranischen Hauptstadt die Besetzung der US-Botschaft amerikanisches Prestige zerstört, da waren vor allem aber im Westen der nahöstlichen Region, im Libanon – also nahezu zweitausend Kilometer von Teheran entfernt – Ereignisse geschehen, die ohne die Iranische Islamische Republik nicht möglich gewesen wären, und die dazu beitrugen, das Ansehen der Vereinigten Staaten zu mindern – wenn auch nur für einige Jahre.

»Wir hören auf, die Entrechteten zu sein«

Tief war der politische Schlaf der Schiiten gewesen in den Bergen des Südlibanon. Schwer zugänglich ist jene Gegend; und die Zentralregierung in Beirut, die bis zum Ausbruch des Bürgerkriegs im Jahre 1975 die Staatskasse kontrollierte, hatte nie etwas unternommen, um die Straßen, die ins Gebiet der Schiiten führen, so auszubauen, daß sie ein Kraftfahrzeug benützen konnte, ohne Gefahr zu laufen, in Schluchten abzustürzen. Die Schiiten hatten immer den Eindruck, die Mächtigen in Beirut seien der Meinung, die armen Leute im Süden des Landes würden ohnehin nur auf Eselskarren fahren, da ihnen das Auto bisher unbekannt geblieben sei. So wurde nichts getan, um die Entwicklung des Schiitengebiets zu fördern. Die Bewohner des Berglandes hatten niemand, der für sie sprach. Nach einer Übereinkunft aus dem Jahr 1943 hatten die Schiiten zwar das Recht, die Position des Parlamentssprechers zu besetzen, doch sie bemerkten bald, daß einem der ihren damit der Zugang zu einem Repräsentationsposten geöffnet worden war, dem politisch kein Einfluß zugedacht war – denn das Parlament spielte nur die Rolle, den Anschein zu erwecken, die Libanesische Republik sei eine Demokratie, werde von der Souveränität des Volkes regiert. In Wahrheit war der Staat Libanon seit seiner Gründung zur Zeit des Zweiten Weltkriegs in der Hand mächtiger Clans, unter denen wiederum christlich-maronitische Großfamilien bestimmend waren. Die Übereinkunft von 1943, die Grundlage dafür, daß überhaupt ein Zusammenleben der Menschen im Libanongebirge möglich wurde, regelte die Sitzverteilung im Parlament nach dem Schlüssel 6 zu 5: Auf jeweils sechs Christen hatten fünf Moslems Anrecht auf einen Abgeordnetensitz. Nach demselben Schlüssel wurden auch die Spitzenpositionen in der öffentlichen Verwaltung in Ämtern und Ministerien verteilt. Nur die Sicherheitsbehören und der Generalstab der Armee waren fast völlig in der Hand der Maroniten. Berücksichtigung hatten höchstens Sunniten gefunden, die nicht als ausgesprochen kämpferische Moslems galten. Schiiten waren ferngehalten worden von Positionen, die mit der Sicherheit des Staates zu tun hatten – und sie hatten sich nie wehren können.

Die Schiiten waren gering geachtete Minderheit im Libanon. Christen und Sunniten hatten eine starke Neigung, diese Bevölkerungsgruppe zu verdrängen aus dem Leben des Staatswesens, aus dem Bewußtsein der Mehrheit. Wer sich informieren wollte über diese Minderheit, der fand im Informationsministerium kein Material. Niemand hatte nachgeforscht, wie die Schiitengemeinden so weit entfernt von den Heiligtümern in Kerbela und Nedjef hatten entstehen können. Anzunehmen ist, daß ein schiitischer Clan um das elfte Jahrhundert n. Chr. auf der Flucht vor Wirren im Zweistromland von Euphrat und Tigris in das Libanongebirge geflohen war, das durch seine geographische Struktur der Berge und Schluchten, der unzugänglichen Hochtäler, bedrohten Minderheiten des Nahen Ostens häufig Schutz geboten hatte – unter anderem auch den Maroniten, die Sicherheit im Libanongebirge fanden, als die islamischen Reiterheere im siebten Jahrhundert Syrien eroberten.

Im Verlauf des Zwanzigsten Jahrhunderts waren die Maroniten zu Herren des Libanongebirges geworden; die Schiiten aber fühlten sich mehr denn je als die Rechtlosen. Maroniten und Sunniten nannten die Schiiten »mutawali«, und beleidigten sie so durch ein Schimpfwort.

Doch da bahnte sich am Ende der 60er Jahre ein Umbruch an. Ein hochgewachsener Mann war aus Iran in den Libanon gekommen; ein Geistlicher, der den schwarzen Turban trug, der sich damit als Mitglied der Familie des Propheten Mohammed auswies. Die schwarze Kopfbedeckung, der schwarze Mantel und ein schwarzer Bart gaben dem Mann die Ausstrahlung außerordentlicher Würde. Faszination ging von seinen Augen aus, die seltsam grün aus dem dunkel umrahmten Gesicht strahlten.

Imam Musa Sadr wurde der Mann genannt. Der Namensbestandteil »Musa« weist auf Abstammung vom Achten Imam hin, der Musa Kazim hieß. Imam Musa Sadr war durch die Verwandtschaft mit dem Achten Imam ein Verwandter des Ayatollah Khomeini.

Die hohe Geistlichkeit in Qum hatte bestimmt, daß die räumlich soweit abgetrennte schiitische Gemeinschaft des Libanon einen Führer von hoher Qualität bekommen sollte. Imam Musa Sadr war als geeignet ausgesucht worden – sein Geburtsland war zwar Persien, doch er besaß familiäre Bindungen an den Libanon, die der Grund waren, warum er Arabisch sprach. Zwar verlor er den iranischen Anklang in seiner Sprache nie, doch die libanesischen Schiiten akzeptierten diese Farbe seiner Ausdrucksweise; vielleicht war gerade diese Besonderheit, daß dieser Geistliche den Koran so rezitierte, wie die Ayatollahs in der Heiligen Stadt Qum, Bestandteil seiner Anziehungskraft. Imam Musa Sadr erwies sich bald als Redner von beachtlicher Wirkung.

»Seit es die Schiat Ali, seit es Schiiten gibt, waren Gemeinschaft und Einzelne immer Opfer der Unterdrückung. Wir waren die Entrechteten, doch wir hören auf, die Entrechteten zu sein. Eine Wolke von Ungerechtigkeit hat uns seit dem Beginn unserer Existenz verfolgt. Wir jammern und klagen jetzt allerdings nicht mehr. Wurden wir seither als ›mutawali‹ beschimpft, so sagen wir nun, daß wir uns ›Männer der Rache‹ nennen. Wir wehren uns gegen die Tyrannei jeder Art, so wie sich der Märtyrer Husain gewehrt hat. Mit siebzig Getreuen hat er sich bei Kerbela gewehrt, ohne auch nur einen Gedanken an Kapitulation. Der Märtyrer Husain kannte damals nur einen Schmuck, den er an sich duldete, und das war sein Schwert. Die Waffe sei auch bei uns der Schmuck des Mannes!«

Diese Worte des Imam Musa Sadr veränderten das Bewußtsein der Schiiten des Libanon. Sie hatten bisher selbst nichts unternommen, um bei Maroniten und Sunniten Respekt zu gewinnen – sie hatten gejammert und geklagt. Beim alljährlichen Ashurafest hatten sich die Männer schmerzhafte und blutende Wunden zugefügt, um die Leiden des Märtyrers Husain am eigenen Leib zu erfahren. Maroniten und Sunniten hatten darin jedoch keinen Protest einer leidenden Minderheit gegen die Tyrannei der Mehrheit gesehen, sondern eher eine folkloristische Spezialität jener Minderheit. Imam Musa Sadr wollte, daß die Idee vom Märtyrertum im Leben der Schiiten des Libanon Realität wurde. So mußte aus der religiösen Bewegung der Schiiten eine politische und schließlich auch militärische Organisation geformt werden. Der Imam konnte die Massen begeistern; er motivierte die jungen Männer unter den Zuhörern sich Waffen zu besorgen, sich ausbilden zu lassen.

Zu Beginn des Aufbaus der schiitischen Kampforganisation half die Palästinensische Befreiungsbewegung PLO aus: Ihre Ausbilder gaben Unterweisung im Guerillakampf. Doch schon nach wenigen Monaten entstanden Reibereien zwischen Palästinensern und Schiiten. Die Kader der PLO, durchweg Sunniten, in seltenen Fällen Christen, sahen auf die Schiiten herunter. Eine weitere Komplikation der Beziehungen entstand dadurch, daß die PLO vom Siedlungsraum der Schiiten aus Anschläge und Angriffe gegen Dörfer und Versorgungsanlagen in Israel durchführte, die die israelischen Verteidigungskräfte zu massiven Gegenschlägen veranlaßten, die dann allerdings meist schiitische Städte trafen. Dabei wurden Häuser zerstört und Schiiten getötet. Die Überzeugung wuchs in den Städten des Südlibanon, die Vergeltung der Israelis treffe immer nur die arme schiitische Bevölkerung und nie die Palästinenser.

Imam Musa Sadr gab seiner eben im Aufbau befindlichen Miliz den Auftrag, die Stoßtrupps der PLO daran zu hindern, die Grenze nach Israel zu überschreiten. Die Folge waren Mißtrauen und schließlich Kleinkrieg zwischen Schiiten und Palästinensern. Beide waren eigentlich Feinde der Israelis – und doch schossen beide aufeinander. Die schiitischen Kämpfer sammelten dabei die Erfahrungen, die ihnen später halfen, eine wahrhaft schlagkräftige Miliz zu bilden.

Den Triumph der Schiiten nach Khomeinis Machtübernahme in Iran im Frühjahr 1979 konnte Imam Musa Sadr allerdings nicht mitfeiern. Wenige Monate zuvor, am 28. August 1978, war der imposante Geistliche samt seiner Begleitung, die aus drei schiitischen Libanesen bestand, in der libyschen Hauptstadt Tripoli verschwunden. Er hatte Moammar Al Kathafi um finanzielle Unterstützung der Schiitenmiliz bitten wollen.

Der libysche Revolutionsführer, der sich bald darauf als angeklagt empfand, er habe Imam Musa Sadr ermordet, sagte, der Geistliche habe Tripoli mit der Luftlinie Alitalia in Richtung Rom verlassen; seltsam war nur, daß der Imam dabei sein Gepäck im Hotelzimmer zurückgelassen hatte.

Kathafis Verteidigung war allerdings gar nicht gefragt, denn die Schiitenführung des Libanon klagte ihn gar nicht des Mordes an Imam Musa Sadr an. Die Schiiten sind überzeugt, der Imam lebe, sei »entrückt« und werde wiederkehren, um im Libanon den Sieg der Schiat Ali zu vollenden. Immer wieder reden die Menschen in Beirut davon, daß die Zeit der »Entrückung« für diesen Imam bald zu Ende sei. Er werde sichtbar werden lange ehe der Zwölfte Imam wieder unter die Menschen trete.

Khomeinis Sieg machte seine Person auch unter den Schiiten des

Libanon zur Leitfigur, doch immer wurden neben die Plakate mit seinem Bild auch weiterhin Abbildungen des bärtigen Kopfes vom Imam Musa Sadr geklebt – schließlich war er ein Verwandter des Mannes, der nach Jahrhunderten des Kampfes endlich der Schiat Ali zum Triumph verholfen hatte. Junge Libanesen reisten »im Namen des Imam Musa Sadr« nach Iran, um für die »gerechte Sache im Streit mit den Teufeln des Irak« zu kämpfen. Die Jugendlichen hatten unterschiedliche Spannen des Libanesischen Bürgerkriegs mitgemacht; sie holten sich jetzt Erfahrungen im Massenvernichtungskrieg. Sie lernten in den Gräben der iranischen Stellungen vor Basra vor allem die Solidarität der Schiiten untereinander kennen. Die Richtung hatte Khomeini gewiesen: »Es ist wahr, daß ein Unterschied bestand zwischen Persern und Arabern. Der Märtyrer Husain hilft uns, die Kluft zu überbrücken. Die Schiat Ali, der Glaube an die Familie des Propheten und an den Märtyrer Husain schweißt uns zusammen.«

Die politisch denkenden Köpfe der schiitischen Bewegung im Libanon zögerten zunächst, sich in den Sog der Islamischen Republik hineinziehen zu lassen. Nabih Berri, Chef der Organisation, die sich die Bezeichnung »Amal« – die Hoffnung – gegeben hatte, war der Meinung: »Die Islamische Revolution in Iran hat unsere volle Unterstützung, doch wir wollen sie hier im Libanon nicht kopieren!« Der Grund für diese vorsichtige Distanzierung lag darin, daß Nabih Berri seiner Amal-Organisation gute Beziehungen zu Damaskus verordnet hatte. Hafez Assad, der syrische Präsident, unterstützte ebenfalls die Islamische Republik Iran, ohne in der Islamischen Revolution ein nachahmenswertes Beispiel zu sehen, das in seinem Land den unerwünschten unkontrollierten Ausbruch religiöser Emotionen gegensätzlichster Art freigesetzt hätte.

Nabih Berri, als ehemals praktizierender Rechtsanwalt an Gesetze bürgerlicher Vernunft gewöhnt, wollte und will für die Schiiten des Libanon allein die Verbesserung ihres Lebensstandards erreichen. Er ist gläubiger Schiit, aber eben doch auch noch Libanese, der im Staat Libanon seine Heimat sieht. Mit dieser »weltlichen Einstellung« machte er sich Feinde unter den Glaubensgenossen, die in der Schiat Ali vor allem einen Rahmen zur Schaffung eines theokratischen Staates sehen. Daß Nabih Berri nie den Kontakt zur amerikanischen Botschaft in Beirut aufgab, daß er dazuhin seinen Kindern erlaubt, in den Vereinigten Staaten von Amerika zu leben, mißfiel denen, die in den USA die Verkörperung des Satans erkennen. Die Unzufriedenen sprangen schon im Jahr 1982 ab. Ein weiterer Verwandter des Ayatollah Ruhollah Khomeini aus der Familie Musawi, Hussein Musawi, gründete damals die radikale Konkurrenzorganisation zu »Amal« unter der Bezeichnung »Islamische Amal«.

Nabih Berri, zum Kompromiß bereit, erklärte immer wieder, er wolle auch mit den christlichen Maroniten zusammenarbeiten, wenn dadurch der Libanon für die Libanesen gerettet werden könne. Der Rechtsanwalt ist ein Gegner der Gewalt und des Tötens. Hussein Musawi aber sagt seinen meist jugendlichen Anhängern: »Die Zukunft des schiitischen Volkes wird durch das vergossene Blut entschieden. Blut, das auf unserer Seite fließt, ist Märtyrerblut. Das Blut der Gegner muß in den Dreck vergossen werden. Es ist unheiliges, verrottetes Blut. An jedem Tag unseres Lebens müssen wir entweder den Triumph oder das Märtyrertum suchen.«

Krieg gegen die USA auch im Libanon

Der einzige Zeuge, der die Katastrophe hatte kommen sehen, und der sie überlebt hat, war ein amerikanischer Gefreiter, der draußen auf dem Parkplatz vor dem Gebäude der Marineinfanteristen in Beirut stand. Er berichtete: »Ein gelber Mercedes-Lastwagen fuhr mit großer Geschwindigkeit in den Parkplatz ein. Er machte eine Kurve und beschleunigte weiter. Für einige Augenblicke sah ich das Gesicht des Fahrers: Er lächelte. Er lenkte das Fahrzeug auf den breiten Eingang des Hauptquartiers zu, dann geschah die gewaltige Detonation.«

Es war der 23. Oktober 1983 morgens um 6 Uhr 20. Die Explosion zerriß das vierstöckige Gebäude aus Stahlbeton, das Eigentum der Verwaltung der libanesischen Fluggesellschaft Middle East Airlines war; es lag direkt neben der Haupthalle des Flughafens.

Daß in aller Frühe ein Lastwagen über den Parkplatz kurvte, hatte den amerikanischen Gefreiten nicht gewundert, befand sich doch in unmittelbarer Nähe auch die internationale Luftfrachtabfertigung des Libanon. Doch dieser eine Lastwagen hatte, nach späterer Schätzung des FBI, rund sechstausend Kilogramm Sprengstoff geladen. Die Untersuchungsbehörde ist der Meinung, es habe sich bei der Detonation dieser Sprengstoffmasse um die gewaltigste Explosion seit dem Zweiten Weltkrieg gehandelt, die nicht durch atomare Sprengköpfe ausgelöst worden sei. 241 Amerikaner verloren an jenem Morgen in Beirut ihr Leben.

Ronald Reagan versprach dem amerikanischen Volk Rache, und er befahl dem Vorsitzenden des gemeinsamen Gremiums der Stabschefs aller Truppenteile einen Plan auszuarbeiten, um diejenigen zu bestrafen, die verantwortlich seien für die Ermordung von Amerikanern, die nichts anderes getan hätten, als dem vom Bürgerkrieg zerrissenen Land Libanon wieder Ruhe und Frieden zu bringen.

Die US-Marines hielten sich tatsächlich seit dem Abzug der Israelischen Armee nach deren Sommerfeldzug des Jahres 1982 in Beirut auf, um dem Präsidenten Gemayel die Hauptstadt zu sichern. Sie hatten dabei nicht bedacht, daß im Libanon außer den Maroniten, deren Repräsentant Gemayel war, auch andere religiös-orientierte Volksgruppen existierten, die im Gemayelregime nicht die alleinige Legalität im Staate sahen. Einseitig unterstützten die Marineinfanteristen die Truppenverbände, die auf seiten der Gemayels standen, gegen schiitische und drusische Milizionäre, die schon einen seit 1975 andauernden Bürgerkrieg hindurch die Maronitenherrschaft bekämpft hatten. So unterlief der amerikanischen Führung der Fehler, sich, in gutem Glauben, »die Legalität« zu stützen, in den Bürgerkrieg auf einer Seite einzumischen. Die Folge war, daß die Schiiten, die sich angegriffen fühlten, zum Feind der Amerikaner auch im Libanon wurden. Dieses Feindbild zu entwickeln, lag den Schiiten ohnehin nahe, hatte ihnen doch Khomeini seit Jahren gepredigt, Amerika sei der »Satan«, sei darauf aus, die Schiiten zu vernichten.

Die Amerikaner waren allerdings nicht allein zum Feind der Schiiten geworden. Wenige Sekunden nach der Zerstörung des Hauptquartiers der amerikanischen Marineinfanteristen, war an jenem 23. Oktober 1983 ein Lastwagen in ein Gebäude gefahren, in dem eine französische Einheit der im Libanon stationierten internationalen Friedenstruppe untergebracht war. Die Sprengladung, die sich auf diesem Lastwagen befand, reichte aus, um bei der Detonation das Gebäude wegzublasen. Die Opfer des Anschlags waren achtundfünfzig Fallschirmjäger aus Frankreich.

Die französische Regierung ahnte, warum ihre Soldaten Ziel des Attentats geworden waren: Der Anschlag mußte mit der französischen Unterstützung des sunnitischen Regimes des Präsidenten Saddam Hussein im Konflikt zwischen Iran und Irak zusammenhängen; mehrfach schon waren Franzosen in Beirut darauf hingewiesen worden, daß aus diesem Grunde mit einem Attentat zu rechnen sei.

Der Schluß lag nahe, auch im Falle des Attentats auf die US-Marines, daß Schiiten die Verantwortung für die mörderischen Aktionen trugen. Die Frage war nur, wie sie zu packen waren. Da gab es Anrufe bei Nachrichtenagenturen in Beirut. Die Stimmen bezeichneten sich als Angehörige der Organisation »Islamischer Heiliger Krieg«. Sie drohten, den Kampf fortzusetzen, und noch härter zuzuschlagen. Den amerikanischen und französischen Geheimdienstbeamten boten diese Anrufe keine Hinweise. Fest stand für sie nur, daß die Aktionen ausgezeichnet vorbereitet gewesen waren. Beide Fahrer der Lastkraftwagen hatten sehr geschickt und unbemerkt Straßensperren umfahren, die von der maronitisch kommandierten Libanesischen Armee überall errichtet worden waren; sie hatten gewußt, daß die Wachposten der US-Marines zur frühen Stunde am Sonntag am schläfrigsten waren. Das Resultat der Forschungsarbeit der Geheimdienste war die Feststellung, die Drahtzieher seien wohl unter den Anhängern des Hussein Musawi zu suchen, der die Amal-Miliz verlassen hatte, um die »Islamische Amal« zu gründen. Hussein Musawi befinde sich in Baalbek, im Ort der griechischen Tempelruinen im Osten des Libanongebirges. Mit weiteren Schlägen der Schiiten sei zu rechnen. Die Amerikaner zogen aus der Unsicherheit die Konsequenz: Sie überließen den Libanon seinem Schicksal, jedoch nicht ohne lautstarke Rückzugsgefechte zu liefern, an denen hauptsächlich großkalibrige Schiffsartillerie des Kreuzers »New Jersey« beteiligt war.

Das Resultat war erneutes Aufflammen des Bürgerkriegs. Zum erstenmal wagten die schiitischen Milizionäre offene Straßenschlachten gegen die Libanesische Armee, die wiederum dieser Belastung nicht gewachsen war: Schiitische Soldaten wollten nicht länger Befehle von maronitischen Offizieren entgegennehmen; sie desertierten und liefen über zur Amalmiliz des Nabih Berri. Die Libanesische Armee zerbrach schließlich in maronitische und schiitische Bestandteile.

Obgleich die amerikanischen Marineinfanteristen den islamischen Teil Beiruts verlassen hatten, sahen sich die Mitarbeiter der diplomatischen Vertretung der USA weiterhin hartnäckiger Verfolgung ausgesetzt. Die Botschaft war aus Sicherheitsgründen in den christlichen Ostteil von Beirut verlegt worden. Doch der Glaube, dort, unter dem Schutz maronitischer Milizen einigermaßen sicher zu sein, wurde am 20. September 1984 zerstört.

An jenem Tag fuhr um 11 Uhr 40 ein Lieferwagen auf das Gebäude der US-Botschaft zu. Die Straße war durch Verhaue aus Stacheldraht und durch Betonbarrieren so gesichert, daß der Fahrer zu engem Zickzackkurs gezwungen war. Erstaunlicherweise bewies dieser Fahrer überaus viel Geschick: Die Hindernisse veranlaßten ihn keineswegs, die Geschwindigkeit zu drosseln. Schwierigkeiten behinderten ihn offenbar erst, als er von Geschossen aus der Maschinenwaffe eines Wachpostens getroffen wurde. Es war erstaunlicherweise kein Sicherheitsbeamter der amerikanischen Botschaft, der schoß, sondern ein britischer Bewacher, der seinen Botschafter zum Besuch beim amerikanischen Kollegen gebracht hatte. Die Schüsse des Engländers hatten zur Folge, daß der Fahrer die Einfahrt zur Tiefgarage des Botschaftsgebäudes verfehlte. Hätte er den Sprengstoff erst dort zur Detonation gebracht, wären die Auswirkungen noch schlimmer gewesen – so wurde das Gebäude durch die Explosion im Freien nur schwer beschädigt. Doch starben vierundzwanzig Menschen: Diplomaten, libanesische Besucher, Offiziere der amerikanischen Militärmission.

Seit dem Anschlag auf das Hauptquartier der US-Marines hatte der amerikanische Geheimdienst die Beobachtung der Region zwischen Beirut, dem Libanongebirge und dem ostwärts davon gelegenen Bekaatal durch Aufklärungssatelliten intensiviert. Überprüfung der Aufnahmen der Tage vor dem 20. September 1984 ergab, daß im Bekaatal mit einem Fahrzeug, das so aussah wie der beim Anschlag tatsächlich verwendete

Lieferwagen, an Barrikaden, die denen nachgebaut waren, die sich vor der US-Botschaft in Ostbeirut befanden, die rasche Fahrt auf das Gebäude zu geübt worden war. Da sich in jener Gegend die Basis der Organisation »Islamische Amal« befand, war guter Grund für die Annahme gegeben, die Gruppe des Hussein Musawi habe die Anschläge gegen die amerikanische Einrichtung durchgeführt.

Dem libanesischen Geheimdienst war noch am Tag des Anschlags eine Information zugegangen, die den psychologischen Hintergrund der Anschläge deutlich machte. Da war ein Kraftfahrzeug vom Typ Opel Kadett von einem Lastkraftwagen angefahren und leicht beschädigt worden. Der Opelfahrer hatte versucht, den Schadensfall mit dem Mann im Lastkraftwagen zu besprechen, doch der schien nicht bei klarem Verstand zu sein; er war benommen, reagierte nicht auf Worte, auch nicht auf zornige Beschimpfung. Ehe der Opelfahrer den Kraftfahrzeugfahrer an der Jacke packen und aus dem Wagen zerren konnte, stiegen aus einem orangefarbenen PKW vom Typ BMW zwei Männer in der Uniform der libanesischen Polizei aus, sie zogen Geld aus der Tasche – zweihundert libanesische Pfund, die zu diesem Zeitpunkt nicht einmal hundert Mark wert waren – und drückten die Scheine dem Geschädigten in die Hand. Da der Betrag seiner Meinung nach den Reparaturkosten entsprach, stieg der Mann in seinen Opel und fuhr davon. Ein Libanese, der Verbindung zum Geheimdienst seines Landes besaß, war Augenzeuge gewesen, hatte den Vorfall weitergemeldet.

Die libanesischen Geheimdienstbeamten, die auch dann noch im Dienst waren, als es längst keinen zusammenhängenden libanesischen Staat Libanon mehr gab, informierten ihre amerikanischen Kollegen. Dazu waren sie verpflichtet, denn das Geld, das nötig war, um die Organisation in Beirut am Leben zu halten, stammte aus dem Etat des CIA. Beide, die libanesischen und die amerikanischen Spezialisten, hielten den Bericht des Augenzeugen für glaubwürdig. Sie lasen daraus ab, daß die Fahrer aller Sprengstoffautos unter Drogen standen, daß sie ihre Fahrweise unmittelbar vor dem Ziel jedoch beherrschten, weil sie ein intensives Training am maßstabgerechten Nachbau der Hindernisse absolviert hatten. Die Einnahme von Drogen erklärt auch das Lächeln im Gesicht des Mannes, der das mit 6000 kg Sprengstoff beladene Fahrzeug mitten ins Hauptquartier der US-Marines gesteuert hatte.

So interessant die Schlüsse des Geheimdienstbeamten auch waren, sie hatten den einen, aber entscheidenden Nachteil: Sie wurden erst nach dem Anschlag gezogen, und sie konnten nichts verhindern. So sollten sie wenigstens dazu verwendet werden, künftige Selbstmordaktionen unter Drogeneinfluß stehender Lastwagenfahrer zu verhindern. Dazu war es notwendig, die Organisation aufzuspüren, die bereit war, Trainingsmöglichkeiten und Drogen todeswilligen Attentätern zur Verfügung zu stellen. Fest stand – wenn die Fotos der Aufklärungssatelliten richtig ausgewertet worden waren – daß zumindest einer der Todesfahrer im Bekaatal, in der Nähe der Stadt Baalbek geübt hatte. In der Stadt der antiken Tempelruinen hatte Hussein Musawi, der Chef der Gruppe »Islamische Amal« seine Basis. Die Gruppe bestand im wesentlichen aus Libanesen. Doch die Geheimdienstberichte wiesen darauf hin, daß sich in Baalbek auch Iraner befanden, etwa eintausend Mann. Sie waren im Sommer 1982 von Khomeini in den Libanon geschickt worden, als die Kämpfer der Palästinensischen Befreiungsbewegung durch den raschen Vorstoß der Israelis in Richtung Beirut bedrängt wurden. Die »Pasdaran«, die »Wächter der Revolution« sollten verhindern, daß die Einheiten der Israel Defence Force Arafats Stellungen überrannten. Khomeini wollte mit der Entsendung der Pasdaran eine Schuld abtragen: Die Präsenz der Wächter der Revolution im Libanon war eine Geste des Dankes für die Hilfe der PLO während der akuten Revolutionsphase in Iran. Seltsam war nur, daß Khomeinis junge Kämpfer nie versucht hatten, die umkämpfte Stadt Beirut zu erreichen. In Damaskus hatten sie, von Teheran kommend, das Flugzeug verlassen, um durch syrisches Gebiet über das Gebirge Antilibanon ins Bekaatal zu fahren.

Der syrische Präsident Hafez Assad hatte also die Genehmigung für die Anwesenheit der Iraner im Konfliktgebiet Libanon erteilt, offensichtlich aber mit der Einschränkung, die Pasdaran dürften die israelischen Truppen nicht direkt angreifen. Hafez Assad wußte, daß ihm die Israelis die Verantwortung für Angriffe zuschieben würden; er wollte den Gegner damals, im Kriegssommer 1982, nicht zu Revancheschlägen gegen die syrische Armee provozieren. Das Ergebnis war, daß die tausend Mann der Pasdaran sich ohne rechte Aufgabe in Baalbek aufhielten. Sie begannen damit, die Stadt zum Bestandteil einer Islamischen Republik zu machen, die noch zu gründen war – wobei die Männer an den Libanon dachten. In diesen Plänen bestärkte sie Hussein Musawi, der Chef der Islamischen Amal, der die iranischen Gäste sofort für seine Zwecke zu verwenden begann.

Er brauchte dazu wenig Überredungskunst, die Iraner waren ohnehin überzeugt, Iran und Libanon seien schiitische Gebiete, die zusammen eine Einheit bilden mußten, ein politisches Gebilde, das unter Führung Khomeinis zu stehen hatte. Hussein Musawi genoß auch deshalb das Vertrauen der Pasdaran, weil er in Teheran nach der Ausrufung der Islamischen Republik die Kaderschule besucht hatte, die mit dem Zweck gegründet worden war, für alle islamischen Staaten Vertrauenspersonen der Ayatollahs auszubilden, die Revolutionen im Sinne Khomeinis vorzubereiten hatten. Organisator der Kaderschule war Mustafa Chamran, der im Libanon Mitarbeiter des Imam Musa Sadr gewesen war, und der, nach dem Verschwinden dieses Imam, einflußreicher Berater der Amal-Organisation geblieben war. Khomeini hatte ihn nach Teheran zurückgeholt, um ihn zum Vorsitzenden des Obersten Verteidigungsrats und zum Verteidigungsminister zu ernennen. Deutlich wird in diesem Fall die enge Verknüpfung schiitischer Organisationen des Iran mit Schiiten im Libanon. Diese Verknüpfung bot die ideale Voraussetzung für den »Export« der Islamischen Revolution in den Libanon. Hussein Musawi sieht sein Verhältnis zu Iran und zur Islamischen Republik Iran so: »Die Beziehung ist stark wie zwischen Mutter und Kind. Wir im Libanon sind die Kinder. Wir lernen und lassen uns leiten beim Aufbau der islamischen Gesellschaft, die notwendigerweise zum islamischen Staat führen wird. Das Beispiel Iran zeigt uns den Weg.«

Hisb'Allah – die Partei Allahs

Die Bindung libanesischer Schiiten an die Glaubensgenossen in Iran wurde auch spürbar bei der Gründung der Organisation, unter deren Namen die unterschiedlichsten Aktionen durchgeführt wurden. Die »Partei Allahs« im Libanon entstand nach iranischem Vorbild. Gedacht war sie keineswegs als elitäre Gruppierung von Todeskandidaten, sondern als breit angelegte, frei zugängliche Bewegung von Schiiten, die bereit waren, sich für die Sache Allahs einzusetzen. Ausgangspunkt der Gründung in Iran war ein Wort des Propheten gewesen, daß allen denjenigen der Triumph des Einzugs ins Paradies zuteil werde, die sich zu »Hisb'Allah«, zur Partei Allahs bekennen. Gemeint war das Bekenntnis all derer, die ihre Gebete mit diesen Worten beginnen: »Allah steht über allem! Es gibt keinen Gott außer Allah!«

Hussein Musawi, Kommandeur der »Islamischen Amal« gehört auch zu den Begründern der Partei Allahs im Libanon. Er definiert die Mitgliedschaft so:

»Jeder, der sich zu Allah bekennt und der aktiv für dieses Bekenntnis kämpft, der darf sich Mitglied nennen. Es ist dabei gleichgültig, ob er sich eingereiht hat in den Kampf gegen die Israelis im Südlibanon, oder gegen die mit den Israelis verbündeten Maroniten in Beirut oder ob er Stellungen verteidigt hier im Bekaatal. Wichtig für die Mitgliedschaft in der Partei Allahs ist auch der aufrechte Wille, der Islamischen Revolution zum Sieg zu verhelfen. Auch unsere Bewegung ›Islamische Amal‹ gehört zur Partei Allahs ganz allein schon deswegen, weil wir für die Islamische Revolution arbeiten.«

Die »Islamische Amal«, so prophezeit Hussein Musawi, werde sich dann völlig in »Hisb'Allah« auflösen, wenn die islamisch-schiitische Bewegung ihr Ziel erreicht habe, Ordnungskraft in einem Staat zu sein,

»von dem der Libanon nur einen Teil bilden wird«. Daß Jerusalem und das gesamte Gebiet des heutigen Staates Israel zur umfassenden Islamischen Republik gehören werden, daran zweifelt Hussein Musawi nicht. Seinem in den Zielen bescheideneren Konkurrenten, dem Rechtsanwalt Nabih Berri, wirft Musawi vor, er habe die historische Dimension des Aufbruchs der Schiiten überhaupt nicht verstanden, und denke immer in bürgerlich-wirtschaftlich-sozialen Kategorien, die nur die Verbesserung des Lebensstandards einer bisher unterprivilegierten Bevölkerungsschicht im Auge habe. Obgleich er einer Kampforganisation, der »Amal« vorstehe, habe Nabih Berri nicht begriffen, daß die Zeit reif sei für den »kämpferischen Islam«, der durch die Bereitschaft der Moslems zum Märtyrertum möglich geworden sei.

Musawis Worte vom »kämpferischen Islam« waren für die amerikanischen Geheimdienstspezialisten der erste Hinweis auf seine Beteiligung an den Attentaten in Beirut. Die CIA-Beamten hatten dann auch bald schon den Weg gedanklich rekonstruiert, dem die Sprengstoffautos von Musawis Hauptquartier in Baalbek aus auf wenig befahrenen Nebenwegen durch das Libanongebirge gefolgt waren. Für die amerikanischen Sicherheitsbehörden gab es für die Schuldzuweisung keinen Zweifel. Hussein Musawi wurde auch die Verantwortung auferlegt für die erste Detonation in der Kette von Anschlägen gegen Einrichtungen der USA in Beirut. Am 18. April 1983 war schon einmal das Gebäude der US-Botschaft, sie befand sich damals noch im islamischen Westen der Stadt, durch die Explosion des Sprengstoffs auf einem Lieferwagen zerrissen worden. Viermal hatten die Attentäter bis Ende September 1984 dasselbe Muster befolgt – und jedesmal erfolgreich.

Die Sprengstoffanschläge gegen den »Satan USA« – und die offenbare Hilflosigkeit der Amerikaner, die sich wohl nicht wehren konnten – gaben der Partei Allahs ein hohes Maß an Popularität im islamischen Teil von Beirut. Die Organisation Amal des ehemaligen Rechtsanwalts Nabih Berri erhielt dort in Hisb'Allah eine deutliche Konkurrenz. Vor allem junge Menschen sahen sich durch den westlich-bürgerlich gekleideten Nabih Berri in keiner Hinsicht vertreten. Doch sie sahen auch in Hussein Musawi kaum den idealen Repräsentanten ihrer Vorstellung. Gerade die Jüngeren wünschten sich einen Führer aus der älteren Generation, einen, der aussah wie der Ayatollah Ruhollah Khomeini – und er fand sich in Sheikh Mohammed Hussein Fadlallah, einem Träger des Schwarzen Turbans, der ihn als Mitglied der Familie des Propheten, und damit selbstverständlich als Verwandten des Mächtigen in Iran auswies. Wie Khomeini war er kein Mann, der durch seine Statur Eindruck machte – im Gegensatz zum Imam Musa Sadr, der von großer Gestalt war. Sheikh Fadlallah ist eher als kleinwüchsig zu bezeichnen. Wer ihm begegnete, der wurde sympathisch berührt von Fadlallahs Art zu lächeln. Auf ihn traf Khomeinis Grundsatz »Ein Moslem lächelt nicht, weil er sich in jedem Augenblick im Dienste Allahs zu befinden hat« offensichtlich nicht zu.

Die Verlegung der Basen von Hisb'Allah aus dem Bekaatal nach Beirut und die Sympathiebeweise der jungen Schiiten brachten Fadlallah in eine prominente Position. Das Resultat war, daß er schon bald die Schuldzuweisungen für die Anschläge gegen amerikanische Einrichtungen zugedacht bekam. Die Radiostation der Maroniten in Beirut begann damit: Sie verbreitete die Meldung, Sheikh Fadlallah habe jedesmal die Fahrer der Sprengstoff-Lastwagen vor ihrer Abfahrt gesegnet; er sei der Verantwortliche für die todbringenden Attentate. Für die amerikanischen Geheimdienstbeamten wurde er zum Hintermann, der die Fäden in der Hand hielt im Entführungsfall William Buckley. Dieser Amerikaner galt offiziell in Beirut als politischer Beamter der amerikanischen Botschaft. In Wahrheit aber war er der Chef der CIA-Dienststelle in Beirut. Er ist am 16. März 1985 entführt worden.

Für CIA-Direktor William J. Casey stand fest, daß die Partei Allahs seinen Mitarbeiter entführt hatte, und daß die führenden Köpfe dieser Organisation genau wußten, wen sie gefangenhielten. Casey fühlte sich persönlich verantwortlich für das Schicksal dieser Geisel, denn ihm war klar, daß die Loyalität der Mitarbeiter seines Geheimdienstes nur dann abgesichert war, wenn jeder, der zur CIA gehörte, überzeugt war, die Organisation unternehme alles, um gefährdete Mitarbeiter zu retten. Im Fall William Buckley aber erwies sich CIA als machtlos. Die modernsten Mittel der Überwachung und Beobachtung halfen nicht, eine Spur des Entführten zu finden. Geldbeträge wurden halböffentlich ausgelobt für Informationen, die zum Versteck der Geisel führen konnten, doch war offenbar Geld kein Anreiz für mögliche Verräter in der Organisation, die William Buckley gefangenhielt. CIA-Direktor William J. Casey war bereit, sich über eine Direktive seines Präsidenten hinwegzusetzen, die direkte Kontakte mit Terrororganisationen ausdrücklich auch dann nicht gestattete, wenn dadurch Menschen aus der Hand von Geiselnehmern befreit werden konnten. Doch da herrschte Schweigen: Die Organisation bat nicht um Verhandlungen, stellte keine Forderungen. Sie war wohl zufrieden, gerade den Beiruter CIA-Chef gefangen zu haben. Ein Sonderkommando, das bereits nach Beirut beordert worden war, um den CIA-Residenten, wenn nötig, auch gewaltsam zu befreien, sah nicht den geringsten Ansatzpunkt für eine erfolgversprechende Aktion.

William J. Casey, der oberste Chef des Entführten, sagt selbst, er habe im Frühjahr 1985 ein Gefühl tiefer Demütigung empfunden. Besonders bitter war für ihn, daß er eingestehen mußte, ein durch ihn selbst eingefädelter Anschlag habe höchstwahrscheinlich die Entführung ausgelöst.

In den ersten Wochen des Jahres 1985 hatte William J. Casey Besuch des saudiarabischen Botschafters Prinz Bandar bekommen. Der Botschafter habe dabei die Anweisung des Königs Fahd befolgt, die Beziehungen seines Königreichs zum amerikanischen Geheimdienst zu verbessern. Der Grund dafür war die Kriegslage am Schatt al Arab. Von Monat zu Monat verstärkte sich der Eindruck, daß mit dem Sieg von Iran über Irak gerechnet werden müsse. In diesem Fall konnte das königliche Haus As Saud Rettung nur von der Weltmacht USA erwarten. Die amerikanische Regierung mußte dann gemäß der »Carterdoktrin« handeln, die besagte, Saudi-Arabien sei für die Interessen der Vereinigten Staaten so wichtig wie Texas. An diese Doktrin hatte Prinz Bandar den Chef des amerikanischen Geheimdienstes zu erinnern.

Um die Verbesserung der Beziehungen zur CIA durch eine freundliche Geste einzuleiten, bot der Vertreter Saudi-Arabiens Hilfe an für die Contras in Nicaragua. Mehrmals schon während der vergangenen Monate hatte die königliche Staatskasse ganz unbürokratisch ausgeholfen, wenn der amerikanische Präsident eingegangene Verpflichtungen gegenüber der antisandinistischen Bewegung nicht hatte einlösen können, weil sich der Kongreß auch weiterhin weigerte, einundzwanzig Millionen Dollar zu bewilligen. Diesmal wollte König Fahd drei Millionen Dollar auf ein Konto bei einer Genfer Bank überweisen lassen.

Als die Geldfrage geregelt war, wurde das Thema Iran-Irak-Konflikt angeschnitten. Prinz Bandar sagte deutlich, sein Land und die USA seien dabei in einem Punkt gemeinsam betroffen, und dieser Punkt sei der Terrorismus. Je selbstbewußter die Islamischen Revolutionäre durch Erfolge an der Front würden, desto stärker werde ihre Neigung, den Boden für ihre Revolution durch »Terrorakte« vorzubereiten. Opfer der Anschläge seien dann wohl Einrichtungen der Ölförderung in Saudi-Arabien oder diplomatische Vertretungen der USA im Nahen Osten; Beispiele dafür seien von den Revolutionären ja schon gegeben worden. Um ihnen zu zeigen, daß ihnen Grenzen gesetzt sind, müsse unbedingt ein spektakulärer Schlag gegen die Urheber des Terrorismus erfolgen. Daß ein solcher vernichtender Schlag durchgeführt werde, das sei im Interesse sowohl der Vereinigten Staaten als auch des Königreichs Saudi-Arabien.

Der CIA-Direktor und der saudiarabische Botschafter legten sofort das Ziel eines Anschlags gegen den Terrorismus fest: Sheikh Mohammed Hussein Fadlallah sollte getötet werden. Casey und Bandar waren sich einig, daß der Sheikh Drahtzieher gewesen sei bei den Sprengstoffattentaten gegen die amerikanischen Botschaften in Beirut, gegen das Hauptquartier der US-Marines und gegen die Unterkunft des französischen Kontingents der Internationalen Friedenstruppe. Solange der Sheikh unbehelligt in Beirut Haß gegen die USA und deren Verbündete predigen konnte, mußte mit weiteren Anschlägen gerechnet werden. Wenn schon die Schiiten Krieg führten gegen die USA im Libanon, dann sollte es den USA auch gestattet sein, zurückzuschlagen.

William J. Casey, der CIA-Direktor, wies jedoch sofort darauf hin, daß die Kontrolle des Geheimdiensts durch den Kongreß eigenständige Aktionen, die Gewaltanwendung bedingen, so gut wie unmöglich mache. Die Mitglieder des Kongresses seien immer noch der Meinung, Gewalt sei gegen Gewalt kein Mittel, das zu rechtfertigen sei. Um der Kontrolle durch den Kongreß zu entgehen, habe es sich CIA angewöhnt, die Dienste der Abwehrorgane anderer Staaten in Anspruch zu nehmen. Prinz Bandar verstand sehr wohl, was Casey erreichen wollte. Der saudiarabische Botschafter sagte zu, der Geheimdienst seines Landes werde den »Fall Sheikh Fadlallah« übernehmen.

Der Sheikh ahnte, daß eine Aktion gegen ihn vorbereitet wurde. Die für seine Sicherheit bei Hisb'Allah Zuständigen handelten rasch. Vor dem zehnstöckigen Haus im Beiruter Stadtteil Bir al Abed, in dem Fadlallah ein Appartement im fünften Stock bewohnte, wurden Sandsäcke aufgeschichtet; Bewaffnete bezogen dahinter Stellung. In der Straße vor dem Haus wurde das Parken von Autos verhindert, aus Angst, jemand werde ein Fahrzeug dort abstellen, das mit Sprengstoff beladen war.

Doch alle Vorsorge nützte nichts. Am Freitag, den 8. März 1985, fuhr ein Lastwagen in die Straße ein. In der Nähe des Appartementhauses, in dem der Sheikh wohnte, versuchte der Fahrer zu parken. Einer der Leibwächter schimpfte auf den Mann ein mit der Aufforderung, den Lastwagen aus der Straße zu fahren. Auf die Antwort des Fahrers, es dauere nur einen Augenblick, er müsse einen Ersatzreifen abholen, reagierte der Wächter mit Achselzucken. Er ließ den Mann gehen. Wenige Sekunden später detonierte die Ladung des Lastwagens. Druckwelle und Flammen zerstörten das Appartementhaus und die angrenzenden Gebäude. Sechsundneunzig Menschen starben, erschlagen von Trümmern, verbrannt von den Flammen. Zweihundertsechzehn Verwundete mußten in Krankenhäuser gebracht werden. Die Zahl der Opfer war deshalb so hoch, weil zum Zeitpunkt der Detonation das Freitagsgebet in der Moschee von Bir al Abed gerade zu Ende war. Viele der Gläubigen hatten für den Heimweg absichtlich die Straße vor dem Appartementhaus des Sheikhs benützt. Sie hatten gehofft, ihn zu erblicken. Doch der Geistliche hatte sich an diesem Vormittag nicht in seinem Haus befunden. So war ihm nichts geschehen.

Die für Sicherheit bei Hisb'Allah Verantwortlichen konnten Spuren der Attentäter verfolgen. Ein Engländer war der Organisator gewesen: Er hatte den Lastwagen besorgt und er hatte die Chefs der maronitischen Miliz veranlaßt, Sprengstoff zur Verfügung zu stellen. Nach Ansicht des Sicherheitsdienstes der Partei Allahs war die Durchführung der Aktion so angelegt, daß der Verdacht, Urheber zu sein, auf den israelischen Geheimdienst fallen sollte. Sheikh Fadlallah sah immer die USA als die Schuldigen an. Er ließ ein großes Tuch über die Ruine des Appartementhauses spannen mit der Aufschrift »Made in USA«.

Nach diesem Ereignis war es wohl kaum erstaunlich, daß wenige Tage später William Buckley, der Chef des CIA-Büros in Beirut, entführt wurde.

Bemerkenswert aber ist vor allem, daß Sheikh Fadlallah nach dem Anschlag auf sein Wohnhaus die Vereinigten Staaten in seinen Predigten nicht mehr beschimpft hat. Einmal sagte er, die »Botschaft«, die ihm gesandt worden sei, habe er wohl verstanden. Der damalige CIA-Direktor sah den Grund für Fadlallahs Zurückhaltung so: Die Saudis haben ihn enger an sich gebunden, nicht durch Geld, sondern durch Lieferung von Medikamenten und ärztlichen Geräten an die Partei Allahs. Botschafter Prinz Bandar soll der Meinung gewesen sein, es sei leichter gewesen den Sheikh für sich zu gewinnen, als ihn zu töten.

TWA: Travel with Amal

Drei Monate nach der Explosion von Bir al Abed – am 14. Juni 1985 – verlagerte sich der Krieg der Schiiten gegen die USA in die Luft. Zum Ort des Geschehens wurde ein Flugzeug der Gesellschaft TWA.

Es begann in Athen. Der Flughafen der griechischen Hauptstadt war häufig Ausgangspunkt von terroristischen Aktionen, da die Sicherheitsmaßnahmen dort leichter zu umgehen waren als anderswo. Zwei Passagieren war es in Athen gelungen, Pistolen und Handgranaten an Bord des TWA-Fluges 847 zu schmuggeln. Beides waren ihre Mittel, um die Besatzung der Boeing 727 zu zwingen, ihren Befehlen zu folgen. Flugkapitän John Testrake mußte den Kurs ändern. Beirut anzufliegen wurde ihm befohlen.

Auf dem Weg in die libanesische Hauptstadt handelten die beiden Entführer brutal. Augenzeugen, die an Bord waren, berichteten, Fluggäste seien geschlagen worden; auch eine Stewardeß mußte sich Mißhandlungen gefallen lassen. Das Opfer besonders unmenschlicher Behandlung wurde ein junger Mann, sein Name war Robert Dean Stethem; die Entführer hatten entdeckt, daß sein Ausweis ihn als Angehörigen der amerikanischen Marine bezeichnete. Stethem wurde für die Entführer zur Personifizierung des »Satans USA«.

Als die TWA-Maschine über Zypern zur Landung in Beirut in den Sinkflug überging, da wurde die Mannschaft des Towers auf dem libanesischen Flughafen unruhig. Sie hatte während der zurückliegenden drei

Tage bereits zwei Fälle von Flugzeugentführungen zu bewältigen gehabt. Zehn bewaffnete Schiiten hatten eine Linienmaschine der königlich-jordanischen Gesellschaft Alia in ihre Gewalt gebracht. Von Beirut aus hatte der Pilot erst Zypern, dann Sizilien und schließlich doch wieder Beirut ansteuern müssen. Die Forderung der schiitischen Entführer war gewesen, alle Palästinenser, die in den Lagern Sabra, Bourj al Baraschne und Schatila lebten, müßten aus dem Libanon weggebracht werden. Der Hintergrund dieser Forderung war, daß die palästinensischen Flüchtlinge dort in einer Stadtgegend lebten, die von den Schiiten beansprucht wurde. Als das Alia-Flugzeug entführt wurde, war in jenen Lagern schon drei Wochen blutig gekämpft worden. Die Amalmiliz des Nabih Berri hatte mit Waffengewalt verhindern wollen, daß Arafats PLO – im Sommer 1982 aus Sabra, Bourj al Baraschne und Schatila vertrieben – mitten im Schiitengebiet wieder Fuß faßte. Nabih Berri erinnerte sich an den Beginn der 80er Jahre, als die schiitische Bevölkerung des Südlibanons Klage führte, sie werde von den Palästinensern bevormundet; derartiges sollte sich nicht wiederholen. Die Forderung der Flugzeugentführer zu erfüllen, hätte die Deportation von etwa sechshunderttausend Menschen bedeutet. Die schiitische Kommandogruppe begriff schließlich selbst, daß sie zuviel verlangt hatte. In Beirut ließ sie die Geiseln frei, doch das Flugzeug wurde gesprengt.

Dies war der erste Fall der Entführungen jener Junitage 1985 gewesen. Einige der Passagiere, die das Aliaflugzeug unversehrt hatten verlassen können, wollten nun möglichst rasch die Hölle Beirut verlassen und bestiegen eine Maschine, die nach Zypern flog, um in Sicherheit auf dem Flughafen Larnaka abgestellt zu werden. Ehe das Flugzeug Zypern erreichte, stürmte ein junger Palästinenser ins Cockpit und erklärte die Maschine für entführt. Der Palästinenser wollte wiederum gegen die Unmenschlichkeit der Forderung der schiitischen Entführer vom Vortag protestieren, die Ausweisung der Palästinenser aus Sabra, Bourj al Baraschne und Schatila verlangt hatten. Nach Verhandlungen war der einsame Entführer bereit, auszusteigen und Larnaka in Richtung Jordanien zu verlassen.

Waren diese zwei Fälle rasch beendet worden, so ahnten die Verantwortlichen des Towers Beirut schon beim Anflug der TWA-Maschine, daß diese Entführungsaffäre mehr Nerven kosten würde. Flugkapitän John Testrake hatte über Funk berichtet, einige der Passagiere würden brutal mißhandelt; die Schmerzensschreie seien im Cockpit zu hören. Ein solcher Vorgang war neu in der Geschichte der Entführungen von Flugzeugen – die Geiseln waren zwar häufig angebrüllt und herumgestoßen, nie aber ernsthaft geschlagen worden. Diese zwei Entführer legten es jedoch darauf an, ihre Gefangenen zu terrorisieren. Ihre Brutalität mußte als Anzeichen dafür gewertet werden, daß sie auch darauf vorbereitet waren, ihre Drohung, das Flugzeug zu sprengen, wahr zu machen.

Die von John Testrake sehr ruhig, aber eindringlich vorgebrachte Analyse der Situation an Bord überzeugte die Tower-Besatzung des Flughafens Beirut: Sie gab dem TWA-Flug 847 Landeerlaubnis. Das Flugzeug wurde neben der nur wenige Stunden zuvor gesprengten Alia-Maschine abgestellt.

Die zwei Entführer verlangten, ein Mann der Amalmiliz, der zur Führung gehöre, habe auf den Flughafen zu kommen, um an notwendigen Verhandlungen teilzunehmen. Doch niemand aus der Führungsspitze von Amal zeigte sich im Tower. Keiner meldete sich, der Gesprächspartner der Entführer sein wollte. Da offenbar das Schweigen des Towers ihre Nerven angriff, begannen die zwei Geiselnehmer wieder auf den Amerikaner Stethem einzuschlagen. Diesmal waren die Schreie des Gequälten auch, über Funk, im Tower zu hören. Nach einiger Zeit des Wartens sagten die Entführer endlich, was sie erreichen wollten: 766 Libanesen, allesamt Schiiten, die von der israelischen Armee bei Razzien verhaftet worden waren, sollten freigelassen werden.

Als die Forderung gestellt war, begann die Nervosität der Entführer noch zu steigen. In allen Fällen der Flugzeugentführung zeigt es sich, daß die Ausführenden überaus gereizt sind, solange die Maschine am Boden steht. Die Ursache liegt in der Ungewißheit, aus der sich die Entführer nicht befreien können: Sie wissen nicht, was hinter oder unter dem entführten Flugzeug vor sich geht. Die Entführer können nie sicher sein, daß nicht eine Spezialeinheit besonders trainierter Kämpfer bereits dabei ist, sich auf die Erstürmung des Flugzeugs vorzubereiten. In Beirut war dies zwar unwahrscheinlich, jedoch nicht ganz auszuschließen. Wirklich sicher fühlen sich Flugzeugentführer allein in der Luft: Da sind sie unbestritten die Herren der Maschine. Um rasch wieder in die Luft zu kommen, verlangten die zwei, die inzwischen als libanesische Schiiten zu identifizieren waren, die sofortige Auftankung der Boeing 727 und den Weiterflug in Richtung Algier. Neunzehn Passagiere, ältere Frauen und Männer und Mütter mit Kindern, durften das Flugzeug verlassen.

In Algier gaben die zwei Schiiten weitere einundzwanzig Geiseln frei – um, wie die beiden selbst sagten, den Menschen im Westen zu beweisen, daß Schiiten gütige Menschen seien. Doch der Ausbruch menschlicher Gefühlsregungen konnte sehr rasch wieder in Brutalität umschlagen. Erneut wurden die Männer unter den Gefangenen gequält, wobei ganz besonders amerikanische Geiseln als Opfer ausgesucht wurden. Immer wieder, so erinnerten sich die Entführten später, habe einer der Schiiten gerufen »Einer der Amerikaner muß sterben!«

Wie zuerst in Beirut, fand sich nun auch in Algier kein Gesprächspartner für die Entführer. Es war keineswegs so, daß die arabischen Regierungen Sympathie empfunden hätten für Schiiten, die Zivilflugzeuge entführen. Die Verantwortlichen in Algier wollten nichts mit der Affäre zu tun haben – sie konnte es sich jedoch auch nicht leisten, die Passagiere dadurch zu gefährden, daß der Flughafen Algier das Problem dieser Flugzeugentführung nicht zur Kenntnis nahm. Doch im Tower des Flughafens waren nur Fluglotsen anzusprechen, die keine politische Verantwortung trugen. Sie gaben den Entführern den Rat, nach Beirut weiterzufliegen; allein dort sei eine Lösung ihres Problems zu erwarten. Die zwei Schiiten befolgten den Rat.

Die Flugaufsicht in der libanesischen Hauptstadt versuchte auch diesmal wieder, die Schwierigkeiten von sich fernzuhalten: Sie verweigerte die Landegenehmigung. Die Entführer wußten jedoch, wie der Widerstand zu brechen war: Sie teilten über Funk mit, der Pilot sei angewiesen, die Maschine in die Glaskanzel des Towers zu steuern. Die Drohung wirkte. Der TWA-Flug 847 durfte wieder in Beirut landen.

Sechzehn Stunden hatte die Entführung bisher gedauert. Niemand hatte von verantwortlicher Position aus mit den Entführern verhandeln wollen. Da kein Ende der Aktion abzusehen war, wurden sie wieder von Frustration und Zorn gepackt. Sie stellten den Amerikaner Robert Dean Stethem in die Tür des Flugzeugs und erschossen ihn. Ungeklärt blieb, welcher der beiden Schiiten abgedrückt hat, und wer den Körper des Toten aus dem Flugzeug stieß. Als die Fluglotsen im Tower empört auf den Mord reagierten, erhielten sie zur Antwort: »Als die Amerikaner die Autobombe in Bir al Abed hochgehen ließen, da hat sich in Amerika niemand darüber empört, daß unschuldige Menschen ums Leben gekommen sind!« Dies war also der Grund, warum die Amerikaner an Bord besonders brutal behandelt wurden: Der Anschlag auf Sheikh Mohammed Hussein Fadlallah am 8. März desselben Jahres, bei dem sechsundneunzig Menschen ums Leben gekommen waren, galt als Tat des amerikanischen Geheimdiensts. Die Toten zu rächen, an welchem Amerikaner auch immer, galt im Bewußtsein der Schiiten nicht als Unrecht.

Nach dem Mord an Robert Dean Stethem verschwanden die beiden Entführer von Bord der Boeing 727; sie wurden ersetzt durch eine ganze Gruppe von Männern, die – wie ihre Vorgänger – bärtige Gesichter hatten. Die Zahl derer, die jetzt die Verantwortung in der Maschine übernahmen, konnte nie genau festgestellt werden. Kein Zweifel besteht, daß nun die Schiitenorganisation Amal die Kontrolle über den Entführungsfall übernommen hatte, jedoch nicht mit der Absicht, der Affäre ein unblutiges rasches Ende zu bereiten, sondern mit dem festen Willen, die Geiseln noch nicht freizugeben. Bedacht werden muß dabei, daß der Chef der Organisation Amal zu diesem Zeitpunkt Justizminister in der allerdings nicht funktionsfähigen libanesischen Regierung war. Für den Justizminister Nabih Berri war also das Festhalten von Geiseln kein Delikt, gegen das er eigentlich vorgehen mußte.

Möglich ist aber auch, daß er persönlich die Anordnung gab, das Flugzeug samt Geiseln habe Beirut, also den Bereich seiner Justizhoheit zu verlassen. Der TWA-Flug 847 startete erneut mit dem Ziel Algier.

Dort wurde das Flugzeug von einem libanesischen Schiiten erwartet, der eigentlich der dritte der ursprünglichen Entführer hätte sein sollen. Er hatte zwei Tage zuvor, als die Boeing 727 in Athen abflog, keinen Platz bekommen. Dieser Mann war dann, als die Entführung bekannt geworden war, dem Flughafensicherheitsdienst in der Transithalle aufgefallen. Aus Sorge, griechische Flugzeuge würden nun künftig Ziel schiitischer Entführer sein, wenn der Libanese in Haft blieb, wurde er, auf seinen Wunsch, nach Algier geflogen.

Auch in Algier erhielten die Entführer keine Antwort auf ihre Forderung, Israel müsse 766 libanesische Schiiten freilassen. Sie wußten nicht, daß Nabih Berri, der nie seine Kontakte zur amerikanischen Botschaft hatte abreißen lassen, längst die Regierung der Vereinigten Staaten dringend gebeten hatte, sie möge doch die Israelis dazu bringen, die gefangenen Schiiten in den Libanon zurückzubringen. Berri fand offene Ohren und Verständnis bei den Vertretern der USA in Beirut. Nach ihrer Meinung war die Verlegung der Gefangenen aus Lagern im Libanon in israelische Haftanstalten widerrechtlich erfolgt. Keiner der Gefangenen war zu irgendeiner Strafe verurteilt worden; sie waren von israelischen Soldaten auf der Suche nach Verdächtigen im Südlibanon zusammengetrieben und abtransportiert worden. Rechtlich war die weitere Inhaftierung der 766 Männer in Israel nicht aufrechtzuerhalten – sie war nach der Genfer Konvention völkerrechtswidrig. Nabih Berri wies die amerikanischen Diplomaten darauf hin, daß nach seiner Meinung die Israelis in diesem Fall zuerst Geiseln genommen hätten. Ihm wurde auch gar nicht widersprochen, doch baten die Vertreter der USA um Verständnis: ihr Präsident sei nun willens, jedes Nachgeben gegenüber Terroristen zu verhindern. Die amerikanische Regierung sei deshalb überhaupt nicht in der Lage, den Israelis auch nur einen freundschaftlichen Rat zu geben, die 766 Schiiten jetzt freizulassen. Die Terroristen und die ganze Welt würde glauben, Amerika habe sich dem Druck gebeugt.

Wenn sie auch keine Antwort auf die Forderungen gaben, so verhandelten doch die algerischen Behörden diesmal mit den Entführern. Als Gegenleistung für die Lieferung von Treibstoff und Lebensmitteln gaben die Amalmilizionäre wieder Gefangene frei. Dreiundvierzig Geiseln behielten sie zurück. Jeder von ihnen war amerikanischer Staatsbürger, war Angehöriger des Landes, das den Schiiten als Personifizierung des Satans galt. Mit den Amerikanern an Bord flog die Boeing 727 nach Beirut zurück.

Sonntag, der 16. Juni 1985 war angebrochen. Auf dem Flughafen des Libanon sprach einer der Entführer den Text eines Kommuniqués über die Funkbrücke vom Flugzeug zum Tower: »Im Namen Allahs, des Allerbarmers, des Barmherzigen. Amerika und Israel sollen wissen, daß wir keine der Geiseln mehr freilassen werden, solange nicht unsere Brüder aus den israelischen Gefängnissen in die Freiheit gehen können.

Das Internationale Rote Kreuz muß sich unserer Forderung annehmen, und zwar rasch, ehe es zu spät ist. Hätten die Israelis nicht unsere Brüder im Südlibanon festgenommen, wären wir nie zu dieser Aktion gezwungen gewesen. Wir sind keine Verbrecher und keine Luftpiraten. Wir kämpfen um unser Recht. Unsere Würde können wir nur mit Waffengewalt wiederherstellen. Nur noch einmal werdet ihr alle von uns hören. Unsere letzte Mitteilung, die kommen wird, bleibt euch für immer im Gedächtnis. Möge Allah euch recht leiten!«

Den ganzen Sonntag über – es ist der dritte Tag der Entführung – stand die Boeing der TWA auf dem Flughafen Beirut. Angst herrschte an Bord, der amerikanische Präsident könne überreagieren, wie einst im Fall der Geiseln von Teheran Jimmy Carter kopflos und erfolglos reagiert hatte. Die Sorge war, auch Ronald Reagan werde in einem Akt der Verzweiflung die Befreiung der Geiseln durch ein militärisches Unternehmen anordnen. Das Risiko einer solchen Aktion kannten alle: Geschah die Befreiung nicht in Sekundenschnelle, lösten die Entführer die Sprengung der Maschine aus. In Beirut waren an jenem Tag tatsächlich Gerüchte zu hören, der amerikanische Flugzeugträger Nimitz bewege sich auf die libanesische Küste zu. Stoßtrupps würden demnächst an Land gehen zum Kampf gegen die Schiiten. Die Gerüchte veranlaßten die Chefs der Amalmiliz, die Geiseln am Montag in aller Frühe aus dem Flugzeug zu holen. In zwei abgedeckten Lastwagen, in denen jede Sicht nach draußen unmöglich war, wurden die Gefangenen durch offenbar sehr belebte Straßen gefahren. Lange dauerte die Fahrt nicht, dann befanden sich die Fahrzeuge in einer Tiefgarage. In unterschiedliche Räume wurden die Amerikaner aufgeteilt. In einigen der dunklen Unterkünfte waren die Erschütterungen von detonierenden Granaten zu spüren; Gefechtslärm war zu hören. Anzunehmen ist also, daß die Geiseln in den Stadtvierteln Sabra, Bourj al Baraschne und Schatila versteckt wurden, denn gerade dort tobten in jenen Tagen heftige Kämpfe: Die Amalmiliz wollte Arafats Anhänger, die in diesen ehemaligen Palästinenserlagern wieder Basen eingerichtet hatten, ein für allemal vertreiben.

Einige der Geiseln, zum Beispiel vier Männer, in deren Ausweisen die Zugehörigkeit zur amerikanischen Armee vermerkt war, waren schlechter untergebracht als die anderen. Sie vermuteten, daß sie sich in der Gewalt von Angehörigen der Hisb'Allah befanden. Sie wurden auch weiterhin bedroht, ihre Erschießung sei nicht zu vermeiden. Spürbar war jedoch auch in ihrem Fall eine für fast jeden Entführungsfall zutreffende Übereinstimmung der Situation: Die Geiseln hatten Angst vor den unmittelbar bevorstehenden Ereignissen – ihre Bewacher aber auch. Sie lebten genauso versteckt wie die Geiseln. Sie waren allem Anschein nach nicht sicher, ob die Menschen draußen vor dem Versteck damit einverstanden waren, was drinnen geschah.

Nach einer Woche Gefangenschaft in Kellern und Wohnungen veränderte sich die Situation der Geiseln: Einige wurden zum Flughafen Beirut transportiert, um dort Pressekonferenzen für westliche Fernsehteams zu geben. Ihre Bewacher gaben zu erkennen, daß sie zur Amalmiliz des Nabih Berri gehörten. Sie benahmen sich äußerst korrekt, enthielten sich jeder Drohung und versuchten sogar, ihren Gefangenen durch Beschaffung nötiger Medikamente oder besonderer Lebensmittel zu helfen. Es geschah sogar, daß sich Bewacher und Geisel sympathisch fanden, sich zu mögen begannen.

Um diese Zeit gab der Chef der Amalmiliz zu erkennen, daß er tatsächlich seine Männer angewiesen hatte, Partner der Hisb' Allah in diesem Entführungsfall zu werden, um zu verhindern – wie er sagte –, daß die Entführten weiterhin mißhandelt wurden. Nabih Berri war darauf aus, doch noch eine Verhandlungslösung zu erreichen. Durch seine Kontakte mit amerikanischen Diplomaten sollte dies gelingen. Der Schiitenchef hatte während seiner ersten Gespräche mit US-Vertretern in Beirut Verständnis gefunden für die Empörung der Schiiten über die willkürliche Inhaftierung ihrer Glaubensgenossen im Südlibanon. Er hatte aber auch feststellen müssen, daß die noch in der amerikanischen Botschaft arbeitenden Diplomaten – das Personal war nach den Bombenanschlägen einschneidend an Zahl und Qualifikation reduziert worden – nicht den Mut besaßen, dem State Department in Washington außergewöhnliche Maßnahmen vorzuschlagen. Sicher war aber, daß Ronald Reagan immer stärker unter Druck der öffentlichen Meinung in den USA geriet, hatte er doch bei Amtsantritt versprochen, in seiner Regierungszeit werde Amerika keine derartige Schmach hinnehmen müssen, wie unter Jimmy Carter, der keine Lösung gefunden hatte für die amerikanischen Geiseln in der Teheraner US-Botschaft. Eine militärische Aktion zur Befreiung der Gefangenen stand im derzeitigen Fall überhaupt nie zur Diskussion, weil die Schiiten die Männer und Frauen auf unterschiedliche Stadtgebiete verteilt hatten. Reagan strebte unbedingt eine Verhandlung an – und darin trafen sich seine Interessen zum Glück mit denen von Nabih Berri.

Der Justizminister in der nicht funktionierenden libanesischen Regierung brauchte einen Prestigeerfolg, um seiner Miliz gegenüber Hisb'Allah größere Anziehungskraft auf jugendliche libanesische Schiiten zu verschaffen. Gelang es ihm, die 766 Männer aus israelischen Gefangenenlagern herauszuholen, dann war er der Held der Schiiten. Groß war allerdings die Gefahr, daß er scheiterte; dann war er auch im internen Konkurrenzkampf der Verlierer, und mit ihm verlor seine Organisation. Nabih Berri mußte mit einem wirklich Verantwortlichen der US-Diplomatie reden, um ihm die Situation deutlich zu machen: Eine Zunahme der Popularität von Hisb'Allah konnte nicht im Interesse der Vereinigten Staaten liegen, denn sie hätte eine Steigerung des Kampfes dieser radikalen Organisation gegen amerikanische Interessen bedeutet, und zwar sowohl an Qualität als auch an Intensität.

Die Bemühen der Beiruter Diplomaten hatten nun doch zur Folge gehabt, daß Außenminister George Shultz Robert McFarlane, einen Mann mit Nahosterfahrung, zu Gesprächen mit Nabih Berri autorisierte, was bereits einen Bruch des laut proklamierten Grundsatzes bedeutete, die Vereinigten Staaten würden auf gar keinen Fall mit Geiselnehmern in Verhandlungen eintreten.

Was im zerstörten Beirut als unwahrscheinlich galt, gelang: McFarlane und Nabih Berri konnten telefonisch miteinander reden. Der Schiitenführer hielt eine Prozedur für durchführbar, die vorsah, daß die israelische Regierung versprach, sie werde die 766 Schiiten in absehbarer Zeit, wenn auch nicht zu einem genau festgelegten Termin freilassen. McFarlane bestand darauf, den Israelis einen Spielraum zu lassen, der ihnen die Chance gab immer zu sagen, die Freilassung der Schiiten sei schon länger geplant gewesen, und habe nichts mit dem Ausgang der Geiselaffäre in Beirut zu tun. McFarlane zweifelte allerdings, ob die Mitglieder der Organisation Hisb'Allah wohl mit einer Lösung einverstanden sein konnten, die ihnen den Triumph raubte, sagen zu können, sie hätten durch ihre Aktion den Satan USA und den Satan Israel in die Knie gezwungen.

Nabih Berri, der sich kein Scheitern der Verhandlungen mit McFarlane leisten konnte, mußte zugeben, er habe nur einen Teil der Geiseln in seiner Hand und er habe mit den Verantwortlichen von Hisb'Allah Schwierigkeiten, weil sie Kämpfer und keine Diplomaten seien. Doch auch der amerikanische Unterhändler wurde von Schwierigkeiten gehemmt, die im Charakter eines Mitverantwortlichen in den trickreichen Verhandlungen begründet waren: Präsident Reagan hielt es für richtig, gerade während der Stunde der entscheidenden Gespräche eine Rede zu halten, in der er die Geiselnehmer als Unmenschen beschimpfte, die unbedingt für ihre verbrecherische Tat büßen müßten.

Während die Führung der Organisation Amal auf die Äußerungen des Präsidenten nicht reagierte, war der Zorn der Kader von Hisb'Allah zu spüren. Als sich Nabih Berri und Robert McFarlane einig waren, nach der Prozedur zu verfahren, die sie sich ausgedacht hatten – spätere Freilassung der 766 Schiiten durch Israel –, da weigerte sich die Partei Allahs dieses »unehrenhafte Geschäft« mitzumachen; die Geiseln, über die sie verfügte, sollten nicht die Freiheit bekommen. Damit war für Stunden die Lösung des Problems gefährdet. Nabih Berri sprach diesmal im Namen von Hisb'Allah, als er verlangte, das amerikanische Außenministerium müsse eine Erklärung abgeben, die als Neutralisierung der harschen Worte des Präsidenten gewertet werden könnte. McFarlane setzte schließlich in Washington durch, daß der Sprecher des State Department den in der amerikanischen Hauptstadt auf Nachrichten aus

Beirut wartenden Journalisten erklärte, die Vereinigten Staaten würden alles unternehmen, um »die Leiden der libanesischen Bevölkerung zu lindern«. Dieser Text, der nichtssagend war, bewirkte, daß am 30. Juni 1985 alle Geiseln Beirut verlassen und in Autobussen nach Damaskus fahren konnten, um von dort aus auf dem Umweg über die Bundesrepublik in die USA zu fliegen. Auf einem der Busse war in großen Buchstaben die Schrift zu lesen »TWA: Travel with Amal«.

Als die Freigelassenen noch nicht ihre Heimat, die Vereinigten Staaten, erreicht hatten, da begann die israelische Regierung damit, das Verfahren zur Freigabe der 766 gefangenen Schiiten einzuleiten: Der Antrag wurde gestellt auf eine Abstimmung in der Knesseth. Der Weg der bürokratischen Umständlichkeit wurde deshalb gewählt, um jeden Anschein zu vermeiden, die »Entlassung der Libanesen aus der Untersuchungshaft« stehe in irgendeinem Zusammenhang mit der Lösung der Geiselaffäre um den TWA-Flug 847. Die Rückkehr der Schiiten mußte als völlig normaler Vorgang erscheinen, der längst schon vor dem verhängnisvollen 14. Juni 1985 geplant und vorbereitet worden war. Die naheliegende Maßnahme, die Entlassung zu verzögern, wurde von der israelischen Regierung verworfen – sie ließ die Vereinigten Staaten nicht im Stich. Innerhalb einer Woche nach der Freilassung der Geiseln war die Hälfte der 766 Schiiten bereits in den Libanon zurückgebracht und in ihre Dörfer transportiert worden. Nach und nach wurde die zweite Hälfte in Freiheit gesetzt.

Die Schiiten insgesamt konnten triumphieren. Trotz aller Vorkehrungen der israelischen Behörden, den Eindruck zu erwecken, die Geiselaffäre habe nicht zur Entlassung der Schiiten aus der Untersuchungshaft geführt, wußten es die Schiiten besser. Zwei Helden hatten den Erfolg errungen: Die zwei schiitischen Männer, die am 14. Juni die Boeing 727 auf dem Flug von Athen nach Rom entführt hatten. Sie hatten die Freilassung der 766 Glaubensbrüder erkämpft – davon waren die Menschen in den Städten und Dörfern des Südlibanon überzeugt. Die beiden, daran gab es keinen Zweifel, waren Mitglieder der Hisb'Allah. Dieser Organisation fiel in erster Linie der Triumph zu. Jedoch stieg auch Amal wieder im Ansehen der Schiiten, hatten sich doch die Kontakte des Nabih Berri zu den US-Diplomaten überaus bewährt.

Gelungen war den Geiselnehmern die erneute Demütigung der amerikanischen Regierung. Die Besetzung der Botschaft in Teheran – sie geschah im Zeitraum der Jahre 1979, 1980 und 1981 – hatte 444 Tage gedauert; die Geiselaffäre des Jahres 1985 war nach siebzehn Tagen durchgestanden. Obgleich die Nervenbelastung sich auf einen weit geringeren Zeitraum zusammendrängte, zeigte es sich, daß Ronald Reagan ihr so wenig gewachsen war, wie einst Jimmy Carter. Deutlich wurde wieder einmal die Hilflosigkeit gegenüber entschlossenen Geiselnehmern, die über das Leben der von ihnen gefangenen Menschen verfügen. Dem Präsidenten und seinem Außenminister blieb nur übrig damit zu drohen, daß die Vereinigten Staaten alles unternehmen würden, um »die Verbrecher vor Gericht zu stellen«, die den Amerikaner Robert Dean Stethem erschossen hatten. Die Schiitenführer in Beirut aber konnten entgegnen: »Wir raten den Vereinigten Staaten zur Vorsicht, denn noch immer befinden sich sieben Personen mit amerikanischen Pässen in unserer Gewalt!« Diese Geiselfälle gemeinsam zu lösen mit der Affäre des TWA-Flugs 847 war nicht gelungen.

Eineinhalb Jahre nach den dramatischen Tagen des Juni 1985 schien Präsident Ronald Reagan seinem erklärten Ziel nahe zu sein, wenigstens einen Mörder des Amerikaners Stethem vor Gericht zu bringen. Die Identifizierung der Personen war schwierig gewesen. Beide hatten sich zwar am Ende des Geiseldramas in der Transithalle des Beiruter Flughafens für eine Presseerklärung den Journalisten und den Kameras gezeigt, jedoch mit verhülltem Gesicht. Fotos existierten von einem der Entführer, der mit einer Pistole in der Hand Drohgebärden aus dem Fenster der Pilotenkanzel machte, doch deutlich zu erkennen war das Gesicht nicht. Erkenntnisse, die vom immer noch funktionierenden libanesischen Geheimdienst gesammelt und analysiert wurden, gaben dem amerikanischen Justizministerium die Überzeugung, der Mörder heiße Mohammed Ali Hamade. Die schiitische Großfamilie Hamade gilt im Libanon als der starke Kern der Kämpfer innerhalb der Organisation Hisb'Allah. Die jungen Männer des Clans Hamade, der wahrscheinlich dreißigtausend Menschen umfaßt, sind der festen Überzeugung, den Schiiten des Libanon, die bisher zu den Unterprivilegierten zählten, sei Unrecht geschehen. Die Schiiten müßten durch »Kampf ans Licht« geführt werden. Ihre Feinde sehen sie in den Maroniten, die, nach schiitischer Meinung, die Moslems im Libanon ausgebeutet haben, und die Amerikaner, die das Regime der Maroniten mit Hilfe der Israelis auch weiterhin an der Macht halten wollen. Als Feind gilt auch der französische Staat, der die sunnitische Herrschaft des »Teufels Saddam Hussein« über die in der Mehrzahl schiitischen Menschen von Irak durch Waffenlieferungen gefestigt hat. Daß die Franzosen Sympathie entwickeln für die Maroniten des Libanon, ergänzt das Feindbild der libanesischen Schiiten, und damit auch der Angehörigen der Großfamilie Hamade: Frankreich ist die Stütze der effektivsten Gegner der Schiiten; Frankreich hilft Saddam Hussein im Iran-Irak-Konflikt und es gibt den Maroniten im Libanon Hilfestellung für den Kampf um die Bewahrung des christlichen Staats. Hinter Frankreich aber stehen die Vereinigten Staaten, die Drahtzieher aller Verschwörungen gegen den schiitischen Islam. Die Franzosen aber sollten dafür bestraft werden, daß sie sich zum Werkzeug hergaben.

Sein Wille, den Franzosen zu schaden, führte zur Verhaftung von Mohammed Ali Hamade auf dem Frankfurter Flughafen im Januar 1987. Er gab an, Wein aus dem Libanon mitzubringen, doch bei näherer

Untersuchung des Flascheninhalts zeigte es sich, daß er aus dem Sprengstoff Methylnitrat bestand. Mohammed Ali Hamade wurde verhaftet.

Auf diesen Augenblick hatte die amerikanische Justizbehörde gewartet. Sie verlangte die Auslieferung von Mohammed Ali Hamade an die Behörden der Vereinigten Staaten, da er beschuldigt werde, den US-Bürger Stethem ermordet zu haben, und dafür vor einem amerikanischen Gericht zur Rechenschaft gezogen werden müsse. Kompliziert wurde die Situation wenige Tage später durch die Ankunft des Bruders von Mohammed Ali Hamade – sein Name ist Abbas Hamade – in Frankfurt. Auch er wurde verhaftet, unter der Beschuldigung, er habe unmittelbar vor seinem Abflug in Beirut die Entführung der beiden Deutschen Rudolf Cordes und Alfred Schmidt veranlaßt.

In der Tat befanden sich die beiden Deutschen in der Gewalt schiitischer Entführer, die eng mit dem Hamade-Clan verbunden waren. Nach der Ansicht der Führung von Hisb'Allah, die offiziell darauf hinwies, sie habe mit der Affäre nichts zu tun, war der Fall ideal für einen Austausch: Untersuchungsgefangene gegen Geiseln. Dies war jedoch nicht möglich. Jeder Ansatz einer Einigung ohne Einschaltung von Gerichten wurde von der amerikanischen Justizbehörde vereitelt, die Auslieferung verlangte. Sie war höchstens zu dem Zugeständnis bereit, die Zuständigkeit deutscher Gerichte zu akzeptieren. Daß Mohammed Ali Hamade schließlich nicht an die USA ausgeliefert wurde, schuf die Basis für die Lösung der Geiselaffäre Schmidt und Cordes. In zeitlich großem Abstand wurden beide freigelassen.

Als zweiter positiver Faktor im Verhalten der Behörden der Bundesrepublik Deutschland wurde von den Verantwortlichen der Schiiten im Libanon die Tatsache gewertet, daß Mohammed Ali Hamade sich vor einer Jugendstrafkammer zu verantworten hat. Strittig war die Frage gewesen, ob der Angeklagte zum Zeitpunkt der Entführung des TWA-Fluges 847 nach libanesischem Recht noch Jugendlicher war oder nicht. Nach Anhörung von Sachverständigen nahm das Gericht an, Mohammed Ali Hamade sei im Juni 1985 jünger als einundzwanzig Jahre gewesen. Er konnte damit ein milderes Strafmaß erwarten. Daß er an der Flugzeugentführung beteiligt gewesen war, gab der Angeklagte zu. Daß er Robert Dean Stethem erschossen habe, konnte ihm nicht nachgewiesen werden.

Als die Forderungen der Entführer gestellt worden waren, während des ersten Aufenthalts der gekaperten Maschine in Beirut, da war nicht nur von den 766 Schiiten die Rede gewesen, sondern auch von siebzehn Glaubensgenossen, die im Gefängnis des Emirats Kuwait saßen. Diese siebzehn wurden dann allerdings bei späteren Verhandlungen im Verlauf der Affäre nicht mehr erwähnt. Sie blieben in kuwaitischer Haft.

Sie waren von einem kuwaitischen Gericht für schuldig befunden worden, am 12. Dezember 1983 die amerikanische Botschaft im Emirat Kuwait durch einen Sprengstoffanschlag zerstört und sechs Menschen getötet zu haben. Die Gruppe hatte einen Lastwagen mit fünfzig Gasflaschen beladen, in denen sich Plastiksprengstoff befand. Einer war dann vor die US-Botschaft gefahren und hatte die Ladung gezündet. Ein zweiter Lastwagen hatte die Raffinerie Shueiba zum Ziel; auf ihm lagen zweihundert mit Sprengstoff gefüllte Gasflaschen. Zum Glück für die Männer, die an den Raffinerieanlagen beschäftigt waren, detonierte nur eine geringe Zahl der zweihundert Sprengkörper. Hätten die Zünder funktioniert, wäre die petrochemische Anlage von Shueiba im Feuersturm vernichtet worden. Das Ziel der Attentäter des Jahres 1983 war gewesen, der Welt zu beweisen, daß die sunnitische Familie As Sabah, die Kuwait seit der Mitte des achtzehnten Jahrhunderts regiert, das Emirat nicht mehr im Griff hat, daß die Schiiten zur beherrschenden Kraft geworden sind. Um zu demonstrieren, daß das Emirat noch immer der Sippe As Sabah gehört, ließ der Emir harte Urteile verkünden. Die Todesurteile sind allerdings nie vollzogen worden.

Da die Flugzeugentführung des Jahres 1985 den in Kuwait verurteilten Schiiten keine Befreiung bringen konnte, sollte eine im Frühjahr 1988 durchgeführte Aktion den gewünschten Erfolg bringen. Am 5. April wurde ein Jumbojet der Kuwait Airways, Flug KU 422, der sich auf dem Flug von Bangkok ins Emirat am Persisch/Arabischen Golf befand, von zwei Männern in ihre Gewalt gebracht. Die Route nach Kuwait wurde unterbrochen zur Landung auf dem Flughafen der nordiranischen Stadt Mashad. Dort befindet sich das Heiligtum des Imam Ali Al Rida, des Achten Imam in der Kette der direkten Nachfolger des Propheten Mohammed.

Drei Tage lang bleibt der Jumbojet der Kuwait Airways in Mashad stehen. Von Bord gehen dürfen arabische Passagiere, die schiitischen Glaubens sind. Freigelassen werden auch alle Europäer und Amerikaner. Festgehalten werden kuwaitische Bürger sunnitischen Glaubens.

Diese Entführung unterscheidet sich wesentlich von den vorangegangenen: Nicht der »Satan USA« ist der Gegner, sondern die Sunniten im eigenen Emirat – und ganz besonders die Emirfamilie selbst. Ein männliches Mitglied des inneren Kerns des Clans As Sabah befand sich an Bord. Offensichtlich hatten die Entführer das Objekt ihrer Aktion wegen dieses Familienmitglieds ausgewählt.

Daß die Organisatoren der Entführung an eine längere Dauer der Aktion dachten, war daran abzulesen, daß sie auf dem Flughafen Mashad den Jumbojet mit Maschinenwaffen und Sprengstoff beladen ließen. Die zwei Männer, die auf dem Flug von Bangkok her die Piloten zur Kursänderung gezwungen hatten, waren nur schlecht bewaffnet gewesen. Jetzt stiegen andere Männer mit bärtigen Gesichtern in das Flugzeug, und sie waren mit allem Notwendigen ausgerüstet, um den Jumbojet samt den Passagieren zu vernichten. Bemerkenswert war, daß die iranischen Behörden auf dem Flughafen Mashad das Beladen der Maschine mit Kriegsmaterial nicht verhindert hatten. Dies gilt als Beweis für ihr Einverständnis mit der Tat. Berichtet wird auch, der Flugverkehr sei schon am Tag vor der Landung des Jumbojets in Mashad nicht mehr normal abgewickelt worden; die Flughafenbehörden hätten sich zu dieser Zeit auf die Aktion vorbereitet.

Am 8. April 1988 verläßt der Flug KU 422 Mashad im Norden von Iran. Die Islamische Republik Iran wird überflogen, ebenso Irak und Syrien. Beirut ist das Ziel. Die Besatzung im Tower des dortigen Airports war jedoch angewiesen, auf keinen Fall die Fehler vom Juni 1985 zu wiederholen; damals hatten die Fluglotsen den eindringlichen Bitten des Piloten der TWA-Maschine nachgegeben, und Landeerlaubnis erteilt. Als sich der Jumbojet der Kuwait Airways den Landebahnen von Beirut näherte, da waren die Pisten durch Busse und Feuerwehrfahrzeuge blockiert. Mehrfach versuchte der Pilot die Landung, doch er fand keinen Streifen der Rollbahn, der lang genug gewesen wäre, um die Maschine ausrollen zu lassen.

Zu diesem Zeitpunkt sagte der Emir von Kuwait in der Öffentlichkeit: »Für uns ist das Flugzeug bereits ins Meer gestürzt. Es kommt jetzt nur noch darauf an, die Menschen zu retten, die vielleicht noch im Wasser schwimmen.«

Die Härte der Verantwortlichen in Kuwait, die den Tod der zweiundfünfzig Passagiere in Kauf nahmen, um zu demonstrieren, daß sie vor Khomeinis Partei Allahs nicht auf die Knie sanken, hatte ihre Auswirkung in Beirut: Die Schiitenorganisation Amal des Nabih Berri hielt den Kontrollturm Beirut besetzt, und verweigerte den Männern von Hisb'Allah den Zugang. Es war Amal, die ihren schiitischen Brüdern die Landung nicht erlaubte.

Es war die Absicht der Entführer gewesen, die Geiseln, wie zuvor im Juni 1985, in Beirut aus dem Flugzeug zu holen, um sie in unterschiedlichen Wohnungen in den schiitischen Stadtteilen zu verstecken. Damit wäre die Voraussetzung geschaffen gewesen für Verhandlungen in unbegrenzter Dauer. Niemand hätte die Geiseln befreien können. Auf die Dauer, so war die Kalkulation des Hisb'Allah, würde der regierende Clan As Sabah zermürbt nachgeben müssen. Gedacht war von den Organisatoren, daß der Flughafen Beirut am Tag der Ankunft des Flugs KU 422 in der Gewalt der Hisb'Allah war, doch diese Grundlage der gesamten Operation zu schaffen, war der radikalen Gruppierung nicht gelungen.

Als die Besatzung des Kontrollturms des Flughafens Beirut nicht zu erweichen war, dem Jumbojet der Kuwait Airlines die Genehmigung zur Landung zu geben, drohte dem Flugzeug tatsächlich die Gefahr, ins Meer zu stürzen: Der Kraftstoff war bei den versuchten Landeanflügen zu Ende gegangen. Im wahrhaft letzten Augenblick gab die Luftaufsichtsbehörde des Airport Larnaka auf Zypern, der von Beirut aus innerhalb von fünfzehn Minuten zu erreichen ist, die Landepiste frei.

Die Landung in Larnaka bedeutete, daß der Zweck der Flugzeugentführung verfehlt worden war. Auf Zypern, in der Nähe einer britischen Militärbasis, konnten die Geiselnehmer nicht vor einer gewaltsamen Befreiung ihrer Gefangenen sicher sein. Obgleich sie sich nicht in der libanesischen Hauptstadt befanden, handelten die Angehörigen der Partei Allahs so, wie ihre Vorbilder im Sommer 1985: Sie erschossen einen Menschen. Hatten die zwei Entführer des TWA-Flugzeugs den Amerikaner Robert Dean Stethem getötet, der für sie ein Mitglied der verteufelten amerikanischen Armee war, die in Beirut auf seiten des verhaßten maronitischen Regimes ihre hochtechnisierten Waffen eingesetzt hatte, so wählten die Entführer des Jumbojets der Kuwait Air den Leibwächter des Mitglieds der Emirfamilie As Sabah aus, der sich an Bord befand. Die Leiche des Leibwächters wurde auf das Rollfeld geworfen.

Doch auch dieser Akt äußerster Gewalt brachte die Emirfamilie nicht dazu, sich auf Verhandlungen mit den Entführern einzulassen. Von Larnaka aus flog der Jumbojet nach Algier, aber dort war kein Signal aus Teheran zu hören, das sich auf Einlenken hätte deuten lassen. Die Entführer stellten Ultimaten, doch diese blieben ohne Reaktion. Der Emir von Kuwait konnte die Entwicklung in Ruhe abwarten, denn der Beginn des heiligen Fastenmonats Ramadan näherte sich – eine Zeit, in der, nach Anweisung des Propheten Mohammed, Gläubige nicht gegen Gläubige kämpfen dürfen. Die Geiseln waren zwar Sunniten, doch sie waren Moslems, und deshalb durch das Wort des Gesandten Allahs geschützt. Als der Fastenmonat tatsächlich begonnen hatte, da erhielten die Entführer des Jumbojets der Kuwait Airlines über Funk den Befehl, die Geiseln freizulassen. Am sechzehnten Tag der Geiselaffäre verließen die Geiselnehmer im Morgengrauen in Algier das entführte Flugzeug und verschwanden.

In Teheran sagte Ali Akbar Haschemi Rafsandschani an diesem Tag der Niederlage: »Es sieht so aus, als ob die Zeit nicht mehr für uns arbeitet!«

Im Sommer 1985, als sich die Passagiere des TWA-Fluges 847 noch in der Gewalt der Geiselnehmer befanden, da war zu spüren, daß die Organisation Hisb'Allah und Amal von Teheran aus nicht ermutigt wurden, auf jeden Fall durchzuhalten, bis die 766 gefangenen Schiiten die israelischen Lager verlassen hatten. Keiner der führenden Geistlichen in Iran war vorher über die Aktion unterrichtet worden. Khomeini war überrascht worden. Im Fall der Entführung des Flugs 422 der Kuwait Air war das Gegenteil geschehen: Die Führung in Teheran hatte ein Zeichen setzen wollen für ihren Anspruch, die Islamische Revolution vorantreiben und ausbreiten zu wollen. Dieses Zeichen hätte weltweite Beachtung finden sollen. Doch die Aktion war mit einer Blamage zu Ende gegangen. Nicht unbeteiligt daran war der syrische Staatspräsident, Hafez Assad, der im Konflikt zwischen Iran und Irak der Verbündete der Ayatollahs in Teheran war, dem jedoch der zunehmende Einfluß der von der iranisch orientierten Geistlichkeit abhängigen Partei Allahs mißfiel. Hafez Assad betrachtete den Libanon historisch als Teil des syrischen Gebiets: Das Libanongebirge hatte bis zur Gründung des libanesischen Staates im Jahre 1943 zu Syrien gehört – es mußte wieder zu Syrien zurückkehren. Wurde es erst von Freunden der Iraner beherrscht, war der syrische Anspruch kaum mehr aufrechtzuhalten.

Im Frühjahr 1988 war dem Präsidenten in Damaskus Seltsames zu Ohren gekommen: Da hatten seine Soldaten an einem Checkpoint auf der Straße zwischen dem Bekaatal und der Stadt Saida im Südlibanon einen Lastwagen kontrolliert, auf dessen Ladefläche sie Sprengstoff vermutet hatten. Gefunden hatten sie dann, in Kisten verpackt, Geldscheine mit dem Aufdruck »Islamische Republik Libanon«. Hergestellt worden war diese Währung in Iran. Ein anderes Fahrzeug wurde wenige Tage später auf der gleichen Strecke angehalten, weil es den syrischen Soldaten verdächtig erschien. Auch dessen Ladung bestand nicht aus Sprengstoff und war dennoch brisant: Es transportierte Briefmarkenbögen mit dem Hoheitsaufdruck »Islamische Republik Libanon«. Die Gründung des theokratischen Staates Libanon stand also unmittelbar bevor; er sollte diesen Anzeichen nach demnächst im Süden des Libanon ausgerufen werden. Diese religiös-politische Entwicklung mußte der Mächtige in Damaskus auf jeden Fall verhindern.

Der syrische Staatschef Hafez Assad, Jahrgang 1930, gilt als Schiit. Er gehört der schiitischen Sekte der Alawiten an, deren Anhänger vor allem im Nordosten Syriens leben. Die Alawiten glauben, daß Mohammed nur ein Prophet der nach ihm kommenden Verkörperung Allahs gewesen sei. Ali, der Schwiegersohn des Gesandten Allahs, sei dann in Wahrheit die Inkarnation Allahs gewesen, der die volle Anbetung zuteil werden müsse. Im neunten Jahrhundert n. Chr. hat dieser Glaube in einer eng umgrenzten syrischen Region Wurzeln geschlagen.

Hafez Assad ist keineswegs ein fanatischer Anhänger der alawitischen

Glaubenslehre. Für ihn ist die eigene Sekte vor allem ein Instrument der Machtausübung. Er kann sich auf die Solidarität der Alawiten verlassen, und deshalb hat er dafür gesorgt, daß wichtige Schaltpositionen im syrischen Staat mit Angehörigen dieser Religionsgruppe besetzt sind. Eine Besonderheit kommt ihm zugute: Ehrgeizige Männer, die Alawiten waren, hatten in der Vergangenheit meist nur geringe Aussicht auf befriedigende Karrieren in einem Staat, dessen Bevölkerungsmehrheit sunnitisch war. Da bot sich einem jungen Mann, der etwas werden wollte, allein das Militär als Rahmen für das Fortkommen an. Das sunnitische Establishment in Damaskus besaß traditionell nur geringe Neigung zum Militärdienst; diese Pflicht überließen sie gerne der Minorität. Für die Sunniten rächte sich diese Vernachlässigung des militärischen Sektors: Als die alawitischen Offiziere gegen ein korruptes sunnitisches Regime erfolgreich putschten, da war es für sie eine Selbstverständlichkeit, zur Absicherung der eigenen neuerworbenen Macht, Männer ihres Vertrauens in die Führungsposten der Ministerien, und vor allem in die entscheidenden Ämter der Sicherheitsbehörden einzusetzen.

Auch wenn für Hafez Assad und seine Mitarbeiter die Zugehörigkeit zur schiitisch-alawitischen Glaubensgemeinschaft keinen ausgesprochenen Glaubenseifer auslöste, so ist sie doch ein Faktor der politischen Orientierung. Sie machte ihm das Bündnis mit der schiitischen Führung in Teheran leichter. Im Iran-Irak-Konflikt stand die Regierung in Damaskus unbeirrt auf seiten Khomeinis.

Die Zusammenarbeit stieß jedoch dann auf Grenzen, wenn der Libanon betroffen war. Zornig wurde Hafez Assad, als der Ayatollah davon sprach, der Libanon müsse eine Schiitische Islamische Republik werden; dies sei ein von Allah gesetztes lohnendes Ziel. Khomeini beschränkte sich nicht auf wortreiche Verkündigung des Zieles, er ordnete an, die Organisation Hisb'Allah sei in ihrem Kampf zur Schaffung der Islamischen Republik Libanon aufs äußerste zu unterstützen. Daraufhin flossen bald schon beachtliche Geldmittel auf Konten, die Mitarbeiter des Sheikhs Fadlallah zu verwalten hatten. Das Resultat war, daß Hisb'Allah zur einzigen Miliz im Libanon wurde, die in der Lage war, ihre Kämpfer in Dollar zu bezahlen. Dies war in einem Land mit dreistelliger Inflationsrate von unschätzbarem Wert: Die Milizionäre bekamen den Sold in harter Währung. Sie hatten Geld auf der Hand, das nicht über Nacht entwertet wurde. Das war Geld, von dem die Familien leben konnten. Kein Wunder, daß die Organisation von jungen Männern, die aufgenommen werden wollten, bedrängt wurde.

Der Zustrom gab Hisb'Allah das Selbstvertrauen, Khomeinis Auftrag zu erfüllen, die Gründung der Islamischen Republik Libanon voranzutreiben. Sheikh Mohammed Hussein Fadlallah war im Frühsommer 1988 damit beschäftigt, der Islamischen Verfassung des künftigen Staates, die bereits im Spätherbst 1987 formuliert vorlag, den letzten redaktionellen

Schliff zu geben. Der Text hielt sich ziemlich genau an das iranische Vorbild. Rücksicht auf die christlich-maronitische Minderheit war nicht vorgesehen; auch sie sollte sich den islamischen Gesetzen unterwerfen.

Keinem Syrer, ob er nun Alawite war oder nicht, konnte diese Entwicklung gefallen, denn es war vorauszusehen, daß bei steigendem iranischen Einfluß die Macht von Damaskus im Libanon schwinden würde. Für Hafez Assad konnte es nur eine Strategie geben: Die Kampfkraft von Hisb'Allah mußte gebrochen werden. Nabih Berri, als Chef der Organisation Amal ein treuer Verbündeter des syrischen Präsidenten – immer hatte sich Berri auf syrischen Schutz verlassen können –, war bereit, den Kampf mit Hisb'Allah aufzunehmen. Zum Dank für diese Bereitschaft wurde Amal mit beachtlichen Waffenlieferungen aus Damaskus bedacht. Besonders wertvoll war die Lieferung von schwerer Artillerie und von sechzig Panzern.

Um die Zeit, als die Entführung des Jumbojets der Kuwait Airways geschah, tobte die Schlacht um den Südlibanon. Wie es häufig im langen libanesischen Bürgerkrieg geschehen war: An einem, mit Blick auf den Gesamtkonflikt nahezu unbedeutenden Zwischenfall entflammte sich das Spannungsfeld. Iranische Diplomaten hatten sich im Süden Beiruts geweigert, an einem Amal-Checkpoint den Kofferraum ihres Fahrzeugs zu öffnen. Sie waren daraufhin von den Amal-Milizionären verprügelt worden. Die iranische Flagge, die sich im Auto befunden hatte, war verbrannt worden. Hisb'Allah ergriff Partei für die mißhandelten Iraner: Ein Stoßtrupp wurde losgeschickt, um auf den Amal-Posten zu feuern. Dieser Überfall löste eine entschlossene Reaktion der Amalführung aus: Sie gab ihrer Artillerie den Befehl zum Dauerbeschuß der Stellungen von Hisb'Allah. Wenig später begann der Panzerangriff der Amal. Die Kommandeure von Hisb'Allah hatten nichts gewußt vom Waffengeschenk des syrischen Präsidenten an die Konkurrenzorganisation. Sie wurden von der Kampfkraft des Gegners überrascht. Nur vier Tage dauerte der Kampf, dann war Teherans Einfluß im Südlibanon gebrochen. Der Unterschied in der Feuerkraft zwischen Amal und Hisb'Allah ist daran zu ermessen, daß die Freunde des Ayatollah etwa zweihundert Tote, die Männer von Nabih Berri nur ungefähr fünfzig Tote zu bestatten hatten.

So wurde der April des Jahres 1988 zum Wendepunkt im Kriegsglück der Islamischen Revolution. Im Libanon hatte es sich gezeigt, daß der Höhepunkt überschritten war: Die spektakuläre Flugzeugentführung hatte sich zum sinnlosen Akt des Terrorismus entwickelt, und der Südlibanon, der Ausgangspunkt zur von der Schiitenführung vielbeschworenen Schlacht um Jerusalem war verlorengegangen. In Teheran mußte sich Innenminister Ali Akbar Mohtaschemi, der für die Entführung der Maschine der Kuwait Airways die Verantwortung übernommen hatte, herbe Kritik gefallen lassen, er habe in der Planung zu naiv gehandelt.

Weniger bemerkt von der Weltöffentlichkeit, mußte Iran auch im Konflikt um den Persisch/Arabischen Golf Verluste hinnehmen, die bei größerer Weitsicht vermeidbar gewesen wären. Im Herbst 1987 hatte die iranische Heeresleitung mit der Entwicklung an der Front zufrieden sein können. Die Insel Al Fao befand sich in der Hand der »Wächter der Revolution«. Auf der Landkarte nur ein winziger Punkt im Salzsee zwischen der Insel Bubyjan und dem irakischen Festland, doch für die Realität des Krieges von strategischer Bedeutung. Die Insel Al Fao liegt etwa in der Mitte zwischen der irakischen Stadt Basra und der Hauptstadt des Emirats Kuwait. Von Al Fao aus konnten Raketen vom Typ Seidenraupe, die Iran von den Chinesen erworben hatte, zielsicher sowohl nach Basra als auch nach Kuwait abgefeuert werden. Dazuhin befindet sich Al Fao präzise auf der Grenzlinie zwischen Irak und dem Emirat Kuwait. Nicht weit entfernt auf dem Festland verläuft die Straße, die Basra mit der Stadt Kuwait verbindet. So lag Al Fao für die iranischen Soldaten am Tor zu zwei erstrebenswerten Zielen: Zur zweitwichtigsten Stadt des Irak und zum Palast der verhaßten sunnitischen Emirfamilie in Kuwait. Die Strategen in Teheran waren der Meinung, sie brauchten nur zwischen den beiden Zielen zu wählen.

Sowohl in Basra als auch in Kuwait wurde 1987 die Herbstoffensive mit Furcht erwartet. Aufnahmen der amerikanischen Aufklärungssatelliten, die durch die amerikanische Botschaft in Baghdad dem irakischen Generalstab zur Verfügung standen, zeigten, daß die Wächter der Revolution dreihunderttausend Kämpfer zusammengezogen hatten, um einen entscheidenden Schlag zu führen. Für die Abwehr der kommenden, von Massen vorangetragenen Offensive blieb der irakischen Armee nur ein Kampfmittel übrig, das geeignet war, Massen von Gegnern zu vernichten: Die chemische Waffe, das Gas Tabun. Der Einsatz dieser Waffe bereitete das Ende des Krieges vor. Gegen das Gas hatte Iran nichts einzusetzen – vor allem fehlten Gasmasken. Daß sie jemals gebraucht werden würden, daran hatte in Teheran niemand gedacht.

Die Gasmasken hätten den jungen Kämpfern die Angst vor dem Tod durch das Gas nehmen können. Lähmend hatte sich diese Angst auf die Gemüter der Soldaten gelegt. Dabei war nicht wesentlich, daß die »Pasdaran« mit dem sicheren Tod konfrontiert waren, wichtig für sie war eher, auf welche Weise im Gaskrieg gestorben wurde. Seit dem Tod des Märtyrers Husain, der bei Kerbela seinen vielen Wunden erlegen war, die ihm von den Bewaffneten des Kalifen Jezid beigebracht worden waren, gehörten Wunden zum Märtyrertum. Die Wunden waren der Beweis, daß ein Mann würdig war, als Märtyrer ins Paradies einzugehen. Starb ein Mann durch die Waffe Gas, dann trug er keine Wunde am Leib. Die Frage wurde diskutiert bei den durchaus todesbereiten jungen Iranern: »Sind wir Märtyrer, wenn wir durch das Gas unser Leben verlieren? Steht uns das Paradies offen?«

Da ihnen allen der Eintritt ins Paradies als Endziel ihrer menschlichen Existenz unauslöschbar ins Bewußtsein geprägt war, jagte ihnen die Erkenntnis Schrecken ein, der Tod im Kampf für die Islamische Revolution, der bisher nach ihrer Überzeugung den Lohn des Einzugs ins Paradies erbracht hatte, bleibe künftig ohne diesen Lohn. Die Fragestellung um die Problematik von Tod durch Gas schwächte die Kampfkraft der iranischen Armee derart, daß die alles entscheidende Offensive nicht stattfinden konnte. Im Frühjahr 1989 machten Enthüllungen deutlich, daß Firmen der Bundesrepublik entscheidend am Aufbau der Fabrik mitgearbeitet hatten, in der das Giftgas für die irakische Armee hergestellt worden ist. In den Moscheen von Qum und Teheran waren bald darauf Worte zu hören, die das Verhältnis zwischen Iran und der Bundesrepublik belasten können. Die Worte lauten: »Der Tod ist ein Meister aus Deutschland!«

Der Einsatz des Giftgases veränderte die Kriegslage. Da der Erfolg sich an der Landfront im Schatt al Arab nicht erzwingen ließ, verlagerte sich die Energie der Islamischen Revolution auf den Tankerkrieg, in der Hoffnung, den Ölstaaten Kuwait und Saudi-Arabien durch Beschießung der Öltransporter, die beladen aus den Häfen der beiden Staaten kamen, das Geschäft zu zerstören. So sollte ihnen die Neigung genommen werden, dem »Teufel Saddam Hussein« die Kriegskosten zu finanzieren. Waren die Tanker im Jahre 1986 noch weitgehend wehrlos den Angriffen iranischer Kleinschnellboote ausgeliefert gewesen, so hatte sich die Situation 1987 entscheidend verändert: Amerikanische Kriegsschiffe versuchten, Tanker im Persisch/Arabischen Golf gegen die Attacken zu schützen. Hatte Zbigniew Brzezinski vor Ausbruch des Krieges versprochen, die USA würden »positive Neutralität« gegenüber Irak bewahren, so galt dieses Versprechen auch jetzt. Irakische Luftangriffe gegen Tanker, die iranisches Öl geladen hatten, blieben ungesühnt – hatten die Iraner geschossen, zerstörten amerikanische Flotteneinheiten umgehend zwei Ölförderplattformen der Iraner. Im April 1988 fuhren die Zerstörer »McCormick« und »Merrick« auf die iranische Bohrplattform Sassan zu, die ziemlich genau in der Mitte zwischen dem iranischen und dem saudiarabischen Ufer des Persisch/Arabischen Golfs liegt. Die Besatzung der Bohrplattform wurde gewarnt, in fünf Minuten beginne die Beschießung. Trotz der knapp bemessenen Frist gelang es den Ingenieuren und Arbeitern, die künstliche Insel zu verlassen. Pünktlich auf die Sekunde, eröffneten die Zerstörer das Feuer. Die Bohrinsel Sassan sank im Feuersturm in sich zusammen.

Nicht weit entfernt von Sassan feuerten zur selben Zeit die amerikanischen Fregatten »Simpson« und »Bagley« auf die iranische Ölplattform »Nasser« und zerstörten sie völlig. Die Förderarbeiten auf dem gesamten

Ölfeld Sirri, auf dessen Ertrag Iran Hoffnungen gesetzt hatte, mußten daraufhin eingestellt werden. Diese Maßnahme bedeutete einen Verlust von täglich 300 000 Barrel Öl, die jeweils Einnahmen von mehr als vier Millionen Dollar bedeutet hatten. Die Kriegslage zwang zur Aufgabe der Ölförderung. Für die iranische Ölproduktion war die Situation mitten im Persisch/Arabischen Golf zu unsicher geworden.

Die Führung in Teheran war gezwungen zu reagieren, wenn sie nicht Gefahr laufen wollte, sämtliche Einnahmen aus den Offshore-Ölförderungen zu verlieren. Sie gab deshalb Befehl zur angemessenen Rache. Wenige Stunden später griffen fünf der iranischen Kleinschnellboote das Ölfeld Mubarak an, das vor der Küste des Emirats Schardscha liegt. Die »Wächter der Revolution« feuerten mit Maschinengewehren und schossen Raketen ab. Die wenigsten ihrer Geschosse trafen allerdings; die Anlagen wurden nur leicht beschädigt. Sie mußten jedoch zur Reparatur für mehrere Wochen stillgelegt werden.

Radio Teheran aber feierte die Aktion als Sieg gegen den »Satan USA«, denn das Ölfeld Mubarak befinde sich in amerikanischem Besitz. Dies war allerdings ein Irrtum. Vier Fünftel des Kapitals für Mubarak waren vom Emirat Schardscha aufgebracht worden; zwei kleinere Gesellschaften, keine von ihnen war in amerikanischem Besitz, teilten sich die restlichen 20 Prozent der Kapitaleinlagen.

Die falsche Wahl des Ziels hatte noch einen anderen, für die Planer in Teheran wenig schmeichelhaften Aspekt: Die Einnahmen aus der Förderung des Ölfelds Mubarak werden, wegen umstrittener Besitzverhältnisse, die den Meeresboden zwischen der iranischen und der arabischen Küste betreffen, je zur Hälfte zwischen dem Emirat Schardscha und Iran geteilt. Der Förderausfall, der durch die wochenlange Reparatur der Schäden bedingt war, brachte somit nicht nur der Staatskasse des Emirats Schardscha, sondern auch der iranischen Finanzverwaltung Einnahmeverluste.

Der Irrtum, das Ölfeld Mubarak zum Angriffsziel auszuwählen, gab in Teheran den Kräften Auftrieb, die der Meinung waren, es sei Zeit, mit dem politisch-militärischen Laienspiel aufzuhören. Da war die Ansicht zu hören, der Krieg sei stümperhaft geführt worden, habe unnötig viele Menschenleben gekostet. Der Krieg sei nicht die Methode, um die Islamische Revolution weiter zu verbreiten.

Allen Bemühungen, mit Irak zu einer Verständigung zu gelangen, stand das Wort des Ayatollah Ruhollah Khomeini im Wege, Allah verbiete den Waffenstillstand mit dem »Teufel Saddam Hussein«. Der Märtyrer Husain habe damals bei Kerbela zu keinem Augenblick daran gedacht, sein Schwert niederzulegen. Der Imam Husain habe sich töten lassen, ohne Kompromisse einzugehen. Die Richtung war durch den höchsten Geistlichen gewiesen: Ehe nicht Saddam Hussein gestürzt war, durfte nicht an eine Zeit des Friedens gedacht werden. Daß der Krieg bisher mehr als eine Million Menschenleben gekostet hatte, interessierte den Ayatollah nicht.

Während des Jahres 1988 war in Iran und im Ausland häufig davon die Rede, der religiös-politische Führer der Islamischen Republik sei so schwer krank, daß er nicht mehr in der Lage sei, das Schicksal der Menschen zu bestimmen. Sicher war, daß Kreislaufschwäche den alten Mann zum Aufenthalt in Krankenhäusern zwang, daß er weniger öffentliche Reden hielt, als jemals zuvor. Doch wer Einblick bekam in die Machtstruktur in den Zentren Qum und Teheran, der mußte feststellen, daß ohne Khomeinis Zustimmung keine Entscheidung getroffen werden durfte. Im Verhalten des Ayatollah waren allerdings Veränderungen spürbar. Er duldete Eigenmächtigkeiten der von ihm Abhängigen, die in früheren Jahren zu Todesurteilen für diejenigen führten, die ähnlich gehandelt hatten. Der einstige Außenminister Gotbsadeh hätte im Jahre 1988 für seine Abweichungspolitik nicht mehr vor ein Erschießungskommando treten müssen.

Einer, der seinen Weg beharrlich ging, auch an Khomeinis Willen vorbei, war der Parlamentspräsident Ali Akbar Haschemi Rafsandschani.

Den Namen Rafsandschani trägt er, weil er aus der Kleinstadt Rafsandschan stammt – so wie Khomeini seinen Namen vom Ort Khomein ableitet. Rafsandschanis Mutter lebt noch immer in der Heimat des inzwischen einflußreichen Mannes. Wer die Verhältnisse in Teheran mit spöttischem Sinn betrachtet, der freut sich über die Anekdote, die Mutter antworte auf die Frage, wie es ihrem Sohn gehe, mit der Bemerkung: »Ganz ausgezeichnet, denn er ist jetzt Schah in Teheran«.

Das Geburtsjahr des Ali Akbar Haschemi Rafsandschani ist 1934. Noch zur Zeit des Schahs Reza Khan lernte er in der islamischen Grundschule, Maktab genannt, den Koran auswendig. Als Schah Mohammed Reza Pahlavi Flucht und Rückkehr aus dem kurzen Exil hinter sich gebracht hatte, da war Rafsandschani alt genug, um sich in Qum in Glaubensdingen weiterzubilden. Khomeini wurde sein Lehrer. Dem Ayatollah gefiel dieser streitbare junge Mann, der mutig Protestdemonstrationen anführte, wann auch immer eine Regierungsmaßnahme des

Schahs den Geistlichen mißfiel. Rafsandschani gewann vor allem die Freundschaft von Khomeinis Sohn Ahmed. Als Khomeini durch seine Predigten den Schah derart gereizt hatte, daß der Herrscher den Ayatollah außer Landes verwies, folgte ihm sein Schüler Rafsandschani nicht ins Exil nach Nedjef in Irak.

Auch ohne Khomeini setzte der Geistliche, dessen Studium ihn inzwischen bis zum Rang des Hodschat al Islam geführt hatte, die Propaganda gegen die Monarchie fort. Er gehörte zu denen, die Jahre hinter Gittern verbringen mußten. Als er seine Freiheit wiederbekam, kümmerte er sich weniger um Politik, sondern mehr um sein eigenes Glück: Die Tochter eines reichen Kaufmanns wurde seine Frau, und es gelang ihm, den schwiegerväterlichen Wohlstand durch Ankauf und Verkauf von Baugrund in Teheran zu mehren. Den Vorwurf, Rafsandschani habe zur Schahzeit spekuliert, hat allerdings auch später niemand erhoben. Er blieb weiterhin ein Geistlicher gehobenen Ranges, der nie von sich sagen durfte, er gehöre, wie Khomeini zu den Nachkommen des Propheten Mohammed – seinem bescheideneren Stand entspricht der helle Turban. Trotzdem war Rafsandschani nicht jedem anderen Geistliche seines Ranges vergleichbar. Sein eigentlicher Name lautet Ali Akbar Haschemi. Er zeigt an, daß sich der Namensträger zur Sippe Haschem zählt, zu den Haschemiten – und zu dieser Sippe hatte einst der Prophet gehört. Rafsandschani ist kein Nachkomme des Propheten in direkter Linie; er ist aber immerhin ein entfernter Verwandter, der ein gewisses Maß an Respekt zu erwarten hat. Es gelang Rafsandschani dazuhin, sich als Autor von Büchern einen Namen als Mann von Wissen und Geist zu schaffen.

Daß er Khomeinis Schüler und zwei Jahre Häftling im Savakgefängnis gewesen war, bildete eine solide Grundlage für raschen Aufstieg nach dem Sieg der Islamischen Revolution. Khomeini gab ihm Sitz und Stimme im Islamischen Revolutionsrat. Unter all denen, die sich in diesem Kreis als bedeutend erachteten, war er ein Mann, der zu analysieren und zu argumentieren wußte. Was Rafsandschani sagte, hatte Sinn. Wenn es neben dem allmächtig scheinenden Ayatollah Ruhollah Khomeini überhaupt eine Persönlichkeit in der Islamischen Republik gab, die eigenständig zu denken und handeln versuchte, dann war es der islamische Hodschat al Islam Rafsandschani. Seit 1980 ist Rafsandschani der Vorsitzende des Parlaments in Teheran.

Daß er dem Tod entrann, weil er am 20. Juni 1981 wenige Minuten vor der Detonation einer Sprengladung den Tagungsort verließ, an dem er gerade mit Beheschti gesprochen hatte – der Ayatollah starb, unter Trümmern begraben –, hat Gerüchte entstehen lassen, er habe durch das von ihm selbst organisierte Attentat den Konkurrenten im Kampf um die Macht beseitigt. Rafsandschani profitierte von diesem Ereignis, bei dem zwei Ayatollahs und siebzig weitere Männer starben, die zu den Vertrauten Khomeinis gehörten; dem islamischen Regime standen danach nur noch wenige Führungspersönlichkeiten zur Verfügung. Dem Mangel konnte Rafsandschani abhelfen, denn er hatte eine große Zahl Bekannter und vor allem Verwandter. Manchem von ihnen hat er Abgeordnetensitze in dem von ihm geleiteten Parlament besorgt. Seinen Bruder Mohammed Haschemi ließ er zum Direktor des iranischen Rundfunks ernennen; der Bruder ist damit auch zugleich der Fernsehdirektor. In einem Land, das den Menschen keine große Auswahl an Unterhaltungsmöglichkeiten läßt, sind die elektronischen Medien von gewaltiger Bedeutung, die – wenn auch unter staatlicher Kontrolle – durch ihr Programm Abwechslung im Leben bieten.

Im Frühjahr 1981 wurde Rafsandschani von Khomeini zum Oberbefehlshaber aller Streitkräfte der Islamischen Republik ernannt. Der Ayatollah dachte, dieser energische Mann werde die Apathie überwinden können, von der die regulären Truppen, vor allem aber die Wächter der Revolution nach den Giftgaseinsätzen der Iraker befallen waren. Die Gespräche mit den Frontbefehlshabern, die Rafsandschani regelmäßig führte, ließen ihn bald erkennen, daß ihre Überzeugung, der Sieg könne noch erzwungen werden, gering geworden war. Vorbei war die Zeit, als dem Mobilisierungsaufruf des Parlamentspräsidenten Hunderttausende gefolgt waren, als lange Schlangen junger Männer vor den Rekrutierungsbüros gewartet hatten.

Ein Höhepunkt der Begeisterung der iranischen Jugend war im März 1987 erreicht gewesen. Da war der schlecht geführten Offensive »Kerbela 4«, die in der Weihnachtszeit 1986 begonnen hatte und nach wenigen Tagen zusammengebrochen war, die Offensive »Kerbela 5« gefolgt, bei der die iranischen Kämpfer schon über die Waffen verfügen konnten, die aus den Vereinigten Staaten von Amerika geliefert worden waren. Rafsandschani hatte für »Kerbela 5« das Ziel gesteckt gehabt, die Vororte von Basra zu erreichen, um die Einnahme der Stadt vorzubereiten. Damals war er Khomeinis persönlicher Vertreter im Obersten Verteidigungsrat gewesen, und ein heftiger Verfechter der Idee vom Sieg über Irak, von der Beseitigung aller Monarchien am Persisch/Arabischen Golf, und schließlich sogar von der Eroberung Jerusalems.

Als Rafsandschani dann selbst als Oberbefehlshaber Verantwortung zu tragen hatte, da bekam er zu spüren, daß die Zahl der Kämpfer unwichtig war, weil sie das niedrige Ausbildungsniveau nicht wettmachen konnte. Beim Gegner Irak war die Zahl geringer, doch der Trainingsstand der Soldaten war hoch angesetzt. Rafsandschani brauchte Zeit, um Khomeini deutlich zu machen, daß es nicht genügte, die Massen an die Front zu schicken, wenn sie nicht gelernt hatten, zu kämpfen. Khomeinis Idee, das Blut der Märtyrer werde den Sieg herbeizwingen, erwies sich als unrealistisch. Diese Wahrheit auszusprechen, wagte allerdings in Gegenwart des Ayatollah niemand. Unter seinen Augen war auch die Namensgebung für die Offensiven kein Thema, das besprochen werden durfte. »Kerbela« war ihre Bezeichnung. Kerbela war der Ort, wo der Prophetenenkel Husain zum Märtyrer geworden war. Das Wort Kerbela beinhaltet Leiden und Niederlage. Es bringt nicht Siegeszuversicht, sondern neues Märtyrertum. Die Neigung, Märtyrer zu werden – weit verbreitet unter der iranischen Jugend –, erlosch im Bewußtsein der Kämpfer, als die irakische Armeeführung immer rücksichtsloser die chemische Waffe Gas einsetzte.

Rafsandschani begann im Jahre 1988 vorsichtig zu testen, wie die Bevölkerung der Hauptstadt auf eine Kursänderung der Politik in Richtung Waffenstillstand reagieren würde. Die Möglichkeit zum Stimmungstest hatte er als Prediger beim Freitagsgebet. Zuerst vertrat er Khomeinis Standpunkt, ein Waffenstillstand mit dem »Teufel Saddam Hussein« sei ausgeschlossen, weil auch der Märtyrer Husain einst im Namen Allahs, des Erhabenen, jeden Waffenstillstand mit dem »Teufel, mit dem Kalifen Jezid«, abgelehnt habe. Nur einen Monat später aber bekamen die Gläubigen in der Moschee zu hören, daß auch die Zeit des Friedens von Allah gesegnet werde, weil sie dem Menschen die Ruhe gebe, sich intensiv in das Gebet zu versenken.

Dem Prediger war es wohl wichtig, auch zu erforschen, wie die übrige Geistlichkeit reagiere, und wie vor allem der Ayatollah in Qum zu Gedanken der Friedensbereitschaft stehe. Khomeini selbst schwieg in der Öffentlichkeit, was als Zeichen dafür zu werten war, daß er noch immer Krieg »bis zum von Allah gewollten Endsieg« führen wolle. Während Khomeini Rafsandschani ohne Antwort ließ, schrieb er an den Ayatollah Husein Ali Montazeri, den er sich zu seinem Nachfolger wünscht, diese Worte: »Wer den Frieden mit dem Teufel Saddam will, der ist ein Verräter am Geist des Propheten!«

Der Ayatollah Khomeini hoffte, im Ayatollah Montazeri einen Verbündeten in der Ablehnung jeglicher Bemühungen um Waffenstillstand zu finden.

Khomeini hat sich einen Nachfolger ausgewählt

In der ersten Hälfte der 50er Jahre gehörte Husain Ali Montazeri zu den Schülern Khomeinis in Qum. Er war eher eine farblose Person in jener Zeit. Er besaß nicht das Geschick des Schülers Rafsandschani, der sich mit Khomeinis Sohn Ahmed angefreundet hatte; er hatte nicht die Ausstrahlung des Mohammed Husain Beheshti, der durch Kraft und Eigenwilligkeit imponierte. Was Khomeini an Montazeri gefiel, war die stille, unaufdringliche Art, in der er lebte und arbeitete.

Als Montazeri schon über dreißig Jahre alt war, hatte er es so weit gebracht, seinem Lehrmeister derart nahe zu sein, daß er auch dessen Räume betreten durfte, wenn Khomeini sonst niemand sehen wollte, weil er die Stunden des Tages ganz dem Gebet zu widmen hatte. Montazeris Aufgabe war es dann, dem Ayatollah über die Vorgänge im theologischen Seminar zu berichten. Für den Schüler, der sich inzwischen Sheikh Montazeri nennen durfte, war es eine Ehre, wenn es ihm erlaubt war, mit seinem Lehrer Reis und saure Milch als Abendessen einzunehmen.

Montazeri, der Lernende, war Zeuge gewesen, als Khomeini im März 1963 dem Schah den offenen Kampf ansagte. Ins Exil nach Nedjef folgte Montazeri dem Ayatollah nicht. Er blieb in Qum; dort predigte er weiter im Sinne des Verbannten, doch in sehr gemäßigter Wortwahl. Eigene Gedanken zu entwickeln, dazu fühlte sich der Schüler nicht verpflichtet. Dazu bestand auch keine Notwendigkeit, denn er gehörte zum sehr engen Empfängerkreis der Briefe, die Khomeini als Schulungsmaterial aus Nedjef an Deckadressen in Teheran schickte. Die Briefe an Montazeri wurden vom Geheimdienst Savak nicht abgefangen.

Montazeri war zu Beginn der 70er Jahre angewiesen, eine Organisation zu begründen, wie sie im Libanon der Imam Musa Sadr geschaffen hatte. In diesem noch vorrevolutionären Stadium der iranischen Entwicklung war die libanesische Organisation Amal Vorbild für die Schaffung einer Dachorganisation, der sich die Schiiten – Geistlichkeit und normale Gläubige – zugehörig fühlen konnten.

Der Aufbau von Amal im Libanon war gelungen; den Erfolg im Libanon zu kopieren, mißlang Sheikh Montazeri. Der erfolgreiche Imam Musa Sadr rückte vor auf der Liste der Bevorzugten Khomeinis. Da war ein Geistlicher, im schwarzen Turban, der ein Verwandter Khomeinis war, der sich unter schwierigen Umständen bewährt hatte. Dem Ayatollah behagte besonders die Theorie des Imam, die menschliche Gesellschaft teile sich auf in »mustakbarin« und »mustazafin« – in Starke und Schwache. Die Schwachen, dazu gehört die Mehrzahl aller Menschen, sind diejenigen, die eine Anleitung zur Lebensführung brauchen, weil ihnen das religiös-intellektuelle-politische Rüstzeug fehlt. Die Schwachen sind nach dieser Theorie gar nicht in der Lage, ihre eigene Situation einzuschätzen, deshalb dürfe man nicht dem Irrtum verfallen, ihnen demokratische Rechte einräumen zu wollen. Die mustakbarin, die Starken, aber sind keineswegs die Menschen mit Einsicht – also die Geistlichen –, sondern die aktuellen Machthaber, etwa die führenden Köpfe der Maroniten im Libanon oder der Schah des Iran. Die Staatstheorie des Imam Musa Sadr besagt, es sei die Aufgabe der Mullahs, den mustakbarin die Macht aus den Händen zu entwinden. Khomeini hat diese Gedankengänge akzeptiert und weiterentwickelt.

Zwischen Imam Musa Sadr und Khomeini aber gab es Mißtrauen, das schwer zu überwinden war: Nicht zu übersehen war, daß der Schah Mohammed Reza Pahlavi Gefallen an dem jungen Geistlichen gefunden hatte, und zu bemerken war auch, daß manchmal der Geistliche den Monarchen durchaus sympathisch fand. Das Verschwinden des Imams in Libyen im Jahr 1977 hatte den Schah empört. Khomeini schwieg. Zu diesem Zeitpunkt war der Imam Musa Sadr bereits nicht mehr als möglicher Nachfolger des Ayatollah gefragt gewesen.

Montazeri war inzwischen höher gestiegen in der Hierarchie der Geistlichen: Er durfte sich ebenfalls Ayatollah nennen, und hatte damit den einstigen Mitschüler Rafsandschani überflügelt, der nur den Titel Hodschat al Islam führte: Doch ein Erlebnis war beiden zuteil geworden: Die Verhaftung und Einkerkerung. Den Savakagenten mußte schließlich doch auffallen, daß sich Montazeri bemühte, Kader einer Organisation aufzubauen, die ihre Zentren in den Moscheen der größeren Städte des ganzen Landes hatten. Verdächtigt, auf den Sturz des Schahs hinzuarbeiten, war Montazeri verhaftet worden. Später übernahm der Sohn Mohammed Ali Montazeri Teile des Bereichs, in dem der Vater Husain Ali Montazeri gewirkt hatte. Der Sohn organisierte in Isfahan während der aktiven Phase der Revolution den Kampf gegen amerikanische Militärtechniker, die eine Hubschrauberstaffel zu betreuen hatten.

Nach jahrlanger Haft wurde Ayatollah Husain Ali Montazeri im Jahr 1978 freigelassen. Dies war im Rahmen einer Liberalisierungswelle geschehen, die den Sinn hatte, durch Amnestien den revolutionären Druck der Massen auf das Regime zu vermindern. Die Sicherheitsbehörden des Schahs hatten dem Freigelassenen allerdings die Bedingung gestellt, er dürfe Teheran nicht verlassen, er müsse die Finger von jeder politischen Aktion lassen. Doch Montazeri hielt sich nicht daran; er reiste auf Umwegen, von Savak unbemerkt, zu Khomeini, der sich damals noch in Nedjef befand. Ins Exil nach Paris folgte Montazeri seinem Gönner nicht. Khomeini verlangte, daß der Schüler – so wurde Montazeri noch immer behandelt – vor Ort die Islamische Revolution vorantreibe.

Nach dem Sieg der Revolution wurde Ayatollah Montazeri mit der Aufgabe betraut, die Freitagsgebete in den Moscheen »personell zu ordnen«, das hieß zu prüfen, wer predigen durfte. Er selbst übernahm einen großen Teil dieser Predigten. Da der Zulauf riesig war, verlegte er seinen Predigtort zur Universität Teheran; der Platz davor war gerade groß genug, um all die Frauen und Männer fassen zu können, die von Montazeri den Sinn der Islamischen Revolution erklärt haben wollten. Er hatte sich im Verlauf der Revolution zum gewandten Redner entwikkelt, der spürte, was die Massen interessierte. Ihm verdankte das Regime der Mullahs, daß es auf Dauer angenommen wurde von den Menschen in Teheran, deren Existenz sich ja kaum verändert hatte seit der Abreise des Schahs. Wäre die Islamische Revolution nur auf Khomeinis spärliche Reden angewiesen gewesen, wäre der Kontakt zur Menge leicht zu zerreißen gewesen. Doch die Unzufriedenheit der Masse erreichte kein für die Herrschaft der Mullahs bedrohliches Maß, weil Montazeri erklären konnte, daß die Bewahrung des schiitischen Erbes wichtiger war, als die Befriedigung der Bedürfnisse des Alltags.

Montazeri blieb seinem Lehrer treu, ließ sich nicht in Verschwörungen verwickeln wie der Groß-Ayatollah Schariat Madari, der im Jahre 1982 glaubte, Khomeini ablösen zu können, und der – als Verschwörer entlarvt – als einziger schiitischer Geistlicher in der Geschichte dieser Glaubensrichtung, Mantel und Turban ablegen mußte.

Unmittelbar nach der Absetzung von Schariat Madari war Montazeri mit der Durchführung eines Werbefeldzugs beauftragt worden, der einer Rekrutierung von Freiwilligen dienen sollte für den Kampf zur Ausbreitung der Islamischen Revolution – Tausende meldeten sich, um vorbereitet zu werden auf das Märtyrertum in der Nachfolge des Märtyrers Husain. Damals hatte Khomeini die Aufstellung einer Armee von zwanzig Millionen Männern befohlen, die bereit zu sein hätten, überall in der Welt für die Machtübernahme durch den Islam zu kämpfen. Die Idee des Ayatollah konnte auch Montazeri nur in Ansätzen realisieren. Doch in einigen Lagern wurden Freiwillige für den Einsatz in der Fremde vorbereitet. Der amerikanische Geheimdienst nimmt an, daß zumindest einige dieser Freiwilligen im Libanon teilgenommen haben an den Aktionen gegen die US-Botschaft und gegen das Hauptquartier der Marines.

Vielfach bewährt im Kampf für den Islam, wurde der Ayatollah Husain Ali Montazeri auf Wunsch Khomeinis im Februar 1985 durch eine »Versammlung der Sachverständigen« zum Nachfolger des Geistlichen und geistigen Führers der Islamischen Republik ernannt. Khomeini betonte seither mehrfach, der designierte Nachfolger besitze sein volles Vertrauen – dies sei auch in seinem Testament verankert, das allerdings erst nach seinem Tode geöffnet werden dürfe.

In ihrer Lebensart stimmen die beiden Ayatollahs überein: Beide lehnen den Luxus ab und sind der Überzeugung, daß das Paradies den Menschen im nächsten Leben erwarte, und nicht auf dieser Erde. Die Voraussetzung für den Eintritt ins Paradies müsse allerdings erst erkämpft werden.

In einem ganz wesentlichen Punkt aber unterscheiden sich Khomeini und Montazeri in ihren Meinungen: Der Ältere glaubt, die Einrichtung einer Islamischen Republik in der Welt der Moslems sei das Ziel, das erreicht werden müsse. Weiter brauche die Planung in die Zukunft gar nicht zu gehen, denn die Erreichung des Ziels bedeute die Lösung aller Probleme. Der Jüngere der beiden hält diesen Standpunkt für einen Irrtum. Nach Montazeris Meinung beginnt dann erst, nach der Gründung der umfassenden Islamischen Republik, das Ringen um die soziale Gerechtigkeit im Staat und um die Verbesserung der Lebensumstände der Armen, die in den Slums hausen. Für Khomeini ist der Islamische Staat das Gute an sich und sich selbst genügend. Für Montazeri ist er Mittel zum Zweck.

Der Nachfolger kann auf dem Erreichten aufbauen. Wenigstens für Iran ist die Islamische Republik geschaffen. Montazeri kann beginnen, die soziale Gerechtigkeit zu erkämpfen. Die Frage ist, ob es ihm gelingt, ein Programm dafür zu entwickeln. Khomeini glaubte, ein solches Programm gar nicht zu benötigen, weil ihn die Bedürfnisse der Massen in keiner Weise interessierten. Der Ayatollah Montazeri wird wissen, daß die Massen befriedigt werden müssen – entweder durch spürbare Besserung ihrer Situation, oder durch Begeisterung für ein Ziel. Seit dem Jahr 1980 war dieses Ziel der Sieg über den »Teufel Saddam« gewesen. Im Frühjahr 1988 aber zeichnete sich Friedensbereitschaft ab bei denen, die Einblick hatten in die Möglichkeiten, die den für die Kriegführung in Teheran Verantwortlichen noch geblieben waren.

Drei Jahre lang hatten die iranischen Truppen die Insel Al Fao besetzt gehalten, in der Hoffnung, sie als Basis für den weiteren Vormarsch entweder nach Basra oder nach Kuwait benützen zu können. Im April 1988 aber mußten Khomeinis Soldaten den strategisch so wichtigen Vorposten räumen. Furcht vor dem ruhmlosen Tod durch die Gaswaffe der Iraker hatte die iranischen Kämpfer zum Rückzug gezwungen. Die Frage, ob sie Märtyrer werden konnten, wenn sie, durch das Gas, ohne Wunde starben, war durch die Geistlichkeit noch immer nicht entschieden.

Wie wichtig die Gaswaffe für Irak gewesen war, gab Außenminister Tarik Aziz am 2. Juli 1988 während eines Besuchs in Bonn zu: »Wir standen mit dem Rücken zur Wand. Ich kann keine Vorwürfe akzeptieren, daß wir uns gegen einen Feind gewehrt haben, der nicht daran denkt, internationale Vereinbarungen einzuhalten. Jedes Volk hat das Recht, sich gegen Angreifer wirkungsvoll zu verteidigen. Wer den Frieden will, hat sich an internationale Konventionen zu halten, doch wir dürfen dem Feind nicht die Chance lassen über uns herzufallen, ohne an diese Konventionen überhaupt nur zu denken!«

Die Drohung war deutlich: Die irakische Führung war entschlossen, die Gaswaffe auch weiterhin einzusetzen – und die Drohung wirkte. Die Lähmung der Kampfkraft der Iraner hielt an.

Allein der iranische Staatspräsident Ali Khamenei sprach beim Freitagsgebet am 1. Juli 1988 in Teheran noch große Worte: »Die iranische Führung ist keineswegs kriegsmüde. Wenn Irak Siege errungen hat, so bedeutet dies gar nichts, denn wir schlagen zurück. Und diesesmal werden wir den ›Teufel Saddam‹ wirklich in die Knie zwingen. Mit Hilfe der Gnade Allahs, des Allmächtigen, wird uns dies gelingen, und durch unser tapferes Volk, das an den Islam glaubt. Sollte unsere Kriegsmaschinerie derzeit Schwächen zeigen, so werden sie bald behoben sein!«

Doch die Worte des Staatspräsidenten lösten keinen Jubel mehr aus. Die Lage an der Front gab keinen Anlaß zu Optimismus. Verlorengegangen waren auch die Madschnuninseln im Schatt al Arab, die unter hohen Verlusten von den Pasdaran erobert worden waren. Als das erste Halbjahr 1988 zu Ende ging, fanden die Kämpfe auf iranischem Boden statt. Am 30. Juni überschritten die irakischen Verbände die iranische Grenzlinie auch im nördlichen Frontabschnitt, in Kurdestan. Die iranischen Soldaten waren zu Verteidigern geworden, die nicht mehr in der Lage waren, den Feind von ihrem Heimatland fernzuhalten. Ein Ereignis aber schien dem Kriegsverlauf eine neue Wende zu geben – ein Ereignis, das Khomeinis Parole vom »Satan USA« der Wahrheit sehr nahe brachte.

Am Tag ehe das Ereignis geschah, erklärte Generalleutnant George B. Christ, der Oberkommandierende der für den Persisch/Arabischen Golf zuständigen amerikanischen Streitkräfte, die Raketen vom Typ Seidenraupe, die in der Nähe der Straße von Hormus auf iranischem Gebiet in unterirdischen Bunkern stationiert worden seien, müßten als Bedrohung der Sicherheit im Gebiet an der Ausfahrt des Persisch/Arabischen Golfs zum Golf von Oman betrachtet werden. Generalleutnant Christ sagte: »Die Reichweite der Seidenraupenrakete beträgt zweiundneunzig Kilometer. Das Geschoß ist innerhalb von fünf Minuten bereit zum Abschuß. Es ist damit zu rechnen, daß die iranische Führung die Straße von Hormus schließen will. Die Gefahr der Ausweitung des Konflikts ist groß, doch ich glaube, daß die sechsundzwanzig Kriegsschiffe, die wir zwischen der Straße von Hormus und dem Schatt al Arab im Einsatz haben, diese Gefahr bannen werden.« Nach dieser offiziellen Verlautbarung des amerikanischen Oberkommandos war die Spannung rings um das Gewässer zwischen Iran und Saudi-Arabien gestiegen. Die Kommandeure der amerikanischen Zerstörer und Fregatten wurden wachsamer, aber auch nervöser.

Die verhängnisvolle Erinnerung an den Fehler des Kommandanten der Fregatte »Stark«

Es war ziemlich genau ein Jahr zuvor gewesen, da fuhr die Fregatte »Stark« auf dem völlig glatten Wasserspiegel des Persisch/Arabischen Golfs in langsamer Geschwindigkeit nach Norden. Die Fregatte war die Kommunikations-Kommandozentrale für eine Reihe von amerikanischen Schiffen in dieser Zone. Ständig besetzt war das »Combat Information Center«, dessen Besatzung mit Hilfe modernster elektronischer Geräte den Luftraum überwachte und das Meer nach heimtückischen Minen absuchte, die manchem der gepanzerten Schiffe schon gefährlich geworden waren. Die Alarmstufe »Condition Three« war angesagt, also genau die Mitte zwischen Fünf und Eins, doch dies besagte nicht viel: »Condition Three« war für die 221 Mann Besatzung zur täglichen Routine geworden. Kapitän Glenn Brindel, Befehlshaber auf der »Stark« seit Januar 1985, wußte, wie trügerisch die Ruhe über dem glatten Wasser sein konnte. In jedem Augenblick bestand die Gefahr, daß eine Mine in der Fahrtrichtung des Schiffs entdeckt wurde, daß eine Rakete auf die »Stark« zuflog – und dies alles bei Alarmstufe »Condition Three«.

Über zweihundert Schiffe waren bisher angegriffen worden. An jenem speziellen Tag hatten irakische Kampfflugzeuge einen Tanker, der unter der Flagge Zyperns fuhr, mit Raketen beschossen und derart beschädigt, daß er manövrierunfähig im Wasser lag. Solche Überfälle zu verhindern, war der Kampfauftrag für den amerikanischen Flottenverband im Persisch/Arabischen Golf: Das Gewässer sollte, unter dem Schutz amerikanischer Zerstörer und Fregatten, frei und in Sicherheit befahren werden können. Diese Aufgabe zu erfüllen, war unmöglich, trotz der effektiven Zusammenarbeit der amerikanischen Flotte mit der Luftwaffe des Königreichs Saudi-Arabien.

Um 20 Uhr Ortszeit, längst war es dunkel in dieser Weltgegend, entdeckte die Besatzung eines Flugzeugs des »Airborne Early Warning and Control Systems« (AWACS) ein irakisches Kampfflugzeug vom Typ Mirage F-1, das eben von der Luftwaffenbasis Shaibah fünfzehn Kilometer südlich von Basra abhob. Die Maschine folgte der saudiarabischen Küste, was nicht ungewöhnlich war; doch da näherte sie sich der Insel Bahrain mehr als üblich. Unmittelbar vor Bahrain wandte sich das Flugzeug in einer scharfen Linkskurve nach Osten. Die Beobachter im AWACS-Flugzeug hatten den Eindruck, der Pilot habe ein Ziel entdeckt.

Auch im »Combat Information Center« der Fregatte »Stark« war das Flugzeug auf seinem nächtlichen Flug entlang der Küste Saudi-Arabiens beobachtet worden. Es gab keinen Anlaß, der irakischen Mirage besondere Aufmerksamkeit zu schenken, bestand doch mit der Regierung in Baghdad die Absprache der »positiven Neutralität« der Vereinigten

Staaten. Amerikanische Schiffe hatten nichts von irakischen Kampfmaschinen zu befürchten. Um 22.09 Uhr Ortszeit aber schwand im »Combat Information Center« der Eindruck, das einsame Flugzeug sei als harmlos zu betrachten. Die scharfe Linkskurve bedeutete, daß die Mirage direkt auf die »Stark« zuflog. Kapitän Glenn Brindel war sich der Bewaffnung des Flugzeugs bewußt: Sie trug unter jeder Tragfläche eine Rakete vom Typ Exocet AM 39, die sich im Falklandkrieg des Jahres 1982 hervorragend gegen Schiffsziele bewährt hatte. Der Kapitän, unruhig geworden, veranlaßte den Funker, das Flugzeug anzusprechen, und den Piloten aufzufordern, seine Nationalität und seine Absicht zu erkennen zu geben. Eine Antwort bekam der Funker nicht. Noch immer raste die Mirage F-1 auf die Fregatte »Stark« zu. Sechsunddreißig Sekunden nach der ersten Aufforderung, sich zu identifizieren, sprach der Funker den Piloten wieder an: »Nichtidentifiziertes Flugzeug. Dies ist ein Kriegsschiff der US-Marine (darauf folgte die Positionsangabe der ›Stark‹). Identifizieren Sie sich und nennen Sie Ihre Absicht. Over.« Wieder wurde keine Antwort empfangen.

Kapitän Brindel sah auch weiterhin keinen Grund, auf das Flugzeug feuern zu lassen, denn ein wichtiges Anzeichen für einen Angriff war nicht erfolgt: Der Pilot hatte sein Zielradar nicht eingeschaltet – dies wäre von den elektronischen Sensoren der Fregatte bemerkt worden. Auch die Besatzung der AWACS-Maschine hätte durch ihre Geräte die Gefechtsbereitschaft des irakischen Kampfflugzeugs mitgeteilt bekommen müssen. Bemerkt wurde nur eine seltsame Kurskorrektur in Richtung Süden. Dann beschrieb das Flugzeug einen Bogen, um nach Norden in Richtung Irak davonzufliegen. Der Kapitän der »Stark« fühlte sich erleichtert. Es war also doch richtig gewesen, keinen Feuerbefehl zu geben. Doch lange dauerte Glenn Brindels Befriedigung nicht. Ein Matrose, der sich auf Ausguckposten befand, teilte über Funk dem »Combat Information Center« mit, er sehe in der Dunkelheit einen »fliegenden Fisch« auf das Schiff zukommen, den er jedoch einen Augenblick später als Rakete erkannt hatte. Nur zehn Sekunden nach dieser Warnung traf die Exocetrakete die Fregatte »Stark«. Sie durchschlug die dünne Stahlwand zwischen Deck und Wasserlinie. Sie detonierte nicht, sprühte aber brennenden Raketentreibstoff in das Schiffsinnere. Aluminiumwände fingen Feuer. Innerhalb von Sekunden hatten die Flammen das »Combat Information Center« erreicht. Ein Funkenregen zeigte an, daß Kurzschlüsse entstanden waren. Keines der für die Kampfkraft des Schiffes so entscheidenden Geräte reagierte noch. Die Besatzung der Fregatte war, kriegstechnisch gesehen, blind. Sie konnte deshalb auch nicht bemerken, daß eine zweite Rakete vom Typ Exocet auf das Schiff zuflog. Auch sie traf – und sie explodierte.

Die Beschädigung war derart stark, daß mit dem Untergang des Kriegsschiffes gerechnet werden mußte. Brände wüteten im Schiffsinnern. Getroffen worden waren die Schlafräume der Mannschaft. Über hundert der Matrosen hatten gerade Ruhezeiten und hielten sich in den Schlafkojen auf. Siebenunddreißig Besatzungsmitglieder der »Stark« verloren durch den Angriff der irakischen Maschine ihr Leben.

Kapitän Glenn Brindel hätte die Freiheit gehabt, auf das nichtidentifizierte Flugzeug feuern zu lassen. Seine Dienstanweisung erlaubte ihm »Flugobjekte abzuschießen, die eine feindliche Absicht erkennen lassen«. Er sagte später, für ihn sei eine feindliche Absicht erst dann erkennbar, wenn das Flugobjekt ein Geschoß abgefeuert hat. »Als wir schließlich wußten, daß eine Rakete auf das Schiff zufliegt, da war es zu spät, um zu reagieren.« Die Frage war, warum das elektronische System »Phalanx«, dessen Aufgabe die Abwehr bereits abgefeuerter Raketen ist, nicht funktionierte. Dieses System hätte von selbst einen Vorhang von kleinen Geschossen der Rakete entgegenjagen müssen; sie wäre dann, getroffen von einigen dieser Geschosse, in ungefährlicher Entfernung von der Fregatte »Stark« explodiert. Das Phalanx-System konnte jedoch den schützenden Vorhang nicht ausbreiten, weil der Leitcomputer nicht arbeitete. Am Vortag war der Fehler schon festgestellt worden, als das Schiff sich zu kurzem Aufenthalt im Hafen von Bahrain befand. Bis zum Auslaufen des Schiffes hatte der Fehler nicht behoben werden können. Daß ein wichtiges Waffensystem an Bord keinen Schutz bieten konnte, hatte allerdings Kapitän Glenn Brindel nicht veranlaßt, besondere Vorsichtsmaßnahmen anzuordnen. Dieses Verhalten wurde ihm bei der späteren Untersuchung des Vorfalls als Leichtsinn angerechnet.

Ihm wurde die Befähigung ein Kriegsschiff zu führen, abgesprochen. Zu seiner Entschuldigung wurde die unklare Befehlslage angeführt: »Ihm war nicht gesagt worden, ob sich die Vereinigten Staaten im Krieg befinden, oder nicht.«

Der Tod der siebenunddreißig Amerikaner war von nun an tief ins Bewußtsein der Befehlshaber amerikanischer Kriegsschiffe im Persisch/Arabischen Golf eingeprägt. Sie nahmen sich alle vor, künftig nicht zu warten, bis die »feindliche Absicht eines nichtidentifizierten Flugzeuges durch Abfeuern eines Geschosses« erkennbar war. Die Kapitäne wußten nun, sie befanden sich im Krieg. Unklar war jedoch auch weiterhin, wer eigentlich als Feind zu bezeichnen war. Der amerikanische Präsident trug keineswegs zur Klarheit bei, als er meinte, »die Schurken in diesem Stück sind die Iraner«. Einzusehen war der Sinn der Worte nicht, denn kein einziger Iraner war an der Beschießung der Fregatte »Stark« beteiligt gewesen. Das Resultat des Ausspruchs aber war, daß das Feindbild der Schiffskapitäne, die im Persisch/Arabischen Golf den unerklärten Krieg zu führen hatten, ganz eindeutig auf Iran orientiert wurde.

Dazu trug auch bei, daß der Iran die Vereinigten Staaten mit Häme überschüttete. Der iranische Ministerpräsident Mir Husein Musawi sagte mit triumphierender Stimme: »Der große Satan USA hat sich in der eigenen Falle gefangen. Die beiden Teufel Reagan und Saddam Hussein kämpfen nun gegeneinander.«

Die Erfahrungen des Kapitäns Glenn Brindel sind der Schlüssel zu dem Ereignis, das die USA im Bewußtsein der Iraner insgesamt zum »Satan« machte.

»Eine schreckliche menschliche Tragödie«

In den Wäldern von Camp David, wohin er sich vor der Sommerhitze in Washington zurückgezogen hatte, sprach Präsident Ronald Reagan sein Bedauern aus: »Unser Mitgefühl gehört den Familien der Passagiere und der Besatzungsmitglieder.« Doch ein Wort der Entschuldigung sagte er nicht, im Gegenteil, er griff Iran an: »Was geschehen ist, war ein reiner Akt der Selbstverteidigung. Wenn ein Land in einer bestimmten Zone Krieg führt, und dann in dieselbe Zone ein Zivilflugzeug schickt, dann muß ein Unglück geschehen. Doch die Schuld liegt bei dem betreffenden Land. Das iranische Flugzeug bewegte sich direkt auf das Schiff ›Vincennes‹ zu, das gerade dabei war, die Angriffe von fünf iranischen Kleinschnellbooten abzuwehren. Unser Schiff war bereits in kriegerische Aktionen verwickelt.«

Der Flugweg vom iranischen Airport Bandar Abbas zum Emirat Dubai an der arabischen Küste des Persisch/Arabischen Golfs beträgt keine dreihundert Kilometer. Für Iran Air ist der Flug von etwas mehr als einer halben Stunde immer ein gutes Geschäft, denn die Maschinen sind vollbesetzt. Meist sitzen Iraner in den Flugzeugen, Männer, die in den reichen Emiraten Arbeit gefunden haben, die ihnen in Dollar bezahlt wird. Häufig fliegen die Arbeiter aus dem Gastland zurück zu ihren Familien, die meist in der Gegend von Bandar Abbas leben.

Auch am Sonntag, den 3. Juli 1988 war der Airbus A 300 der Iran Air gut besetzt, als er von der Startpiste zum Flug Nummer 655 in Bandar Abbas abhob. Die Maschine war vom ersten Augenblick des Abhebens an auf den Radarschirmen des amerikanischen Kreuzers »Vincennes« zu erkennen. Die Offiziere in der Elektronikzentrale waren angewiesen, Flugobjekte, die Bandar Abbas verlassen, besonders sorgfältig zu beobachten, denn das Flugfeld dort wurde nicht nur von Zivilflugzeugen, sondern auch von Kampfmaschinen benützt. Erwartet wurde Anfang Juli 1988 der erneute Einsatz der vielfältig verwendbaren Flugzeuge vom Typ Grumman F-14, die einst der Schah gekauft hatte; sie waren monatelang aus Mangel an Ersatzteilen stillgelegt worden, und standen seither neben der Rollbahn von Bandar Abbas. Amerikanische Spezialisten hatten beim

Abhören des iranischen Funkverkehrs entdeckt, daß die Maschinen offenbar repariert worden waren, daß also mit dem Start der Grumman F-14 gerechnet werden mußte. Schon am Tag zuvor hatte der Verdacht, eines der schnellen Kampfflugzeuge befände sich in kritischer Nähe, den Zustand der Kampfbereitschaft auf dem amerikanischen Schiff »Halsey« ausgelöst.

Noch ein anderer Umstand trug zur Belastung der Verantwortlichen auf den amerikanischen Zerstörern und Fregatten bei:

Gelungen war den Experten nämlich auch die Entschlüsselung des Codes, mit dem sich die F-14-Piloten untereinander und gegenüber ihrer Einsatzleitstelle identifizieren können. Die Elektronikoffiziere des Schiffes »Vincennes« warteten am 3. Juli 1988 mit Spannung darauf, ob eine Grumman F-14 in Bandar Abbas startete, und ob die Maschine den von den Spezialisten des Geheimdienstes ausgemachten Erkennungscode abstrahlte.

Das Interesse der Offiziere in der Kommandozentrale der »Vincennes« konzentrierte sich auf Iran Air Flug 655; der Airbus war an jenem Tag das erste Flugzeug, das sich in Richtung des von kriegerischen Vorgängen bedrohten Gebiets am Persisch/Arabischen Golf wandte. Befehlshaber auf dem Zerstörer war Captain Will C. Rogers 3d, der dritte also in einer Familie von Seeoffizieren. Er war von Anfang an mit dem Problem des in Bandar Abbas startenden Flugzeugs befaßt. Seine Gedanken beschäftigten sich allerdings auch noch mit einer anderen Gefahr: Das Schiff »Vincennes« war in Gefechte mit iranischen Kleinschnellbooten verwikkelt gewesen, deren Mannschaften versucht hatten, Raketen auf den Zerstörer abzufeuern. Zwei der äußerst flinken Boote waren durch die Maschinenwaffen des amerikanischen Schiffes versenkt worden. Der Kapitän der »Vincennes« durfte in keinem Augenblick außer acht lassen, daß die Kleinschnellboote ihren Angriff wiederholen konnten – oder daß ein iranisches Kampfflugzeug von Bandar Abbas aus die Versenkung der Boote rächen wollte.

Kapitän Will C. Rogers erkannte auf seinen elektronischen Geräten, daß das »unbekannte Flugobjekt« tatsächlich das Signal abstrahlte, das nach den Geheimdiensterkenntnissen den iranischen Kampfflugzeugen Grumman F-14 zuzuordnen war. Allerdings war da noch ein zweites Signal erkennbar, das lange schon bekannt war: Es wurde sowohl von militärischen als auch von zivilen Flugzeugen benützt. Nicht von den Geräten des Schiffes »Vincennes« eingefangen wurde der Funkverkehr des Iran Air Fluges 655 mit dem Tower des Airports Bandar Abbas. Der Pilot hatte siebzehn Minuten vor dem Start die Gespräche mit der Towerbesatzung begonnen und sie auch nach dem Start nicht abreißen lassen. Wäre in der Elektronikzentrale ein Empfangsgerät auf die normale Funkfrequenz des nahegelegenen Flughafens eingestellt gewesen, hätte der Kapitän hören können, daß der Pilot vom Fluglotsen gefragt wurde, ob er den Sender für das Erkennungssignal ziviler Flugzeuge eingeschaltet habe. Auf die Antwort des Piloten, der Schalter sei betätigt, sagte der Fluglotse: »Stimmt! Ich empfange euer Signal.«

Der Iran Air Flug 655 folgte der Luftstraße, die für den zivilen Verkehr zwischen dem iranischen und dem arabischen Festland freigegeben ist. Der Luftkorridor, der völlig gerade verläuft, ist in seiner Breite so angelegt, daß Maschinen, die sechs Kilometer seitlich vom Zentrum des Flugwegs entfernt sind, noch als sich innerhalb des Korridors befindlich betrachtet werden.

Genau unterhalb vom Zentrum des Flugwegs fuhr das amerikanische Kriegsschiff »Vincennes« – doch der Verlauf des Korridors war dem Kapitän nicht bekannt. Seine Elektroniksignale ließen den Schluß zu, die »Vincennes« werde angegriffen. Offenbar befand sich das Flugobjekt im Sinkflug.

Siebenundzwanzig Kilometer von der »Vincennes« entfernt, patrouillierte die Fregatte »John H. Sides«. Auch auf ihren Geräten war der Iran Air Flug 655 sichtbar, in einer gleichbleibenden Höhe von 3600 Metern. Die Verantwortlichen auf der »John H. Sides« stellten also keinen »rasch sinkenden Kurs« fest, und sie erkannten keinerlei Anzeichen für eine Gefahr, die irgendeinem Schiff ringsum drohen könnte. Ihre Empfänger fingen auch kein Signal auf, das einen Hinweis darauf gab, das fremde Flugzeug sei eine iranische Militärmaschine.

Im Einsatzzentrum der »Vincennes« aber festigte sich die Überzeugung, eine Grumman F-14 habe feindliche Absichten. Die Signale auf den Radarschirmen gaben nicht zu erkennen, daß es sich um einen Airbus A 300 handelte, der etwa dreimal so lang ist wie eine Grumman F-14, dessen Tragflächenspannweite ebenfalls das Dreifache der vergleichbaren Maße beim Kampfflugzeug beträgt. Den Offizieren fiel auch nicht die langsame Geschwindigkeit des Flugobjekts auf. Der Airbus bewegt sich schon wegen seines Gewichts – es beträgt das Vierfache des Gewichts der Kampfmaschine – viel schwerfälliger als die rasche und wendige Grumman F-14.

Commander Will C. Rogers, durch die Anzeige seiner Geräte unruhig geworden, ließ die üblichen Signale senden, die den Piloten aufforderten, sich zu identifizieren und seine Absichten mitzuteilen. Das fremde Flugzeug, das eben die Südspitze der Insel Qeshm überflog, antwortete nicht.

Auch eine Wiederholung der Prozedur blieb ohne Ergebnis. Die Geräte der »Vincennes« zeigten weiterhin an, das fremde Objekt befinde sich im Anflug auf das Kriegsschiff.

Als die Entfernung zwischen Flugobjekt und Schiff gerade noch dreißig Kilometer betrug, da fragte Will C. Rogers über Funk den ihm übergeordneten Flottenbefehlshaber, wie er sich jetzt verhalten solle. Die Antwort war, daß noch Zeit sei für eine weitere Warnung, dann aber werde die Gefahr zu groß, daß vom angreifenden Flugzeug aus eine weitfliegende Rakete gestartet werde, gegen die dann nur das Phalanxsystem als Abwehrwaffe helfen könne. Befehlsgemäß ließ Will C. Rogers noch eine Warnung absenden, doch den Befehl zum Start der Luftabwehrrakete gab er noch nicht, denn einige seiner Offiziere äußerten jetzt plötzlich Zweifel, ob sich da nicht doch ein Zivilflugzeug in der Luft befinde. Einer kam schließlich auf die Idee, im dicken Handbuch, das alle Flugpläne der Welt enthält, nachzuforschen, ob von Bandar Abbas aus zu dieser Stunde eine Linienmaschine in südwestlicher Richtung unterwegs sein könnte. Doch die Zeit drängte; der Kapitän konnte das Ergebnis der Suche im Flugplanhandbuch nicht abwarten, wollte er nicht Schiff und Leben der Besatzung aufs Spiel setzen. Er gab den Befehl zum Start zweier Standardraketen, die dann mit eineinhalbfacher Schallgeschwindigkeit auf das von den Offizieren der »Vincennes« immer noch nicht identifizierte Flugobjekt zurasten.

Jetzt besaß niemand mehr die Macht, das Verhängnis zu stoppen. Vom Deck der »Vincennes« aus war der Feuerball der Explosion des Iran Air Fluges 655 zu erkennen, zweihundertneunzig Menschen starben in diesem Augenblick.

Wenige Minuten später klagte ein Sprecher des iranischen Außenministeriums die Vereinigten Staaten von Amerika an, ein Verbrechen an der Menschlichkeit begangen zu haben. Das State Department in Washington, zu diesem Zeitpunkt vom Pentagon noch nicht informiert, reagierte verwirrt und hielt sogar zunächst ein Dementi für gerechtfertigt. Dann gab das Pentagon den Abschuß des Zivilflugzeugs zu. Admiral William C. Crowe, an jenem Tag der Sprecher des Pentagon, versicherte, es stehe fest, daß das Flugzeug der Iran Air außerhalb des Luftkorridors direkt auf die »Vincennes« zugeflogen sei.

»Die Amerikaner sind zu arrogant, um zuzugeben, daß sie ein Verbrechen begangen haben. Der ›Satan‹ schreckt vor nichts zurück. Er bringt es fertig, Hunderte von unschuldigen Menschen gewissenlos zu töten« – dies war die Antwort des iranischen Außenministeriums auf die Ausflüchte der US-Behörden.

Der Tod der zweihundertneunzig beschleunigt den Abschluß des Waffenstillstands

Ayatollah Ruhollah Khomeini forderte Frauen und Männer in Iran auf, die Kriegsanstrengungen zu verdoppeln. Das Blut der Toten müsse gerächt werden: »Ich verlange, daß der Himmel auch mit amerikanischem Blut bespritzt wird, so wie er jetzt rot gefärbt ist vom Blut unserer Glaubensbrüder.«

In Teheran hatten am 3. Juli 1988 diejenigen Anlaß zum Triumph, die noch immer an den Krieg glaubten, die noch überzeugt waren, der »Teufel« müsse ausgerottet werden. Jetzt habe er sein wahres Gesicht gezeigt; niemand könne sich vom Kampf gegen ihn ausschließen. Staatspräsident Ali Khamenei bezeichnete Ronald Reagan als einen Verbrecher, der bestraft werden müsse. Die gesamte amerikanische Regierung sei nichts anderes als eine Bande von Verbrechern.

Auch Khomeinis designierter Nachfolger, Ayatollah Husain Ali Montazeri, gehörte zu denen, die verlangten, überall in der Welt müsse gegen amerikanische Interessen losgeschlagen werden. Nirgends mehr dürften sich die Amerikaner sicher fühlen. Montazeri fügte den Abschuß des Airbusses ein in die Handlungen des Satans seit der Ermordung des Imam Husain bei Kerbela. »Die Toten befinden sich bereits im Gefolge des Imam Husain im Paradies. Der Erhabene hat sie eingereiht unter die Märtyrer, die besonders hervorgehoben werden im Angesicht Allahs!«

In allen iranischen Städten herrschte Trauer über die Opfer des Airbus-Abschusses. Im Iranischen Fernsehen waren Bilder zu sehen, die zeigten, wie die Toten nach und nach aus dem Wasser des Persischen Golfs geholt wurden. Da druckten die Zeitungen Fotos der weinenden Hinterbliebenen. Besondere Erschütterung löste das Schicksal des Mohammed Ghulan Ghulani aus, eines Iraners, der im Emirat Dubai lebte und arbeitete: Unter den zweihundertneunzig Toten befanden sich seine Frau, seine acht Kinder, sein Bruder und seine Schwägerin. Die Folge der Berichte über Familien, die ihren Ernährer verloren hatten, über ältere Männer und Frauen, denen die Stütze des Alters geraubt worden war, über Waisen, die auf die Hilfe Allahs hofften, waren geeignet, die Gefühle aufzupeitschen. Wer Krieg wollte, der konnte jetzt damit rechnen, daß sich wieder Schlangen dienstwilliger junger Männer überall vor den Rekrutierungsbüros bildeten. Trauer gab in der Welt der Schiiten immer den Anstoß für Steigerung der Bereitschaft zum Märtyrertum. Die führenden Geistlichen verstanden es seit Jahrhunderten, diese Neigung hauptsächlich der jüngeren Männer auszunützen. Der Weg zu einem möglichen Waffenstillstand schien blockiert zu sein. Analytiker der amerikanischen Botschaft in Teheran waren der Meinung: »Es war der absolut schlechteste Zeitpunkt für ein derartiges Ereignis.«

Die Argumentation der Verfechter einer harten iranischen Kriegspolitik war, daß die Vereinigten Staaten bewiesen hätten, keinen Frieden am Persischen Golf zu wollen. Die amerikanische Regierung benötige die Hochspannung, um ihre Präsenz in diesem Gewässer zu rechtfertigen. Ihre wahre Absicht aber sei, die Islamische Revolution und den Islam überhaupt zu vernichten. Die kurze Geschichte des schiitischen Kampfes im Verlauf der Jahre seit 1979 habe aber bewiesen, daß die so mächtig erscheinende Militärmaschinerie der Amerikaner zu schlagen sei. Im Libanon hätten die US-Marines mit ihrer Artillerie weite Teile der Schiitengebiete beschießen können, doch dann hätte ein mutiger Mann einen mit Sprengstoff beladenen Lastwagen in das Hauptquartier gesteuert; die Detonation habe die Amerikaner dann veranlaßt, den Libanon schnell zu räumen. Die Propagandisten der Kriegspolitik predigten Haß auf Amerika, der dazu führen sollte, daß Selbstmordaktionen gegen die amerikanischen Schiffe im Persischen Golf unternommen würden.

Doch derjenige, der wissen mußte, daß der Krieg gegen die USA und gegen Irak nicht zu gewinnen war, der Oberbefehlshaber aller Streitkräfte, Hojatolislam Rafsandschani, trat den Kriegslüsternen entgegen. Am 4. Juli 1988 sprach er im Iranischen Fernsehen:

»Wir brauchen uns gar nicht einzuordnen in die Menge derer, die Amerika jetzt verdammen. Amerika zu beschimpfen, können wir anderen überlassen. Wir gewinnen mehr, wenn wir die internationale Sympathie auf unserer Seite bewahren.«

Damit hatte Rafsandschani ausgesagt, er sei gegen einen Vergeltungsschlag – der dann dem Iran wieder die Sympathie der Welt rauben würde. Er setzte hinzu: »Es ist anzunehmen, daß der Abschuß des Airbusses A 300 Teil einer Verschwörung, eines Komplotts gegen den Islam ist – aber es ist auch nicht auszuschließen, daß es sich um einen Fehler des Schiffskommandanten gehandelt hat. Gleichgültig, ob Komplott oder Fehler, die Schande bleibt an Amerika haften. Wir wollen, daß dieses Verbrechen genau untersucht wird.« Der Schluß seiner Rede sollte wohl seinen Gegnern die Möglichkeit rauben, ihn als Defätisten, oder gar als willigen Agenten der USA anzuklagen: »Wir geben den Gedanken an Rache nicht auf. Doch den Zeitpunkt für die Rache wählen wir selbst aus! Wir lassen uns nicht von der amerikanischen Regierung provozieren!«

Der Oberbefehlshaber der Streitkräfte signalisierte damit die Bereitschaft, zu verhindern, daß der Konflikt am Persischen Golf weiter angeheizt werde. Er ließ sogar erkennen, daß dann ein Waffenstillstand möglich sein könnte, wenn eine internationale Kommission die Kriegsschuld des irakischen Präsidenten Saddam Hussein feststellen würde.

Am 17. Juli 1988 nahm Saddam Hussein den sparsamen Hinweis auf eine iranische Bereitschaft zur Feuereinstellung ernst. Er sprach aus Anlaß des dreißigsten Jahrestages der Revolution, die 1958 die Monarchie an Euphrat und Tigris beseitigt hatte: »Wir reichen heute unsere Hand für eine friedliche Lösung des Konflikts. Wir fordern die in Teheran Herrschenden auf, aus ihren Niederlagen zu lernen, und endlich einzusehen, daß sie den Irak nicht dazu zwingen können, ihrem Willen zu dienen. Das blutige Abenteuer dieses Krieges muß ein Ende finden!« Am Tag dieser Rede vollzogen die iranischen Truppen den Rückmarsch aus den letzten irakischen Gebieten, die sie noch besetzt gehalten hatten. Rafsandschani kommentierte den Vorgang in der Öffentlichkeit so: »Wir mußten unsere Verteidigungslinien verbessern, schließlich haben wir uns auf einen langen Krieg einzurichten. Doch eines wollten wir der Welt damit auch beweisen: Wir sind nicht daran interessiert, irakisches Gebiet besetzt zu halten.«

Rafsandschani mußte erkennen, daß die Truppenverbände, die er zu kommandieren hatte, für den Verteidigungskrieg denkbar ungeeignet waren. Sie bestanden aus einem Gemisch von regulären Soldaten und »Wächtern der Revolution«; zwischen beiden Teilen der Armee war die Koordination überaus schwierig. Besonders in der Phase der Defensive war Übereinstimmung der Taktik aller Frontabschnitte dringend geboten. An den Nahtstellen zwischen regulären Truppen und »Wächtern der Revolution« war den Irakern meist der entscheidende Durchbruch gelungen, der dann häufig unmittelbar danach zu einem handfesten Erfolg für die Angreifer wurde, weil die jungen islamisch-revolutionären Kämpfer nicht die Disziplin besaßen, unter dem Druck der Attacke standzuhalten.

Der Oberbefehlshaber verfügte immer noch über 220000 Mann – vorbei war die Zeit der Vision vom Millionenheer –, doch die Masse war hinderlich geworden. Sie hatte einst den Schwung gebracht zum Angriff. Da hatte einer den anderen angesteckt. Beim Rückzug entstand keine Begeisterung der Massen. Da wurde Geduld gebraucht – und Sinn für Ordnung. Dafür hätten Stabsoffiziere sorgen müssen, die über einen hohen Ausbildungsstand verfügten. Doch an Stabsoffizieren herrschte Mangel. Es blieb Rafsandschani nichts anderes übrig, als dem Ayatollah Ruhollah Khomeini die Situation realistisch zu schildern: Die Front stand nahe vor dem Zusammenbruch.

Am 18. Juli 1988 erklärte sich Iran bereit, die Resolutionen des Weltsicherheitsrats zu akzeptieren, die einen Waffenstillstand im Krieg zwischen Iran und Irak fordern. Die irakische Antwort am folgenden Tag war ein Luftangriff gegen die brachliegende Baustelle des iranischen Atomreaktors Bushir.

Am 20. Juli bemühte sich Khomeini, die Bereitschaft zur Waffenruhe seinem Volk zu erklären. Er machte deutlich, daß für ihn die Rettung der Islamischen Revolution Vorrang hatte. Der Krieg habe begonnen, die islamische Regierung zu zerstören. In diesem Zusammenhang ist zu beachten, daß für Khomeini allein schon die Schaffung der Islamischen Republik das Ziel war, das er hatte erreichen wollen. Rafsandschani hatte ihm offenbar die Gefahr geschildert, daß die völlige Niederlage der »Wächter der Revolution« mit der völligen Niederlage der Revolution überhaupt gleichzusetzen war. So ist das Wort Khomeinis – »Die Annahme des Waffenstillstands ist bitterer, als ein Glas Gift zu trinken!« – als das Eingeständnis zu werten, der Niederlage knapp ausgewichen zu sein.

Dem Generalsekretär der Vollversammlung der Vereinten Nationen,

Javier Perez de Cuéllar, gelang es im August 1988, eine Waffenstillstandsvereinbarung zwischen Iran und Irak zustande zu bringen.

Keiner ist Sieger, und niemand ist besiegt. Die Probleme sind geblieben. Die schiitische Führung des Iran wird nicht resigniert hinnehmen, daß weiterhin ein Sunnit die schiitische Mehrheit des Irak regiere, daß »Könige« gegen den Willen Allahs Macht besitzen.

Die irakische Regierung ist dabei, neuen Konfliktstoff zu schaffen: Sie will den Schatt al Arab, um dessen Besitz zunächst gestritten worden war, so umleiten, daß der Zusammenfluß von Euphrat und Tigris nicht mehr den Grenzstrom zwischen Iran und Irak bildet – er soll in fast gerader Linie von Basra aus durch irakisches Territorium direkt zum Persisch/Arabischen Golf fließen. Gleichgültig, wer mächtig ist in Iran, die Umleitung des Schatt al Arab kann er nicht dulden. Die Konflikte der Zukunft sind in deutlichen Umrissen zu erkennen.

Das Regime der Mullahs nützt die Zeit des Waffenstillstands zu Bluturteilen

Rafsandschani hatte recht: Nach dem Abschuß des Airbusses durch das amerikanische Kriegsschiff »Vincennes« wurde dem Iran insgesamt mehr Sympathie entgegengebracht, als zuvor. Der Tod der zweihundertneunzig Passagiere hatte Iran zum Opfer des Konflikts am Persisch/Arabischen Golf gemacht. Den Verantwortlichen in Teheran konnte es jetzt gelingen, der Isolation zu entkommen, in die das schiitische Regime seit der Besetzung der amerikanischen Botschaft im Jahre 1979 geraten war. Die damalige Duldung einer Mißachtung des Völkerrechts hatte sich nachhaltig ausgewirkt; das Mullahregime wurde fortan argwöhnisch betrachtet von der Gemeinschaft der Staaten in aller Welt. Allein die Bundesrepublik hatte die Türe der diplomatischen Verbindung zu Khomeinis Vertrauten vorsichtig offen gehalten. Dies war vor allem das Verdienst des Außenministers Hans-Dietrich Genscher. Daß er sich dabei immer bemüht hatte, auch das heikle Kapitel der Menschenrechtsverletzungen als Gesprächsthema auf der Tagungsordnung zu halten, ist dem Außenminister hoch anzurechnen.

Erfolgreich konnte Genscher mit seinem Hinweis nur selten sein. Der Grund lag darin, daß zwischen Teheran und Bonn die Vorstellungen vom Inhalt des Begriffs Menschenrechte weit auseinanderklaffen. Nach Auffassung der islamischen Rechtsgelehrten, die in Iran zu bestimmen haben, wird das Recht der Menschen durch das Recht Allahs aufgehoben.

Ist jemand schuldig, die Gesetze Allahs gebrochen zu haben, wird ihm das Recht auf menschenwürdige Behandlung abgesprochen. Auch im zehnten Jahr nach dem erfolgreichen Abschluß der Islamischen Revolution hat sich daran nichts geändert. Außenminister Ali Akbar Velajati sagt: »Die Menschenrechte stellen doch keinen absoluten Wert an sich dar. In jedem Kulturkreis werden diese Menschenrechte anders gesehen. Sie sind sowieso meistens das Produkt von Vorurteilen.«

Die Hoffnungen derer wurden enttäuscht, die geglaubt hatten, die Schreckensherrschaft habe sich auf die erste Phase der Existenz der Islamischen Republik beschränkt – vorbei sei die Zeit der Erschießungen nach dem Gutdünken geistlicher Richter. Von Herbst 1988 an erhielten viele Familien in Teheran die Aufforderung, sich mit dem Gefängnis in Verbindung zu setzen, in dem ein Familienmitglied in Haft saß. Da in manchen Fällen das Ende der ausgesprochenen Haftstrafen bevorstand, gab es in einer Reihe von Familien Freude über eine vermeintliche Amnestie. Im Gefängnis erwartete sie jedoch die Mitteilung, der Häftling sei hingerichtet worden; ein Bündel seiner Kleider könne in Empfang genommen werden.

Rechtskräftige Urteile zur Hinrichtung waren nicht gefällt worden. Kein Gericht hatte in diesen Fällen getagt. Erschossen wurden Menschen, die bereits Jahre im Gefängnis zugebracht hatten. Viele waren im Sommer 1981 verhaftet worden, unmittelbar nach der Sprengstoffexplosion, die den Ayatollah Behesti und siebzig weitere führende Personen der Islamischen Republik getötet hatte. Kaum einer der Verhafteten war mit dem Anschlag in irgendeine Verbindung zu bringen. Alle waren sie Schiiten. Sie waren schuldig, ihre Meinung gesagt zu haben, daß ihnen die absolute Herrschaft der Mullahs mißfalle, daß sie sich eine demokratische Staatsform für Iran wünschten. Die Verhafteten, die jetzt hingerichtet wurden, waren junge Menschen, die auch geglaubt hatten, mit dem Verschwinden des Schahs beginne eine Epoche der Gerechtigkeit und der Zufriedenheit für Iran. Sie verurteilten das Regime der Mullahs als reaktionär.

Khomeini selbst hat die Begründung für die Todesurteile verfaßt – allerdings schon vor Jahren –, als er die Grundsatzerklärung zur Herrschaft der Geistlichkeit niederschrieb: »Jeder, der sagt, die Regierung sei nicht Sache der Männer des Glaubens, die das islamische Recht gelernt haben, sondern müsse ›gewählten Politikern‹ übertragen werden, leugnet die Gültigkeit ewiger Gesetze des Islam. Er leugnet auch, daß der Islam ein geoffenbartes umfassendes Gesetzeswerk ist. Er leugnet vor allem die ewige Gültigkeit des Islam. Wer aber gegen die Mullahs ist, der ist auch gegen den Islam überhaupt, der ist ein Feind des Islam.«

Die Hinrichtungen in den iranischen Gefängnissen – nach Meinung der Organisation Amnesty International sind Tausende erschossen worden – brachte die Bevölkerung keineswegs gegen die herrschenden

Mullahs auf. Die linksorientierten islamischen Gruppen, die Mudschaheddin – sie waren in erster Linie Opfer der Erschießungen –, hatten an Prestige verloren, als ihr Kommandeur Masud Radjawi, der zunächst in Paris im Exil gelebt hatte, im Sommer 1988 nach Baghdad umzog, um von dort aus eine iranische Emigrantenarmee zum Kampf gegen die Armee des Iran zu organisieren. Diese Aktion fanden auch viele der Iraner empörend, die Khomeini und sein Regime haßten.

Zusammen mit den seit langem verhafteten Mudschaheddin wurden im Winter 1988/89 auch Mitglieder der kommunistisch orientierten Tudehpartei erschossen; auch gegen diese Hinrichtungen waren keine Proteste zu hören. Geheimdienstchef Reishahri, dem die Aufsicht über die Gefängnisse anvertraut ist, kündigte im Herbst 1988 für das Frühjahr 1989 eine Amnestie an für Angehörige der linksorientierten Gruppierungen, »sofern die Betroffenen kein Blut an den Händen haben«. – Die Zahl derer, die von der Amnestie profitieren, ist gering.

Im gleichen Zeitraum als die Urteile über die Tudehmitglieder gefällt wurden, hatte das »Sondergericht für die Geistlichkeit« getagt, ein Gremium, in dem Mullahs über Mullahs urteilen. Zum Tode verurteilt wurden sieben Männer des geistlichen Standes, die zur Hausmacht des Ayatollah Montazeri gehörten, der in Khomeinis Testament zum Nachfolger des Revolutionsführers genannt sein soll. Die Begründung der Todesstrafe lautete, sie hätten den Islam und das islamische Volk beleidigt, und sie seien überhaupt moralisch verkommene Existenzen gewesen. Iranische Emigranten in Paris besitzen Informationen, die besagen, die Urteile seien deshalb gefällt worden, weil jene Gruppe von sieben Geistlichen die Absicht gehabt habe, bisher geheim gebliebene Verbindungen des Parlamentspräsidenten und Oberbefehlshabers Rafsandschani zum amerikanischen Geheimdienst aufzudecken. Rafsandschani habe jedoch von dieser Machenschaft erfahren, und habe bei Khomeini Verhaftung und Verurteilung seiner Gegner durchgesetzt. Montazeri soll mit diesem Fluch reagiert haben: »Allah verdamme Rafsandschani auf ewig!«

Mit dem Anbruch des Waffenstillstandes hatte die Auseinandersetzung um die Nachfolge des Revolutionsführers begonnen. Rafsandschani, der sich Hojatolislam nennen darf, aber nicht Ayatollah, will trotz dieser schlechten Ausgangsposition versuchen, gegen den Ayatollah Montazeri seine mächtige Position zu bewahren; deshalb der Versuch, Montazeris Hausmacht zu verringern. Einige schmerzhafte Schläge waren dem Parlamentspräsidenten bereits gelungen. Daß sie überhaupt möglich waren, wurde für Rafsandschani zum Beweis, daß Khomeinis Unterstützung für Montazeri brüchig geworden ist.

Khomeini hatte dem Ayatollah im Jahre 1982 die Aufgabe übertragen, Kader zu rekrutieren und auszubilden, die der Verbreitung der Islamischen Revolution im Ausland dienen sollten. Im Winter 1986/87 war die

Aufsicht über die Komitees, die zur Organisation der Propagandaarbeit gegründet worden waren, Montazeri wieder entzogen worden. Damals schon waren treue Anhänger Montazeris erschossen worden.

Die Welle der Gewalt in Teheran ist begleitet vom Werben der Mächtigen in Teheran um Partnerschaft in wirtschaftlichen Belangen mit den bisher auf Distanz achtenden europäischen Regierungen. Delegationen aus der iranischen Hauptstadt besuchten Paris, mit der Absicht, durch Hinweis auf die Friedensbereitschaft die Freigabe gesperrter Guthaben in Höhe von einer Milliarde Dollar zu erreichen. Der stellvertretende iranische Außenminister Laridschani handelte in London die Aufnahme diplomatischer Beziehungen aus; die Islamische Republik Iran war seit Jahren in Großbritannien nicht vollwertig völkerrechtlich vertreten. Die Regierung der Bundesrepublik Deutschland brauchte nicht umworben zu werden; der Außenminister war sogar in der Lage, befreundeten Regierungen Hilfestellung in Teheran zu leisten. Hans-Dietrich Genscher hatte nur darin keine Chance, der Diplomatie der Vereinigten Staaten die Türen in Teheran wieder zu öffnen. Die Wende, den »Satan USA« zum wirtschaftlichen und politischen Partner zu machen, kann sich Khomeini gar nicht – und sein Nachfolger nicht so rasch – leisten. Ehe die Versöhnung mit dem Satan erfolgt, muß erst die Vision von Gut und Böse in der Welt, die der Revolutionsführer entworfen und für umfassend gültig erklärt hat, aus dem Bewußtsein der Menschen in der Islamischen Republik Iran wieder gelöscht werden.

Am 21. Dezember 1988 geschah ein Ereignis, das in eben diesem Bewußtsein der Iraner eine Art Gleichgewicht des Unrechts herstellte. Viele, die gelitten hatten unter dem, was sie nach dem Abschuß des Airbusses der iranischen Luftlinie die »Arroganz der Amerikaner« genannt hatten, sahen nun die Amerikaner unter den Leidenden – mancher Iraner fühlte sich gerächt.

»Wächter der Iranischen Revolution« verantwortlich für Flugzeugabsturz?

Drei Tage vor Weihnachten des Jahres 1988 hob der Jumbojet zum Flug Pan American 103 zur nächtlichen Reise nach New York vom Londoner Flughafen Heathrow ab. Fünfzehn Besatzungsmitglieder befanden sich an Bord und 243 Passagiere. Menschen saßen im Flugzeug, die das Fest in der Heimat verbringen wollten: amerikanische Soldaten und ihre Angehörigen, Beamte der Vereinten Nationen, Journalisten auf Urlaub, Geschäftsleute und Touristen. Doch unter den Amerikanern, die nach Hause fliegen wollten, waren zwei, die sich von Berufs wegen mit Terrorismus zu beschäftigen hatten: einer war Sicherheitsbeamter an der amerikanischen Botschaft in Nicosia; der andere arbeitete in gleicher Funktion in Beirut. Auf dem Heimflug befand sich auch ein Beamter des Justice Department der amerikanischen Regierung, der als Spezialist für die Aufspürung früherer Nationalsozialisten galt.

Vierundfünfzig Minuten nach dem Start brach der Funkverkehr zwischen Flugzug und Bodenleitstelle in Prestwick ab. Auf dem Bildschirm des Geräts, das dem Fluglotsen die Maschine identifizierte, verschwand das Signal völlig; auf dem anderen Bildschirm, der die Position des Jumbojets angab, spaltete sich der elektronische Punkt in mehrere auf, die bald ebenfalls erloschen. Der Ausfall des Identifikationssignals gab den Fluglotsen den Hinweis, daß der betreffende Sender, der im Flugzeug eingebaut war, nicht mehr mit Energie versorgt wurde. Daraus war wiederum auf ein schwerwiegendes Ereignis an Bord des Pan American Flugs 103 zu schließen. Die Zersplitterung des hellen Punkts auf dem zweiten Radarschirm zeigte an, was geschehen war: Die Trümmer des Jumbojets flogen auseinander.

Unmittelbar nachdem der Fluglotse in Prestwick die Zeichen einer Katastrophe auf seinen elektronischen Geräten gesehen hatte, ereignete sich mitten in der schottischen Ortschaft Lockerbie nördlich der Stadt Carlisle eine Explosion. Sie zerstörte die Tankstelle und eine ganze Reihe von einfachen niederen Häusern.

Von den Bewohnern benachbarter Häuser, die zwar erschüttert, jedoch nicht zusammengestürzt waren, konnte die Ursache der Explosion festgestellt werden: In ihren Gärten lagen Metallteile eines Flugzeugs, auf den Hausdächern waren in der Dunkelheit Reste menschlicher Körper zu erkennen. Ganz offensichtlich war über Lockerbie ein Flugzeug zerfetzt worden. Die schwersten Wrackteile hatten die Mitte der Ortschaft getroffen. Da war ein tiefer Graben zu sehen, über zehn Meter lang, den eines der schweren Düsenaggregate beim Aufschlag aufgerissen haben mußte: Teile der Metallhülse des Jumbojets lagen neben brennenden Autos auf der Schnellstraße A 74, die durch Lockerbie nach Glasgow führte. Draußen vor der Ortschaft, auf einem Acker, wurden die deutlich erkennbaren Partien des Cockpits und des Passagierraums der Ersten Klasse gefunden. Auf der unbeschädigten weißen Fläche der Außenwand war noch der Name des Flugzeugs zu lesen: »Maid of the Seas«. Aus dem Zustand dieser Partie schlossen die Experten auf eine Explosion an Bord, die den vordersten Teil des Jumbojets abgesprengt hatte. Der Cockpitbesatzung war keine Chance geblieben, dem Fluglotsen in Prestwick irgendein Signal oder auch nur einen kurzen Hinweis auf das Geschehen an Bord zu senden. Als die »Blackbox« gefunden war, das aufprallsichere Gerät zur Aufzeichnung der Gespräche unter den Besatzungsmitgliedern im Cockpit, glaubten die Fachleute vielleicht aus den Worten des Piloten eine Erkenntnis ziehen zu können, doch sie hatten während der letzten Minuten geschwiegen. Eindeutig waren sie durch nichts beunruhigt worden. Ein dumpfes Geräusch beendete die Aufzeichnung. Es konnte von einer Detonation ausgegangen sein, denn es entsprach genau dem Geräusch, das der Cockpit Voice Recorder eines Jumbojets der Air India festgehalten hatte, der im Jahr 1985 in die Irische See gestürzt war; damals war eindeutig die vorderste Partie des Flugzeugs in der Luft abgesprengt worden. Die Parallele war nicht zu übersehen. Trotzdem konnte zunächst nicht ausgeschlossen werden, daß der Absturz durch Ermüdungserscheinungen des Materials ausgelöst worden war, schließlich war die »Maid of the Seas« die älteste Maschine dieses Typs in der Flotte der Gesellschaft Pan American. Sie war bereits neunzehn Jahre alt und über sechzehntausendmal gestartet. Schwachstellen waren allerdings bei den regelmäßigen Wartungen nie festgestellt worden.

Obgleich über Tage hin die Untersuchung der Wrackteile kein Anzeichen ergab, daß eine Sprengstoffexplosion die Cockpitpartie vom Rumpf des Jumbojets abgesprengt hatte, blieben die Fachleute doch überzeugt, daß es so gewesen sein müsse, denn rasch wurden Hinweise auf Warnungen vor der Benützung des Flugs 103 der Gesellschaft Pan American bekannt. Da hatte sich am 13. Dezember der Administrative Councelor der amerikanischen Botschaft in Moskau veranlaßt gesehen, diese Notiz ans Schwarze Brett zu hängen:

»Botschaft wurde von der Federal Aviation Administration informiert, daß am 5. Dezember eine nicht identifizierte Person eine diplomatische Vertretung der USA in Europa angerufen und darauf hingewiesen habe, innerhalb der nächsten zwei Wochen werde ein Bombenanschlag auf ein Flugzeug der Pan American während des Flugs von Frankfurt nach New York erfolgen. Die Federal Aviation Administration ist der Meinung, daß die Verläßlichkeit dieser Information in keiner Weise überprüft werden kann. Unterrichtet wurden alle Sicherheitsbehörden, die ihre Aufmerksamkeit dieser Angelegenheit widmen. Auch Pan American wurde unterrichtet. Die Botschaft überläßt es der Entscheidung jedes einzelnen, ob er seine Reisepläne ändern will.«

Das State Department teilte mit, die Warnung vor dem Pan American Flug 103 sei allen amerikanischen Botschaften rund um die Welt zugestellt worden, nachdem die diplomatische Vertretung der USA in Helsinki am 5. Dezember von einem Mann angerufen worden war, der Englisch mit arabischem Akzent sprach, und der behauptete, von einem Attentatsplan zu wissen. Seinen Worten war zu entnehmen gewesen, die palästinensische Gruppe um Abu Nidal werde den Sprengstoff durch eine finnische Frau an Bord bringen lassen. Der Anrufer hatte sogar den

Namen des Mannes genannt, der von Finnland aus den Anschlag organisiere.

Die finnische Polizei kannte den Anrufer aus früheren ähnlichen Anlässen: Er hatte mehrfach schon Warnungen ausgesprochen – nie war das eingetreten, was er vorausgesagt hatte.

Die Überprüfung ergab, daß der arabisch-akzentuiert sprechende Mann eine persönliche Fehde austrage mit der anderen Person, die er als Organisator des Anschlags ausgebe. Verbindung zu terroristischen Kreisen habe der Anrufer nicht. Seinen Namen gaben die Behörden in Helsinki nicht bekannt.

Erst kurz vor dem Ende des Jahres 1988 wurden bei der Ortschaft Lockerbie die Reste eines Koffers gefunden, die Spuren aufwiesen, die von einer Sprengstoffexplosion stammen konnten; auch Wrackteile wurden entdeckt, die an einigen Stellen so verfärbt waren, daß der Schluß erlaubt war, sie seien einer Detonationshitze ausgesetzt gewesen. Kofferreste und Wrackteile wurden ins Armament Research and Development Establishment in Fort Halstead bei London gebracht. Das Institut besaß die Geräte, um chemische Veränderungen an Materialien aufzuspüren, die durch Detonationen bewirkt wurden. Als die Untersuchungen abgeschlossen waren, konnte das britische Verkehrsministerium feststellen: Die »Maid of the Seas« war Opfer eines Sprengstoffanschlags geworden. Verwendet worden war der Sprengstoff Semtex, der zum Typ der wie Marzipan formbaren und sogar mit der Hand knetbaren Plastiksprengstoffe gehörte. Ein Kilogramm dieses Materials reichte aus, um ein großes Flugzeug, ja sogar um ein Haus zu zerstören. Ein Minizünder, so groß wie eine Streichholzschachtel, wird verwendet, um die verheerende Detonation auszulösen. Sprengstoff Semtex und Zünder sind durch herkömmliche Geräte der Kofferdurchleuchtung, wie sie normalerweise auf Flughäfen verwendet werden, nur überaus schwer zu entdecken.

Zweihundertvierundvierzig Passagiere, fünfzehn Mitglieder der Besatzung und elf Bewohner der Ortschaft Lockerbie waren am Abend des 21. Dezember 1988 gestorben. Als verantwortlich für den Tod der zweihundertsiebzig Menschen bezeichnete sich die Organisation »Wächter der Islamischen Revolution«. Sie ließ wissen, der erfolgreiche Sprengstoffanschlag bedeute die Hinrichtung von Amerikanern. Sie sei als Rache erfolgt für den Abschuß des Airbusses der Iran Airways am 3. Juli 1988.

»Nicht länger in der Welt des Blutes leben«

Der iranische Ministerpräsident Mir Husain Musawi sagte unmittelbar nach dem grausigen Geschehen in eindringlichen Worten, Iran habe nichts zu tun mit diesem furchtbaren Unglück. Er sprach dem amerikanischen Volk sein Beileid aus.

Begonnen hatte diese Geschichte des Kampfes und des Leidens der Schiat Ali, der schiitischen Glaubensgemeinschaft, mit der Entdeckung und Bewahrung des uralten Schwertes, von dem einige Moslems annehmen mögen, es sei die Waffe, die Ali einst vom Propheten Mohammed übernommen habe. Unwesentlich für die geistige Idee der Bewegung, die auf Ali zurückgeht, ist es, die Wahrheit über dieses Schwert zu erfahren. Es ist längst stumpf geworden, untauglich für den Kampf. Als Waffe ist der Sprengstoff Semtex effektiver. Doch vielleicht haben die zwei Flugzeugabstürze, durch moderne Waffen bewirkt, zur Folge, daß sich das iranische Volk durch den Ausgleich in der Statistik der Opfer darauf besinnt, auf Akte der Gewalt, gleich welcher Art zu verzichten – und daß die Vereinigten Staaten den Sinneswandel erkennen und akzeptieren. Ausnahmsweise gehöre das letzte Wort dem Sohn des verstorbenen Schahs, der sich falsche Hoffnung macht, die Monarchie bringe für das iranische Volk die Rettung aus der Verstrickung der Gewalt. Zum zehnten Jahrestag der Flucht seines Vaters aus Teheran und der Machtübernahme durch Khomeini, sagte Cyrus Reza Pahlavi:

»Das iranische Volk hat genug von Gewalt, von Parolen, von Demonstrationen. Es will nichts mehr hören von Toten und Tötungen. Die Iraner sehen nicht im Schwert das Heilmittel. Sie wollen nicht länger in der Welt des Blutes leben. Die Libanesen haben sich an Blutvergießen gewöhnt – unser Volk nicht.«

Es ist zu hoffen, daß Cyrus Reza Pahlavi wenigstens damit recht hat.

Bleibt Allahs Schwert scharf?

»Seine Exzellenz Imam Khomeini ist gestorben!« Mit diesen Worten verkündete Ahmed Khomeini den Tod seines Vaters, des Führers der schiitischen Revolution. Am 4. Juni 1989 geschah dies. Zu diesem Zeitpunkt war der Iran nicht der Brennpunkt des Weltinteresses. Spannung herrschte über die Zukunft Chinas: Wird sich die Volksbewegung gegen die Diktatur der Partei durchsetzen, oder werden die alten Männer der Parteispitze durch militärische Gewalt ihre Macht wieder festigen?

Khomeinis Tod wurde als ein Ereignis registriert, das längst erwartet worden war, als Abschluß einer Entwicklung, die in der westlichen Welt höchste Beunruhigung ausgelöst hatte. Gewohnt, Konflikte an Personen anzubinden, glaubten westliche Beobachter, mit Khomeinis Ende sei auch die revolutionäre Gefahr beseitigt. Aus diesem Blickwinkel war die iranische schiitische Revolution nichts als eine Episode der Weltgeschichte.

Wer sich jedoch über den Verlauf der Trauerfeier in Teheran informierte, der erkannte, welche Gewalt noch in dieser Revolution steckt. Kein Unterschied war zu erkennen zum Geschehen, das am 1. Februar 1979 einen Schock im Bewußtsein der Fernsehzuschauer im Abendland ausgelöst hatte: Millionen von Iranern hatten sich auf den Straßen zusammengedrängt, die zum Märtyrerfriedhof Behescht-e Sahra führten. Damals, vor etwas mehr als zehn Jahren, war es Khomeinis Wille gewesen, sofort nach dem Triumph der Heimkehr aus dem Exil den Ort der letzten Ruhe all derer zu besuchen, die im Kampf gegen das Regime des Schahs ihr Leben verloren hatten. Er hatte mit dem Kraftfahrzeug zum Friedhof fahren wollen – doch er hatte umsteigen müssen in den Hubschrauber. Nur durch die Luft war es Khomeini möglich gewesen, Behescht-e Sahra zu erreichen.

Auch dem toten Khomeini ist der Weg über die Straßen zum Märtyrerfriedhof verwehrt. Millionen gläubiger Menschen sind zusammengekommen, um dabei zu sein, wenn Khomeinis Leichnam vorübergetragen wird. Tausende wollen mit ihren Händen die Bahre berühren und das Tuch, das über den Leichnam ausgebreitet ist. Den Revolutionswächtern, die den Toten auf seinem letzten Weg beschützen sollten, gelingt es nicht mehr, die Massen zurückzuhalten. Schreie der Millionen Frauen und Männer heizen die Hysterie an. Die Bahre wird zum Mittelpunkt aller Empfindungen der Menschen: Dort liegt der Mann, der tausendmal mehr als jeder andere ihr Leben während des vergangenen Jahrzehnts bestimmt hatte. Wer ihm nahegekommen war, der hatte die Überzeugung gewonnen, geheiligt worden zu sein. Der Tote behält die Erhabenheit des Lebenden. Dieses Bewußtsein läßt den Drang, dem Leichnam nahe zu sein, ins Übermächtige wachsen. So geschieht es, daß die Träger der Bahre unter dem Druck der Massen zusammenbrechen, daß das Leichentuch vom toten Körper Khomeinis gezerrt wird.

Fotos bezeugen, daß die Leiche nahezu nackt zur Erde fiel. Sichtbar waren die Wunden der Darmoperation, die zum Tod geführt hatte. Der Körper des alten Mannes war den Belastungen des chirurgischen Eingriffs nicht mehr gewachsen gewesen.

Als dann der tote Khomeini endlich im Hubschrauber Behescht-e Sahra erreicht hatte, da zog die Polizei Bilanz: 11000 Menschen waren im Gedränge verletzt worden; mehr als 50 waren den Verletzungen erlegen. Der Tod Khomeinis hatte für neue Märtyrer gesorgt.

Daß der Glaube an den heiligen Mann nicht erloschen ist, das zeigt sich vierzig Tage später, als die offizielle Trauerzeit für den Imam zu Ende geht: Wieder ballt sich eine unübersehbare Menschenmenge um den Märtyrerfriedhof zusammen. Ein Mausoleum war dort inzwischen entstanden. Über dem Sarg wölbt sich eine glänzende Kuppel. Diese Grabstätte ist jedoch nur als Provisorium gedacht. Es soll einem gigantischen Bauwerk Platz machen. Die Planung sieht vor, daß Khomeinis endgültiges Mausoleum zum größten Schrein der Schiiten wird, der überhaupt existiert. Gedacht ist daran, den Kuppelbau in der Form dem Felsendom von Jerusalem anzunähern. Hundert Millionen gläubige Schiiten sind dazu aufgerufen, Geld zu spenden, für ein Grabmal, das der Bedeutung des Revolutionsführers entspricht. Diesen hundert Millionen Schiiten wird Khomeinis Mausoleum dann zum weit bedeutungsvolleren Ersatz für die Ka'aba in Mekka.

Der Mann gerät nicht in Vergessenheit, der einer technologisch orientierten Welt bewiesen hat, daß eine religiöse Ideologie die Verehrung der Technologie disqualifizieren kann, daß die Menschen des verachteten Mittleren Orients den Völkern im Westen Schrecken einzuflößen vermögen. Khomeinis Leistung besteht auch darin, den Schiiten, den bisher Verachteten unter den Moslems, Selbstbewußtsein gegeben zu haben.

Unmittelbar nach dem Tod des Imams verlas Sohn Ahmed Teile des Testaments, Khomeini verpflichtet in diesem Dokument die Schiiten, den vorgezeichneten Kampf fortzusetzen. Als Feinde der wahren Gläubigen gelten weiterhin die Könige der islamischen Welt. Sie werden als »Verbrecher« bezeichnet, die darauf hinarbeiten, das »Regime des Teufels« über die wahren Gläubigen zu errichten. Die Monarchen – so stellte Khomeini am Ende seines Lebens fest – sind die Meister der Unterdrükkung, die Macht nicht im Auftrag Allahs, sondern allein zu ihrem eigenen Nutzen ausüben. Auch wenn derKrieg am Schatt al Arab und auf dem Persisch/Arabischen Golf noch nicht zum Untergang der teuflischen Monarchien geführt hätte, dürfe das Kriegsziel nicht in Vergessenheit geraten. Unbeirrt sei dafür zu kämpfen, daß Allahs Wille, die islamische Welt von »monarchischen Tyrannen« zu befreien, erfüllt werde.

Aus ihren Palästen zu werfen ist in erster Linie die königliche Familie As Saud, die über die heiligen Stätten Mekka und Medina herrscht. Der Gläubige hat sich dafür einzusetzen, daß künftig kein sunnitischer Monarch Verantwortung für die Ka'aba trägt.

Die Auswirkung des Testaments war in der Mitte des Monats Juli 1989 in Mekka zu spüren. Mehr als zwei Millionen Pilger waren in die heilige Stadt gekommen, um die vorgeschriebene Wallfahrt zu vollziehen. Klug geworden aus Erfahrung, hatten die königlichen Sicherheitsbehörden die Grenzen Saudi-Arabiens für die Massen der iranischen Pilger geschlossen. Seit Jahren schon hatten iranische Wallfahrer versucht, in Mekka die Gläubigen gegen die regierende Familie aufzuwiegeln. Sie hatten damit eine direkte Anweisung Khomeinis befolgt, dessen Wort »Könige sind die Feinde des Islam« jedem Pilger vor dem Verlassen des Iran eingeprägt worden war. Befürchtet wurde im Sommer 1989, daß Unruhestifter die Masse der Pilger – im Gedenken an den »Märtyrer Imam Khomeini« – zur Rebellion gegen die Autorität des Clans As Saud mobilisieren könnten. Doch die Reduzierung der Zahl iranischer Pilger wirkte sich aus: Der Massenaufstand unterblieb. Für wenige Stunden lösten Explosionen Unruhe aus – dabei starb ein Wallfahrer; sechzehn wurden verletzt. Doch dann hatte die saudiarabische Geheimpolizei die geistige Hauptstadt der Moslems im Griff. Ein Aufruf des Staatspräsidenten Ali Khamenei – auch er ist ein Träger des schwarzen Turbans, und damit Mitglied des Kreises der bevorzugten Geistlichen –, Khomeinis Testament zu befolgen, hatte nicht die Wirkung, die von den nun in Teheran Mächtigen gewünscht worden war.

Als Khomeinis Sohn Ahmed das Testament des Vaters verlas, da zählte er die Feinde der wahren Gläubigen auf – der »Satan USA« fehlte natürlich nicht –, doch er las keine Textstelle vor, die auch nur entfernt die Frage der Nachfolge des verstorbenen Imam berührte. Ahmed erweckte den Eindruck, der Vater habe dieses Problem nicht gelöst. Doch dessen eigenes Verhalten weist darauf hin, daß Khomeini sehr wohl noch Vorsorge für die Machtstruktur der Zukunft getroffen hat.

Im Frühjahr 1989 hatte er sich über den Spruch der »Versammlung der Sachverständigen« hinweggesetzt, durch den genau vier Jahre zuvor Ayatollah Husain Ali Montazeri zum Nachfolger des geistlichen und geistigen Führers der Islamischen Revolution eingesetzt worden war. Damals hatte Khomeini gesagt, Montazeri besitze sein volles Vertrauen. Im Februar 1989 aber zerbrach dieses Vertrauen. Da besaß Montazeri die Kühnheit, während der Feiern zum zehnten Jahrestag der islamischen Revolution offen die Tatsache auszusprechen, daß sich während des vergangenen Jahrzehnts die Visionen der Revolutionsführer nicht erfüllt hätten, daß vor allem für die Massen nichts erreicht worden sei – die Armut habe nicht beseitigt werden können.

Diese Äußerung Montazeris war als offene Kritik an Khomeini zu werten. Khomeini war das Haupt der Revolution. Hatte diese Revolution ihren Sinn nicht erfüllt, waren auch Khomeinis Bemühungen sinnlos gewesen. Wer Montazeris Worte nach ihrer Bedeutung durchforschte, der erkannte, daß dieser Ayatollah das Idol der Revolution als Gescheiterten dargestellt hatte. Dies konnte sich Khomeini nicht gefallen lassen. Er bezeichnete Montazeri als »gefährlichen Liberalen«, der den »Stimmen westlicher Feinde des Islam« verfallen sei. Montazeri war damit aus der Spitzenposition derer gestrichen, die sich Hoffnung machen durften, Nachfolger des Revolutionsführers zu werden. Khomeini ließ daran keinen Zweifel: »So lange ich Einfluß habe, werden derartige Liberale von der Macht ferngehalten!« Für Montazeri gab es danach nur den einen Schritt: Er bereute und verzichtete auf jeden Machtanspruch. In seinem Haus in Qum lebt er seither völlig zurückgezogen.

Montazeri gehörte nicht mehr zu denen, die nach Khomeinis Tod von der »Versammlung der Sachverständigen« zum Oberhaupt bestimmt werden konnten. Die Beratung des Gremiums dauerte dann allerdings nicht einmal einen halben Tag. Rasch waren sich die Sachverständigen einig, daß der Wille des Verstorbenen am ehesten durch die Wahl des Ali Khamenei zu erfüllen war. Anzunehmen ist, daß Ahmed Khomeini genau diese Entscheidung als Erfüllung des väterlichen Vermächtnisses empfohlen hat.

Ali Khamenei war bisher schon Staatspräsident des Iran gewesen. In dieser Funktion hatte er allerdings wenig zu sagen gehabt. Ihm fehlt die höchste Weihe in der Welt des Glaubens: Er ist nur Hodschat al Islam und steht damit eine Stufe unter den Ayatollahs. Diesen Mangel an Ansehen in der Welt der Schiiten teilt Khamenei mit Ali Akbar Rafsandschani, dem es nur vergönnt ist, einen weißen Turban zu tragen.

Beide, Khamenei und Rafsandschani, haben eine Persönlichkeit zu fürchten, die aus erster Hand gelernt hat, Macht auszuüben: Khomeinis Sohn Ahmed. Er gehört zum Jahrgang 1947. Ahmed war der einzige Vertraute des Revolutionsführers gewesen, die einzige Person überhaupt, auf die er sich wirklich verlassen hatte. Ahmed allein hatte kontrolliert, wem Zugang zur höchsten Autorität im Staate erlaubt war. Ausgestattet mit dieser Filterfunktion hatte Ahmed eigentlich die Richtung der Politik bestimmt. Er war es gewesen, der den Ayatollah darauf hingewiesen hatte, daß der Moslem Salman Rushdie ein Buch geschrieben habe, das den Propheten Mohammed beleidige. Ahmed hatte den Ayatollah veranlaßt, diesen indisch-britischen Autor zum Tode zu verurteilen. Seine Absicht ist es, darauf zu achten, daß das Urteil des bisherigen geistlichen Führers der Schiiten auch weiterhin gültig bleibt. Ahmed hat die Parole ausgegeben: »Mit dem Tode des Imam erlöschen dessen Visionen nicht! Er ist zum Himmel aufgestiegen. Sein Wille wird von dort aus auf Erden wirksam bleiben!«

Ahmed sieht sich selbst als Vollstrecker der Absichten des Imam. Als Werkzeug dazu will er die Armee der »Pasdaran« einsetzen, der Revolutionswächter. Ihre Kommandeure wissen, daß sie ihre Macht nur dann behalten können, wenn in Iran die revolutionäre Stimmung weiterhin vorherrscht. Unter dem Kampfruf »Rettet die Revolution vor den Umtrieben der Gegenrevolutionäre« hatten die Pasdaran während Khomeinis letzter Lebensphase durch Terror den Iranern in Stadt und Land bewiesen, daß sie über Leben und Tod entscheiden können. Wen die Kommandeure der Pasdaran als »Sittenverderber« einstuften, der mußte damit rechnen, eingesperrt und bald darauf an einem Baukran aufgehängt zu werden. Eine Verteidigung gegen die Anklage war nicht möglich. War einem Iraner, der den Chefs der Pasdaran mißfiel, die Bezeichnung »Sittenverderber« auf keinen Fall anzuhängen, weil der Betroffene ein unangreifbar makelloses Leben führte, dann bestand immer noch die Möglichkeit, ihn zu beschuldigen, er habe irgendwann Rauschgift besessen und sei Drogenhändler gewesen. Während der ersten sechs Monate des Jahres 1989 sind in iranischen Städten über 700 Menschen als »überführte Rauschgifthändler« hingerichtet worden. Manche politische Rechnung war bei dieser »moralischen Säuberung« beglichen worden.

Furcht hatten die Pasdaran verbreitet – Furcht ist ihr Herrschaftsinstrument. Jeden Ansatz der Kritik, sie hätten eine Gewaltherrschaft errichtet in Iran, entkräften sie durch die Parole »Die wahrhaft Gottesfürchtigen haben nichts zu befürchten!« In dieser Argumentation und in dieser Haltung werden die Kommandeure der Pasdaran von Khomeinis Sohn Ahmed bekräftigt. Sie brauchen nicht zu befürchten, daß ihnen im Lande selbst wirksame Opposition in irgendeiner Form entgegentritt. Die Miliz der linksorientierten Tudehpartei ist zerschlagen. Andere bewaffnete Kräfte, etwa bürgerlicher Orientierung, sind in Teheran nicht spürbar vorhanden.

Eine Oppositionsarmee ist im irakisch-iranischen Grenzgebiet im Aufbau. Sie gilt als Sammelbecken junger Männer unterschiedlicher politischer Herkunft, die einig sind durch die Entschlossenheit, das Regime der Mullahs zu stürzen. Diese Exilarmee leidet allerdings unter einer Belastung: Sie ist ein Protektionskind des irakischen Staatspräsidenten Saddam Hussein, den selbst iranische Gegner der Herrschaft der Geistlichen nicht für einen annehmbaren Verbündeten halten können. So gilt die Oppositionsarmee als eine Gruppierung von Kollaborateuren, die sich mit dem traditionellen Feind Irak zusammengetan hat.

Auch nach Khomeinis Tod wird die Opposition, die sich im Pariser Exil formiert hat, in Iran von wenigen Menschen ernst genommen. Der Sohn des Schahs – sein Name ist Cyrus Reza – gilt nicht als Alternative zum Regime, das Ayatollah Ruhollah Khomeini, als der göttlichen Ordnung gemäß, aufgebaut hatte. Der Revolutionsführer hat den Iranern den Gedanken, die Monarchie sei eine Staatsform, in der sie leben könnten, gründlich ausgetrieben.

Wer sich Hoffnung macht, Iran werde zurückkehren zu einer innenpolitischen Situation, die dem Zustand des Landes in der Zeit vor der schiitischen Revolution entspricht, der wird sich täuschen. Zwar sind einige religiöse Politiker – der Vorsitzende des Parlaments, Rafsandschani zählt dazu – durchaus bereit, die wirtschaftliche Zusammenarbeit mit den westlichen Industrienationen auszubauen, doch ist eine derartige Politik nur dann möglich, wenn gleichzeitig die religiöse Komponente der gesellschaftlichen Ordnung in Iran gestärkt wird. Die Planung für den Weiterbau des Kernkraftwerks Bushir kann nur dann aufgenommen werden, wenn diese Phase der Entwicklung nicht mit einem Machtzuwachs technokratisch orientierter Politiker und mit einer Schwächung der Position der Geistlichen verbunden ist. Auf eine Balance zwischen Technokratie und Gläubigkeit in der Politik achtet Innenminister Ali Akbar Mohtaschemi, der über die Polizeistreitkräfte verfügen kann. Er will nicht dulden, daß die Islamische Republik wieder ein Staat wird, wie andere auch. Dem religiösen Faktor ordnet Mohtaschemi absolute Priorität zu. Der Innenminister empfand am Tag der Beerdigung des Revolutionsführers die Haltung des iranischen Ölministers untragbar, der sich gerade in Wien zu einer Sitzung der Vertreter der »Organisation Ölexportierender Länder« aufhielt. Die Diskussionen und Verhandlungen in der österreichischen Hauptstadt hatten Ölpreise und Förderquoten zum Inhalt; sie befaßten sich also mit Themen, die wichtig waren für den iranischen Staat, dessen Existenz von den Einnahmen aus dem Ölgeschäft abhing. Daß der Ölminister seine Präsenz am Verhandlungstisch in Wien für wichtiger hielt, als die Beteiligung am Trauerzug für Khomeini, hielt Innenminister Mohtaschemi für eine Mißachtung der schiitischen Islamischen Revolution.

Mohtaschemi gehört, neben Khomeinis Sohn Ahmed, zu denen, die es als selbstverständlich ansehen, daß Allahs Schwert auch in Zukunft scharf bleibt – daß seine Schärfe vor allem auch außerhalb des iranischen Staatsgebiets zu spüren ist. Am 13. Juli 1989 spürt die westliche Welt, daß Khomeinis Tod die Aggressivität des Schwertes nicht gemildert hat: In Wien werden drei kurdische Exilpolitiker ermordet, die sich für die Autonomie der Kurden einsetzten, die im iranischen Staatsgebiet leben.

Am 23. Juli 1989 bestätigte die iranische Nachrichtenagentur IRNA, daß in Teheran ein Treffen »libanesischer und palästinensischer Gruppen« stattgefunden hat, die bereit sind, auch weiterhin im Sinne der Interessen der schiitischen Revolution zu kämpfen. Die Führer dieser Gruppen haben sich verpflichtet, den Befehlen von Ali Khamenei zu gehorchen, seine »loyalen Soldaten« zu sein. Die Sicherheitsbehörden westlicher Staaten befürchten nach diesem Treffen, die Zusammenarbeit zwischen den Schiiten im Libanon und den Glaubensbrüdern in Teheran sei nach Khomeinis Tod in der iranischen Hauptstadt zum Schaden des Abendlandes erneut beschworen worden. Zum Feind dieser »Allianz des Schreckens« seien die USA, der Westen überhaupt und auch Israel erklärt worden.

In der Nacht vom 27. zum 28. Juli 1989 reagierten die Israelis auf die Beschlüsse der Tagung von Teheran: Eine Eliteeinheit der israelischen Armee drang mit Hilfe von zwei Hubschraubern in den Südlibanon ein. Ihr Ziel war das kleine Dorf Djibshuit, das mitten im gebirgigen Gebiet der Schiiten liegt. Vor dem Dorf verließ das Dutzend Soldaten die zwei Hubschrauber. Die Männer rannten auf ein Haus zu, an dessen Tür ein Wächter stand, der verstört den Angreifern entgegenblickte. Durch

Karateschläge wurde der Libanese niedergeschlagen. Fußtritte sprengten die Tür auf. Nur wenige Augenblicke später wurden drei Männer aus dem Haus getragen und zu den vor dem Dorf wartenden Hubschraubern geschleppt. Damit war die Aktion für die Israelis erfolgreich abgeschlossen: Die Hubschrauber verschwanden mit ihrer Beute in der Dunkelheit. Zurück blieben die Frau und die fünf Kinder des Hausbesitzers. Zum Ausklang der Aktion flogen Kampfmaschinen dröhnend in niederer Höhe über das Dorf. Der Krach aus dem Dunkel löste lähmenden Schrecken aus in allen Häusern ringsum.

Opfer des Überfalls sind Sheikh Abdel Kerim Obeid und zwei seiner Mitarbeiter. Obeid, noch keine vierzig Jahre alt, gilt als einer der führenden Köpfe der schiitischen Kampforganisation Hisb'Allah – »die Partei Allahs«. Abdel Kerim Obeid hat nie ein Hehl daraus gemacht, daß er den Staat Israel als den schlimmsten Feind der Schiiten betrachte, denn die Regierung dieses Staates verwirkliche, was in Washington gedacht werde: Dort werde nur gehofft, daß die islamische Bewegung zerbreche; in Israel aber seien die Personen zu finden, die für die Realisierung der amerikanischen Hoffnung aktiv tätig seien. Obeid hatte sich immer als einen der »loyalen Soldaten« Khomeinis betrachtet. Er war jetzt einer der »loyalen Soldaten« des Ali Khamenei.

Als der israelische Überfall im Südlibanon zu Ende war, da öffneten eben in Iran die Wahllokale. Die wahlberechtigten Iraner waren aufgerufen, den Nachfolger des Ali Khamenei im Amt des Staatspräsidenten zu bestimmen. Der Gang zu den Wahlurnen war eigentlich für Mitte August angesetzt. Parlamentssprecher Rafsandschani hatte, dank seiner Position, die Abgeordneten veranlassen können, einer Vorverlegung zuzustimmen. Sein Argument war gewesen, der Tod des großen Führers habe eine derartige Lücke gerissen in die Machtstruktur der Islamischen Republik, daß nur rasches Handeln einen Verlust des Ansehens der Revolution bei der Bevölkerung verhindern könne. Ali Khamenei könne ohnehin nicht länger Staatspräsident bleiben, da er zum geistigen Oberhaupt der Iraner bestimmt worden sei – Ali Khamenei müsse sich nun heraushalten aus den Niederungen der Politik.

Die Zustimmung der Abgeordneten zur Vorverlegung der Wahl des Staatspräsidenten brachte für Rafsandschani einen gewaltigen Vorteil: Er hatte seine Kandidatur bereits angemeldet, und er war den Wählern bekannt – die Konkurrenten aber hatten sich erst zu formieren, ehe sie überhaupt mit dem Wahlkampf beginnen konnten. Dazuhin geboten Brauch und Anstand, daß während der Trauerzeit nach dem Tode des großen Führers jede Art von lautem und aufdringlichem Wahlkampf zu vermeiden war. Die Stille aber kam Rafsandschani zugute, der keine lautstarke Propaganda benötigte.

Ein weiterer Faktor begünstigte Rafsandschani: Unmittelbar vor seinem Tod hatte Ayatollah Ruhollah Khomeini zu erkennen gegeben, daß er entschlossen sei, die Funktion des Ministerpräsidenten mit der des Staatspräsidenten zu vereinigen. Ein Geistlicher – wie er, Khomeini selbst – habe die geistige Führung zu übernehmen; ein anderer Geistlicher habe die Exekutive zu leiten. Nur diese beiden Machtzentren wollte der Ayatollah bestehen lassen. Dem Parlament war eine beratende Aufgabe zugewiesen, die der Exekutive helfen sollte, den Willen der geistigen Führung zu erfüllen.

Rafsandschani konnte seinen Wunsch, die Präsidentschaftswahlen vorzuziehen, auch dadurch untermauern, daß er vorschlug, den Wahlberechtigten gleichzeitig Gelegenheit zu geben, dem Wunsch des toten Führers zuzustimmen. Dies müsse allerdings, um den Toten zu ehren, bald geschehen.

Für die Wahl zum Staatspräsidenten hatte sich Rafsandschani selbst als Kandidaten präsentiert. Die Mitglieder der »Versammlung der Sachverständigen« fühlten sich dadurch herausgefordert, einen eigenen Kandidaten vorzustellen. Ihre Wahl fiel auf Abbas Scheibani.

Zum Zeitpunkt der Entscheidung war Scheibani 58 Jahre alt. Von Beruf ist er Arzt; seine Ausbildung war in Frankreich erfolgt. Er gehörte, obgleich er kein Geistlicher ist, zu den Männern, denen Khomeini schon zur Zeit des Schahs vertraut hatte. Nach der Abdankung des Schahs war Scheibani Landwirtschaftsminister in der Regierung, die Mehdi Bazargan geführt hatte. Dann war er Abgeordneter für den Bezirk Teheran im Parlament geworden. Als Redner, als Mann der Initiative ist er nie aufgefallen.

Die Mitglieder der »Versammlung der Sachverständigen« hatten Scheibani ausgewählt, weil er immer durch sein starkes Engagement für den Islam aufgefallen sei. Deshalb, so lautete die Begründung, sei er auch Männern, die Geistliche sind, vorgezogen worden. Siebzig Kandidaten hätten sich gemeldet, Abbas Scheibani habe sich als der geeignete Mann für das hohe Amt qualifizieren können.

Abbas Scheibani hatte nicht die geringste Aussicht auf Erfolg. Der neue Staatspräsident des Iran heißt Rafsandschani. Khomeinis Sohn Ahmed hatte die Wahl unterstützt. Er weiß, daß seine Zeit noch nicht reif ist. Ahmed kann warten. Sicherheit gibt ihm die Gewißheit, daß auf seinem Kopf ein schwarzer Turban zu sehen ist – Rafsandschani trägt nur eine weiße Kopfbedeckung.

Doch der interne Streit um die Macht in Iran verliert mit einem Schlag seine Brisanz. Die Karten im Spiel um die Macht werden neu gemischt. Die führenden Köpfe der Schiiten in Teheran halten es vom Sommer 1990 an für klug, im eigenen Lager nichts zu verändern. Von ihnen wurde keine Initiative verlangt. Die Welt blickte nun nach Baghdad.

Dort war die Entscheidung gefallen, das Emirat Kuwait als 19. Provinz dem Irak anzugliedern. Der Emir und sein Hofstaat wurden aus dem kleinen Land am Persisch/Arabischen Golf vertrieben.

Der irakische Präsident Saddam Hussein gab historische Gründe an für die Annexion des Emirats: »Die Gegend von Kuwait ist immer Bestandteil von Irak gewesen!« Doch er wußte sich auch durch Argumente aus der Gegenwart zu rechtfertigen: »Ich durfte nicht länger dulden, daß der Herrscher von Kuwait durch Förderleistungen, die unter der Grenze hindurch verliefen, Öl aus unseren irakischen Ölfeldern stahl!« Daß dieses Argument stimmt, ist erwiesen. Popularität in Arabien aber brachte ihm dieser Vorwurf gegen den Monarchen von Kuwait ein: »Der Emir hat das arabische Volk um die Einnahmen aus dem Ölgeschäft betrogen. Die Milliardenbeträge gehören nicht ihm und seiner Feudalfamilie, sondern den Arabern insgesamt. Der Emir hat so gehandelt, als ob Kuwait sein persönliches Eigentum, sein Familienbetrieb wäre. Dieser Zustand mußte beendet werden!« Von den Armen aller Staaten Arabiens – die Armen bilden überall die Mehrheit – vernahm Saddam Hussein Zustimmung.

Die Regierung der USA aber fühlte sich aufgerufen, dem Emir zu helfen. Präsident Bush, aufgestachelt durch die britische Premierministerin Thatcher, beorderte Truppen in einer Stärke von rund 400000 Mann nach Saudi-Arabien, um Saddam Hussein durch die Androhung eines militärischen Schlags zum Rückzug aus Kuwait zu zwingen. Der amerikanische Präsident, verpflichtet zum aktiven Eintreten für Demokratie, wurde so zum Verteidiger eines Feudalregimes.

George Bush verlangt, Saddam Hussein müsse für den Überfall bestraft werden, er dürfe nicht länger Staatschef in Irak bleiben. Mit dieser Forderung macht sich Gerorge Bush zum Handlanger der Schiitenführung in Teheran, die seit Jahren den Sturz des Sunniten Saddam Hussein fordert. Aus der heiligen Stadt der Schiiten in Iran, aus Qum, ist Hohn zu hören: »Nun endlich kämpfen die beiden Teufel gegeneinander: Der große Satan USA gegen den kleinen Satan Saddam Hussein!« Die geistlichen Führer des Iran hatten sich in einem Krieg, der zehn Jahre dauerte, bemüht, Saddam Hussein zu stürzen. Nun hatte George Bush diese Aufgabe übernommen. Ali Khamenei, der mächtigste der Geistlichen, prophezeit am Ende des Jahres 1990: »Beide Teufel werden letztlich die Verlierer sein!«

Register

Heinold
Atlantischer Ozean
NORWEGER
FINNEN
SWEONEN (SCHWEDEN)
GÖTEN
Ostsee
BALTISCHE STÄMME
PRUZZEN
DÄNEN
JÜTEN
PIKTEN
SCHOTTEN
IREN
BRITEN
ANGELSACHSEN
Friesisches Meer
FRIESEN
OBODRITEN
POMORANEN
LIUTIZEN
Weichsel
SLAWISCHE STÄMME
Oder
LECHEN (POLEN)
Dnjepr
Dnjestr
SACHSEN
Elbe
SORBEN
THÜRINGER
TSCHECHEN
SLOWAKEN
London
Köln
Aachen
Rhein
REICH DER FRANKEN
Paris
Metz
ALEMANNEN
Augsb.
Salzb.
Donau
BAIERN
AWAREN
BRITEN
Tours
732
Autun
Chur
Poitiers
Loire
BURGUND
Trient
SLOWENEN
BULGAREN
Schwarzes
Lyon
731
725
Rhône
LANGOBARDEN
Pavia
Ravenna
KROATEN
SERBEN
Bordeaux
Toulouse
Arles
Nizza
WALACHEN
Konstantinopel (Byzanz)
678
718
BYZANTINISCHES
ASTURIEN
BASKEN
Ebro
721
720
Narbonne
Rom
KORSIKA
Duero
Saragossa
715
Ilerda
Barcelona
Neapel
HELLAS
Athen
ehem. REICH d. WESTGOTEN
714
Tajo
Toledo
Lissabon
seit 756 EMIRAT v. CORDOBA
712
Córdoba
Mittelländisches
SARDINIEN
BALEAREN
798 islam.
670/674–678/7
Sevilla
bis 756 westgot.
Cartagena
Kartago
720
SIZILIEN
Jerez de la Frontera
711
Gebel al Tarik
Ceuta
Tanger
Melilla
Fez
Caesarea
Constantine
Tunis gegr. 698
Kairuan gegr. 670
Tobna
MALTA
667
KRETA
654
Alexand
AFRIKA
Kabis
Tripolis 647
Sabra
TRIPOLIS
Barka
BARKA 643/44
LIBYEN
MAGHREB
Audschila
Ghadamis
Wüste
Sahara
FESSAN
Fessan
Libysche Wüste
KAWAR
Dschawan
Herrschaftsbereich Mohammeds 632
Eroberungen seines Nachfolgers Abu Bekr bis 634
Eroberungen der ersten Kalifen bis 656
Eroberungen unter den Omajjaden 661–750
0
500
1000 km

Talas
751
Schasch
(Taschkent)
TIBET
MAGYAREN (UNGARN)
Wolga
Ural
Aral-S.
Samarkand
712
KASCHMIR
Buchara
Oxus (Dschihun)
Chiwa
Balch
Kabul
CHASAREN
Kaspisches Meer
Merw
Multan
Nesa
Bab el Abwab (Derbent)
646/651
Kandahar
Nischapur
Indus
Alor
712
Tiflis
Kusdar
Dvin 647 v. Arab. zerst.
Rai
Daibul
PERSERREICH
633/51 von den Arabern vernichtet
627
Mosul
Nekawend
642
Isphahan
643
Wüste Lut
Tigris
Euphrat
Bagdad
Hormus
Antiochia
Kadesia
635
Kufa
Ullais
(Vologesias)
633
Persisch-Arab. Golf
Golf v. Oman
Maskat
Damaskus
635
Jarmuk
Jerusalem 636
638
Syrische Wüste
OMAN
Hadjar
ARABIEN
Wüste Nefud
Farma
639
Tebuk
Teima
HIDSCHAS
Cheiber
NEDSCHD
Große Arabische Wüste
(Rub al-Chali)
Arabisches Meer
Indischer Ozean
Medina
Arab. Wüste
Badr
Rotes Meer
Mekka
Taif
Okas
Assuan
Makalla
Nubische Wüste
Sana
Aden
Golf von Aden
Nil
ÄTHIOPIEN

IRL.
GROSSBRIT.
NIEDERL.
BELG.
L.
B.R. DEUTSCHLAND
DEUTSCHE D.R.
POLEN
E U R O P
FRANKREICH
TSCH.-SLOW.
SCHW.
ÖSTERR.
UNGARN
Atlantischer Ozean
JUGOSLAWIEN
ITALIEN
KORSIKA
PORTUGAL
SPANIEN
BALEAREN
SARDINIEN
ALB.
GRIE
Mittelländisches
SIZILIEN
GIBRALTAR
Algier
Tunis
Rabat
TUNESIEN
6,8 mio
MALTA
MAROKKO
22,3 mio
Tripolis
Bengas
ALGERIEN
20,9 mio
M A G H R E B
LIBYEN
3,5 mio
Heinold
MAURETANIEN
MALI
NIGER
TSCHAD
A F R I

0
500
1000 km
A
S
I
E
N
U.
d.
S.
S.
R.
Aral s.
Kaspisches Meer
Schwarzes Meer
NIEN
GAR.
Dardanellen
TÜRKEI
ZYPERN
LAND
ETA
Meer
SYRIEN
10 mio
LIBANON
2,7 mio
Beirut
Damaskus
IRAK
14,4 mio
Bagdad
Tigris
Euphrat
IRAN
41,4 mio
AFGHANISTAN
ISRAEL
4,2 mio
Amman
Jerus.
JORDANIEN
3,6 mio
KUWAIT
1,7 mio
Kairo
SUEZ-K.
Persischer-Arabischer-Golf
ÄGYPTEN
46,7 mio
BAHRAIN
368 000
KATAR
261 000
Dubai
Golf von Oman
SAUDI-ARABIEN
10 mio
Medina
Riad
VEREINIGTE
ARAB. EMIRATE
1,2 mio
Maskat
Nil
Rotes Meer
Mekka
OMAN
1 mio
SUDAN
20 mio
ARAB. REP.
JEMEN
6,1 mio
Sana
VOLKSREPUBLIK
SÜDJEMEN
2,1 mio
Arabisches Meer
Indischer Ozean
Khartum
K
A
Aden
Golf von Aden
ÄTHIOPIEN
SOMALI

Gerhard Konzelmann im dtv

Der Nil
Heiliger Strom unter Sonnenbarke, Kreuz und Halbmond

Die bewegte Geschichte der Länder am Nil von den Pharaonen bis zu Mubarak und den westpolitischen Machtblöcken der Gegenwart – geschrieben von dem exzellenten Nahostkenner Gerhard Konzelmann. Er macht die politische Brisanz vielfältiger kultureller Brüche aus rund 5000 Jahren deutlich. dtv 10432

Jerusalem
4000 Jahre Kampf um eine heilige Stadt

Konzelmann erzählt detailliert und kenntnisreich die viertausendjährige Geschichte dieser Stadt, die sowohl für Juden wie für Mohammedaner und Christen die »heilige Stadt« ist. Ein wichtiges Buch für jeden, der den Ursprüngen des unversöhnlichen Streites um Jerusalem nachgehen möchte. dtv 10738

Der unheilige Krieg
Krisenherde im Nahen Osten

Ein Versuch, das für den westlichen Beobachter schier unentwirrbare Knäuel verschiedener Einflüsse und Strömungen im libanesischen Bürgerkrieg zu entwirren und durch geschichtliche Rückblicke die Ursachen des Konflikts aufzudecken. dtv 10846

Die islamische Herausforderung

Der Ruf »Allah ist über allem!« hat eine ungeheure Aufbruchstimmung unter allen Völkern des Islams bewirkt, die die Rettung der Welt zum Ziel hat. Der allumfassende Anspruch und die Kompromißlosigkeit dieser Religion geben der neuen islamischen Bewegung ihre Kraft. Konzelmann vermittelt das Wissen, das zum Verständnis der islamischen Revolution nötig ist, mit der das Abendland sich die nächsten Jahrzehnte wird auseinandersetzen müssen. dtv 10873